大正デモクラシーと貴族院改革

西尾林太郎 著

成文堂

目次

挿表目次

挿画目次

挿図目次

凡　例

一．帝国議会速記録（本会議および委員会）や枢密院会議録を除き、資料を引用する際原文のままによることを原則とするが、旧漢字や異体字等は新漢字に改め、濁点・半濁点を付し、適宜句読点をつけた。

二．帝国議会速記録や枢密院会議録を引用する際、カタカナを平仮名に改めた。その他は一と同様である。

三．新聞名の表記は、「新聞」を省略し、『東京朝日』、『読売』、『東京日日』等とした。

四．引用された資料中の〔　〕は引用者による割注である。

五．年月日の表記は和暦によることを原則とし、適宜西暦を付した。

序章

本書は、明治憲法下最大の上院改革である、大正一四（一九二五）年の貴族院改革とその前後の政治過程に関する研究である。明治憲法下における帝国議会は貴族院と衆議院から成ったが、その衆議院の最大の改革は言うまでもなく普通選挙制の導入であり、それは衆議院議員選挙法改正という形で、貴族院令の改正と相前後して同年五月に実現された（但し、帝国議会通過は三月二九日）。これに関する学術的な研究は松尾尊兊『普通選挙法成立史の研究』（岩波書店、一九九五年）を始め枚挙に遑がない。これに対し貴族院については、同様に纏まった学術書に限れば戦中に刊行された佐藤立夫『貴族院体制整備の研究』（人文閣、一九四三年）が唯一であろう。明治憲法下の貴衆両院の権限はほぼ対等であったことを考えるとき、片手落ちの感も否めないのである。

ところで、貴族院改革がなされたこの時期はまさしく「大正デモクラシー」の時代であった。この「大正デモクラシー」が意味する所は多様である。少なくとも政治の領域におけるそれは、普通選挙と二大政党制とを前提とした政党政治の樹立を目指す運動であり、その制度化への過程を指すであろう。貴族院改革はこの大正デモクラシー以前の時代においても政治問題になっていたが、それは明治憲法体制の内部における上院の制度設計上の不備が問題であった。しかし、大正デモクラシーの時代では明治憲法体制そのものが問われ、〈貴革〉は〈普選〉と並んで同体制の再編をめぐる重要課題となった。このような時代状況の中で学問的ないしは理論面でこの時代を招致し、同様にこの時代を擁護した吉野作造や美濃部達吉は貴族院についてどのように考えていたのか。

先ず、政治学者で「民本主義」の旗手吉野作造について述べる。彼は、大正一五（一九二六）年に刊行された自らの政治評論集『現代政治講話』（文化生活研究会刊、なお同書は一九八八年にみすず書房からリプリント版が刊行された）を編むにあたり、「貴族院問題」を「普選問題」、「無産政党問題」と共に「特別の注意を要する重大事項だと考へ」、それぞれ一章を設け、旧稿をそれぞれについて整理し纏めている。

吉野は貴族院改革問題の政治的意義を「衆議院に特殊の重心を置く近世民主政治の一層の徹底を期するといふ点に在る」（緒言五ページ）として、「此の意味に於いて我が国の政界に何よりも先に改革を要するもの下院選挙法たるは言ふまでもないが、これに次いでは貴族院改革の外、枢密院の問題と軍閥の問題とがある」（緒言六ページ）と述べ、普選の実現と貴族院・枢密院・軍閥をそれぞれ改革の対象として一体に捉えている。すなわち、衆議院とそれに立脚する内閣が政治の要であるためには貴族院・枢密院・軍閥の改革が不可欠であると吉野は考えていたのである。では、上院はどのようにあるべきなのか。「衆議院に対する一牽制機関として貴族院の存在を必要とする余地は今後なお十分にあると思ふ」（二一〇ページ）と上院を評価する吉野は、下院は地域主義に基づく代表機関とし、将来は貴族院を改造して「国民の職能的方面の代表機関たらしめ」「上下両院の対立を意義あらしめたい」（二一四ページ）とする。

このように、理想的かつ理論的に長いスパンで貴族院改革を捉える吉野ではあるが、「一歩々々堅実にその実績を挙げていくのが一番適当」（二三二ページ）と考え、彼は、①民選分子を入れる、②有爵議員数を減ずること、③有爵議員互選規則の改正に依て上院に於ける最大勢力の「弛解」を図ること、と改革の実際的な手順を具体的に提示する（二三一〜二三三ページ）。

他方、憲法学者美濃部達吉は、大正デモクラシーの時代を象徴する政党政治を支持し、吉野と共にそれを擁護する最大のイデオログーであった。昭和五（一九三〇）年、大正デモクラシーの時代を俯瞰する時間的高みに立った美濃部は『議会制度論』（有斐閣、一九三〇年）を著した。彼はそこで、J・ブライスの著書『近代民主政治』

(J.Bryce：Modern Democracies.1921) を引用しつつ二院制度について論じ、政党政治における二院制の効用を抑制機関であることに求めている。

「二院制度は此の如き多数決制度の欠点に、その主たる存在の理由を有するものである。その目的とする所は、主としては、一院制度から生ずる軽卒と専横との弊を抑制し、民衆的な代議院で決議したものを更に他の眼識を以て批判し審査するの機会を得せしめ、以て出来るだけ適当な結果を得ることを可能ならしめようとするに在る。就中、代議院が政党に依て支配せられ、代議院の決議が一つに政党の党議に依て左右せらるるに至った結果は一院制度から生ずる危険は一層重大となり、抑制機関としての第二院の必要は一層痛切となつたものと謂うことが出来る」(一二二～一二三ページ)。

さらに美濃部は続けて「政党政治の弊の益々著しくなるに従つて、超党派的な、健実な第二院の必要の益々痛切なることは以上ブライスの適切に指摘して居る通りである。唯その第二院は同時に国民的であり、国民の監督の下に立つものでなければならぬ。国民と何等の関係の無い少数者の集まりが国民的議院を抑制する実権を有つとすれば、それは直接に国民的政治の精神に反し、再び少数政治に帰する虞が有る。しかも、国民的であることは、政党の勢力の盛な今日の時代に於いては即ち政党的であることを意味し、国民的であると共に、超党派であることの二つの要求はこれを調和することが極めて難い」(一二七～一二八ページ)と述べる。

ここで美濃部の言う「国民的」とはまさしく選挙、それも普通選挙による第一院の大勢であり、「超党派的」とは個々の政党の利害関係や主張を超えた、国家的・より普遍的なものを指すのであろう。現実の議会政治においてしばしば矛盾するであろう、この両者のバランスサーとしてのみ第二院の存在意義があると彼は考えるのである。

では現実の二院制度において第二院の権限はどうあるべきか。美濃部は「多数の国においては法律上両院が略同等の権限を有するものとせられて居ても政治上の実際の勢力に於いては、第二院は民衆的な第一院よりも下位にあることを通常とする。」なぜか。美濃部は「第一院の多数を基礎として成立せる内閣は、国民の多数の信頼を得て居るものと見らるべきものであるから、国民代表の実を欠いておる第二院がこれに反抗して、其の進退を左右するに至るならば、第二院が国民を敵とする結果に陥る虞があるとする信念が一般に行われて居ることに在る」とし、第二院が国民的基礎を欠くが故に、すなわち国民代表ではないが故に「第二院は民衆的な第一院よりも下位にある」とする。さらに第一院すなわち代議院に対して政府は解散権が認められているに反し、第二院に対し解散権が無いこともその理由に挙げる。

しかし、この二点は共に法律上の強制力を有するものでなく、「専ら第二院自身自制と伝統的の慣習とに基づいている」ものであって、「ある異常な場合には、必ずしもこの原則が常に確守せられるものとは言い難い」（一六八ページ）。「苟も法律上に同等の権限を有することが認められて居る以上は、時としては第二院が強くその権限を主張して、代議院及び代議院の多数を基礎とする政府に対し強硬なる反対を成す事がないとは言えない」として、彼は一八九三年以来のイギリス議会での上下両院の衝突を取り上げる。

すなわち、一八九三年、貴族院（House of Peers）はグラットストーン内閣が提出したアイルランド自治法案（Home Rule Bill）を否決するなど自由党内閣との対決姿勢を強めたが、この時自由党側から貴族院改革の必要性が叫ばれ、政界を中心に貴族院の「改革か廃止か」が話題となった。さらに一九〇六年再び自由党内閣が成立すると貴族院は政府および代議院（House of Commons）と対立を深めて行き、ついには一九一一年貴族院から予算に関する権限を剥奪する国会法（Parliament Act）が成立したのである。

美濃部はかかる事実を踏まえつつ、第二院を「唯其の抑制機関たるにとどまらせるために第二院の徳義上の自制に待つのみを以ては足れりとせず、法律上にも第二院の権限を制限して抑制機関たる以上にはその権限を有せざらしむるの外はない」と結ぶ。

美濃部がここに挙げたイギリスの事例、すなわち政党内閣に対して貴族院が立ちふさがり、両者の決定的な対立を招来した事例を日本に求めるとすれば、明治期において第四次伊藤博文内閣、大正期では第一次山本権兵衛内閣の例を挙げることができる。前者は詔勅により辛くも増税法案の不成立を免れたが、後者に至っては予算不成立によって内閣は退陣に追い込まれた。本書の第一章で論ずるが、この時、伊藤は貴族院改革を真剣に考えた。他方、後者の場合、それは全く問題にならなかった。貴族院の行動は民衆の支持を得ていたからである。しかし、大正期後半に至り貴族院改革が国民的な関心事となった。清浦内閣が貴族院主導で成立したことが、そのきっかけである。清浦内閣への対応をめぐり、大政党であった政友会は二つに分裂し、衆議院の野党勢力は国民世論の支持を受けつつ「清浦貴族院内閣」否認の運動を展開した。第二次護憲運動である。これがいかに広範な知識人の関心を惹いたかについては、例えば中等教育の専門誌『日本教育』五月号（大正一三年五月一日刊行）が「貴族院改造問題」を特集していることからも窺い知ることができよう。ともあれ、この運動は「微温的」と揶揄されたとはいえ、明治憲法体制下最大の貴族院改革につながったのである。

　ちなみに、政友会総裁高橋是清の第一のブレーンでこの第二次護憲運動の仕掛け人であり、そのリーダーのひとりであった、前衆議院議員横田千之助（五月の総選挙で再選）は、清浦内閣による解散に伴う衆議院総選挙に際し、「此の昏盲の闇を滅せよ—現政局の批判—」と題する論説文を『改造』（大正一三年三月号）に寄せ、「我等国民は貴族院の少数特権階級の為に瞭かに捕虜になつている」（二一二ページ）として、貴族院改革が急務であることを説き、続いて次のように言う。「政友会が以前原敬氏の時代に於て貴族院の一部の人々と相携へて国政燮《しょう》理の任に当つた《ママ》ことがあるが、之がために一部貴族を慢心せしめ、延いては属僚政治に油を注いだやうな結果に至つた憾みがある。……属僚政治、貴族の増長は過去の政友会が一部の責任を負ふべきことであるは勿論である」（二一六ページ）が、これは過渡期の実際政治であり、それを担った原敬は大政治家であった。しかし「過渡的政治家」は原を以て終わりとなった、と。すなわち横田は貴族院の最大会派研究会と同じく衆議院の多数党政友会とが提携（＝「貴衆縦断」）することによる、原敬型政党政治を過渡的なものと位置付け、それからの脱却のために貴族院改革が「最早や論議の余地なく、国民の等しく希望するところである」（二一三ページ）と断じた。横田はまた、第二次護憲運動後、最初の通常議会である第五〇議会開催を前に、「貴革」は「普選」より重大である、もし第五〇議会で「徹底的に〔貴族院を―筆者註〕改革しなければ七か年は駄目になるのだ、それに比べると普選は第五一議会になつて解決しても決しておそいとは言われぬ」（大正一四年七月一二日付『東京朝日』）と語っていたようであつた。彼にとって「貴革」は普選に先んずるべき、大正デモクラシーの一里塚であった。

さて、以上に述べたような第二次護憲運動に至る歴史的背景の下で、吉野が貴族院改革について具体的に挙げた三点を主な論点としつつ広範な議論が新聞紙上や雑誌において展開され、美濃部が説き主張した理論的根拠に基き護憲運動が展開され、貴族院改革の必要性が強調された。彼らに共通するところは、貴族院の役割を下院に対する抑制機関として期待していることであった。

では、実際に第二次護憲運動はどのような改革をもたらしたか。吉野や美濃部が期待する、下院に対する効果的な抑制機関としての方向付けが貴族院についてなされたのか。そしてその効果のほどはどうか。本書では明治憲法体制下最大の貴族院改革の政治過程について検討する前に、創草期から大正前半期における貴族院の問題点といくつかの小改革について考察する。すなわち明治・大正前半期の貴族院の動向とそこに見られる「病理」現象を明らかにする。同時に、この改革の必要性について説きまたはそれを後押ししたジャーナリストや学者の言説についても注目しておきたい。こうした作業を通じてこそ、貴族院改革の来歴と大正デモクラシー期の貴族院改革の政治史的意義について論ずる前提を造り出すことができる。それを踏まえ、本書では、大正一四年の貴族院改革の政治過程を明らかにし、その改革の意義と実効性について、直近の貴族院議員通常選挙（大正一四年七月および九月に実施）

を通じて検討することとする。

先ず、明治~大正前半期にかけて浮かび上がった貴族院の問題点――病理といくつかの小改革について考察することから始めたい。

追記

本書の校正作業が最終段階を迎えた本年一月末に、吉野作造講義録研究会編『吉野作造政治史講義―矢内原忠雄・赤松克麿・岡義武ノート―』（岩波書店）が刊行された。第二次護憲運動のあった大正一三（一九二四）年度の講義録「岡義武ノート」に次のようにある。「上院は一人一党主きたる可きに、最近は数を以て結束するにいたり、更に上院の多数党が下院の多数党の可決せし議案の上院通過を請負ふにいたり、上院設置の趣旨波〔破〕却せられ、ここに貴族院改革とならるるにいたれり」（四〇〇ページ）。さらに次のようにある。「我が国の政治につき主導権をとるのは下院にて、上院これを洗練することにあり。批評的なるにあり。さすれは一人一党にて思ふことを云へば可なり。数を雍〔擁〕して一致の決をとる要なし」（同）。先に述べたように、吉野は貴族院に衆議院に対する牽制機関としての役割を期待した。受講生たちに、彼は、国政の主導権をとる衆議院を批評し洗練させることこそ貴族院の役割であり、貴族院では多数による議決などする必要がない、同院は「一人一党主義」であるべきだと、説いた。従って、先に見た通り、それを不可能にする研究会など大型の貴族院会派は「弛解」されるべきである、としたのである。なお、この講義録を作成した岡義武（一九〇二~一九九〇）は、後年、吉野の後を継ぎ東大法学部で教授として政治史を講じた。（二〇一六年二月記す）

第一部　貴族院の「病理」と小改革

貴族院に席を占め、時に行政官の不都合を匡正し、時に衆議院の狂暴を匡正し、上は皇室と、下は多数人民との間を親密協和なるの手段を取り申したし。

——谷干城（明治二三年七月一四日付元田永孚宛書簡）——

第一章　貴族院改革のあゆみ

はじめに

貴族院の権能は貴族院令に規定されていた。基本的に貴族院は下院衆議院と同一の権能を有していたが、貴族院令第八条に規定されている「華族ノ特権に関る条規」、同じく九条「議員の資格および選挙に関る争訟の判決」そして第一三条「貴族院令の増補改訂」に関るそれぞれの議定権を有し、予算審査期間も第五二議会までは特に定められてはいなかった。法令上の点に限れば、貴族院は衆議院にない権限を持っており、予算審査期間についても制約がないという点も加味するならば、貴族院は衆議院より優位にあったと言ってよい。

従って衆議院を中心に政党が力を持つようになると、この貴族院の優越性に対し疑問がもたれるようになった。貴族院事務局編『貴族院に関する諸論概要録』（昭和一一〔一九三六〕年九月調、貴族院事務局刊）によると、学界やジャーナリズムそして政界において貴族院改革の議論が始まるのは大正一〇（一九二一）年以降であるが、一部学界では早くも明治三〇年代後半より学術雑誌において組織を中心に貴族院に関する議論が展開された。学術雑誌にせよ、商業雑誌にせよ、そして新聞にせよ、大正一四年の貴族院令改正に至るまでに、貴族院の構成要素や権能についてかなり掘り下げた議論が展開されたが、それが貴族院改革に結びつくことはなかった。

しかし、貴族院の在り方や改革をめぐる政府や貴族院側での議論が無かったかと言えばそうではない。それなりの模索がなされたし、いくつかの内閣の下で「改革」―小改革が実施されたことは事実である。では、それはどのようなものであったか。その模索や「改革」について今まで研究がほとんどなされて来なかったと言ってよい。本章では初期議会から大正前半期に至るまでの貴族院改革に関する模索やその「改革」について、明らかにする。まずその前に、貴族院の構成と貴族院を実際に動かしてきた構成員の集団―会派について簡単に見ておきたい。

一　貴族院の権能・構成と会派

貴族院・衆議院の権能は原則として対等であった。いわゆる明治憲法の半官的な逐条解説書として広く知られた伊藤博文著『憲法義解』によれば、貴族院は「均く上流の社会」すなわち「国民慎重練熟耐久の気風」を代表し、「政権の平衡を保ち、政党の偏重を制し、横議の傾勢を撐《ささ》え、憲法の堅固を扶け、上下調和の機関となり、国福民慶を永久に維持する」[1]ことが期待されていた。貴族院が衆議院に対し、少なくとも憲法上対等な立場が保証されたのは、こうした憲法起草者の思惑によるものであった。しかし、その対等性にもいくつかの例外があった。美濃部達吉によれば、次の七点である[2]。

一　衆議院の組織は法律によるが、貴族院のそれは貴族院令をもって定め、その貴族院令の改正は貴族院の議決を経る。

二　予算について衆議院が先議権を有し、その予算委員会の審議期間が定められているが、貴族院にはない。

三　貴族院は華族の特権に関する条規について天皇の諮詢に応える。

四　衆議院は自らその議員中より議長・副議長の候補者各三人を選挙し、その内のひとりが勅任されるが、貴族院はその推薦権を有しない。

五　衆議院は議員の辞職を許可及び除名する権限を有するが、貴族院にはそれがなく、貴族院議員の辞職及び除名は勅裁による。

六　衆議院はその議員の資格審査権を有するが、選挙訴訟や当選確認訴訟を裁判する権利がないが、貴族院は資格審査のほか、その議員の選挙および当選に関する訴訟に関し裁判権を有する。

七　政府は衆議院に対する解散権を有するが、貴族院には解散の制度がない。

さて、帝国憲法第三四条は「貴族院ハ貴族院令ノ定ムル所ニ依リ皇族華族及勅選セラレタル議員ヲ以テ組織ス」と規定していた。すなわち右に指摘したように、帝国憲法は上院の組織を法律でなく勅令で定め、下院の議決権の埒外に置いた。美濃部達吉はこれを「我ガ憲法ノ最モ著シキ異彩ノ一ツニシテ、恐ラクハ其最モ不合理ナルモノ」[3]とする。およそ勅令は勅裁を条件に政府によって変更・改廃が可能である。貴族院令もその例外ではない。しかし、そうする時、貴族院の組織は政府により随時改変され、貴族院は政府に対し独立した機関たりえなくなる。すなわち、貴族院はこの点で衆議院と同様な存在となり、伊藤が『憲法義解』で述べたような機能を貴族院が果たすことは期待薄となるかもしれない。それ故に、貴族院令第一三条に「将来此ノ勅令ノ条項ヲ改正シ又ハ増補スルトキハ貴族院ノ議決ヲ経ヘシ」とあるように、貴族院令の改正に貴族院の議決が必要であることは「憲法上ノ自明ノ事理」[4]であると、美濃部は考える。

しかし、これはまさしく両刃の剣である。貴族院の政府に対する独立保障装置は貴族院の政府に対する防御装置でもあった。すなわち、貴族院は衆議院の構成内容について関与できる反面、衆議院は少なくとも法制上は貴族院令の制定・改廃には関与できず、たとえ政府が衆議院の意向を反映した貴族院令改正案を起草し、枢密院の了解を得たとしても、最終的には貴族院自体がそれに同意しなければ成立しない。要するに貴族院は、政府や衆議院の改革要求に対し、貴族院令第一三条という〝鉄壁〟で守られていたのである。

さて、明治二二（一八八九）年に皇室典範や衆議院選挙法などと並んで憲法付属の法典として公布された貴族院令では、貴族院は次の構成要素から成るとしている。①成年に達した皇族（皇太子、皇太孫は満一八歳、その他は満二〇歳）、②満二五歳以上の公・侯爵、③満二五歳以上で同爵者の互選に当った者、④国家に勲功があり又は学識ある満三〇歳以上の男子で勅選された者、⑤各府県における満三〇歳以上の男子で土地あるいは工業商業について多額の直接国税を納める者一五名の中から互選され、さらに勅任された者。

これらの構成要素は、それぞれ①皇族議員、②世襲議員、③有爵互選議員、④勅選議員、⑤多額納税議員と俗称された。①と②については、任期は終身で定員は特になかった。③は任期七年で、その定員は各爵ごとに定められたが、おおむね五人に一人の割合で互選された。④の任期は終身、定数は当初明確な規定はなかったが、明治三八年三月の貴族院令の改正以来、一二五と定められた。また、⑤は任期七年、定数は、当初その選出のなかった沖縄県および北海道からの選出分がその後新たに加わって四五から四七に増加した。なお、③と⑤の選挙すなわち互選については、それぞれ伯子男爵議員選挙規則（明治二二年勅令七八号）、多額納税者議員互選規則（明治二二年勅令七九号）によった。共に七年毎に総選挙が実施された。法令上それは「通常選挙」（伯子男爵議員選挙規則第一六条）であるが、二回以降は広く「総改選」と称された。通常選挙と通常選挙の間には補欠選挙が頻ぱんに実施された。

ところで、「微温的」と揶揄されながらも貴族院改革を実現した第一次加藤高明内閣の下で召集された、第五〇回帝国議会開会直前における各種別議員数は次の通りである。

皇族　一六、公爵　一四、侯爵　三一、伯爵　二〇、子爵　七三、男爵　七三、勅選　一二五、多額　四七

右のように、②世襲議員は四五名、③互選議員は一六六名で、有爵議員（もしくは華族議員）の総数は二一一名である。これに対して爵位によらない、④勅選と⑤多額納税議員の合計は一七二である。数字の上からは④と⑤の合計である勅任議員＝非有爵議員に対する有爵議員の優位性は明らかである。もっとも、貴族院令第七条に、勅選議

員と多額納税者議員とは「有爵議員ノ数ニ超過スルコトヲ得ス」とあり、制度的にも有爵議員が貴族院の中心的構成要素であることが保証されていた。なお、①皇族議員はその全員が軍籍にあったので、登院して議席につくことはほとんどなかった。従って、少なくとも数的には有爵議員が貴族院の中心であった。

この有爵議員は院内では総じて集団的行動をとった。彼等は同爵者ごとに、またはある程度各爵横断的な会派を組織したのである。それらの会派の大半は組織の趣旨を明確にすると共にまとまった規約を持ち、あたかも衆議院における政党・政派のような集団としての意味を貴族院においてももっていた。こうした会派として子爵中心の「研究会」が初期議会以来の伝統を有し、最大会派として政治的に重要であった。ちなみに、第四回有爵互選議員通常選挙が実施された明治四四（一九一一）年の第二八回帝国議会開会直前には、研究会所属議員は侯爵議員三、伯爵議員四、子爵議員六六、男爵議員一〇、勅選議員一一、多額納税議員一二すなわち総計一〇六と、貴族院議員総数のおよそ二八パーセントを占めるに至った(5)。さらにこの傾向は大正期後半になってより強まってくる。すなわち、研究会は、大正八年に伯爵議員による会派「甲寅《こういん》倶楽部」を吸収合併するとともに世襲議員や勅選議員および多額納税議員に対し同会への入会を積極的に働きかけた。その結果、大正一二（一九二三）年末に、同会は総勢一六七名から成る大会派となったのである。これは実に、議員総数の四二・五パーセントにあたる(6)。また、伯爵議員の研究会への合流（大正八年）と軌を一にして、大部分の男爵議員を擁する新会派「公正会」が結成された。以後、研究会と公正会とは政治的なライバル関係にあった。

その他、有爵議員中心の会派としては、例えば初期議会から明治三〇年代前半に活躍した、三曜会と懇話会がある。前者は公爵二条基弘や公爵近衛篤麿らを中心とした二〇余名の団体であり、後者は公爵島津忠済、侯爵伊達宗徳そして子爵谷干城らに率いられた六〇名前後の集団であった。ともに、初期議会期における「対外硬」運動の中心的勢力をなし、「民党」の予算削減攻勢を詔勅によって乗り切った第二次伊藤博文内閣以降、「反藩閥政府」を盛んに唱道した。しかし、明治二〇年代末から三〇年にかけての藩閥政府による切り崩し攻勢のため、その勢力は縮小し、三〇年七月に実施された伯子男爵議員の総改選では決定的な打撃を受け、ついに相前後して解消している。

一方、勅選議員を中心とした会派として、「茶話会」、「交友倶楽部」、「同成会」があった。「茶話会」は、初期議会期に山県系官僚によって組織された会派で、反政党勢力の牙城であった。これに対し「交友倶楽部」は、大正初年に数人の多額納税議員をも加えて成立した会派で、水野錬太郎ら政友会系の勅選議員を中心としていた。大正初年から昭和期にかけ、親政友会勢力として貴族院に重きをなした。「同成会」は、「公正会」設立直後に組織され、政友会に対抗して、親憲政会─民政党の旗幟を鮮明にしていた。時の内閣は、勅選議員に欠員を生ずるたびに、特に政権交代の折に、政治的に近い官僚を勅選議員に奏薦した。それらの勅選議員のほとんどは、その内閣と政治的に最も近い会派に入った。なお、多額納税者議員が独立した会派を形成したこともあったが、何れも一〇名前後の小規模なものであった。彼等はたいてい「研究会」はじめ思い思いの有力会派に分かれて所属した。

こうした会派は、いずれも規約や組織を有し、対政府交渉を持つとともに会派間に政治的磁場を造り出すとともに対政党関係を維持しつつ、貴族院の意思を決定した。明治期から大正初年にかけては「研究会」と「茶話会」が、また大正期後半から昭和期にかけては「研究会」と「公正会」とが、それぞれ貴族院の意思決定に中心的な役割を果たした。なお、茶話・公正・同成の三会派は内幸町の幸倶楽部に事務所を置いたので幸三派と呼ばれた。会派とその変遷については、本書末尾の資料四「貴族院諸会派系統図」を参照されたい。

二　改革の可能性と必要性――伊藤博文の場合――

藩閥政府の側で、貴族院改革の必要性をいち早く認識したのは、明治憲法の起草者伊藤博文であった。言うまでもなく、憲法草案の起草とほぼ並行して衆議院議員選挙法や議院法さらに貴族院令など憲法付属の諸法令が伊藤の下で井上毅、伊東巳代治そして金子堅太郎によって構想され草案が作成された。憲法そして貴族院令の制定に深く関わった伊藤が貴族院改革の必要性を痛感するきっかけとなったのは、自らが総理大臣として政友会内閣を率いての第一五議会（明治三三年一二月開会）での体験といわれるが、(7) それに先立つ七年以上も前に、その伊藤が初期議会期において近衛篤麿や谷干城らに対し、貴族院令の改正について打診していた。金子は明治二七（一八九四）年当時、第六議会開会を前に貴族院令改正を考える伊藤に対し次のような書簡を書き送っている。

貴族院令改正之事は曽て御内示も有之候間其後種々考候処、今回之議会には御提出不相成候様奉願上候。貴族院も随分入り乱れ居る候故昨今彼の改正の義に付種々の風説有之候。其出所は近衛、谷両氏に有之候。是は右両氏に御談し有之候間、両氏より他人に漏れ居候事に御座候。其風説之要は貴族院令改正は政党内閣を構成する準備也（伊達男の断）。其外彼是の浮説も有之、殊に改正案通過候とも来三十年（選挙貴族院議員の任期の終わり）に至らされは施行する事能はさるか故に今日之を議決し置くも実施の効能を見る事能はす、却て貴族院議員の感触を悪くし不得策と被存候。(8)

金子は内閣総理大臣伊藤博文に対し、近衛篤麿らから伊藤の貴族院令改正に関する腹案がすでに一部貴族院議員間に漏れており、政党内閣組織の準備ではないかと貴族院で警戒されつつあるし、今期議会を通過してもそれは来る明治三〇年の貴族院通常選挙で実施予定の事柄であり、あるいは実施不能となるかもしれないので、今回の提出は得策でないと述べている。

この時伊藤は当面貴族院をどのように変えようとしていたのか。すなわち彼が初期議会における貴族院についてどのように総括し、それを踏まえ貴族院をどのように変えようと考えたか。資料を欠いて、判然としないが、明治三〇年の通常選挙に関係しているとすれば、有爵互選議員の定数やその選出について、あるいは多額納税者議員制度の改正であったかと思われる。明治憲法体制発足後僅か三年余りの時点である。この時点で伊藤が貴族院改革を思い立った契機は何であったか。それも判然としないが、第五議会における貴族院との確執がその原因のひとつであったように思われる。

第五議会は衆議院を中心に大荒れであった。すなわち、星亨衆議院議長辞任問題を中心とした官紀振粛問題と条約励行論とによる民党連合は、第二次伊藤内閣を大いに苦しめた。これに対し政府は停会につぐ停会によって民党連合に対抗し、明治二六（一八九三）年一二月三〇日、遂に衆議院を解散した。この時、政府は解散理由を明示しなかったため、年明け早々、貴族院の一部議員は非立憲的行為であるとしてこれを問題視し、谷干城（懇話会）と渡辺清（男爵議員、純無所属）は伊藤首相を訪問し、詰問した。さらに、一月二四日、貴族院議長近衛篤麿、公爵二条基弘、子爵鳥尾小弥太、同谷干城、同曽我祐準ら三曜会と懇話会を中心とする三八名の貴族院議員が連名して「意見書」を政府に提出した。近衛や二条らは、衆議院は政府予算案の削減を専ら事とし「殆ント他ノ国務ヲ顧ミ」なかった従来の「慣行」を改め、今次の議会において「国権ノ退縮ヲ憂ヒ、官紀ノ弛緩ヲ悲シミ、或ハ上奏シ或ハ建議セント」することは「大政翼賛ノ道ニ向」うものであり、「議員当然ノ職分」であるとして[9]、第五議会における衆議院の行動を支持した。これに対し伊藤は、衆議院解散に関する弁明と条約励行という対外硬実施の不可を主張した回答で応じた。貴族院側はこれを受けて協議した結果、この回答を不服として、二月一九日に近衛、谷の名前で再度意見書を伊藤に送った[10]。

こうして、貴族院野党ともいうべき三曜会・懇話会を中心としたグループと衆議院の自由党系議員を除く民党勢力とが結びつき、四月二二日には芝紅葉館に貴衆両院議員による対外硬派議員の懇親会が開かれ、一〇〇名余りの議員の結集をみたのである。

また、近衛や谷はこの時期に貴族院の強化を考慮していた。すなわち、彼らの意見書が伊藤内閣に提出されるよ

り も前、近衛、谷、岡部長職（子爵議員、研究会）、鳥尾小弥太（子爵議員、大和倶楽部のち懇話会）、渡辺清ら一七名の貴族院議員は連名で伊藤に宛て、貴族院強化の必要性を説いた意見書を提出した。彼らは政府に対し、枢密顧問官に貴族院議員を兼任させるとともに大隈重信（伯爵）、板垣退助（伯爵）、品川弥二郎（子爵）など「国家ニ勲功アル人物デ在野ニアル者ヲ勅選議員」(11)とすることを提案したのである。それは「貴族院ノ威信ヲマシ、政治上ノ激動ヲ鎮静シ、国家ノ藩閥タル実ヲ挙ゲル必要ナルモノ」(12)であった。「貴族院ニ元老ヲ集メ、上下ノ倚信ヲ繋ギ、一面公事ヲ議シ一面政府ト衆議院ノ紛争衝突ノ調和セシムルハ両院立制ノ本旨」(13)であると、彼らは、貴族院を従来と同様に議事機関すなわち立法機関であることに加え、さらに政府と衆議院の調停機関たらしめようとしたのである。

変質して来たとは言え、超然主義を標榜して議会に臨んできた藩閥政府にとって、衆議院と連動しつつ政府批判を繰り広げる貴族院の一部勢力すなわち近衛・谷グループの存在は目の上のたんこぶであったに違いない。そうした彼らが主導権を取りつつある貴族院が立法機関の枠を超え、行政機関と立法機関との調停機関化する可能性すら出てきたのである。かかる状況に直面した伊藤が、彼らを牽制するために貴族院改革を構想したとも考えられよう。

さて、伊藤は金子の助言を容れたのであろう、明治三〇年七月以前に貴族院令改正案が貴族院に上程されることはなかった。しかし、彼はその改正を断念したわけではなかった。第二回通常選挙を経た明治三二年一一月、彼は近衛貴族院議長に対し貴族院令の改正について打診した。近衛はこの問題について「公然たる交渉を受けたる訳ではないが、三回に分けてこの問題について伊藤と話をした。(14)伊藤は①「勅選議員に年限を付す」、②「互選議員の解散を行ふ」の二項について近衛に相談したという。近衛は終身議員に年限を付すのは穏やかではなく①について反対し、②についても「貴族院解散は憲法の改正なれば極めて重大の事項なり。余は憲法を改正してまでも現行の制度を変ずるの必要あるや否やを疑ふ。仮に貴族院を解散するとして如何なる場合に之を行ふや」と否定的であった。[15]また、近衛は、この他にもある人より世襲議員を廃し、五爵通して互選議員を選挙するとか多額納税者議員の廃止など伊藤の改革案を聞いたが、共に貴族院に提出するほどのものではない、とこれまた否定的な態度を示した。[16]

伊藤が貴族院改革の必要性を痛感したのは、先の政党の総裁として内閣を組織（第四次伊藤内閣）してからである。すなわち伊藤は明治三三年九月、井上馨を除き山県はじめ元老たちが反発する中、伊藤系官僚集団と星亨ら旧自由党（憲政党）勢力が手を結び、政友会を立ち上げた。板垣退助を排除して元老伊藤を総裁に担いだ星亨ら旧自由党勢力は、政権欲に駆られていたのである。翌月、山県内閣は総辞職し、山県有朋は伊藤を後継内閣の首班に奏薦した。政友会側に未だ政権を担う準備も経験もないことを、山県は見越していた。政友会総裁でもある伊藤は逡巡しつつもこれを受諾し、否受けざるを得ず第四次伊藤内閣が成立した。[17]伊藤と山県の関係が疎隔したことを受け、貴族院の旧山県系官僚集団すなわち山県系勅選議員たちは伊藤系政党内閣に対する反発を顕わにした。

この政友会内閣に対し、研究会所属の清浦奎吾や平田東助、大浦兼武ら茶話会を組織する山県系勅選議員たちは、研究会や木曜会など諸会派に働きかけ貴族院に政友会内閣包囲網を完成させて行ったのである。折しも北清事変における派遣軍の戦費調達のための増税案が衆議院を通過して貴族院に回付されるや、酒造税を始めとする一連の増税案に対し谷干城らの庚子会ばかりか研究会や茶話会など政府系の会派までもが反政友会内閣の包囲網に加わり、同内閣を退陣せしめんとその包囲網を縮め始めた。[18]ちなみに二月中旬に『読売』は、「貴族院の大活動」と称して「研究会を始め各団体にては、政府が政友会と結託して何事も党議に依つて決する如き所為を憤り、予算案についても製鉄所問題、増俸問題、増税問題等皆衆議院に反する態度を取るに決し、遂に研究会にては一つの決議案を起草し各団体に交渉中にて日ならず一大活動を見るに至るべし」[19]と報じている。

ここで『読売』が報ずる決議案については不明であるが、貴族院は「日ならず」増税問題で伊藤内閣を激しく攻撃した。すなわち、貴族院に回付された増税法案は二月二三日の貴族院本会議で侯爵黒田長成を委員長とする貴族院酒造税法中改正法律案外七件特別委員会に審議を付託したが、同委員会は八つの法律案を一括審議に付し、僅か一日の審議で八つの当該法律案全てを一括して否決したのである。伊藤は二月二五日に開催されたこの貴族院特別委員会の冒頭で、「私の政治に於いて秕政ありと云ふの御見込ならば其秕政を挙げて上奏をされて斥けらるるも私は更に厭うふ所ではありませぬ[20]」と、不退転の気持ちで臨む胸の内を明らかにし、一国家の意思を国際社会に表明するという国家的見地から、これら増税法案の貴族院通過を懇願した。

……此の北清の事件と云ふものに付いては各国とも非常に注目を致して居ることであつて、又立法部の会議の結果と云ふものは此事件に対しては如何に重きを置かるるやと云ふに即ち一国の方針を示すことになるのであります。諸君が丁度各国の新聞を御覧になっても御分りになるやうにこの事件の関係の国々の意思と云ふものは立法上に於て政府が其意向を示し、然して立法部なるものが或は一国の上院たる即ち貴族の代表者としての意向及び衆議院の民衆の代表者する所の国民の意向と云ふものが予算或は税法案の議決のみでなく、其決議に現はるる所は一国の意向が世界に発揚される所であります。……何人が局に当るにしても斯くのごとく事変に遭遇して現在兵を動かして置いて其費用の供給する所がない。つまり其供給については帝国議会上下両院あって一院は之を協賛し一院の万一も否決に至って其進路は杜絶されて居ると云ふが如きことを表白すると云ふは私の実に遺憾至極なことに考へる。国威の上に於いても能く御勘考を願わなくちやならない。……〔立法部の会議の結果は—引用者注〕全く日本国の意思を発表する訳合でありまするに依って、是は決して軽々しいこととは考えられぬ訳であります[21]

なるほど、「二院制とは組織原理を異にし、議事ルールをも異にする、ふたつの独立自足的な審議体が憲法上の機関として存在すること[22]」である。そしてこの二つの独立機関が意志の合致を見た時、それは議会の決定事項となる。[23]日本は北清事変において連合軍の中核部隊を派遣していた。首相として伊藤は、早急に北京とその周辺に駐留する日本軍の駐留費捻出の目途を付けたかったにちがいない。彼は二院制の本旨に立ち返りつつも、国家的見地から、政治的立場や党派を越えて貴族院が判断するよう、特別委員会に要請したのである。

しかし、すでに述べたように伊藤の懇願にもかかわらず、この日（二月二五日）、この特別委員会すなわち酒造税法中改正法律案外七件特別委員会は、一日の審議でもってこれらの増税法案を全て否決したのである。その理由を大雑把にあげると、①今回の増税は半ば北清事変出兵費用の支弁と半ば他の目的があり、増税の目的自体が曖昧であり、②行財政整理を実施すると政府は言うが、その調査に着手すらしておらず、増税はその調査が終了してからでもいいのではないか、③戦費調達は増税以外でもその財源を求めることが、可能ではないか、という三点であった。[24]

一日おいて二月二七日、貴族院本会議[25]において伊藤は、黒田の委員長報告および政府委員阪谷芳郎（大蔵省主計局長）の補足説明の後、この増税は「異域に於いて働く所の者に与ふる所の給養ではありませぬか」、そして相当な出兵をした国も増税によってその費用を賄っていると[26]、特別委員会に続き中国派遣軍への増税による予算措置の必要性を訴えた。また彼は次のように「憲法政治上の講釈[27]」をしつつ、貴族院本会議に対し特別委員会の結論の再考を迫ったのである。

……詰まり政府と上下両院との合議に依つて立法は完結するものと言わざることを得ぬ。立法の権を有つて居るものは両議院及政府も有つて居るものであるから、憲法機能の部分は政府にもある。此憲法政治の妙用は何れに在るかと申すと、詰まり此三権の調和に在ると考へますが、調和は何に依つて得らるると云えば、互いの譲歩に依つて三権能が調和さるるのである。飽くまで私は此立法権能の調和を計って而して国家の必要に応ぜんことを努むる積りである。[28]

特別委員会そして続く本会議において、伊藤は貴族院に対し繰り返し二院制と政府のあるべき関係を説いた。伊藤によれば政府・貴族院・衆議院の「三権能の調和」が憲法政治には不可欠であった。二院制議会を最も早く成立させ、立法権を国王と議会で共有し、国王・貴族院・庶民院三者の承認がなければ、法は成立しないという慣行を確立させたイングランドの事例を伊藤は想起していたのであろうか。伊藤にとって、この調和が貴族院によって毀損され、政党内閣はその存立が脅かされようとしていた。(29)

しかし、伊藤にとって貴族院の雰囲気がいささかなりとも好転することはなかった。伊藤は議会を一〇日間停会にし、その間山県、井上、松方、西郷ら諸元老に調停を依頼したが、なんら状況を変えるに至らなかった。(30)三月一日、貴族院の六会派すなわち研究会、庚子会、木曜会、茶話会、朝日倶楽部、無所属派の交渉委員が研究会の事務所に集まり善後策を協議した結果、各派が歩調を取り、政府に対していく事が合意された。(31)

この時貴族院には院内会派として七会派が存在したが、多額納税者議員の会派である丁酉会を除く全会派が増税案反対の協定を結んだのである。『東京朝日』の報ずるところによれば、増税法案賛否をめぐる貴族院各派の動向は次のようであった。「……研究会員六六人の中芳川顕正三好退蔵の二氏は何らかの事情ありて同会の反対決議以外に立つこととなり他は総て反対決議に一致し居れり。朝日倶楽部の二十五人及び庚子会の二十六人は全数一致の反対なり。木曜会は反対十三名にて、会の決議も反対に在れども採決に際し一名の多数を以て決したるより一二名だけは賛成派と知るべし。茶話会は現に官吏たる者を除くの外皆反対又無所属倶楽部〔無所属派―引用者注〕にも十二三人の反対あり。同盟に加はらざる丁酉会さへも二三人の反対者あるを以て反対議員総員は百七十人前後なれば、賛成者は僅に六十人内外と知るべし」。(32)

初期議会以来反藩閥政府の旗印を掲げてきた、近衛篤麿をリーダーとする三曜会は明治三一年に事実上解消し、改進党系の多額納税者議員とともに朝日倶楽部を発足させた。谷干城らの懇話会では、この年、一部の会員が離脱して朝日倶楽部に入り、その残りは谷や曽我と共に新たに庚子会を発足させていたのである。木曜会は明治三〇（一八九七）年に千家尊福と共に研究会を脱会した六名の男爵議員が無所属であった男爵議員たちと結成した会派である。この時点では六会派の全てが決議拘束により、それぞれの会派所属議員全員が反増税法案に動くというわけではなかったようで、研究会、庚子会、朝日倶楽部ではほぼ全員が反対であったのに対し、茶話会、木曜会、無所属派では半数近くが反対ではなかったようである。

第一五議会貴族院は皇族議員一三名を除くと、三一四名の議員で構成されていた。『朝日』の試算によれば、貴族院の反対議員数は一七〇前後であった。賛成者六十人前後という数字の根拠が挙げられていないが、三一四の過半数の一五八にはとても及ばない数字である。本会議で採決が行われれば、増税法案は否決されたにちがいない(33)。

万策尽きた彼は天皇にすがって事態を打開しようとし、今日の事態を招いたのは憲法制定時において「計画」に「周密」を欠いていたからであり「将来憲法政治の生活ヲシテ永続セシメントスルニ於テハ貴族院改造ノ一方アルノミ。陛下若シ臣ヲシテ尚大局ヲ全クスルノ責任ヲセシメラレン乎、臣貴族院改造案ヲ具シ、上奏聖裁を仰グベシ。……(34)」と、貴族院改革の必要性を上奏した。

これまで帝国議会はしばしば停会された。が、その何れも政府と衆議院との対立が原因であったが、政府と貴族院による停会は今回が初めてであった。

かかる事態に対し、明治天皇は貴族院に対して詔勅を発し「廟謨を翼賛」することを要請した。これにより急転直下、貴族院は政府案（衆議院回付案）を全会一致で可決した。ここにおいて、「三権能の調和」が崩れた時、伊藤にとって、それを復旧できるのは天皇であって、元老ではないことが明らかになった。なるほど伊藤が説くように明治立憲制は「三権能の調和」によって機能するのであろう。そうだとした時、政府と衆議院を主導する政党内閣が、「三権能」の権威的調停者もしくは「三権能の調和」を保証するものを天皇以外に求めるとすれば、それは調和指向性の高い貴族院の存在以外にはない。ここにそれを可能とする貴族院改革が不可欠となる。伊藤は真剣に貴族院改革を考えた。

では、この時あるいはその後、伊藤は如何なる貴族院改革案を用意したのか。伊藤自身による改革案が遺されている。それは公侯爵の世襲議員と伯子男爵の互選議員を廃止し、自己の勲功によった華族議員のみ終身議員とするとし、老朽淘汰のため勅選議員に任期を付し華族の適材については勅選議員として任命する、さらに多額納税者議員の廃止、大審院長・検事総長・行政裁判所長官・帝国大学総長などによる二二名からなる在官議員の新設など、貴族院の構成そのものを抜本的に変えようとするものであった[35]。

それはまた、伯子男爵互選議員制度を廃止することで研究会など有爵互選議員中心の会派を廃滅に追い込むとともに、山県系官僚出身が主導権を握る勅選議員団に政府系の華族を勅選議員として送り込むことによって茶話会など山県系勅選議員団の影響力を大きく削ぐための措置でもあった。伊藤は改正貴族院令の完全実施を「明治五二年」以降すなわち一九一九年以降と考えていたようではあるが、結局伊藤私案は筐底に秘められたまま公表されることはなかった。

三　歳費廃止法案

伊藤が貴族院改革を思い至ったのは、明治二六（一八九三）年一二月三〇日に衆議院が解散されて以降のことであった。前節で述べたように衆議院総選挙後最初の議会すなわち第六議会開会（明治二七年五月一五日）の直前に、貴族院令改革案を貴族院に上程することを思い止まっている。その後、彼は第一五議会で貴族院改革の必要性を痛感したわけだが、その間も、貴族院改革が模索された。それは伊藤とその周辺という藩閥政府の側によってだけではなく、貴族院の側においても模索されたのである。すなわち、明治二九（一八九六）年二月一〇日、第九議会の貴族院本会議に、伯爵松浦詮（純無所属、硬派）、曽我祐準（懇話会）、柳沢光邦（純無所属、硬派）、梅原修平（懇話会）を発議者とし、井伊直憲以下六一名を賛同者として「議院法第一九条第一項改正法律案」が提出された。それは次の通りである。

「議院法第十九条第一項改正法律案[36]」

第十九条　各議院ノ議長ハ歳費トシテ四千円、副議長は二千円、貴族院令第一条第四項ニ依リ勅任セラレタル議員及衆議院議員ハ八百円ヲ受ク。但シ招集ニ応セサルモノハ歳費を受クルコトヲ得ス。

各議院ノ議長副議長及議員ハ別ニ定ムル所ノ規則ニ従ヒ旅費ヲ受ク。

これに対して現行の議院法第一九条第一項は次の通りである。

現行の議院法第一九条第一項

第十九条　各議院ノ議長ハ歳費トシテ四千円、副議長ハ二千円、貴族院ノ被選及勅任議員及衆議院ノ議員ハ八百円ヲ受ケ、別ニ定ムル所ノ規則ニ従ヒ旅費ヲ受ク。但シ招集ニ応セサルモノハ歳費ヲ受クルコトヲ得ス。

（以下略）[37]

両者の違いは明らかである。現行の「貴族院ノ被選及勅任議員」を削除し、新たに「貴族院令第一条第四項ニヨリ勅任セラレタル議員」を削除した部分に入れたものが改正案である。こうすることによって何が変わるのか。貴族院令第一条第四項により勅任された議員とは、「国家ニ勲功アリ又学識アル者ヨリ特ニ勅任セラレタル者」すなわち勅選議員を指している。改正案は、衆議院議員ともども貴族院側で歳費を得る議員を勅選議員に限っているのである。要するに、この法律案は、有爵互選議員（伯・子・男爵議員）や多額納税者議員に支給されている歳費の廃止を目的とした。そして、この改正案によれば、「被選」でない、すなわち世襲による公・侯爵議員も他の議員同様「別ニ定ムル所ノ規則ニ従ヒ旅費ヲ受ク」ることが可能となる。

ちなみに、改正法案の提案理由は次の通りである。

今や国家多事にして国費を要する前日の比にあらず。臣民たる者皆進んで国費の負担に任ぜざるべからず。抑有爵者の貴族院に於ける特権や重く栄誉や大なり。多額納税議員も亦府県に於いて僅々一五名中より互選せられたるものなれば其の特権栄誉も亦軽からずと云うべし。公侯二爵の歳費を受けざる固よりその所なり。伯子男三爵及多額納税者の如きも既に其特権名誉あるに於いては此際宜しく歳費を全廃すべし。是れ此案を提出する所以なり。(38)

要するに、有爵議員であろうと多額納税者議員であろうと特権により議員となり、貴族として栄誉が与えられているのであるから、「公侯二爵」同様に歳費を受けるべきではなく、伯・子・男爵議員や多額納税者議員の歳費を全廃すべきであると、松浦ら提案者は主張する。

この法律案が出された第九議会では、日清戦争後の戦後経営の基本方針をめぐって政府と帝国議会側が衝突した。すなわち第三次伊藤内閣は六個師団増設および海上兵力の大拡張を含む軍事予算を中心に、一億五二〇〇万円もの次年度予算案を第九議会に提出したのである。それは前年度予算のほぼ二倍の規模であった。その原資は増税によるもので、同時に営業税・登録税の新設や酒造税の増徴はじめ何本かの増税法案もまた政府により提出された。これらの予算案や法律案に対し、当初貴・衆両院は反発したが、衆議院では自由党が政府に歩み寄り、共に通過の見込みがついた。しかし、貴族院では、懇話会の谷や曽我を中心に師団増設反対、行財政費削減の徹底を理由として予算案に対し、強い異論が表明されるなど、反伊藤内閣のムードが支配した。このような中、特定の会派に所属しない純無所属の議員は、反政府の「硬派」、政府支持の「軟派」そしてその何れでもない「その他」に分かれた。(39) かかる状況下、勅選議員を除く貴族院議員歳費全廃法案が松浦ら四名により貴族院に提出されたのは、議会審議の序盤が終わろうとした時である。

この法案の当初の賛成者は以下の六一名であった(40)。氏名の後の（　）は所属会派である。三曜会、懇話会、研究会、茶話会をそれぞれ三、懇、研、茶と表した。また、純無所属議員が三グループに分かれたことは右にふれたが、同様に硬派、軟派をそれぞれ硬、軟と示した(41)。

伯爵　七名　井伊直憲(硬)　上杉茂憲(懇)　島津忠亮(三)　小笠原忠忱(懇)　中川久成(懇)
　　　　　　酒井忠道(硬)　立花寛治(懇)
子爵一七名　谷干城(懇)　宍戸璣(軟)　鍋島直彬(懇)　立花種恭(硬)　仙石政固(懇)
　　　　　　竹内惟忠(三)　唐橋在正(三)　日野西光善(硬)　松平直哉(硬)　松平乗承(三)
　　　　　　青山幸宜(軟)　佐竹義理(三)　板倉勝達(三)　本多正憲(三)　内藤政共(茶)
　　　　　　関博直(三)　新荘直陳(三)
男爵　五名　槇村正直(軟)　神山郡廉(懇)　梶取素彦(懇)　本多親雄(軟)　伊達宗敦(懇)
勅選　九名　岩村定高(懇)　原田一道(硬)　箕作麟祥(硬)　安場保和(懇)　何礼之(懇)
　　　　　　安藤則命(懇)　藤村紫朗(懇)　小沢武雄(懇)　小幡篤次郎(硬)
多額二三名　野崎武吉郎(懇)　宮崎総五(懇)　野村治三郎(研)　三木与吉郎(懇)　根岸武香(硬)
　　　　　　吉村角次郎(研)　中村良謙(硬)　林宗右衛門(懇)　水之江浩(研)　佐藤清右衛門(研)
　　　　　　小林小太郎(硬)　飯淵七三郎(硬)　市島徳次郎(硬)　大塚栄蔵(硬)　鹿毛信盛(硬)
　　　　　　島津珍彦(懇)　田部長右衛門(研)　村上桂策(懇)　桑田藤十郎(懇)　桜井伊兵衛(懇)
　　　　　　角田林兵衛(懇)　鈴木伝五郎(硬)　五十嵐敬止(硬)

この六一名の会派別内訳は、三曜会九、懇話会二五、研究会五、茶話会一、硬派一七、軟派四、である。会派別・議員種別を表にしたものが次ページの表1である。

二月十日の本会議席上、発議者の一人として懇話会の曽我が提案理由を述べていることと三曜会および懇話会会員のそれぞれほぼ半数が法案賛成者に名前を連ねていることからして、この法案の推進者は懇話会とその政治的パートナーである三曜会であることは間違いない。しかし、反藩閥を旗印とした貴族院野党ではあるが、貴族院与党の研究会と茶話会からも賛同者がでている。

また、研究会には一三名の多額納税者議員が所属したが、そのうち五名が賛同していることは注目していいだろう。この時、四四名の多額納税者議員がいたわけだが、そのほぼ半数が賛成している。懇話会にも一三名の多額納税者議員が所属したが、四名を除いて他は賛成者となっている。会派をこえて過半数の多額納税者議員が歳費不要と考えていることは興味深い。これに対し、子爵議員はどうか。総勢七〇名のうち、賛成者は一七名、全体の二四パーセントでしかない。それは多額納税者議員数の半分以下の割合である。研究会という会派の締め付けがあったとはいえ、子爵議員の場合は歳費への執着もまた大きかったのではないかと思われる。ちなみに翌年六月、翌月に有爵互選議員の通常選挙を控え、『読売』は社説で、当選を目指すものが議員歳費の割譲を有権者に約束したり、逆に有権者側が歳費の分配を要求することが頻発していると指摘して、「推さるる者は唯歳費を唯一の目的にとし、推す者は賄賂と歳費の配分を当て込み」をするこの一部の華族たちは「私欲の奴隷」であり、彼らは「華族の品位」を失墜せしめると共に、「議院の神聖」を汚すことにもなると警告している。[42]

ところで、そもそも歳費とはなんであろうか。数年後の第一三議会（明治三一年一一月七日召集）に、第二次山県内閣は議員歳費増額のための議院法第一九条第一項改正法案を提出しているが、政府は歳費を議員としての「資格ヲ保ツノ資ニ供スル」[43]費用（提案理由）と概念付けている。また衆議院の特別委員会で、委員の質問に答えて政府委員の阪谷芳郎（大蔵省主計局長）は、「議員が自分の家の家事を棄て、東京に居られる間と云ふものは、種々費用も

表1　「議院法第十九条第一項改正法律案」賛成者

	伯爵	子爵	男爵	勅選	多額	合計
三曜会	1	8	—	—	—	9
懇話会	4	3	3	6	9	25
研究会	—	—	—	—	5	5
茶話会	—	1	—	—	—	1
硬派	2	3	—	3	9	17
軟派	—	2	2	—	—	4
合計	7	17	5	9	23	61

掛かる、其実費の主義から成立つものであります。月給とか慰労とか云ふやふなものの性質とは違ひます(44)」「併し其実費とどう云ふ風に算出するかと云ふことは分りませぬ(45)」と答えている。なるほど議員の職務を遂行するためには宿泊・交通費そして調査費が不可欠である。特に地方居住者にとって三か月余りとはいえ前者の負担は小さくない。その意味では提案理由にある歳費とは具体的に議員としての職務を遂行するための資源すなわち経費と言い得るであろう。この経費支給の有無は議員の資質や職務遂行に小さからぬ影響を与えるであろう。またそうした議員によって構成される議院のイメージに大きく関わるであろうし、時には政治的権威をも左右することになる。従って、議会制度を考える際、議員に対する歳費支給の有無、歳費の寡多は重要な問題である。

しかしながら、上記の歳費＝経費という捉え方は憲法起草者のそれとは異なっている。明治二一（一八八八）年一〇月二九日、枢密院での議院法審議の席上（第二読会）、伊藤は議員歳費について次のように述べる。

……議員の歳費に付いては各位に於いても議論区々に分かれ或は六百円を以て薄給に失すとなし或は議員は全く俸給を給することを要せすとなすの説をもあらんか如しと雖も議員をして無俸給にてその職に就かしめることは到底実行すべからざるなり。素より英仏伊独逸連邦等の如き諸国に於ては議員に俸給を給与せざるの例ありと雖とも是れ其国の事情と政治上の習慣より来るものにして此等の諸国を除く外は泰西何れの国と雖とも議員に俸給を与えざるの制を立つるの例をみず。殊に本邦の如きは何れの点より考ふるも議員無俸給の制を以て適当せるものと謂うこと能はざるなり。又本邦に於ては議員の俸給は上下両院必ず同一ならさるを得ざるか如し。外国に於いては議員の俸給上下両院ニ依り其額を異にするものなきにあらず。既に北米合衆国及南米諸国の如きは上院の議員は下院の議員より多額の俸給を受くるものあり。是れ其国特別の事情あるに依るものなり。何となれば此等の諸国に於ては新開の国なれば他の王国に於けるが如き貴族なるものあらざるが為め之に替ゆるに人為の豪族を以て上院を組織すればなり。故に此等の諸国に於ては其名は上院と云うと雖ともその実は人民の公選に係る人士より成立したる一種の議院たるにすぎざるなり。又上院の負担する所の事務下院より多きが為受くる所の俸給も亦下院より多きものとす。然るに本邦の上院は皇族貴族及び勅選の議員より成立し其事務及開会の時日も亦会員と差異あることなければ其俸給も亦上下両院同一ならざるべからざるは理の尤も看易きものなり。且本邦の貴族院は現今の元老院より多少之に充つるの見込にして其議員となるべきものは成丁以上の皇族公侯爵の貴族伯子男の貴族にして其同爵中より互選せられて議員となる者及勅撰の議員とす。然るに此等本邦の貴族は田地を所有するにあらず、又資産に富む者にあらず、故に皇族を除くの外は貴族にして上院議員となるものは多少俸給を与えざるを得ざるなり。而して上院議員に俸給を給与するものとせば下院議員にも亦俸給を与へざるを得ず。是他なし已に前に陳述したる如く上下両院事務及開会の時日も同一にして二院を特別にすること能はざればなり。故に若し上下両院共に同一の俸給を与ふるもととせば其総額非常の多きに上らん。依て爰に深く各官の考究を要する点は上下両院共に同一の俸給を与ふるに当たり政府の歳出上に影響する所の結果と議員全体の人数とにあり。而して本官の観る所に依れば俸給は上下両院を通して金千二百円を以て適当とす(46)

阪谷ら大蔵官僚は歳費を経費と捉えたが、伊藤にとってそれは報酬的な意味合いもあったように思われる。また、伊藤によれば、枢密院会議席上、議員歳費不要論も含め歳費について多くの意見がでた。ただ、現在元老院議官に俸給を給していいるし、華族―貴族は大きな田畑など大きな資産を持つものではないので、華族を中心とする上院議員に多少俸給を給せざるをえないし、仕事量も上院下院同じであれば、衆議院議員にも同額の俸給を提供せざるを得ない。英・仏・独連邦などヨーロッパには俸給を支給しない国もあるが[47]、日本はこれらの国々とは事情が異なる。このように伊藤は貴族院の構成要員を念頭に置きつつ、またそれを前提として、歳費問題について考える。そして貴族院の公侯爵議員＝世襲議員と勅選議員を除く、貴・衆両院議員に歳費を給するとして、総枠として妥当と彼が考える合計金額から一人の歳費が割り出される。つまり、歳費支給の是非と金額については貴族院優先主義がとられたのである。

ではこの改正案はどのように審議されたのか。すでに触れたように本会議に上程され、第一読会が開かれたのは二月一〇日である。提案説明に立った曽我祐準は、華族議員や多額納税者議員は自らの特権に対し、報酬すなわち歳費を受け取らないことが却って名誉なのであると、次のように述べる。「唯華族の家に生まれたと云うだけを以て五人の一人と云ふ多数が選ばれて此議場に列する名誉特権と云ふものは実に是はとくべつなものであらうと考えるのであります、又多額納税議員、是等も一府県数百万人の中より僅々十五人と云ふ多額納税者を選びだして其中から一人を算出して貴族院に列する、是も殆ど貴族に次ぐ所の特権名誉であって言はば無爵の華族と云っても差支えはないだろうと思はれるのであります。今申します通非常なる特権名誉ある者が僅に一箇年の中に二箇月や三箇月、この貴族院に出ましたとて別に報酬的の歳費を受けねばならぬと云ふ道理は決してあるまいと思ひます。寧ろ此特権名誉にたいしては歳費を得ぬことこそ却って名誉であらうと思ひます[48]。」

曽我は、さらに共和国は別にして「帝王国の上院と云ふものは大概歳費は無い趣であります、唯僅に旅費或は日当の如きものがあり或は鉄道の無賃乗と云ふ特権がある[49]」と述べ、現在上院議員に歳費を支給しないイタリアやイギリスについて触れ、さらに国民が「三分の一も多く租税を負担する」ことになる戦後経営の下で、華族や多額納税者の歳費を廃するくらい「当然当たり前のこと」であり、「何も珍重することもな」い、東京府の参事会員や府県会議員は車料とか弁当料や日当しか受けるところがないと、具体例を挙げながら歳費無用論を展開した。

これに対して研究会の酒井忠彰（子爵議員）は、「三爵議員及多額納税議員は即ち名誉の議員であって勅選議員及衆議院議員は名誉でないから歳費を得ても相当であるの主意でありますか」と反論した。これに対して曽我は反論を試みるが、「三爵議員及多額納税議員」も衆議院議員も共に選挙で選ばれるが、片や歳費が給され、片や給されないのは何故か、という酒井の質問には正面から答えられないまま、研究会の清浦奎吾（勅選議員）が登壇し、反対演説を試みた。清浦は、法律によって一旦議員に与えられた権利・利益は安易に剥奪するべきではなく、衆議院議員、有爵議員、多額納税者議員はそれぞれ「公選にもせよ互選にもせよ法律上均しく他人より選挙せられたに違いない」わけで、それにもかかわらず「公侯爵に歳費のないと云ふ事例を引いて伯子男爵多額納税議員に歳費を給すべからずと云ふ御議論は更に賛成することはできない(50)」と、主張した。

初期議会以来、藩閥政府寄りであった研究会側の反対演説があった後、賛成演説があった。懇話会所属の多額納税者議員村上桂策（愛媛県選出）は、貴族院議員の歳費廃止は「今日私共の思立ったのではないのでございます、第二議会の時は之を廃したいと云うことは私の同志は大いに評議を致したのである(51)」と、歳費廃止は谷干城による勤倹尚武建議以来の問題(52)であると次のように述べる。「此建議が出されましたからして此建議が通過するならば我々思ふ所歳費全廃と云ふの改正案を出しても通過するもの、先ず勤倹尚武の建議は通るや否や、之を見て以て後に譲ると云うのが私共の考えであったのである」が、貴族院で非常に大きな反対に遭い今日歳費を廃するなどというような法律案を提出したところで到底貴族院を通過させることはできないので、「先ず是は時機を待つより外はないと斯う云ふ所よりして以て見合わせた次第である」が、戦後の今日「勤倹尚武富国強兵と云うことは其当時非常に反対をせられた諸君も今日は大にそれを主張なさるるからして最早歳費廃止の案を提出するの時期の到来発したものと思うて今回私共が手を拍って賛成致した次第である、決して本年之を思い立ったと云う訳では更にないのであります」[53]。村上はこのように述べ、貴族院議員歳費廃止法案がかつての勤倹尚武建議案と連動するものであり、先にすなわち第二議会で勤倹尚武建議案に反対した議員たちが今日それを主張するようになり、成立する見込みがついたとする一方、今回の増税は「営業者」すなわち商工業者中心の増税ではなく、彼らと共に農民も応分の負担をするべきであるし、さらに「先ず先に聊かたりと雖も議員の歳費を廃して国民の感情をどうか害せぬやうに」したい[54]、と議院法改正案に賛成した。要するに懇話会グループは、日清戦争後の「臥薪嘗胆」をスローガンとする戦後経営の在り方はまさしく勤倹尚武建議の趣旨に合致し、「勤倹尚武」から引き出される貴族院議員の歳費廃止論には藩閥政府とその支持会派である研究会は反対することが困難と判断して、この法案を提出したのであろう。

従って、藩閥政府支持側が取りうる反対理由は自ずと限られることとなる。例えば、勅選議員の児玉淳一郎がこの後反対論を述べたが、彼は、歳費を廃して生ずる金額は一一、二万円であり、それは水雷艇一隻の建造費にも満たない金額であって、「東洋の大強国」となった日本で「此僅か一一、二万の金を吝むの何の彼のと云ふは以ての外の事だ」[55]と、金額の大小を根拠に反対論を展開した。「勤倹尚武」を前提とする時、法案反対＝歳費支給の根拠は、節約できる金額の意味か歳費支給の妥当性か、その何れかであろう。

子爵船橋遂賢（三曜会）、男爵伊達宗敦（懇話会）そして曽我の野次や不規則発言が頻発する中、松本鼎（勅選、純無所属・軟派）の討論終結の動議が出て、蜂須賀議長は起立による採決でこの動議を却下しようとしたが、馬屋原彰（勅選、茶話会）より異議が出たため、氏名点呼によるそれに切り替えた。その結果、討論終結を可とする議員八一、否とする議員九八で、この動議は認められず討論続行となった。谷干城は、公侯爵と伯子男爵とはその数こそ違え質的には違いはなく、数の違いから世襲・互選の違いが生ずるのであるから、歳費についても均しく無いようにするべきであるが、勅選議員の場合はそうはいかないと述べ、「衆望の帰し才徳のある」人物、天爵を得られた人は「必ず立派な人、我々が尊敬する人である、さうすれば今後無爵無勲の勅選せらるる人は我々尊敬したからに之を迎えたいと思ふのである、さすれば何ぞ此勅選議員の歳費を廃する抔と云ふことは以の外と考へる」[56]と、歳費不要の対象を有爵議員に限定し、衆議院議員に歳費の問題が及ばないように配慮した。

また、加藤弘之はイギリスの国会それも下院について、国法学者ブルンチュリー（J. K. Bluntschli）[57]の著作の一部を引用しつつ議員が富豪に偏していることはよくない、歳費を廃することは結構であるが、そのために弊害が生ずるとどうしても財産の豊かな人から互選されるようになるし、「若し洩れざらんと欲せば人が助けて遣るというようなことになるとそれは私恩を売ると云ふことになる」ことも考慮すべきであろう、ともかく「稍くに生計を支へると云ふやうな人」は「自然除かれる。法律が許しても除かれると云ふことになる弊があると私は思ふ」[58]と、互選議員の歳費廃止に対して反対論を展開した。加藤に対し谷が反論したが、研究会の本荘寿巨から討論終結の動議が出て起立多数で討論は終結し、続いて研究会の正親町ら二〇名の要求により第二読会に移るかどうかを、記名投票によって決定した。結果は七二対一〇八で当該法案についての第二読会開会は否決された。三時間足らずの攻防であったが、歳費に焦点を合わせて貴族院議員のあるべき姿を当事者である貴族院議員自らが論じたことは大いに意味があったと思われる。

がしかし、歳費が主な収入源となっている貧乏華族にとって歳費廃止は、大義名分はともかく現実には認め難かったであろう。ちなみに『読売』は「……研究会派の人々は最初之に同意し賛成したる者もありしが元々研究会に属する議員は多くは子男爵の互選者にして歳費を以て家計の幾分かを補わんとの志望より選挙の際には頗る競争を試みたる程なるに今歳費全廃する時は右等歳費を得んとするものは総て屏息せざるべからざるとて其反対運動を為すこととなりたるよし」[59]と報じている。「田地を所有」し、あるいは「資産に富む」者である多額納税者議員の半数が歳費廃止の側に立っていたのは、自らにとって報酬としての歳費は不要と考えたためでもなかったか。

この議院法改正案が貴族院本会議に上程される二日前、すなわち二月八日、『読売』は社説で「貴族院議員歳費全廃」を説いた。それは次のように言う。イギリス、ドイツ」、オーストリア、イタリア、スペイン、ポルトガル、オランダ、ベルギー、スエーデン、ノルウエーの上院議員は全く歳費を受けず、ただドイツの上院議員は開会中無賃で汽車に乗れ、オランダの上院議員は旅費滞在費を受け、イタリア・ベルギー上院議員は無賃で汽車や小蒸気船に乗ることができる。今我が国は戦勝の「余威」に乗じて欧州諸国を「凌駕」しようとしているが、欧州諸国に類例が少ない貴族院議員歳費が存続するようでは、欧州諸国を「凌駕」することも比肩することもできないであろう。なるほど、アメリカ、フランス、スイスの上院議員には歳費が支払われているが、その何れも共和国である。しかし、「モンテスキュー曰く君主政治の元気は名誉に在りと。故に其の上院は名誉の府たるを以て議員たるものその歳費を受けざるなり。然れども共和政治に至ては即ち然らず、其の元気は名誉に在らざるも以て、其の上院議員の歳費を受くるも亦理なきにあらず……」(60)。

さらにまた言う、子男爵議員に歳費を給せば家計の幾分かを補填し「互選の際云ふべからざるの弊害を醸し、而して其結果常に不適当の議員を選出すと云ふこと」を是正することもまた、歳費全廃法案のもう一つの、「裏面」の提案理由である、と(61)。伯子男爵議員の選挙制度すなわち互選が貴族院の政治構造を支え、動かす根源であった。特に子男爵議員においてはそれが顕著であった。なぜ互選されたいのか。それは名誉ではなく歳費のためであるとした時、その選挙＝「互選」の対社会的意味どのようであろうか。第六章で検討するように、実はそのことこそが改革の根幹であった。

この第九議会の後、帝国議会で歳費の金額について、特にその増額の是非について議論が戦わされることはあっても、歳費支給の是非をめぐる議論はほとんど無く、ましてや歳費廃止の法律案が発議されることは絶えてなかった(62)。ともあれ、貴族院議員の「元気」は名誉にはなく、歳費に在ったのである。こうして、貴族院はその根本的な改革の機会を逸することになった。

四　有爵互選議員の定数をめぐる攻防

その後政府による貴族院改革に向けた取り組みは専ら貴族院の組織、それも有爵互選議員や多額納税者議員の数に限られ、大正一四年を迎えた。ちなみに護憲三派内閣の首相として貴族院改革を主導した加藤高明は、二院制を前提とし「各院機能ノ発揮ヲ期スルヲ要旨」とする時、各院の組織内容が問題となろうが「三五年間、数回に亘り僅かに人員の増加為したる外、組織の内容実質等に立ち入つて改正を加へたることはな(63)」かった、と貴族院令改正の提案理由を説明する中で述べている。加藤の言う通りではあるが、しかし有爵互選議員中の各爵別の定員は何回か是正され、勅選議員の総数について上限が加えられるなど、貴族院の構成に関する重要な修正が貴族院令においてなされている。以下、それをあらまし検討してみる。

まず、議論の前提として有爵互選議員の定数の変遷とそれぞれ各爵議員の選出率の変遷を次の表2に示しておく。この表で有爵者戸数は必ずしも有権者数と一致しない。すなわち華族戸主が成年に満たず選挙権を有しないことがありうる。しかし、それはごく少数であり、その誤差は無視して差支えないと考える。⅕とは、伯・子・男爵議員数は各爵有権者数の五分の一を越えてはならない、と貴族院令に明記されており、各有爵議員における最大の議員定数を示している。

また、選出率とは各爵の議員定数を有爵者戸数で除したもので、定数を有権者数で割った議員の選出率を表している。以下の表で、第一回の通常選挙での各爵における戸数を一〇〇とした時、七年ごとのそれは、伯爵の場合、明治二三・一〇〇→明治三〇・一一三→明治三七・一一三→明治四四・一二六→大正七・一二五である。同様に子爵は次の通りである。明治二三・一〇〇→明治三〇・一〇二→明治三七・一〇二→明治四四・一〇六→大正七・一

表２　有爵互選議員の定数と選出率の変遷

	明治23年			明治30年			明治37年			明治44年			大正７年		
	伯爵	子爵	男爵	伯爵	子爵	男爵	伯爵	子爵	男爵	伯爵	子爵	男爵	伯爵	子爵	男爵
有爵戸数	80	356	110	90	362	212	90	363	289	101	377	387	100	381	403
1/5	16	71.2	22	18	72.4	42.4	18	72.6	57.8	20.2	75.4	77.4	20	76.2	80.6
議員定数	15	70	20	15	70	35	17	70	56	17	70	63	20	73	73
選出率	18.8	19.7	18.2	16.7	19.3	16.5	18.9	19.3	19.4	16.8	18.6	16.3	20	19.2	18.1

出典：貴族院調査課編「華族各爵別戸数累年増加表」(『貴族院制度調査資料』(1938年刊、234～238ページ所収)を参照して作成

〇七。これに対し男爵の場合、明治二三・一〇〇→明治三〇・一九三→明治三七・二六三→明治四四・三五二→大正七・三六六と、第五回通常選挙時には有権者数が第一回と比べて約四倍増である。二八年後においても明治二三年実施の第一回通常選挙時の有権者数とほとんど変わらない子爵の場合とは好対照である。明治三七年の場合を別とすれば、選出率においても伯爵、子爵と比べ、男爵の場合は不利な状態に置かれていたことが一目瞭然である。

最初の貴族院令の改正は第一次桂内閣の下での第二一議会においてであった。明治三八（一九〇五）年二月二一日、桂内閣は突然貴族院令第四条（有爵互選議員）および第五条（勅選議員）に関わる改正案を貴族院に提出した。すなわち貴族院令第四条第二項「前項議員ノ数ハ伯子男爵各総数ノ五分ノ一ヲ超過スヘカラス」とあるのを「前項議員ノ数ハ伯爵一七人以内、子爵七〇人以内、男爵五六人以内トシ、各爵其総数ノ五分ノ一ヲ超過スヘカラス」と改め、さらに第五条に「前項議員ノ数ハ一二五人ヲ超過スヘカラス」との一項を付け加えた。この数字は第三回通常選挙を前に、明治三七年四月一九日の詔勅によった貴族院互選議員の各爵別定数である。前者は戦争によって増加傾向にある男爵者数に対し、子爵者の既得権を守るために子爵議員数、男爵議員数に上限を設けたのである。桂内閣がほとんどの子爵議員を擁する研究会の歓心を買おうとしたためであろう。後者も同様で勅選議員に対し有爵議員の数的優越を確保するためであり、それはまた有爵議員団の中核であり、大半の子爵議員によって構成される研究会の利益でもあったに違いない。

これに対し男爵議員たちは反発した。伯子男爵の三爵均等の精神に立ち、将来各爵位にある者の数が変動しても対応できるように「前項議員ノ数ハ通シテ一四三人以内トシ、伯子男爵各其総数ニ比例シテ之ヲ定ム。但シ伯子男爵各其ノ総数ノ五分ノ一ヲ超過スヘカラス」とする修正案を提示した。一四三という数字は明治三七年の第三回有爵議員通常選挙実施時のものであり、前述の明治三七年四月一八日の詔勅で示された各爵別定数の総和である。

政府案に対する修正案が採決にかけられ、賛成一二九、反対一二八の僅差で修正案が可決された。

結局、この貴族院令第四条第二項の修正条項は一度も使われることは無かった。明治四二（一九〇九）年、第二次桂内閣は第二五議会に再度貴族院令改正案を提出した。現行の第四条第二項を「前項議員ノ数ハ伯爵一七人以内、子爵七〇人以内、男爵六三人以内トシ、各爵其総数ノ五分ノ一ヲ超過スヘカラス」と改正する提案である。第一次桂内閣が提出した貴族院令改正案との違いは男爵議員の数のみで、今回の提出にあたり桂内閣は五六→六三と変えただけである。ちなみに明治四一年一二月末で伯・子・男爵の各有爵者数はそれぞれ一〇一、三七六、三七七であり、現行の貴族院令に基づき一四三名を三爵に比例配分すると、伯爵議員一六、子爵議員六三、男爵議員六四となる。二年後の七月に予定される第四回有爵議員通常選挙において有爵議員団における子爵議員団の数の上での優位性はなくなることが明白なのである。政府は前回の第三回通常選挙における一四三という大枠を外し、増加しつつある男爵者に対し、伯爵者・子爵者の既得権を維持しつつ男爵議員の数を七名増加させたのである。子爵者・男爵者の数からすれば、少なくとも子爵議員と男爵議員は同数であるべきなのに、である。今回もまた桂内閣は子爵団すなわち研究会優遇政策をとったのである。

改正案は、新聞各紙から厳しい批判を浴びせられる中、貴族院特別委員会でも反研究会勢力である千家尊福ら木曜会会員や大木遠吉ら扶桑会所属議員の反対意見にさらされた。が、それは同数採決のため、委員長が採決に加わり八対七で委員会を通過し、研究会・茶話会・無所属派など親官僚派勢力の賛成によって貴族院本会議で可決された。(64)

三回目の改正は寺内内閣の下で行なわれた。大正七（一九一八）年三月、寺内内閣は第四〇議会に貴族院令改正案を提出した。第四条第二項を「前項議員ノ数ハ伯爵一七人以内、子爵及男爵各七三人以内トシ、通常選挙毎ニ勅命ヲ以テ之を指定ス。但シ各爵其総数ノ五分ノ一ヲ超過スヘカラス」と修正するとともに、第六条および七条において「各府県ニ於テ」を「北海道各府県ニ於テ」とする改正案である。後者は北海道および沖縄県からも多額納税者議員を選出するようにするためである。ちなみに北海道については明治三六年六月勅令第一〇五号により全区域に、沖縄県については明治四五年三月勅令第五八号により、それぞれ次の総選挙より衆議院選挙法が施行されることとなったが、総選挙の実施はそれぞれ五回、三回を数え大正七年に至った。いわば貴族院は衆議院と比べ議員選出について遅れをとっていたのである。

前者は子爵議員と男爵議員との数を同数にするものであり、これは男爵者にとり宿願達成ともいうべきものであった。ちなみに寺内首相は特別委員会の冒頭で、北海道、沖縄県でも多額納税者議員選出の選挙を実施することと、有爵互選議員の「規定は稍々当を得ない比例にもなって居り」(65)、その改正を妥当と考えたと、貴族院令改正案の提案理由について述べている。続いて法制局長官有松英義が政府委員として提案理由について寺内首相の説明を補足しつつ、今回の貴族院令改正は「伯爵、子爵、男爵の間に於ける権衡を余り失って居りまする廉を匡したいと申す趣旨に出でております」(66)と説明した。同時に有松は次のように述べ、今後増加するであろう男爵者への政府の対応にも自ずと限界があるとして、男爵者に対して釘を刺すことも忘れなかった。「而して伯爵、子爵、男爵との間に於いては幾分子爵より伯爵に重きを置き、男爵より子爵に重きを置くと云うことも至当のことであらうと存じます。それ故に唯今御手許に御座ります数字をご計算下さりますと子爵は伯爵に対しまして百分の〇・八五と云ふものが少ない……貴族院令の如きは有爵者の数に異動を生ずる度に改正を致すものではないと考へます。今後に於いては成るべく又改正をいたすことは避けなければならぬと考えますのでございます。そこで伯子男の関係に於て唯今申上げました如く、伯爵に重きを置き、子爵之に次ぎ、男爵又之に次ぐと云ふ茲に原則を立てておきますれば、将来有爵者の殖えまする場合に於て……増加の最も場合の多いのは男爵でございます、爵の高くなる程増加の比例が少いものと仮定を致しましたのでございます」と。[67]これは、寺内内閣が子爵議員と男爵議員の不均衡是正に動いたことによるだけではない。それは男爵者が動いた結果の所産でもあった。

男爵者が動いたのは早かった。すなわち大正五（一九一六）年七月に「男爵議員の増大を希望する有志の会」の男爵議員中川興長ら代表一〇余名の要請で、勅選議員尾崎三良・高木兼寛とともに同じく田健治郎がその協議会に出席している。これは第五回有爵議員通常選挙実施のちょうど二年前のことであった。田日記に次のようにある。「応男爵議員増大希望有志総代中川男外十余名之請、与尾崎、高木二男、列干其協議会、聴既往之経過、述予所見、尚約講究而散」[68]。田は男爵の爵位を有する山県系勅選議員であり、茶話会のリーダーであった。尾崎と高木は同じく爵位を有する勅選議員で、無所属派に属した。この時男爵議員の大半が茶話会と無所属派に所属していたが、無所属派所属の男爵議員中川興長を中心とする「男爵議員増大を希望する有志の会」の協議会に、無所属派および茶話会所属で男爵の爵位を持つ尾崎、高木、田の三名の勅選議員たちが参加し、すくなくとも田はその検討を約束したのである。それから三か月後、寺内内閣の逓信大臣として田は入閣した。男爵者たちはその後、この田とのルートを使って寺内内閣に男爵議員の増員を働きかけたものと思われる[69]。

ちなみに、すでに明治四四（一九一一）年末の時点で、子爵戸数三七七に対し男爵戸数三八七と、男爵戸数が子爵戸数を上回り、男爵者数は子爵者数の一・〇三倍であった[70]。しかるに、現行貴族院令では子爵議員数七〇、男爵議員数六三と、議員の数の上で低く抑えられていた。明治四四年は通常選挙のあった年だけに、その後「男爵議員の増大を希望する有志の会」を立ち上げて行った男爵者たちはこの年あたりから、大正七年に実施が予定される次期通常選挙を視野にいれつつ、男爵議員の増員を目指そうしたとも考えられる。

しかし、その後も男爵者の数は増え続け、五年後の大正四年末には子爵者対男爵者の比率は三七八対三九六と、男爵者数は子爵者数の一・〇五倍となったのである。「男爵議員増大を希望する有志の会」がいつ、どのようなメンバーで結成されたのかは不明であるが、少なくとも大正五年七月以来彼らは活動を続けていた。寺内内閣の逓信大臣の田に対して彼らは接触を続けていた。

大正六年九月二七日、田は次のように日記をつけている。「坪井九八郎男来、告男爵議員増加運動之経過、予切論増加私擬三爵交渉運動之不法、咎其軽挙、促其謹慎而別」(71)。坪井は、元長州藩士で、日清戦争における勲功により男爵に叙せられた海軍中将坪井航三の嗣子であり、明治三一年に家督を継いだ勲功華族である。彼は明治四四年三月の補欠選挙で男爵議員として貴族院に議席を得たのち、同年七月の通常選挙で再選され、無所属派に属した。大正七年の通常選挙では、彼は無所属派の男爵議員安場末喜、杉渓言長らと共に、青山元・小沢武雄・山内長人ら協同会の世話人の下で有権者間を奔走して自派所属議員再選と新人候補者の当選に尽力した(72)。九月二七日に坪井が田に活動報告をした際、田から男爵議員の増加を「私擬」し、三爵間で「交渉」するなどとは「不法」であり「軽挙」であると非難されている。田は彼らの行動にブレーキをかけたのである。その後、男爵議員増加について寺内内閣の内部でどのような議論があったのかは定かでないが、同内閣は男爵側の要請を受け入れたのである。

ちなみに、第二回特別委員会（大正七年三月一三日開催）席上、政府委員の有松英義は、貴族院令改正について種々の意見が各方面にあることは承知しているが、「唯今回は最も急に、即ち今年の選挙に際しまして改正を為すを最も相当であると考えました点のみに手を触れましたのでございます」(73)と、今回の貴族院令改正作業が、七月に実施されることになっている貴族院の通常選挙に間に合わすものであったことを仄めかしている。

むすびにかえて

山県有朋と並んで明治国家の創設者とされる伊藤博文は、憲法施行一〇年を出でずして貴族院改革を真剣に考慮した。さらに明治三四年における政府と貴族院との大衝突の当事者として貴族院改革の必要性を上奏し、その具体案をその後用意するに至った。その後、藩閥官僚勢力と政党勢力が交互に政権を担当した桂園内閣期には同じような大衝突はなかった。伊藤の改革案は篋底深く秘されたままとなった。藩閥政府は貴族院の歓心をかい、貴族院を操作の対象とした。すなわち、桂園内閣期の明治四四年の通常選挙の際に、その選挙に先んじて明らかに子爵団から政府に対し子爵議員の増員についての働き掛けがなされた。第一次・第二次桂内閣はそれに対し、子爵団＝研究会優位の実現に向けて対応したのである。大正期となり、首相と外務大臣や軍部大臣を除く閣僚を政友会員とする政党内閣―第一次山本内閣が、再び貴族院と衝突した。この時、貴族院は広範な国民の援護の下で政党内閣を打倒した。貴族院はさながら国民のヒーローであった。そのため、貴族院改革はマスメディアや政界の話題にすらならなかった。その後、大正七年の通常選挙に向けて、少なくともその数年前から男爵議員の増員を目指して男爵者側の活動が開始され、男爵たちは第二次大隈そして寺内内閣に働き掛けた。その結果、通常選挙の年に、寺内内閣は《急遽》、男爵者側の要望に応えたのである。

ところで、日清戦争後、貴族院の側から歳費廃止が提案されたが、これも貴族院改革への大きな試みであるといってていいだろう。貴族院議員となるのは名誉のためか歳費のためか。この問いは曽我祐準ら貴族院の反藩閥グループを中心に発せられたが、貴族院の存在意義や権威と深く係わる大きな問題であろう。しかし、提案者たちはその法案を第二読会に進ませることができず、問題提起だけで終わってしまった。

（1）宮沢俊義編・伊藤博文『憲法義解』（岩波文庫、一九四〇年刊）、六八ページ。
（2）美濃部達吉『憲法撮要』訂正四版（有斐閣、一九二七年）、三二一～三二二ページ。
（3）同、三二二ページ。
（4）同、三二二～三二三ページ、美濃部はさらに「貴族院令ハ名ハ勅令ト称スト雖モ他ノ一般勅令トハ全ク其地位ヲ異ニシ、法律ト勅令トノ中間的性質ヲ有ス、其法律ト異ナル所ハ唯衆議院ノ議決ヲ経サル点ニ在ルノミ」（同、三二三ページ）、と述べている。）
（5）酒田正敏編『貴族院会派一覧―一八九〇～一九一九―』（日本近代史料研究会、一九七四年刊）を参照。
（6）衆議院・参議院編・刊『議会制度七十年史・政党会派編』（一九六一年刊）を参照。
（7）朝日新聞政治経済部編『貴族院改革問題』（朝日政治経済叢書一二、一九三一年刊）三九ページ。
ここで同書は「明治三十四年、第四次伊藤内閣の第十五議会において、伊藤が貴族院において、七重の膝を八重に折り、遂には貴族院改造の上奏までなして以来、彼の頭を寸時も離れなかったことは、貴族院令制定の失敗と貴族院改革の必要とであった」と述べている。
（8）明治（二七）年（四）月一四日付伊藤博文宛金子堅太郎書簡（『伊藤博文関係文書』四、五九ページ、所収）。この書簡の発信月を編者は一〇月と推定しているが、書簡の前半の内容は貴族院副議長の後任に黒田侯爵を推すものであり、黒田が副議長に就任した第六議会の開催は明治二七年五月一五日と、目前に迫っていた。このことを考慮すれば、発信月は一〇月でなく、三月か四月が適当であろう。五月は召集日前日であるので不適であると思われる。
（9）「貴族院議員公爵二条基弘外三十七名意見書」（平塚篤校訂『秘書類纂・帝国議会資料』上、一九三四年、秘書類纂刊行会刊、五六〇～五六一ページ）。
（10）こうした近衛、谷ら貴族院側と伊藤とのやり取りについては、小林和幸『谷干城―憂国の明治人』（中公新書）一七九～一八一ページに詳しい。
（11）「貴族院議員公爵近衛篤麿外十七名意見書」平塚、前掲書、五六八ページ。なお、この意見書は明治二七年一月二七日付で内閣構成員に回覧された（伊藤博文文書研究会編『伊藤博文文書　第七一巻　秘書類纂・議会一四』を参照）。
（12）同。
（13）同、五六九ページ。
（14）明治三三年七月一〇日付『東京朝日』。なお、この記事の切り抜きが近衛の日記に挿入されている（『近衛篤麿日記』三、一九六八年、鹿島出版会、二三三～二三四ページに所収）。明治三三年七月一三日に溝淵正気と面会した近衛は「伊藤侯の貴族院改良」について尋ねられ、「別紙朝日新聞の通り話」したという（同日記、明治三三年七月一三日の条）。

(15) 明治三三年七月一〇日付『東京朝日』。

(16) 同。なお、この頃、衆議院書記官長林田亀太郎（後、衆議院議員）は伊藤首相の指示で内閣法制局長官梅謙次郎とで、貴族院改革案を起草し、四項目から成る成案を得たと、大正一三（一九二四）年六月二七日に開催された、貴族院改革問題有志大会で語り、次のようにその内容を紹介している。「自分は明治三十一年当時の首相伊藤公の命を承け法制局長官梅博士と共に改正草案起草の任に当つた。即ち明治三十一年伊藤公が内閣を組織するや、衆議院選挙法の改正に自分の主張を容れ大選挙区単記法を採用した。その当時公は上院が事毎に政府に反対するを慨嘆し、自分には三つの失敗があつたが貴族院組織の失敗は其の第一だと言はれた。爰に於いて公は貴族院令の改正を決意して、其の草案の起草を梅氏と自分に命じた。即ち英国流に下院を二度通過したものは上院は否応なしに賛成しなければならないやうにしてはとの意見もあつたが、公はそれでは上院も必ず下院と同様の権利を主張して益々上院横暴の端を開くとになる云ふ意味を以て採用されず、結局左の四案を得た。即ち

一、公侯爵にあつては自己の勲功によつて陞爵又は華族に列せられたものは終身議員とし、父祖のあとを継いだものは除外し、伯子男では自己の勲功によつて華族に列せられたものは選挙なく議員とす。

二、多額議員は廃す。

三、大学総長大審院長検事総長会計検査院長は在職中議員とす

四、勅選の任期は七年とす。

以上が伊藤・梅案の骨子であつた。然し之を行ふには上院の賛成を要するが、これは不可能なるを以てクーデーターを行ひ勅令を以て貴族院令第十三条を廃すべしと主張するものがあつたが、伊藤公は重大なる先例を開くものとして賛成されなかつた。自分は法律を以て改正すべしと倣し徴兵令を法律で改正した先例があるからと主張したが、公は遂に決済を与えなかつた。しかし自分は今も法律を以て貴族院令を改正するを合法なる事と信ずるものである。」（大正一三年六月二八日付『東京朝日』夕刊〔六月二七日に発行〕所載）

(17) 山県の後継首班推薦から組閣に至る経緯については、春畝公追頌会編『公爵伊藤博文伝』下、（統正社、一九四〇年）、四六七ページ、を参照。

(18) 正確には派兵費用補填のための増税案というべきであろう。すなわち、前内閣である第二次山県内閣は派兵のため、軍艦水雷艇補充基金、災害準備基金、教育基金の三基金から相当額を流用したが、第四次伊藤内閣は次年度予算編成に当たりその欠損を

補充するため、酒造税、海関税を増徴し、麦酒税・砂糖税を新設さらに葉煙草専売率引上げを計画し、関係法律案を冬当期議会に提出したのである。なお、内藤一成『貴族院』（同成社、二〇〇七年刊）は、この増税案に対する「貴族院の反発は、税収が軍事費補塡の目的がすんだ後には鉄道、通信などの公債事業費にも使用されることになっていたため、そこに党利党略を嗅ぎ取った」（同書、九二ページ）ためであるとしている。

(19) 明治三四年二月一三日付『読売』。

(20) 『帝国議会貴族院委員会速記録・明治篇』一一、東大出版会、一九八六年、三九三ページ。

(21) 同、四〇九ページ。

(22) 阪本昌成『憲法一　国制クラシック』全訂第三版（有信堂、二〇一一年）一五二ページ。

(23) 同。

(24) 春畝公追頌会編、前掲書、四九一～四九二ページ。

(25) 二月二七日の貴族院本会議の傍聴席は満員で、前年の一二月二二日に招集された第一五議会の両院を通じて第一の盛会であった。傍聴人の内訳は外国人一一人、官吏一一五人、衆議院議員一七〇人、新聞記者二〇人、一般六五一人、傍聴人の合計は九六七人であった（明治三四年二月二八日付『東京朝日』の記事を参照）。この時の衆議院の議席数は三〇〇であるので、その半数以上が貴族院本会議の傍聴に出かけたことになる。なお、当日は衆議院で漁業法案他八件特別委員会が開催されることになっていたが、委員の多くが貴族院本会議の傍聴に出かけたため、この委員会は臨時休息の措置がとられた。

(26) 『大日本帝国議会誌』第五巻、一九二七年、八七〇ページ

(27) 同、八七一ページ

(28) 同。

(29) 岩崎美紀子『二院制議会の比較政治学』、岩波書店、二〇一三年、一ページ。

(30) この時、西郷従道は伊藤の代理として京都に山県有朋を訪ね、兵庫県御影に滞在していた松方正義にも来会を求め貴族院側との調停を依頼した。しかし、山県や松方は「今や事態は自分の微力の及ばざる所まで進展し、奈何ともすべきやうなしとて調停を拒絶」した。また他方で、貴族院議長近衛篤麿に対し、貴族院各派との交渉開始の斡旋を依頼したが、従来の政府案についは交渉の余地なしということで、近衛の調停も失敗した（春畝公追頌会編、前掲書、四九二～四九三ページ）。また、男爵議員紀俊秀は研究会の領袖のひとり岡部長職の反発ぶりについて後年次のように語る。「西郷従道さん、井上馨さん、松方さんが華族会館で交渉委員を呼ばれて色々説得されたが、中々皆さん聞かないで、殊に岡部（長職）さんなどはそういうことは聞く必要

がないと言って居られた」(『新編　旧話会速記』、二四八ページ）と語っている。

(31) 明治三四年三月一日付『東京朝日』。

(32) 同。

(33) こうした状況に立ち至り、谷干城はどうして演説をしないのかとある人に問われた再、「嬉しくて声が出ない」と応えたという（明治三四年三月一日付『東京朝日』)。また、当時貴族院事務局に勤務していた花房崎太郎が後年「この時谷子、曾我子のような疎外されている方が、自分の意見が初めて通ると云ふて涙を流して喜んで、研究会の方に大いに感激なさった」と述べている（尚友倶楽部調査室・内藤一成編『新編　旧話会速記』尚友会ブックレット一七号、一五四ページ)。

(34) 「貴族院改造の上奏文」、伊藤博邦監修・平塚篤編『伊藤博文秘録』一九二九年刊、春秋社、七五～七六ページ所収

(35) 「伊藤公の改革私案」（前掲『貴族院改革問題』、三九～四〇ページ、所収）

(36) 大日本帝国議会誌刊行会編・刊『大日本帝国議会誌』第三巻、一九二七年、一〇五四ページ、所収。

(37) 議院法第一九条第二項は次の通り。

議長副議長及議員ノ年俸ヲ辞スルコトヲ得ス

(38) 明治二九年二月九日付『東京朝日』。本来ならこの提案理由は貴族院議事速記録に掲載されるはずであるが、その本会議第一読会での討論の速記録である「貴族院議事速記録第一七号（明治二九年二月一〇日)」にはその記載はない。貴族院の発議のためか、衆議院事務局編・刊『議院法改正経過概要』（一九三六年刊）ではその速記録すら収録されていない。なお、衆議院発議のものは第一読会で否決されたものでも、提案理由を付して速記録が収録されている。

(39) 第九議会の概要については、衆議院・参議院編・刊『議会制度七〇年史―憲政史概観―』一九六五年、一〇七～一一〇ページを参照されたい。

(40) 以下の賛成者の名簿は明治二九年二月九日付『東京朝日』の記事を参照して、作成した。但し、そこでは男爵島津珍彦と男爵小沢武雄がともに「男爵議員」に分類されているがそれぞれ多額納税者議員、勅選議員であるので、以下の名簿ではそれぞれ「多額」、「勅選」とした。なお、その後、槇村正直は賛成者から降りた。本会議で提案理由の説明に立った曽我祐準が、冒頭で、賛成者名簿から槇村を削除するよう発言している。

(41) この硬派・軟派は酒田正敏編『貴族院会派一覧』（一九七〇年、日本近代史料研究会刊）によった。

(42) 明治三〇年六月七日付『読売』の社説「貴族院有爵議員選挙について」。

また、同紙は明治二四年八月五日付けで「公卿華族の窮状」と題し、「公卿華族中赤貧洗うが如きもの少なからざるよし」、同

じ世襲議員でも、公爵は帝室より恩資金一〇万円を得たが、侯爵はそれを得ることもなく、伯子男爵のように八〇〇円の歳費を得ることもできず、「貴族院中最も貧乏」である、と報じている。この記事は旧大藩大名であったり恩資金を得た公爵を除き、侯爵議員が困窮していることを報ずる一方、伯子男議員がいかに歳費に対し関心があったかを示唆するであろう。

(43) 衆議院事務局編・刊『議院法改正経過概要』（一九三六年刊）、二二六ページ。

(44) 同、二二三ページ。

(45) 同、二二三～二二四ページ。

(46) 「枢密院会議筆記」、稲田正次『明治憲法成立史』下（有斐閣、一九六九年）、一〇六七～一〇六八ページから引用。

(47) 貴族院のモデルともなった英国貴族院 House of Peers では、この当時、議員は無報酬であった。しかし、一九五七年七月、政府提出による決議案を下院が可決したことを受けて上院議員の手当に関する制度が出来た。上院議員は上院の会議・委員会に出席した、各一日について三ギニーを限度として実費を請求できるようになった（前田英昭『イギリスの上院改革』、一九七六年、木鐸社、二二〇～二二一ページを参照）。

(48) 第九回帝国議会貴族院『貴族院議事速記録』第一七号、九～一〇ページ。

(49) 同、一〇ページ。

(50) 同、一二～一三ページ。

(51) 同、一四ページ。

(52) 「勤倹尚武」建議問題については、本書第二章でも触れる。なお、これについては、小林和幸『明治立憲制と貴族院』（吉川弘文館）第一章第二節「『国論』の提示と『民力休養』」に詳しい。

(53) (51)と同じ。

(54) 同。

(55) 同、一五ページ。

(56) 同、一七ページ。

(57) ブルンチュリー（J. K. Bluntschli, 1808―1881）はチューリッヒ大学教授を経てハイデルベルグ大学教授。国家有機体論者として知られた。加藤弘之は彼の主著『Allegemeines Staatsrecht』を『国法汎論』（一八七六年刊）と題して翻訳し刊行した。

(58) 前掲『貴族院議事速記録』第一七号、一八～一九ページ。

(59) 明治二九年二月九日付『読売』。

(60) 明治二九年二月八日付『読売』。
(61) 同。
(62) ただし、大正一〇年代には侯爵徳川義親らが有爵互選議員の歳費廃止を含む貴族院改革意見をパンフレットにして関係者に配布している。この点については本書第五章を参照されたい。
(63) 『大日本帝国議会誌』第一五巻、一九二七年、六八〇ページ。
(64) この第一回目および第二回目の貴族院令の改正については拙著『大正デモクラシーの時代と貴族院』第一章「桂園内閣期の貴族院―政友会の挑戦―」第五節「貴族院令の改正」を参照されたい。
(65) 第四〇回帝国議会貴族院『貴族院令中改正案特別委員会議事速記録』第一号、一ページ。
(66) 同。
(67) 同。
(68) 国会図書館憲政資料室所蔵「田健治郎日記」大正五年七月六日の条。
(69) ちなみに、これより前、大正五年五月一八日付『東京朝日』は、「男爵議員増加説」と題し、男爵議員の選挙母体である協同会では、子爵議員は有権者五・三人について議員一人、男爵議員は同じく六・三人について議員一人という、子爵議員と男爵議員における不均衡な選出比率に対し不満がたかまりつつあり、子爵議員の定数を削減するわけにはいかないだろうから男爵議員の定数を現行の六三から七四に増員することになると報じている。
(70) 「華族各爵別戸数累年増加表」、貴族院調査課編・刊『貴族院制度調査資料』、一九三八年、一二三四〜一二三八ページ所収。
(71) 前掲「田健治郎日記」大正六年九月二七日の条。
(72) 「改造に面した貴院物語」八、大正一二年一二月八日付『大阪朝日』所収。坪井らの活動もあってか、無所属派所属の男爵議員数は二八から三五に増加した。
(73) 第四〇回帝国議会貴族院『貴族院令中改正案特別委員会議事速記録』第二号、九ページ。

第二章　尚友会の成立と明治三〇年通常選挙

はじめに

尚友会とは貴族院の院内会派「研究会」に属する伯爵・子爵議員の選挙母体である。前章で述べたように、それは明治二五（一八九二）年の子爵議員の補欠選挙に際して設立され、その後幾度かの補欠選挙や七年ごとの通常選挙を経て、明治末年には、親組織の「研究会」と共に華族界特に伯・子・男爵界に隠然とした勢力を持つに至った。有爵互選議員の選出について強力な選出母体を作り出し、その選出母体による当選者を院内で組織化することによって院の内外に政治力を確保するという政治モデルを作り出したのは研究会であった。研究会は明治憲法体制下において上院をコントロールしたが、その権力の源泉となったのが尚友会であった。明治三〇年代以降、大正期にかけて、貴族院内の主導権争いが複雑化し、それに伴って伯爵界・子爵界・男爵界それぞれにおいて互選議員選出母体の設立が相次いだ。そしてその組織拡大をめぐる競争が激化した。ここでは、こうした選挙母体の設立と展開という問題を子爵団について検討する。(1)

一 「勤倹尚武」建議案

第一回通常選挙（明治二三年）から初期議会期を経て第二回通常選挙（明治三〇年）実施までの七年間に、子爵議員の補欠選挙は一一回あった。その最初が九鬼隆義の死去にともなうもので明治二四（一八九一）年四月一〇日に実施されたが、明治二四年四月八日付『読売』によると松平定教、本荘宗武、本多実方、内田正学、黒田和志、堤功長が有力な公・侯・伯・子爵者を伴い有権者の間を回るなどの運動を展開した。またこの黒田は蒟蒻版の投票依頼書を有権者に配布したという。[2] この選挙で田沼望（旧上総小久保藩主）が六二票を獲得して当選した。彼はこの時すでに研究会の前身団体である木曜会の会員であり、[3] この年一一月に結成された研究会に入会した。木曜会は帝国議会開設に先立つ明治二三年九月、交詢社で加納久宜・堀田正養・山内豊誠らを中心に「政務研究会」の名称で立ち上げられ、それは主に華族会館を中心に毎回木曜日に会合をもったため、「木曜会」と称されたのである。[4] 少なくとも帝国議会開設以来、田沼は政治に関心を持ち、加納や堀田らの会合に参加していた。彼の氏名は先の『読売』の報ずるところではなかったが、彼の当選は木曜会の支持による立候補であり、選挙協力を受けてのことであったものと思われる。

第二回子爵議員補欠選挙（以下、補欠選挙とする）はその三か月後の七月にあった。田中光顕の辞任に伴うもので、旧公卿・旧大名そして「新家」すなわち新華族（勲功華族）に分かれて「隠然」とした競争があった。[5] その結果は次の通りである。[6] この時当選した梅小路定行であるが、慶応元（一八六五）年一一月生まれの二五歳で、京都在住の元公卿である。[7] 京都在住の公卿華族が一丸となって彼を応援しての当選なのであろうか。彼の当選前の政治団体・会派との関連や二四年一一月二六日に招集された第二議会での所属は資料を欠いて判然としないが（ちなみに

「木曜会々員」名簿にはその名がない）、第三議会の招集（明治二五年五月六日）直前には三曜会に所属していた。(8)

第二回補欠選挙

当選

五四票　梅小路定行	旧公卿	三曜会

次点

三八票　本多実方	旧信州飯山藩主	（研究会）
三一票　長岡護美	新家	
二二票　曽我祐準	新家	
一八票　高松実村	旧公卿	
一七票　分部光謙	旧近江大溝藩主	
一六票　小笠原寿長	旧豊前千束藩主	
一三票　堤功長	旧公卿	
一一票　本荘宗武	旧丹後宮津藩主	

以下略

三回目はその翌月の八月五日にあり、前回の次点者本多実方が六三票を獲得し当選した。(9)この時の本多以外の得票とその氏名については資料を欠き不明である。

さて、明治二四年一一月四日、第二議会の開会を前に貴族院の会派研究会が発足した。会員は約四〇名であった。(10)研究会は結成早々、第二議会（一一月二六日開会）において、藩閥政府に批判的な谷干城を中心に貴族院に提出された、いわゆる「勤倹尚武」建議案（正式には「施政ノ方針ニ関スル建議案」、一二月一五日提出）への対応を迫られた。

谷はこの建議案で政府に対し大規模な行政整理を断行し、その剰財を「民力ノ養成」と「国防ノ完備」に充当するべきと、主張した。(11)この主張は谷が率いるグループと近衛篤麿を指導者とする三曜会を中心に「硬派」議員の支持を獲得し、政府批判の意味合いをもった。この時、伊藤博文の幕僚伊東巳代治は、貴族院におけるこの建議案可決が次年度予算の審議に影響することを憂慮し、研究会を中心に反対勢力を糾合し、この建議案を否決させたのである。七八対九七での否決であった。(12)

こうして研究会は藩閥政府擁護の立場から院内活動を開始したのである。ちなみに建議案が否決された直後、伊藤博文の幕僚でもあった貴族院書記官長金子堅太郎は伊藤に宛て、貴族院にも民党・吏党が出現したとして、次のように書き送っている。「其ノ民党ハ三曜会（近衛公一味）及勤倹尚武連（谷三浦一味）ヨリ成立シ、吏党ハ研究会（千家中山侯）之連中ニ御座候。其総員は互ニ伯仲スルモ、民党ハ今回ノ敗北ニテ堅固ナル団体トナルモ、研究会ハ其ノ内実未ダ堅固ナラサル事実有之候」(13)。ここで、「勤倹尚武連」とはその後、懇話会となった院内集団であり、「谷三浦」とは谷干城と三浦安である。

金子のいわゆる貴族院「民党」は衆議院のそれと同様に勢いがあった。一一月二七日には貴族院全院委員長の選挙では研究会が推す西園寺公望に対し、三曜会が推す近衛篤麿が勝利した。(14)「勤倹尚武」建議案が貴族院に提出される一〇日前、すなわち一二月五日に四回目の子爵議員の補欠選挙が実施され、「民党」側が「吏党」に対して完勝した。

この補欠選挙は欠員二を受けての選挙であった。その結果は次の通りである。(15)当選・次点者以外の得票は不明である。

第四回補欠選挙当選

一二五票　曽我祐準　懇話会
九六票　小笠原寿長　三曜会

次点

八六票　堀親篤　研究会
四二票　堤功長　研究会

谷による「勤倹尚武」建議案の貴族院提出をめぐって気勢の上がる「民党」勢力が補欠選挙において完勝したことは、研究会にとって衝撃であったであろう。ちなみに、前評判では堤の優勢が伝えられていてのこの結果であった。[16] 前述のようにかろうじて「勤倹尚武」建議案の否決に成功した研究会であったが、しかしその後、後述のように研究会は金子のいわゆる「堅固ナル団体」を目指すことになる。

なお、次点者の堀・堤はともにその後の補欠選挙に当選することになるが、今回の補欠選挙の当選者と次点者そして前回補欠選挙の当選者は、自薦であるか他薦であるかはともかく、全て第二回補欠選挙に登場した立候補者である。しかし、次回の補欠選挙は大分様子が変わってくることになる。

二　子爵会

翌年五月三一日、壬生基修、島津忠亮、大村純雄の三名が子爵から伯爵へ昇爵したため子爵議員としての資格を消失し、子爵議員に三名の欠員が生じた。壬生の会派所属の有無については不明であるが、島津と大村は三曜会系の子爵議員であった。そこで三曜会は戸田忠行・高野宗順・大田原一清の三名を共同の推薦候補とした。これに対し研究会は前回の次点者堤功長をはじめ稲垣太祥・阿部政敬の三名を候補者に立てた。それぞれの陣営にとってなぜ彼らなのか。

これより前、一二名からなる子爵会事務委員の改選が行われた[17]「事務委員」とは会の運営にあたる幹事であり、その定員は一二名である[18]。明治二五年五月一七日に華族会館で、その選挙が実施されたが、後述のように現事務委員会は、任期満了にあたり「新陳交替」を意図し、再選されることを拒んだ。選挙の結果は次の通りである[19]。当選者全員が大名華族であり、公卿出身としては高松と堤が辛くも次点に滑り込んでいる。数日後、稲葉、柳沢、相馬の三名が当選を辞退したため、次点の上位三名すなわち高松、阿部、藤堂の三名が繰り上げ当選した。以下の表において その辞退者を（　）でくくった。

明治二五年子爵会事務委員選出選挙

当選

五一票　鍋島直柔　　五〇票　加藤明実　　四九票　大田原一清　　四六票　戸田忠行

四五票　牧野貞寧　（三九票　稲葉久通）　三七票　堀親篤　（三四票　柳沢徳忠）

（三二票　相馬順胤）　三一票　阿部政敬　　三〇票　稲垣太祥　　三〇票　本多忠敬

次点

二八票　高松実村　　二八票　堤功長　　二八票　藤堂高義　　二七票　本荘宗武

（　）でくくった三名と本多を合わせた四名を除く一二名が明治二五年度の事務委員であった。後述のように、この内、堀は一か月前の子爵議員補欠選挙（第五回）で当選し、堀を除く一一名中五名が同じく七月の子爵議員補欠選挙（第六回）で真っ二つに分かれ、当落を争ったのである。その五人の氏名に傍線を付した。

そもそも子爵会はその名が示すような全子爵者を組織したものではなく、「同爵者相識リ相親ミ其全体ニ関スル利害ヲ稽査シ及ヒ其権利義務ヲ講明スル」（会則第一条、明治二二年一〇月制定）ことを目的とした任意団体で、明治二二（一八八九）年三月に設立された。その中心となったのは大給恒・鍋島直彬・松平信正・松平乗承・加納久宜であり、加納以外は何れもその後「勤倹尚武」建議賛成の側に立つことになる人々である。

当初それは翌明治二三年七月に実施が予定されていた有爵議員の「選挙をにらんだ有志の団体」研精会として発足した。[20]彼らは四月、五月と例会開催を続け、自らを「事務委員」と位置付け、彼らが作成した「子爵会仮規則」[21]を同爵者に対し送付するとともに、五名の「貴族院選挙規定調査委員」の選出や華族会館および学習院の将来について討議するよう同爵者に呼びかけた。

「子爵会仮規則」は子爵界に波紋を引起こした。第一条に「本会ハ子爵ヨリ出ス貴族院議員ヲ選挙スル便宜ノ為同爵者相識ルヲ旨トシ、其交際ヲ広メ兼テ法律ヲ講明シ、有爵者将来ノ任務ヲ研究ス」とあり、「子爵会」は来るべき子爵議員通常選挙を明確に意識した任意団体であった。これに対し、六月一九日に八三名の参加者を集めた集会で、大給らの行為は、一部の子爵者が広く同爵者に諮らず会則を作成し、「子爵会」を僭称するものであるとして、議論が沸騰した。その議論を受け、後日、上記五人を含む一五名の子爵会事務委員が選出され、彼らにより仮規則でなく正規の「子爵会会則」が作成された。正規の規則では、仮規則にあった「子爵ヨリ出ス貴族院議員ヲ選挙スル便宜ノ為」が削除され、専ら「同爵者相識ル」そして「相親ム」ことが強調され、選挙については一言も触れるところがなかった。すなわち同会の目的は「同爵者相識リ相親ミ其全体ニ関スル利害ヲ稽査シ及ヒ其権利義務ヲ講明スル」となったのであり、幹事である事務委員は一二名とされた。子爵会は明治二三年の第一回通常選挙実施まで、その後五回会合を持っているが、佐々木克氏は子爵会自体が子爵者の意思調整の場となり得たのかどうかは判然としないが、否定的であるとしている。[22]

当時有権者である子爵家は三〇五である。この子爵会幹事の選挙は連記投票によるものであろうが（先の当選者・次点者の得票総数が有権者数をかなり上回るので）、何名の連記かそして記名か無記名か、そして子爵会の会員数や実際の投票者数などは不明である。『東京朝日』は、明治二五（一八九二）年五月の事務委員の改選結果について、子爵会のこれまでの幹事は全て華族の老輩であり、しばしば会合において政治上の意見を闘わせ、華族界では彼らを上院議員に推薦したものであるが、「今度当選したる人々は何れも壮年にして才識あり、活気あり、将来有爵議員の改選あるに際しては必ず議員に当選せらるべき人物たり」と、当選した一二名について将来の貴族院議員である、と好意的に評している。[23]なお、『東京朝日』が右に評した「華族の老輩」であるが、勘解由小路資生・加納久宜・五辻安仲・大給恒・谷干城・山尾庸三・松平乗承・松平信正・鍋島直彬・渡辺昇・曽我祐準・小笠原長育ら一二名である。このうちの七名は三曜会および懇話会の会員もしくはその系列の子爵議員で、その氏名に傍線を付した。

彼ら一二名の事務委員はこの年の三月一五日に華族会館で開催された子爵会の集会での申し合わせにより、「新陳交替」の趣旨から全員が再任を辞退し、大田原一清はじめ三二名からなる次期委員の推薦名簿を発表した。[24]この推薦名簿に基づき選挙に当選した一二名について『東京朝日』が好意的な評価を与えたことはすでに述べたし、この「新陳交替」によって子爵会の性格が変わることは後に述べる通りである。

子爵会事務委員の改選から一か月余り経った六月二五日、子爵議員河田景与の辞任にともない第五回補欠選挙が実施された。この選挙で、反研究会勢力である三曜会・懇話会・大和倶楽部は高野宗順（旧公卿）を、研究会は堀親篤をそれぞれ推薦候補者とした。堀は先の補欠選挙の次点者である。これに対し高野は先の子爵会事務委員選挙の当選・次点者としては登場していない。彼は明治二三年九月に養家の家督を継いだばかりであり、子爵会の会員ではなかったのであろう。この選挙では堀が高野を一六六対八三で破り、当選した。第三位、第四位、第五位はそれぞれ八票、六票、二票を獲得した鍋島直柔、長岡護美、牧野貞寧である。[25]高野と長岡を除けば何れも先の子爵会事務委員選挙の当選者である。

なお、この選挙で堀は高野に対しダブルスコアの票を集め、第三位以下は散票を得たにすぎない。それも高野は明治二三年九月に養家の家督を継いだばかりであり、もちろん過去の補欠選挙には登場していないし、子爵会事務委員選挙とも関係がなかったようでもある。高野は反研究会勢力に担がれたのであろう。こうした高野の登場と当選・次点の得票状況からすれば、これは子爵界が研究会派と反研究会派に色分けされつつあることを示している。すなわち第一回通常選挙の後、翌二四（一八九一）年一二月までに三回補欠選挙があったが、その何れも当選ラインは五〇～六〇票台であった。しかるに、第四回補欠選挙では当選ラインは一挙に九〇～一二〇票台にまで上がり、第五回補欠選挙ではさらに一六〇票台となった。第四回補欠選挙の結果は、地縁・血縁・姻戚関係による選挙戦から組織によるそれに選挙が変化していることを示唆しているであろうし、第五回補欠選挙の結果は選挙戦が組織選挙であることを雄弁に物語る。

さて、この六月の補欠選挙に続き、その翌月にも同じく補欠選挙があった。

三　七月の補欠選挙

続く七月の補欠選挙では、三曜会・懇話会側は、高野を除き、先の子爵会事務委員選挙における上位当選者を推薦候補者として確保した。研究会側はそうでなかった。すなわち、先の補選で当選・入会した堀を除くと阿部・稲垣は下位当選者であり、堤は次点である。これが有爵議員選挙にどの程度反映されたか。

両者の競争は熾烈であった。七月一七日付『読売』は、三曜会が推す高野・戸田と研究会が推す堤・阿部が陰に陽に頻りに運動し、東京在住の子爵有権者二七〇余名は両派から迫られ、その煩瑣から逃れるためにわざわざ旅行をする者さえあるが、候補者たちはその旅行先に使者を遣わしたり書簡を送ったりしている、と報じている。こうした中、選挙戦も終盤にさしかかった七月二五日、研究会側は同会員大原重朝ら六名を発起人とし、同じく研究会員の岡部長職ら七名を賛同者として、「同志会合親睦を厚」くすることを目的とした親睦団体「尚友会」の設立を広く伯子男爵者たちに呼びかけ、勧誘状と共に二一か条から成る会則を彼らに送付した。勧誘状には七月二七日午後五時華族会館に賛同者の会合を持つとあったが、この日の会合は二三名の来会者を得て五時に始まり一〇時一五分に終了した[26]。

研究会側は、その三日後に実施された補欠選挙において、反藩閥政府の旗幟を鮮明にした三曜会・懇話会側に対し圧勝した。選挙の結果は次の通りである[27]。

第六回補欠選挙

当選

一六五票　堤功長　研究会

一五四票　阿部政敬　研究会

一四五票　稲垣太祥　研究会

次点

九八票　高野宗順　三曜会

九五票　戸田忠行　三曜会

八五票　大田原一清　三曜会

堤ら研究会側の当選者は先の補欠選挙のようなダブルスコアとまではいかなくとも、次点の六〜七割増しの票を得ている。連記投票であることを考慮すれば、この数字は明らかに組織票によるものであろう。研究会側と反研究会勢力＝三曜会・懇話会との子爵界における支持組織の規模の比は、この時点で二対一に近かったものと思われる。少なくとも、子爵会事務委員の選挙の結果は子爵界全体の貴族院議員選挙には反映されなかった。そしてまた、子爵会は子爵界に懇親と演説や討論の場を提供したが、有爵議員選挙の候補者を調整し、議員に当選させることを目標とするものではなかった。

しかし、それを目指したグループがあった。補欠選挙における研究会優勢の中で反研究会系勢力は反撃に出たのである。七月八日に小笠原長育（東宮侍従）と曽我祐準（懇話会）・新荘直陳（三曜会）・板倉勝達（三曜会）・松平信正（懇話会）・松平乗承（三曜会）・関博直（三曜会）ら三曜会・懇話会所属議員は子爵会事務委員会に対し、七月一二日に補欠選挙候補者の立会演説会のための臨時子爵会の会合の開催を要求したが、事務委員会は立会演説に限定しない一般演説会として同日に演説会を開催すると回答し、全子爵者にその旨を通告した。

これに対し小笠原らは自らの当初の意図と異なるとして、要求を撤回した(28)。小笠原らは、組織票ではない、立会演説による自主的な個人票を多く取り込もうとしたのであろう。そうすることで彼らは研究会の組織票に対抗しようとしたのである。ちなみに、六月三〇日に子爵会の集会が開かれ、その会則が改正された。事務委員会の改正案の骨子は毎月開催されてきた集会を年間四回の開催とし、内二回は演説・討論会に、他の二回を懇親会にそれぞれ充てるということであった(29)。事務委員会案に対し、前事務委員小笠原長育の改正案が参考資料として後日会員に送付されたが、小笠原案は子爵議員補欠選挙のたびに演説・討論会を開いて「各自ノ意見ヲ漂白」し、議会における言行について議員に質問をしたり、議員候補者を推薦したりする（第四条）ことを改正の骨子としている。改正の理由は「同爵者互ニ人ヲ識ラサルト候補ヲ推薦スルニ秘密ノ運動ヲ為ス(30)」からであり、「将来ハ此会ヲ利用シテ各自候補者ノ推薦ノ如キハ公明正大ニ公会ニ於テ之ヲ為シ議員タルモノノ出処進退ヲ明白ニシテ同爵議員タルニ恥チサルモノヲ選挙センコトヲ冀望ス。縦令議院ニ於テ会派ヲ異ニスルモ其レニ由ツテ各自ニ候補者ヲ定メ競争スルカ如キハ我カ同爵者互選ト謂ヘル性質ニ違ヒ我カ同族タルモノノ本分ヲ忘レタルモノト云フ可シ(31)」と小笠原は考えるからである。彼はまた、事務委員時代（四月二九日）、会員を集めて「選挙ノ注意」、「子爵会改良案」などのテーマで演説を華族会館で行うなど[32]子爵議員選挙に子爵会を活用するよう同爵者に訴えていた。

以上のような小笠原長育の考えと行動は子爵会創立の理念を具現した子爵会仮規則に近いものであり、大給恒らによる子爵会立ち上げを目指したものと一致すると言ってよい。子爵会会則は大給ら子爵会創立を主唱した子爵者たちと彼らを警戒する子爵者たちとの妥協の産物であった。今それが、鍋島、加藤、戸田ら明治二五年五月一七日に選出された若手の事務委員会によって、演説・討論会を年二回と大幅に減ずるなど〈子爵議員選抜機能〉はより一層低下させられようとしていた。

しかし、六月三〇日、曽我祐準が座長を務めたこの日の集会で、多少の修正意見がでたものの、原案通り事務委員会案が可決された[33]。こうして、研究会主導で、同会有利のまま進められてきた、この補欠選挙に対し、反研究会勢力はブレーキをかけることすらできなかったのである。そのことはまた、当初の子爵会の結成の趣旨「貴族院議員ヲ選挙スル便宜」をより具体的にした、候補者の推薦は「公明正大ニ公会ニ於テ之ヲ為」すとした子爵会当初の原則を永久に放棄することにもつながった。しかし、これは、子爵議員候補者の調整機能を一本化＝独占しようとする研究会にとって極めて好都合でもあった

四　尚友会の成立

さて、先の補欠選挙の結果を受け、当選目当てに尚友会に入会する華族が増加していった。創立時からの研究会—尚友会の会員であった子爵山口弘達は後年（昭和四〔一九二九〕年七月）、この補欠選挙も含め尚友会設立の事情について次のように語っている[34]。山口は手元に残した資料を参照しつつ語っている。長文にわたるが、貴重な証言である。重複するところを除き該当箇所を掲げておく。

「一体研究会というものが出来まして、それで以て議員を出すということの協議をして居った。けれども是が選挙の母体でないものですから、中々うまく行きません。その時分の有様はどうであるかというと、今のように尚友会というものの幹事があって、評議員があって、それが運動するというのでなくして、初め研究会の時分というものは中々大変なものであります。自分が候補者に立とうという人が八方から起って、方々を悉く、どうか自分を入れて呉れと云って歩くのです。方々を銘々で歩くのですから、幾人も幾人も訪れて来る。

その中で研究会なら研究会の方で、我々の方で候補としようという人、それに付いてはその人も矢張り戸別訪問をして居る。我々も方々を運動して頼んで歩く。そういう訳であって、それでまあ頼んで行くというと、今こういう人を入れて呉れと云う、承知しましたと云って居ると、もう玄関に外の人が来て待って居る。是にも会わなくちゃならぬというような訳で、どうにもこうにもうまく行きません。票数だって中々取れない。

それですから一つ選挙をする会を設けたら宜かろうということで、その時分何の為にそういうことを感じたかというと、この時に補欠選挙がありまして、三名の補欠選挙がありまして、その補欠選挙に堤功長子という人と阿部正敬子、それから稲垣太祥子、この三人が候補者となって出た。この時の候補者にはまだ戸田忠行子、高野宗順子、大田原一清子、この三子爵がありました。

それで此処で色が分かれまして、堤功長子、阿部正敬子、稲垣太祥子、是は研究会の方から推薦しました。それから戸田忠行子、高野宗順子、大田原一清子は三曜会の会員で、是は三曜会の候補者になった。中々どうも三曜会も勢いが良かったです。それで、是は会を設けなければ是から先選挙の時にむずかしいというので、二十五年の七月二十五日に発送の集会の通知がありまして、是が一番初めなのであって、大原重朝伯と堀田正養子、両氏から、その時分は謄写版がないので所謂飴版といった紫の版であれで刷った書面を寄越された。此処に書いてありますが、別紙紫書ノ通リ及通達候間当日御繰合セ御来集被下候様此段申進候也、というのであります。それで、別紙紫書というのはこういう訳です。

拝啓　同志会合親睦ヲ厚ウセンカ為メ別紙ノ通会則ヲ起草致及御送付候間御繰合来二十七日午後五時華族会館へ御来集被成下十分御討議被下度別紙御送付旁々此段奉願候也。

此処に会則はありませんが、親睦を結んで候補者を立てるということに付いてお互いに申し合せて、そうしてその人の選挙に当選するような計画をする、こういう意味であります。

規則は―この時の発起者は誰かというと、大原重朝伯、万里小路通房伯、堀田正養子、大久保忠順子、本多実方子、堀親篤子、それから井伊直安子、小松行正男、もう皆居りません。井伊直安子だけが居られる。その時の賛成者は岡部長職子、平松時厚子、大河内正質子、鳥居忠文子、松平忠恕子、山口弘達、槙村正直男、千家尊福男、もう一人菊地武臣という男爵、是だけで以てこの通知がありまして、廿七日の午後六（ママ）時より華族会館で集合しまして、そうして創立委員会を開いて、明治廿五年七月廿七日に尚友会というものが創立になった。それでありまして、その後この会が活動しまして、そうして七月卅日の補欠選挙に活動しまして、……

（中略）……尚友会が出来て始めての選挙で勝利を得た。

この結果に依りまして、尚友会は段々人が入って来まして、それから段々発展をして参った。けれども初めは尚友会というものは微々たるもので、幹事が自らその一つの支那鞄に書類を入れて、方々を廻って集会をしたものです。或る時は永田町の藤波［言忠―編者注］子爵の別邸に会をする、或る時は飯田町に京極高徳子の別荘がありまして其処でやる、或るいは市内の貸席でやるということもあって、段々進んで今の研究会の事務所を使用するようになりました。それで三十年の総選挙の時分には、もう尚友会は固くなりまして、遂に一夜にして反対者の方を落すというようなことをやったりなんかして、益々発展をしまして、それから続いて今日の尚友会になったのでありますが、初めは尚友会は純粋の選挙母体ではなくして、懇親の会、同志相寄って懇親をする、旁々選挙のことをなすということであったのであります。今では選挙母体になって居るのでありま す。それが尚友会の成り立った経緯である。[35]」

親睦を目的としようが、選挙のためであろうが、尚友会はともかく明治二五（一八九二）年七月の補欠選挙の際に結成された。山口は当初、親睦が主体で選挙は従であるかのような言い方をするが、選挙のための親睦ではなかったか。大原重朝と堀田正養は、自派の推す人物を当選させるため、その人物を広く有権者に紹介し、投票を依頼するための親睦団体の結成を呼び掛けたのである。しかし、すでに過去五回の補欠選挙で三曜会に対する研究会の優位は明らかであった。第四回補欠選挙では研究会は敗退したが、少なくともその前回の補欠選挙の結果は研究会優位を雄弁に物語るものであった。

それにしても、この補欠選挙の終盤戦で急遽尚友会設立を呼び掛け、設立に至ったのか。その理由は不明である。ただ、議席を持つ持たないは別として、研究会の勢力は一〇〇名足らずであった。子爵家が約三〇〇であることを考えると、三曜会・懇話会勢力を六～七〇としても中間派・浮動票は一〇〇以上となり、研究会は盤石とは言い難かった。三曜会・懇話会が子爵会主催の立会演説を通じて大きく浮動票取り込みに成功する可能性は、研究会にとって脅威であったことは十分考えられる。小笠原長育らの行動が研究会による尚友会設立のきっかけであったのではないか。[36]

ともかく、こうして成立した尚友会は、その後頻繁に行われた補欠選挙はもとより、明治二三年七月以来七年ごとに実施された有爵互選議員通常選挙の際に、子爵議員の最有力または唯一の選挙母体として機能することになる。

五　東久世らの批判

七月の補欠選挙が終了した直後、華族会館長の伯爵東久世通禧と同伊達宗城が連名で尚友会に反発する文書を起草し、伯子男爵者たちに送付した。彼らは伯爵議員でこそなかったが、共に華族界では著名人であった。

東久世は「七卿落ち」した公卿の一人で、帝国議会開設の折、貴族院議長伊藤博文の下で貴族院副議長を務めた。その人事は異例であり、人々の耳目集めた。彼は第一回通常選挙の際、同爵者から伯爵議員選挙管理人に選ばれ、その選挙で有権者七四名から五五票を得て伯爵議員にトップ当選をしている(37)。この時彼は枢密院顧問官であったため、勝安芳ら他の顧問官と共に当選を辞退したが、その後、彼は枢密院顧問官を辞し勅選議員に就任することにより貴族院に入って副議長に就任した。翌二四年七月再度枢密院顧問官に復し、翌年三月枢密院副議長に就任した。すなわち、東久世の貴族院議員在任は一〇か月であった。また、一方の伊達は幕末の名君として名高く、維新後も「麝香間祇候会議」のメンバーであり、さらに華族会館創設に参加するなどその活動は華族界でも注目された(38)。そうした二人が、尚友会は会員を拘束し、懇親という目的に反することをやろうとしている、と明治二五年八月四日付けで伯・子・男爵者六〇〇余名に対し注意を喚起する文書を送った。以下はその全文である(39)。

近日同族中四五名首唱シ尚友会ト名ツクル同盟会ヲ設クル企アルヲ聞ク。頃日其規則ナルモノヲ視ルニ第一条ニ曰ク本会ハ同志相集リ智識ヲ交換シ互ニ親睦ヲ厚フスルヲ以テ目的トス。以下二十一条及細則ヲ設ケ堂々一派ヲ組織スル結構タリ。夫智識ヲ交換シ親睦ヲ厚クスル善事ト雖モ其会則ノ列記スル所其趣意ト頗ル相合ハス。其第六条ニ曰ク入会ヲ申込ムト雖モ会員過半数ノ同意ヲ得サレハ入会スル事ヲ得ストス又其第八条ニ曰ク退会セント欲スルモ会員過半数同意セサレハ退会スル事ヲ得サルモノトス。是甚束縛ノ規約ニシテ不自由亦甚シト云ヘシ。此ノ如ク束縛ヲ受クル其不便論ヲ待タス。抑モ親睦ヲ趣意トスル会ニシテ此ノ如ク圧制ナル規制ヲ設クル殆ト会名ト其ノ趣意トニ矛盾ス。又一歩ヲ進メテ論スレハ其第一七条ニ曰ク協議ノ性質ニ因リ之ヲ会外ニ漏洩スル事ヲ禁ストアリ。読テ此処ニ至リ人々如何ノ感覚ヲ発スヘキヤ。必ス本会ハ其第一条ノ趣意ノ外ニ秘密ナル趣意ノ含蓄スルモノト推測スヘシ。是ニ於テ愈々会名ト其趣意トニ合ハサルモノト謂ハサルヲ得ス。是本会ニ疑ナキ能サル所以ナリ。今ヤ同族ハ其本分タル貴族院ニ立チ立法協賛ノ重任ヲ負担スル者ナリ。宜シク各其去就進退ヲ慎ミ介然貴族院ニ立ツ事ヲ念ハスンハアルヘカラス。尚友会ト名ツクルモノノ如キ其名善シト雖モ、其実弊害アルヲ信ス。是ヲ以テ我輩之ヲ賛スル能ハス。聊カ意見ヲ述ヘテ諸君ニ告ク。冀クハ熟慮アラシコトヲ。

明治廿五年八月四日

東久世通禧
伊達宗城

八月六日付『東京朝日』は東久世・伊達の呼びかけ文を伯子男爵者への「忠告書」としてその全文を掲載し、尚友会規則の主要部分であるとして以下の各条文を掲げ、報じている。以下『東京朝日』紙面のものでなく（紙面のものは一部異なるので）、同紙が主要部分とした各条文を同紙での表現を生かし、『研究会史』上の所収分から平仮名表記で摘記する。(40)

第一条　本会は同志相集まり知識を交換し互に親睦を厚くするを以て目的とす。

第四条　本会は有爵者及び貴族院議員中より之を組織す。

第六条　入会を欲する者は会員五名以上の紹介人を要す。其申込を紹介人より之を幹事に通告し会員過半数の同意を以て之を認諾す。東京に於ける入会は本部会員之を定む。京都に於ける入会は支部会員之を定む。

第七条　入会の承諾を得たる者は入会金を納む。貯金は確実なる銀行に貯蔵し其利子は本会積立金とす但し名誉会員は入会金を要せず。

入会金定額は一〇円より多からす二円より少なからずとし、本支部各自の適宜に従ひ之を規定す。積立金は万止むを得さる場合と雖も所属部会員過半数の同意せざるに非れば之を支出することを得ず。

第八条　会員止むを得さる理由ありて退会を請求する者ある時は、会員過半数の同意を以て其退会を認諾すべし。但し表決の手続きは第六条の例に依り本支部各自に是を決行す。

第九条　第八条に依り退会したる者は入会金を返付す。

第一七条　協議の性質に依り之を会外に漏洩することは禁ず。

『東京朝日』は、規約からすれば尚友会は一旦入会すると退会が難しいし、「強て退会せば利益上の損失をなすの条項があ」るが、これは第一条の知識の交換と親睦という趣旨に反する嫌いがあるのではないかと、東久世・伊達同様に異論を述べ、「他に黒幕のありて斯かる一種奇妙の法則を設け貴族社会を暗々裏に籠絡せるものにあらざるかとの評」もある、と報じた。成程、第八条によれば、退会にも全会員の過半数の同意が必要であるし、そもそも「止ムヲ得サル理由」がなければ退会はできない。場合によっては、すなわち止むを得ないと認められなければ、入会金の返還はないのである。研究会＝尚友会側がどの程度この点について意識していたかは判然としないが、第八条は、出入りが自由である任意団体の原則から外れていることは明白である。加えて東久世・伊達の「忠告書」は、「第一七条ニ曰ク協議ノ性質ニ因リ之ヲ会外ニ漏洩スルコトヲ禁ストアリ、読テ此処ニ至リ人々如何ノ感覚ヲ発スヘキヤ。必ス本会ハ第一条ノ趣意ノ外ニ秘密ナル趣意ノ含蓄スルモノト推測スヘシ。是ニ於テ愈々会名ト其ノ趣意トニ合ワサルモノト謂ハサルヲ得ス」と、尚友会の秘密主義を厳しく批判した。

これに対し、尚友会側は一一月一六日付で反駁書を出し「『協議の性質に因り之を会外に漏洩することを禁ず』と云ふ条の如きは治定せし規則中には記載する所なし、且会員の出入りは・・・・・同志相集まり規定する所にして素より不可あること無し・・・」(41)とした。伊達宗城は一二月六日、これに対し「抑も尚友の規則の始めには秘密を漏洩すべからざるの条あり」(42)と、当初の規則とは齟齬があると、再反駁をしている。

東久世・伊達の「忠告書」が送付されて以降に、尚友会は第一七条の条文を削除または修正したのかもしれないが、当初の規則には伊達らが言うように、「秘密漏洩」を禁ずる規定が存在した。尚友会の反駁書に言う「治定せし規則」とは、華族界の反発を受け、当初の仮規則的な規則をその後然るべき手続きにより正式な現行の規則に変えた、ということなのであろうか。

ともあれ、尚友会は少なくとも設立当初において、華族界では疑惑の目で見られ、かつ大いに警戒されていたのである。しかし他方で、その後の補欠選挙では着実に当選者を出していったことも事実である。しかしながら、その疑惑は一回目の総改選すなわち第二回通常選挙（第一回は明治二三年七月に実施）で一層強まることになった。第二回通常選挙は明治三〇（一八九七）年七月一〇日に行われたが、壮士が使われ、反対派による投票用紙奪取を警戒して警視庁より巡査の護衛がつけられる、「空前絶後」の激烈な選挙であったという。(43)

六　明治三〇年の通常選挙

明治三〇年の通常選挙について検討する前に、明治二五（一八九二）年七月三〇日に実施された第六回補欠選挙以降に実施された補欠選挙についても見ておきたい。

第七回補欠選挙(44)

明治二六年三月二九日実施

当選　伏原宣足　一五八　研究会

次点　長岡護美　九六　懇話会

第八回補欠選挙（45）

明治二八年九月一一日実施

当選　鍋島直柔　一九二　研究会

次点　長岡護美　四九　懇話会

第九回補欠選挙（46）

明治二九年一月八日実施

当選　井伊直安　二一九　研究会

次点　長岡護美　二三　懇話会

第一〇回補欠選挙（47）

明治二九年七月二日

当選　松平忠恕　二一四　研究会

次点　長岡護美　一六　懇話会

第一一回補欠選挙（48）

明治二九年九月九日実施

当選　高野宗順　二一七　研究会

次点　長岡護美　二二　懇話会

三曜会の候補者に対し、研究会＝尚友会が推す候補者が圧勝している。第一一回などは第六回補欠選挙で三曜会側の候補者であった高野が今度は研究会＝尚友会推薦候補として当選している。反研究会勢力はただひたすら長岡護美（元オランダ、ベルギー公使）[49]を候補に押し立て、毎回研究会＝尚友会に惨敗している。この一連の補欠選挙の結果からすると、第二回通常選挙実施のほぼ一年前には研究会＝尚友会が反研究会勢力を凌駕し、子爵界において尚友会の地盤も固まったように思われる。なお、数回にわたる補欠選挙で次点を続けた長岡は、後に見るように明治三〇年の通常選挙で谷や曽我に次ぐ上位で子爵議員に当選したが、品川弥二郎とともに貴族院議員として「功績よりするも又学識よりするも決て野夫においては異存なき」人物であると、谷干城から評されていた[50]。こうした谷の思いから長岡は三曜会・懇話会系の候補者として推薦され続けたのであろう。

さて、その翌年になり第二回通常選挙が実施される目前の様子を新聞はどのように報じたか。五月一五日付『東京朝日』は「子爵運動の醜態」と題し、尚友会のなかにあって主として選挙運動の衝にあたる某子爵が選挙運動をしようとする者から車代二〇円、会費七〇円を徴収したり、新築中の家屋の建設費三〇〇〇円を償却することを約させたりしていると、「研究会派の議員製造所とも称すべき彼の尚友会大腐敗の状況」について報じている。また、『読売』は華族の品位を落とし、ひいては議員の神聖さを穢す、として社説で次のように主張する。

有爵議員中最も多数を占むるものは云ふまでもなく子爵議員にして其選挙勝敗の如何。直に貴族院の大局に関する恐なしとせず、従て其選挙は非常の注意を以て公正を期せざる可らざるに、研究会に付属せる子爵連の社交団体たる尚友会は予てより朋党比周して今回の改選を待構へつつありたるが、今やはたして華族にも有るまじき運動を為し始めたり。その運動の陋劣なる一々茲に列挙するさへ見苦き程にして賄賂は申すに及ばず或は歳費の割譲を約束し或は同爵中の負債を償却して其代り候補者たらんと熱中するあればまた自から議員となるの望みなく却て歳費の分配を要求し種々の賄賂及拠金を徴収して選挙を約束する者もあり。此かる情勢なれば押さるるものは唯歳費を唯一の目的とし押すものは賄賂と歳費の配分を嘗《あ》て込みとす。其の心事の卑劣なる真に洵に呆れざるを得ず。聞く所によれば過般子爵議員候補者予選会の節尚友会に勢力ある某々は候補者希望のものに向ひ某々等の負債を償却するの約束を強ひ之を承諾したものは候補者に選定し、承諾せざるものに対しては之が推挙を拒みたりと云ふ。実に言語道断の次第なりと云うふべし。此の如く尚友会は今や一つの選挙請負所と為り、其運動の陋劣なる諸他の選挙に於ても未だ嘗て見ざる所なり。余輩は華族の品位の為に深く之を歎ぜずんばあらず(51)

この記事によれば「押さるるもの」すなわち被推薦者は歳費目当てであり、「押すもの」すなわち推薦者たちは賄賂と歳費の配分を期待しているという。また票で負債の肩代わりをする、すなわち票で負債を軽減したり消却することもあったようである。通常選挙の実施を前にしてのかかる状況下、こうした尚友会側の動きを牽制する動きがあった。五月五日、渡辺国武・高辻修長・野村靖・榎本武揚・河田景与・福羽美静・海江田信義・諏訪忠誠ら子爵者有志が同爵者に向けて「国家百年の大計を省み情実党派の勧誘に惑はず、偏に公平無私の眼を以て才能有為の良器を選出せられんと某等砕身瀝胆して深く諸君に望む所なり(52)」と、尚友会の動きを警戒するよう檄を飛ばしたり、侯爵浅野長勳（旧広島藩主）が「檄文」を出したり、さらに枢密顧問官子爵海江田信義・同福岡孝弟・同田中不二麿らは双方の陣営を網羅した七〇名の「公平に賢了なる人物」を推薦・発表する旨を表明した(53)。実際、海江田・福岡・田中は七〇名の推薦候補者名簿を作成して、広く有権者に送付したのである(54)。この海江田ら枢密顧問官の動きの背後には東久世枢密院副議長がいたかもしれない。

こうした華族界なかんずく子爵界における動きに対し、尚友会は「形勢危うし」「一方ならず狼狽」している、と『読売』は報じているが(55)、このような尚友会に対し批判的な動きがあったにも拘わらず、尚友会が大勝した。

これより前、すなわち通常選挙の前年の一二月、岡部・堀田・大河内正質・鳥居忠文ら研究会＝尚友会幹部が尚友会員八〇名中から四五名の推薦者を内定し、残り二五名の候補者については谷・曽我グループとの交渉に委ねるとした(56)。それにしても何故四五なのか。その根拠は不明である。ちなみに直近の第一〇議会での研究会の構成は、侯爵一、伯爵六、子爵三一、男爵一〇、勅選一〇、多額一二の総勢七〇名であった。四五という数字は、研究会にとって現有の子爵議員数の五〇パーセント増のそれである。他の互選による華族議員の数や多額納税者議員の数が現状維持でも、研究会は第一一議会以降、院内会派として大きな飛躍を可能にする数字であった。

しかし、尚友会内部で、この推薦枠設定に反対であり、この枠に入れなかった堀親篤グループが反発した(57)。堀らが排除された理由は定かではないが、岡部長職ら主流派と堀ら反主流派の対立が原因であったようである。明治三〇年五月四日付『報知』が報ずるところによると、二九年一一月に翌年の通常選挙の準備のため、尚友会が会員の子爵者八一名を集めて議論した際、堀は候補者選出について委員会を組織してそれへの一任を主張したが、予選会によることを主張する岡部はこれに反発し、堀に対し撤回を求めたという(58)。この後、研究会＝尚友会は谷や曽我ら反研究会勢力側に対し、残り二五名の候補者選抜について双方で交渉することを申し入れる一方、この四五名の当選に向けて全力を投じようとした。

ところで子爵議員団を研究会と反研究会とで四五対二五で分け合おうとした研究会側の提案に対し、谷や曽我ら反研究会側の対応はどうであったか。

曽我によればその交渉の顚末はこうである。七〇名中四五名の議員を尚友会員から出したいと、四五名の候補者名簿を添え同会より話があった。これに対し「余等の同志」すなわち三曜会・懇話会側は協議の末、四五名の内二五名を除き二〇名について同意し、こちらから尚友会以外で三三名を推薦して候補者を合計五三名とし、残り一七名については他日選定したいと、三三名の推薦名簿を添え尚友会側に申し入れた。数日後尚友会から回答があり、三三名中二四名については同意するが、当初示した四五名は一人も減ずることはできないとした。尚友会と「余等の同志」で合意が成立したのは四四名についてであり、他の二六名については未定のまま爾後今日まで一切交渉はない[59]。

さらに曽我は続けて、尚友会中に反旗を翻す者がいるようだし、「余等の同志」からは欵を尚友会に通ずる者もあり、形勢は大きく変わった[60]との認識を示した。

他方この点について、この選挙で初当選し、後年研究会の領袖となる青木信光は次のように回顧する。「（研究会が―引用者）二五名を三曜会が反対派に立ちまして居るに拘らず推そうということで、研究会は公平な積りで詮衡した積りであります。ところが反対の三曜会の方は承知しなくて、非常な激烈な競争になった。ところがそのうちに三曜会の方の形勢非なりとして三曜会の幹事の方から研究会に交渉に来ましてそれでは自分の方は二五名立てるし君の方は四五名選出しろという書面が参った。研究会の方では初めからこちらは決まって居る、今更こういう風になった以上はそういうことはできません、こういうことでお断りをして―。……それで研究会の方は安心した訳です。ところが研究会は多数で七〇名選出した訳であります。ところが私等は研究会ばかりでなく、ああいう方の知名の人を大分入れて置きました……」[61]。

研究会＝尚友会は、反研究会側と合意を得た四四名を軸に反研究会側から排除された二五名に更に一名を加え、合計七〇名からなる候補者名簿を作成して尚友会員を中心におそらく全有権者に配布したのであろう。この選挙では、匿名によるものも含め、数種類の推薦名簿が有権者間に飛び交ったと言われる。また、この四四名中には「ああいう方の知名の人」すなわち谷や曽我など反研究会勢力の著名議員が含まれていた[62]。

表面上は「硬派」すなわち反研究会八六、それに対し尚友会九〇、中立一四一と有権者の動向が新聞で報ぜられた[63]が、選挙の帰趨は中立派によって決まったようでもある。要は研究会と反研究会の双方が合意した推薦候補者四四名を軸に尚友会が作成した推薦候補者名簿が中立派に広く受け入れられたのではないか。ちなみに、当選者の上位は反研究会側すなわち三曜会・懇話会系の人物で大きく占められ、尚友会は中・下位に集中していることは後に見る通りである。

ともあれ、両陣営は中立派有権者の支持獲得を巡り鎬を削った。が、選挙戦も中盤に差しかかった五月には宮内官僚が尚友会のために奔走したり、終盤では高島鞆之助拓殖務相が尚友会勝利のために介入したことが共に功を奏したようで、研究会—尚友会が大勝した。すなわち、宮内官僚の子爵藤波言忠・伯爵広橋賢光兄弟が尚友会のために中盤戦において「必死の運動」を展開した(64)。また高島は投票日の前々日より新橋の料亭に陣取り、尚友会に各種の便宜や多額の運動費を供与し、自ら同会の運動員を指揮したという(65)。また、投票日前日に、以前尚友会が反研究会勢力に申し出た二五名の推薦候補者の割り当てを反故にするという情報が流れ、一時子爵界を震撼させた。当日深夜唐橋在正や久世通章ら反尚友会側が尚友会事務所に押し掛け、夜明けまで尚友会幹部に対し厳談に及ぶという事態が発生した(66)。「表面上より観察すれば非尚友会派ハ充分なる勝算なりしに拘わらず選挙当日に至りて誠に以外の結果を生じ」、「瓦全玉砕」に終わったと(67)、この選挙を総括したが、唐橋ら三曜会幹部によるこのような最終段階での行動もまた、反研究会—尚友会勢力の権威を貶めたのではないか。

子爵議員の選挙結果が判明した七月一二日、三曜会の領袖近衛篤麿は「子爵は尚友会予定の通りとなれりとのこと、同会には高島子一昨日より背後にありて尽力したりとのこと、奇怪なる顕象といふべし。尚友会なるもの未だ消滅の時期に達せず、益す其醜をさらさんとす(68)」と日記に書付け、憤懣を露わにしている。同様に故郷で選挙結果を電報で知った谷干城は「電報曽我、松平両氏及び余の外は皆尚友会の全勝を報ず。彼れか奸策と宮内省の内助とに依りしなるべし(69)」と曽我、松平乗承そして谷自身を除き、全て尚友会の思惑通りの選挙結果であり、宮内省の関与が関係したのではないかと、している。

さて、第二回通常選挙で当選した人物七〇名とその得票数は以下の通りである(70)。

（三）は三曜会、（懇）は懇話会、（研）は研究会＝尚友会、（無）は純無所属であることをそれぞれ示している。なお、上位で当選した黒田清綱（黒田清輝の養父、旧薩摩藩士）であるが、当選を辞退した。その結果一五七票の得票であったが、年長ということで同数の松平乗承に当選を譲り、次点となっていた戸田忠義が繰り上げ当選している。要するに研究会―尚友会は推薦候補者全員の当選を果たしたのである。(71)

第二回子爵議員通常選挙当選者

二八七	谷干城（懇）	二八七	曽我祐準（懇）	二八〇	立花種泰（懇）	二八〇	長岡護美（懇）
二七八	内藤政共（三）	二七八	黒田清綱（懇）	二七六	鍋島直彬（懇）	二六八	唐橋在正（三）
二六八	久世通章（三）	二六五	仙石政固（懇）	二六三	舟橋遂賢（三）	二五一	梅小路定行（三）
二四〇	伊東祐麿（懇）	二三六	由利公正（無）	二三一	竹内惟忠（懇）	二三〇	岡部長職（研）
二二〇	長谷信篤（研）	二一九	堀田正養（研）	二一九	山口弘達（研）	二一七	京極高典（研）
二一五	林友幸（中）	二一〇	山内豊誠（無）	二〇九	相良頼紹（無）	二〇九	小笠原寿長（三）
二〇八	板倉勝達（無）	二〇八	松平直哉（三）	二〇四	青山幸宜（無）	二〇四	久松定弘（懇）
二〇四	入江為守（研）	二〇三	内田正学（研）	二〇三	大久保忠順（研）	二〇三	山井兼文（研）
二〇二	戸田忠行（研）	二〇二	本荘寿巨（研）	二〇二	鍋島直虎（研）	一九九	三島弥太郎（研）
一九七	井伊直安（研）	一九二	平松時厚（研）	一九二	松平康民（研）	一九〇	新荘直陳（三）
一八九	伏原宣足（研）	一八九	堤功長（研）	一八七	一柳末徳（研）	一八六	高野宗順（研）
一八五	山本実庸（研）	一八三	細川興貫（研）	一七九	千種有梁（研）	一七九	松平定穀（研）
一七九	鍋島直柔（研）	一七七	稲垣太祥（研）	一七七	井上勝（無）	一七六	大宮以季（研）
一七五	大河内正質（研）	一七五	久留島通簡（研）	一七五	丹羽長保（研）	一七四	鳥居忠文（研）

一七四　黒田和志（研）　一七四　野宮定穀（研）　一七四　京極高典（研）　一七三　錦織教久（研）
一七二　高木正善（研）　一七一　藤井徳行（研）　一七〇　松平直平（研）　一七〇　牧野忠篤（研）
一六八　永井尚敏（研）　一六七　松平忠恕（研）　一六六　青木信光（研）　一六四　京極高厚（研）
一六三　秋田映季（研）　一五七　松平乗承（三）

続いて以下は次点である。

次点者
一五七　戸田忠義　一五〇　本多正憲　一四二　日野西光善　一四一　渡辺臣武　一四〇　三浦梧楼
一三二　大給恒　一三〇　伊集院兼寛　一三〇　佐竹義理　一二九　河田景与　一二八　津軽承叙
一二六　河鰭実文　一二四　加納久宜　一一九　柳沢光邦　一一九　秋元興朝　一一八　本多実方
一一四　相馬順胤　一〇八　安倍信順　一〇八　堀親篤　一〇七　松平容大　一〇五　高辻修長
一〇五　関博直

第二回通常選挙が終了した後、郷里にあった谷干城は東京の曽我に宛てて、選挙活動に奔走した曽我を慰労する一方、尚友会を「選挙請負会社」と評しつつ、自派の推薦候補の大量落選について次のように不満を漏らしている。「選挙請負会社の勢力兎角強大にして適当の人物は尽く落選いたし邦家の為嘆息の外無御座候。無学無識の徒傲然として議場に顕れ候事厚顔亦甚だし。雖然今日政海の形勢を通観せば彼等か当選が寧ろ当然にして有識者の落選是亦当然の理と被存候。御互の当選したる真正の当選に非ずして彼等の政略的の当選にして世上の口塞ぎ耳」[72]。谷は曽我と共にトップ当選をしたわけだが、その何れの当選も「真正の当選に非ず」「政略的の当選」と自ら評している。ちなみに、右の当選一覧表に明かなように、谷、曽我ら反研究会、反薩長藩閥勢力と目された人々は上位で当選している。さらに同じ書簡で、谷は「伊板党」と伊藤系官僚勢力と板垣を総理とする自由党との提携を辛辣に揶揄する一方、民党勢力の分裂が進む政界において、見識のない多数の貴族院議員の誕生は近時の政界にお似合いだ、とでも言いたげである。

また、委託投票も数多く行われた。子爵議員選挙に限っても、今回の第二回通常選挙では総投票数二九七のうち出席投票数一一八、委託投票数一七九である[73]。委託投票が出席投票よりもはるかに多いのである。山口は言う、「〔明治〕三十年の子爵議員の総選挙の時分には、今のように選挙団というものがない。尚友会というものはありましたが、匆々の際で一向それだけのことはない。今では投票を尚友会なら尚友会の方に出しまして、その方で取り計らってそれを委託を受ける人を拵えてやるという簡単な手続きになって居りますが、この時分は銘々がこの人へ委託するという人へ委託して来るのですから、その人へは自分が交渉したにも拘らず或いは交渉してもしないでも、頼んで来る者の委託証書と投票とを持って出る。こういうことで、この時に私は僅か九人か十人だけの投票を持って居った[74]」。昭和四（一九二九）年のこの時点では、その投票用紙は記載済みであったか、そうでなかったか判然としないが、ともかく会員は投票用紙を尚友会に提出すればあとは尚友会で適当な受託者が投票してくれるという、わけである。

確かに伯子男爵議員選挙規則第一一条には委託投票の規定がある。ただそれには疾病・事故または遠方に居住しているために選挙会場に来ることが困難であるという理由が必要であった。しかし、山口は、少なくとも昭和四年の時点では投票の委託が一般的に行われていたかの口ぶりである。その後のことはともかく、明治三〇（一八九七）年の選挙では、少なくとも子爵議員選挙については投票総数のほぼ六割が委託投票であって、山口自身も九名か一〇名の委託証書と投票用紙を預かっていた。明治三〇年以降、委託投票がさらに増加していったに違いない[75]。

ちなみに、この前にも山口は同じようなことを言っているが、それに対し『貴族院各会派ノ沿革』の著者で会派の歴史に精通する貴族院事務局の花房崎太郎（貴族院属）は「その結果ですか。今日でも尚友会会員はお一人二〇票とか三〇票とか、方面を定めて委託証書を三〇位に区切って、皆持ち寄っていらっしゃる。そこから来て居るのでございましょうか」と、幹事か世話人が委託証書と投票用紙を回収したのか、と山口に訊いている。それに対し山口は「その時分はそういう規則はなかった。自ずとそれが伝わって今のようになってきたのでしょう。今のは明治四四年の総選挙あたりから今のようにはっきりとなった。それまでは銘々に委託証書を持って居った。それでは間違いがあるというので、尚友会の幹事の手に出しまして、幹事の方がそれを担当する人を拵えて、その人が投票するということになった」(76)と、応えている。

また、委託投票の増加と共に、投票用紙の記載に空欄が無くなった。すなわち「被選人に欠員の投票なし」(77)であった。第一回通常選挙では「被選人を悉く列記せざる投票」がずいぶん多かったが、「今回は七〇名悉く記入し一名たりとも欠きたる投票はなかりし」(78)という状況であった。

明治四四（一九一一）年の伯子男爵議員通常選挙もまた、伯爵議員・子爵議員の選挙は激烈であった。このころより今のシステムすなわち委託投票が常態化していったのではないか。ちなみに、少なくとも大正期後半には幹事が再選者を含め、会としての推薦候補者名簿を作成し、評議員会での審議を経て正式な会としての推薦候補者名簿が完成するのである。会員はその名簿に従い投票用紙に定数を連記し、幹事に投票用紙を委ねることが常態化した。要するに、伯子男爵議員選挙規則第一一条は空洞化していったのである。

また、この選挙は定数連記であった(79)。有効投票の過半数をある陣営が占めることにより、その陣営は定数分の議席を確保できる。定数七〇ならば有権者は七〇人の名前を連記することになる。明治三〇年の通常選挙では、尚友会員は幹部の定めた四五人の名前を連記したであろう。ではこの四五名が上位で当選したか。結果はそうではなかった。第一位は同数二名で懇話会のリーダー谷干城と曽我祐準であり、第三位から第一五位までは立花種恭ら「中立派」や三曜会・懇話会系の候補者が並んでいる。第一六位になって研究会＝尚友会系が出てくる。何人か無所属や三曜会に属する者が数名いるが、第一六位岡部長職、第一七位長谷信篤、第一八位堀田正養、第一九位山口弘達・・・と第一六位以下には尚友会系が六九位まで多数並ぶ。(80) 七〇位は三曜会の松平乗承である。先に見たように谷は自身や曽我の当選を真正の当選ではなく、政略上の当選と断じたが、山口も認めるように、研究会―尚友会はある程度反対派を当選させることにより、それも尚友会の候補者推薦名簿の上位に反対派のリーダーたちを入れ込むことで尚友会自身の「朋党比周」すなわち党派性・偏向性を稀薄化させたのである。

むすびにかえて

第二回通常選挙の一四年後、すなわち明治四四年の通常選挙では、子爵議員選挙の有効投票数三〇二、第一位得票者は三島弥太郎で、その得票数は三〇〇票であった。これに対し三曜会・懇話会の系譜を引く反研究会勢力「土曜会」の会員では、第一一位に曽我祐準二九六票（五名同数）、第一七位に仙石政固二九四票、第一九位に二人同数で鍋島直彬と松平乗承がいた。尚友会の手法は上位に反対勢力の領袖を持ってくる点では一四年前と同じだが、当選者のトップは研究会の指導者三島弥太郎で、かつてのように反対勢力のリーダーをそのトップにもって来ることはなかった。選挙後最初の議会である第二九臨時議会（明治四四・一二・二七〜四五・三・二五）では、尚友会が〈配慮〉したこの四人を除き、残り六六名の当選者の全てが研究会に所属した。

こうしてほぼ完全に尚友会が子爵界を押さえるに至ったのである。そのことはまた、研究会と尚友会を牛耳る数名の領袖が子爵界の牛耳を取ることを意味したのである。すなわち第二次桂内閣以来の桂園内閣期における三島弥太郎、そして原・高橋両内閣期から護憲三派内閣期を経て昭和初年にかけての時期における青木信光・水野直がそうであった。

次章においては、子爵界において支配体制を確立させつつあった研究会—尚友会に挑戦し、それを阻止しようとした談話会について述べることにしたい。本章で検討した反〈研究会—尚友会〉勢力が、一四年後装いを新たに、〈研究会—尚友会〉体制に挑戦する有様を検討することになる。

(1)　尚友会の成立に関する纏まった研究は管見の限りでは無い。尚友倶楽部編・刊『貴族院の会派研究会史・明治大正編』、（一九八〇年刊、以下『研究会史』と略記）の第三章第三節が現時点で唯一の著述である。なお、同書は明治大正編と昭和編の二分冊から成るが、繁を避け、前者は上、後者を下と、以下で表記する。なお、小林和幸『明治立憲政治と貴族院』（吉川弘文館、二〇〇二年）二〇六ページで、佐々木克「初期議会の貴族院と華族」（京都大学人文学会編・刊『人文学報』六七号、一九九〇年刊、所収）三六ページで、内藤一成『貴族院』（同成社、二〇〇八年）七〇～七八ページで、それぞれ尚友会の成立に関して言及されているが、何れも成立から明治三〇年の第二回通常選挙への道のりを詳細に論じたものではない。
(2)　明治二四年四月八日付『読売』。
(3)　水野勝邦氏旧蔵資料「木曜会々員」。
(4)　前掲『研究会史』上、一五七ページおよび『貴族院政治団体と会派』七六～七七ページそれぞれを参照。
(5)　明治二四年七月一一日付『読売』。
(6)　同。
(7)　明治二四年七月一一日付『東京朝日』。
(8)　明治二五年五月四日付『東京朝日』所載「貴族院議員の種別」参照。
(9)　霞会館華族資料調査委員会編『華族会館誌』下、（吉川弘文館、一九八六年）一三七ページ。
(10)　『研究会史』上、一六八ページ。
(11)　『大日本帝国議会誌』第一巻、一九二六年、一二〇八～一二一〇ページ。
(12)　「勤倹尚武」建議案と研究会をはじめとする貴族院諸会派の対応については、前掲『明治立憲政治と貴族院』、一五八～一五九ページ、参照。
(13)　明治二五年一二月二〇日付伊藤博文宛金子堅太郎書簡（平塚篤校訂『秘書類纂・帝国議会編』下（秘書類纂刊行会刊、一九三四年)、四三四ページ)所収。
(14) 明治二四年一一月二七日付『読売』。
(15) 明治二四年一二月六日付『読売』。
(16) 明治二四年一二月五日付『読売』。
(17) 子爵会成立の経緯については、佐々木克、前掲論文、が明らかにしている。
(18) 子爵会の規約は霞会館諸家資料調査委員会編『華族制度資料集』(吉川弘文館、一九八五年)に所収。
(19) 明治二五年五月一九日付『東京朝日』。
(20) 佐々木、前掲論文、三一ページ。
(21) 前掲『華族会館誌』下、六八六ページ。
(22) 佐々木、前掲論文、三三ページ。
(23) 明治二五年五月一九日付『東京朝日』。
(24) 前掲『華族会館誌』下、一九五および二一六ページ。
(25) 明治二五年六月二六日付『東京朝日』。
(26) 前掲『華族会館誌』下、二四九ページ。
(27) 『研究会史』上、一八四ページ。
(28) 明治二五年七月一〇日付『読売』。
(29) 「改正子爵会会則」は前掲『華族制度資料集』、三一〇〜三一一ページに所収。
(30) 小笠原案理由書(前掲『華族会館誌』下、二三五ページ所収)。
(31) 同上。
(32) 前掲『華族会館誌』下、二〇九ページ。
(33) 同、二三八ページ。
(34) 尚友倶楽部調査室・内藤一成編『新編旧話会速記』(尚友ブックレット一七、一四〇〜一四三ページ)。なお、旧話会は、貴族院の歴史の回顧や実務の参考のため、貴族院議長徳川家達の肝煎りで昭和二(一九二七)年に発足した。すなわち、その会合は、元貴族院議員を対象に現職の貴族院議員や貴族院事務局職員らが往事の話を聞き取り記録する目的で昭和二年一〇月から昭和九(一九三四)年七月まで一三回にわたって開催され、そこでは貴族院に関する往事の談話が披露され質疑応答がなされた。

(35) 前掲『新編旧話会速記』一四〇〜一四三ページ。
(36) なお研究会創設者の一人鍋島直虎によれば、推薦候補者が当選後研究会に入会しないことが尚友会設立の動機であったという。彼は大正六年一月、小冊子『研究会小史』(活版、全二二ページ、縦二二センチ、横一五・二センチ)を著し、次のように述べる。「本会〔尚友会—引用者注〕創立に際してや、議員の補欠選挙の場合に於て候補者の予選に頗る困難を感じたり。即ち其の候補に立てる者は当選の暁、必ず本会に入会すべきものと予感し、本会は其の全力を挙げて投票に力めしに拘らず、当選者は本会に対する恩誼を没却して、翻然反対の位置に立ち大いに会員の感情を緊張せしめたることあり。仍てこれらの弊害を除去し同志会合して規律を正し統一を図るの必要を認め、明治二五年七月二七日、尚友会を組織し知識を交換し親睦を厚うする目的の下に、有爵者及び有位華族を以て会員となし……」(「研究会小史」、『幸倶楽部沿革日誌』所収、一六八〜一六九ページ)。研究会発足から尚友会結成までに、当選後研究会に入会しなかったのは曽我および小笠原である。この二名はそれぞれ懇話会、三曜会に所属した。彼ら二名はともに当選後は反研究会の立場に立ったが、選挙は研究会の組織を使ったであろうか。なるほど両名とも従来の反研究会票の倍くらい当選者として票を獲得している。曽我らは研究会側に投票依頼をすることにより得票を伸ばしたのであろうか。研究会は彼らに当選後の入会を期待したのであろうか。共に不明である。
(37) 前掲『研究会史』上、九四ページ参照。
(38) 伊達宗城の明治初年の活動の一端については、大久保利謙「麝香間祗候会議と華族」「木戸孝允と華族」(『大久保利謙歴史著作集三—華族制度の創設—』吉川弘文館、一九九三年、所収)でも触れられている。
(39) 前掲『研究会史』上、一八五〜一八六ページに所載。
(40) 原文は仮名表記による。また、『東京朝日』掲載分では、第六条第一項が「会員五名の紹介」とあったり、第七条の第一項が抜けているなど、『東京朝日』掲載分と『研究会史』所載分とでは若干の相違がある。なお規則全文は前掲『研究会史』上、一八一〜一八三ページに所載。
(41) 「万里小路通房はじめ五名反駁書」(前掲『研究会史』上、一八六〜一八七ページ、所収)。
(42) 伊達反駁書、同、一八七ページ、所収。
(43) 前掲『旧話会速記』、一四四ページ。
(44) 東朝明治二六年三月三〇日付『東京朝日』。
(45) 明治二八年九月一二日付『東京朝日』。
(46) 明治二九年一月九日付『東京朝日』。

(47) 明治二九年七月三日付『読売』。
(48) 明治二九年一〇月一〇日付『読売』。
(49) 長岡護美（一八四二〜一九〇八）は熊本藩主細川斉護の六男として生まれ、幕府倒壊後、兄である熊本藩知事細川護久の下で熊本藩大参事を務め、その後イギリスに留学してケンブリッジ大学に学んだ。帰国後外務省に入り、オランダやベルギーの公使を務めた。のちに見るように明治三〇（一八九七）年子爵議員に当選した。
(50) 明治（二六）年一一月二六日付伊藤博文宛谷干城書簡、伊藤博文関係文書六、一六七ページ所収。発信年は明治二五年ではなく、二六年と推定される。また小林和幸氏も自著『明治立憲政治と貴族院』一五六ページにおいて同様に指摘している。
(51) 明治三〇年六月七日付『読売』。
(52) 「子爵華族の飛檄」明治三〇年五月七日付『東京朝日』。
(53) 明治三〇年六月七日付『読売』。
(54) 枢密院顧問官による推薦候補者名簿は明治三〇年六月九付『東京朝日』に掲載されている。
(55) 明治三〇年六月七日付『読売』。
(56) 明治二九年一二月一二日付『読売』。
(57) 明治三〇年五月一日付『東京朝日』。
(58) さらに同紙（明治三〇年五月四日付『報知』）は続けて、しかし岡部ら、大河内、鳥居らは秘密裏に財産があるものに対しては現金や月賦で三〇〇〇〜三五〇〇円を納めさせたり、そうでない者に対しては歳費一か年分を差し出すなどの契約により予選を実施してきたといい、表面上公平を装うために四五名―二五名の数字を設定した、と報じている。
(59) 明治三〇年六月一日付『東京朝日』。
(60) 明治三〇年六月一日付『東京朝日』。
(61) 前掲『新編旧話会速記』、三一四ページ。
(62) 山口によれば、尚友会は当初より自ら運動した者は選挙しない、運動するものについては会として取り合わなかった。彼は言う、「一体貴族院議員というものは初めの明治二三年の七月一〇日の選挙の時にはちょっとでも自分が意思を発表して運動がましいことをした者は皆省いてしまった形跡がある。その後第一議会から第十議会位までは、自分で運動したり何かするということは皆やらせぬ、省くということであった。ところがどうも先刻申し上げた通り戸別訪問の運動者がでる。どうにも仕様がなくなってきましたから、それを防ぐ為に尚友会が出来た。それで尚友会で纏めるから尚友会では自分で運動した者は選挙しないということになった。それで初めに運動した人で幾らやっても出られぬ。出られぬから益々その人は運動する、益々出られぬということになって、憤死した人もある。その位であった。（一四九ページ）」しかし、山口が言うことはどうであろうか。「自分で運動したり何かする」人間は候補者としないのではなく、研究会―尚友会幹部の統制に逆らったものは次の選挙で排除されるというのが正しいのではないか。ちなみに岡部と対立した堀親篤は明治三〇年七月の第二回通常選挙で落選し、その後明治三七年及び四四年と通常選挙で落選し続けた。もちろんその間にあった補欠選挙でも尚友会の推薦候補にはなれなかったのである。

(63) 明治七月一二日付『読売』。

(64) 明治三〇年五月一九日付『東京朝日』。

(65) 明治三〇年七月一二日『読売』。

(66) 明治三〇年七月一三日付『東京朝日』。

(67) 同。

(68) 近衛篤麿日記、明治三〇年七月一二日の条。

(69) 「谷干城日記」明治三〇年七月一二日の条、前掲『谷干城遺稿』二、九三一ページ。

(70) 七月一二日付『東京朝日』同『読売』の「子爵議員当選者」参照。『読売』には谷干城、曽我祐準、松平乗承の三名は硬派、この外の三曜会・懇話会系の人物は中立派として表記されているが、ここでは選挙の前後の議会すなわち第一〇議会と第一一議会の所属から会派を判断した。

(71) 一方、田中不二麿ら枢密顧問官らによる子爵予選人名簿の選挙結果はどうか。

その名簿は明治三〇年六月九付『東京朝日』に掲載されており、以下に掲げた。この名簿の六九名のうち当選者は三四名。当選者には〇を付した。当選率はほぼ五〇パーセントである。傍線を付した者は第二回通常選挙実施直近の第一〇議会において子爵議員として議席を有していた者、いわば再選者である。第一〇議会において子爵議員として議席を有していた者の大半が再選されたが、研究会創設者のひとりである加納、そして補欠選挙で当選した本多、堀、阿部の四名の尚友会員が落選した。本多、阿部については判然としないが、加納と堀は岡部ら主流派の運営方針に対し反発したことが尚友会の推薦候補者名簿に挙げられなかった理由であるようである。あるいはこの四名は現職であるがゆえに田中らの推薦候補者名簿に挙げられても、堀ら反主流派であったため、研究会―尚友会による推薦候補者名簿には挙げられなかったのかもしれない。

田中不二麿ら枢密顧問官による子爵予選人名簿

伊集院兼寛　〇伊東祐麿　〇入江為守　〇林友幸

本多正憲　本多実方　○堀田正養　○本荘寿巨
堀親篤　○戸田忠行　○岡部長職　○大久保忠順
○小笠原寿長　大給恒　渡辺臣武　河田景与
加納久宜　○唐橋在正　河鰭実文　芳川顕正
○谷干城　○竹内惟忠　○立花種恭　高辻修長
○曽我祐準　津軽承叙　○長岡護美　○長谷信篤
○内藤政共　○鍋島直彬　○鍋島直虎　○梅小路定行
上杉勝賢　○内田正学　裏松良光　植松雅平
井上毅　野村靖　○黒田清綱　○久世通章
柳澤光邦　○山内豊誠　○山口弘達　山口兼文
○松平乗承　松前修広　松平容大　○松平直哉
福羽美静　○舟橋遂賢　青木周蔵　秋元興朝
阿部正功　安部信順　阿部正敬　有馬道純
相馬順胤　○相良頼紹　佐竹義理　○京極高典
○由利公正　三浦梧楼　○三島弥太郎　宍戸璣
○久松定弘　日野西光善　関博直　○仙石政固
杉孫七郎

(72) （明治三〇）年七月一八日付曽我祐準宛谷干城書簡（続日本史籍協会叢書『谷干城遺稿』三、（東京大学出版会）、一九七六年復刻、六〇四～六〇五ページ所収。なお、編者はこの書簡の発信年を明治二九年としているが、「御互の当選したる」と三〇年の通常選挙についてであることを窺わせ、また「日々に物価騰貴のため予算も益増加可致如何財政をいたし候歟松方伯も定て当惑の事被察候」と、この書簡は内容からして松方内閣期に書かれたものであろうから、発信年は明治三〇年と推定される。

(73) 明治三〇年七月一二日付『読売』。

(74) 同、山口、一七七ページ。

(75) 谷自身も委託投票と無縁ではない。谷干城は明治三二年六月、子爵議員補欠選挙にあたり「本多正憲子推挙の儀に付縷々御申越の段継承いたし候。固より御情の儀には万事宜敷御依頼申上候。留守許へも投票用紙相廻り候はば貴邸へ御廻し可申様可申遣候得共若しも遅延等いたし候時は御督促被成下度候」（明治三二年六月三日付曽我祐準宛谷干城書簡〔前掲『谷干城遺稿』三、六一五～六一六ページ、所収〕）と、自宅に届いた投票用紙をそのまま曽我の手元に回すよう留守宅に指示している。投票の白紙委任である。

(76)　前掲『新編旧話会速記』、一四八ページ。

(77)　明治三〇年七月一二日付『読売』。

(78)　同。

(79)　伯子男爵議員選挙規則の原案を起草した金子堅太郎は、昭和三（一九二八）年四月九日の旧話会席上、次のように述べている。単記・連記ともに一長一短があり、ヨーロッパの学者間でもその評価が分かれているので、自分でも決め難く、伊藤に採決を仰いだ。伊藤もこれなら良いと考えはない、「ただ日本の伯子男も連記にしてもまさか自分の親類や友人を集めて悉く出して、適材を適所に置かぬということは吾輩はないと思う、日本の貴族は皇室の藩屏であり人民の儀表であるということを常に言うて居るから、この選挙にも決してそんな偏頗なことはしないと思う。連記でよかろう、決して偏頗の選挙はないと吾輩は確信するから連記にし給え、而して後日若しその弊害が生じた時には単記にしても宜しかろう、また或いは単記以外の規則にしても宜しかろう……」（前掲『新編旧話会速記』、六六～六七ページ）。なお、第二六議会（明治四二年一二月開会）貴族院本会議に曽我祐準が有爵互選議員選挙規則の改正建議案を上程したが、その提案理由の説明の際、彼は、立憲政治開始当初は市会議員選挙規則、町村会議員選挙規則、衆議院議員選挙規則、府県会議員選挙規則などは全て連記投票制であったと述べ、明治三〇年代となり、公職選挙では徐々に連記制から単記制に切換えられたと、指摘している。

(80)　第四回通常選挙における当選者リストは明治四四年七月一一日付『東京朝日』によった。

第三章　談話会の挑戦

はじめに

貴族院に、ある程度まとまって院内活動をする集団としての会派が成立したのは、第二議会（明治二四年一一月開会）においてであった。貴族院における反藩閥勢力の指導者のひとりであった公爵近衛篤麿配下の「三曜会」、同じく子爵谷干城、同曽我祐準をリーダーとする「懇話会」、そして〈是々非々〉主義を取りつつ藩閥政府を支持する、子爵議員中心の「研究会」がその主なものであった。特に研究会は「尚友会」なる当選請負組織を持つことにより、六〇～七〇名の子爵議員の大半と子爵団全体を統制し、貴族院の動向に大きな影響力を持ち、明治末年を迎えた。

かかる貴族院における研究会の優位性は明治三〇（一八九七）年に実施された第二回通常選挙を経て確立され、貴族院の終焉まで継続した。しかし、それが脅かされることはなかったか、と言うとそうではない。明治末年の子爵界における「談話会」の結成は、子爵者集団ばかりか華族界そして広く政界を震撼させた。すなわち、談話会は尚友会に対抗して、来るべき第四回通常選挙（明治四四（一九一一）年実施）に多数の当選者を出そうとしたのである。

このような談話会と尚友会（＝研究会）の角逐とその推移については、尚友倶楽部（著者は水野勝邦）編・刊『貴族院の会派研究会史・明治大正編』（一九八〇年刊）、小林和幸『明治立憲制と貴族院』（吉川弘文館、二〇〇一年刊）、内藤一成『貴族院』（同成社、二〇〇八年）および拙著『大正デモクラシーの時代と貴族院』（成文堂、二〇〇五年）でも考察されて来た。しかし、その何れも談話会という組織の全貌とその成立に至る経緯については明らかにするところではない。そこで、本章では、拙著（特に第二章「桂園時代における有爵互選議員選挙」）で論及できなかった談話会結成に関わる問題点について考察してみたい。

一　談話会役員一覧

明治四二（一九〇九）年二月一日、華族会館において談話会の発会式が開催された。多数の来賓を含め一七〇余名の来会があった[1]。これに先立ち、一月二六日駿河台の子爵秋元興朝邸で、四〇余名の参加を得て総会が開かれ、次のようにその役員が選出された[2]。それは一二名の常務員、八名の幹事および二五名の評議員からなるものであった。人数を別とすれば、一二名の常務員の合議制の会の運営方式は研究会のそれに、八名の幹事や二五名の評議員によるのは尚友会のそれにそれぞれ酷似していると言えよう。

談話会役員[3]

常務員　一二名

秋元興朝A　○板倉勝達A　△相良頼紹A　○本荘寿巨A　○高野宗順B　慈光寺恭仲B

※勘解由小路資承B　鳥尾光C　○松平乗承A　岩倉具明B

▲京都側　△久世通章B　梅渓通魯B

幹事　八名

×佐竹義理A　松平頼平A　曽我祐邦C　秋元春朝A　松平忠威A

▲京都側　清岡長言B　野尻量弘B　石野基道B

評議員　二五名

×柳沢光邦A　久世広業A　白川資長B　柳沢徳忠A　松平義生A　安部信順A

成瀬正雄A　瀧脇信広A　土井忠直A　西尾忠篤A

×本多正憲A　○仙石政固A　○鍋島直彬A　奥田直紹A　細川利文A

土井利興A　松平忠敬A　松平直静A　大岡忠量A　※櫛笥隆督B

毛利元雄A

▲京都側　五条為功B　北小路隋光B　萩原員種B　毛利於菟丸B

さて、右の役員一覧表における○、△、×は、それぞれ明治四二（一九〇九）年二月当時で現役の貴族院子爵議員、前子爵議員、元子爵議員を示している。すなわち、○は明治三七（一九〇四）年七月実施の第三回子爵議員通常選挙を、△は同三〇（一八九七）年七月実施の第二回子爵議員通常選挙を、×は同二三（一八九〇）年七月実施の第一回子爵通常選挙をそれぞれ直近の当選とする者であることを表わす。また、各氏名の末尾のA、B、Cはそれぞれ大名華族、公卿（公家）華族、勲功華族である事を示している。さらに、明治四一（一九〇八）年一二月二二日付『東京日日』の記事「尚友会脱会者」によって、該当者の氏名に傍線を施した。なお、常務員に選出された岩倉は、未だ学生の身分にあることを理由にその就任を辞退した。(4) しかし、その幹事会はその補充をせず、常務員については当面欠員一のままとした。

ところで尚友会の会員数一五二に対して、談話会のそれはピーク時に一二〇に達したといわれる。(5) この一二〇名の会員の中核は言うまでもなく、四五名からなる役員である。そこで、この四五名の人々について、検討してみる。もちろん、この四五名が談話会の組織全体を示すわけではないが、その大体のところが判るであろう。まず気づかされることは、結成直前に尚友会を脱会した者が多く、その数は役員総数四五のうちほぼ半数の二〇にのぼる。また尚友会発足以来の名簿が資料として残っていないため、尚友会の全貌については不詳ではあるが、この四〇余名の中には、談話会結成直前の脱会者以外に、たとえば秋元興朝のようにその元会員（明治三〇年九月に脱会）であった人もいるに違いない。ともあれ、役員の半数近くが尚友会脱会者ということは、今回新たに結成される談話会の性格を物語っている。脱会者は尚友会員としての利益に与らなかったか、尚友会指導部の運営方針に対して反発してきたか、その何れかであろう。

それでは、以上四〇余名の役員の出身についてはどうか。秋元興朝・春朝は親子であるから、合わせて一家と数えると、A大名華族、B公卿華族、C勲功華族の数はそれぞれ二七、一五、二である。組織全体におけるA、B、Cの割合を示すと、A：六一・四％、B：三四・一％、C：四・五％である。これを子爵者全体の構成と比べてみる。大正末年のデータであるが、大正一三（一九二四）年四月現在で、子爵の爵位を有する大名華族は二二三家、公卿華族は八二家、勲功華族は六七家であった。[6] 明治四二（一九〇九）年とはほぼ一五年間の時間的隔たりがあり、その間子爵者の若干の増加はあるであろうが、男爵者の場合と比べて、子爵者のそれは極めて限られたものであろう。そこで、このデータをもとに、大正末年の子爵者全体の構成を同じように分類してみよう。大名華族：六〇％、公卿華族：二二％、勲功華族：一八％。ここで両者を比較してみると、談話会役員の出身は、子爵者全体の出身構成と比べて公卿華族が多く（プラス一二・一）、勲功華族が少ないこと（マイナス一三・五）が判明する。なお、談話会幹事の曽我は、谷干城と並んで旧懇話会のリーダーであった曽我祐準（土曜会）の嗣子であったことからすれば、彼は父親の代理であると考えてよいだろう。

では、談話会が対抗しようとした、既存勢力である研究会＝尚友会体制の下で子爵議員の活動は、どうであるか。明治三〇（一八九七）年七月の通常選挙終了以降、尚友会が子爵界において貴族院互選議員選挙を牛耳ってき

表３　第25議会における子爵議員の出身・会派別

出身＼会派	研究会	無所属	土曜会	純無所属	合計
大名華族	41	0	3	2	46（65.7）
公卿華族	15	0	0	1	16（22.9）
勲功華族	4	2	2	0	8（11.4）
合計	60	2	5	3	70（100）

出典：酒田正敏編『貴族院会派一覧―1890～1919―』より、（　）はパーセント

た。その当選者のほとんどが会派「研究会」に入会し、議員活動をした。しかし、例外もあった。第二五議会（一九〇八年一二月～一九〇九年三月）開会の目前について言えば、次の一〇名がそれであった。井上勝、由利公正（以上、無所属派）、谷干城、鍋島直彬、曽我祐準、仙石政固、松平乗承（以上、土曜会）、板倉勝達、本荘寿巨、高野宗順（以上、純無所属）。井上と由利を除く八名が談話会の会員であることは、すでに見た通りである。それはともかく、この体制の下での子爵議員を会派別と出身別に分類してみる。上の第三表がそれである。

この研究会＝尚友会指導の互選システムによる議員選出状況を子爵全体の出身別と比べると、大名華族プラス五・七、公卿華族プラス〇・九、勲功華族はマイナス六・六となる。すなわち、研究会＝尚友会は、公卿華族について全体の出身別にほぼ一致する割合で議員候補者を選び当選させた。しかし、それは大名華族、勲功華族について、前者を〝優遇〟し、後者を〝冷遇〟している。

これに対し、談話会の中心的人物四五名は、先に述べたように、子爵全体の出身別構成と比較して公卿華族が多く、研究会＝尚友会による互選システム同様、勲功華族がさらに少ない。

以上の比較を通じてわかることは、以下の二点である。①出身別からすれば勲功華族の貴族院議員選出の割合が、他の出身に比して低い、②談話会役員への公卿華族の参入度が、子爵全体の出身別構成や実際の子爵議員の出身別から見て相対的に高い。①については、勲功華族の初代の多くが勅選議員として貴族院に議

席を有したためであろう。また、後に見るように、研究会＝尚友会によって子爵議員の互選が牛耳られていることに対する、非尚友会グループの反発が、談話会結成のきっかけであったことからすれば、その不満・反発は大名華族、勲功華族に比べ公卿華族に大きかったように思われる。

二　議員経験者

ところで今回選出された四五名の役員の内、現職の子爵議員であるか以前そうであった者は、板倉以下合わせて一一名である。この一一名についても、尚友会退会者であるものもいるし、そうでない者もいる。ともかく、立法者としての経験を持つ彼らの航跡について、酒田正敏編『貴族院会派一覧―一八九〇～一九一九―』（日本近代史料研究会刊・一九七四年）をもとに、議席を有した議会とその時の会派を中心に精査してみる。以下、（　）内はそれぞれの生年月と没年月を、○内の数字は帝国議会の回数（例えば、第一三回帝国議会〔第一三議会〕ならば、⑬という具合である）を、それぞれ表す。

・**板倉勝達**（一八三九・五～一九一三・七）旧三河国重原藩主家当主
議員在職・一八九〇・七～一九一一・七
会派・④～⑨三曜会、⑩久我派、⑪⑫純無所属、⑬研究会、⑭純無所属、⑮～㉔研究会、㉕純無所属、㉖㉗扶桑会

・**相良頼紹**（一八五三・一二～一九二四・三）旧肥後国人吉藩主家当主
議員在職・一八九〇・七～一九〇四・七
会派・④～⑩研究会、⑪⑫純無所属、⑬～⑱無所属派

・**本荘寿巨**（一八五五・七～一九二九・七）旧美濃国高富藩主家当主
議員在職・一八九〇・七～一九一一・七
会派・④～㉔研究会、㉕純無所属、㉖㉗扶桑会
・**高野宗順**（一八五四・一二～一九一二・二）旧公卿
議員在職・一八九六・一〇～一九一一・七
会派・⑩～㉔研究会、㉕純無所属、㉖㉗扶桑会
・**松平乗承**（一八五一・一二～一九二九・七）旧三河国西尾藩主家当主
議員在職・一八九〇・七～一九二五
会派・④～⑨三曜会、⑩久我派、⑪～⑬三曜会、⑭懇話会、⑮純無所属、⑯～㉗土曜会
・**久世通章**（一八五九・七～一九三九・四）旧公卿
議員在職・一八九〇・七～一九〇四・七
会派・④～⑨三曜会、⑩久我派、⑪～⑬三曜会、⑭純無所属、⑮木曜会
・**佐竹義理**（一八五八・九～一九一四・一〇）旧出羽国岩崎藩主家当主
議員在職・一八九〇・七～一八九七・七
会派・④～⑩三曜会
・**柳沢光邦**（一八五四・三～一九二三・一〇）旧越後国黒川藩主家当主
議員在職・一八九〇・七～一八九七・七
会派・④研究会、⑤～⑧純無所属、⑨硬派、⑩久我派
・**本多正憲**（一八四九・六～一九三七・五）旧安房国長尾藩主家当主

議員在職・一八九〇・七～一八九七・七
会派・④～⑨三曜会、⑩久我派
・**仙石政固**（一八四三・一二～一九一七・一〇）旧但馬国出石藩主家
議員在職・一八九〇・七～一九一七・一〇
会派・④～⑮懇話会、⑯～㉗土曜会
・**鍋島直彬**（一八四三・一二～一九一五・六）旧肥前国鹿島藩主家
議員在職・一八九〇・七～一九一五・六
会派・④～⑮懇話会、⑯～㉗土曜会

右のうち、松平、久世、佐竹、柳沢、本多、仙石、鍋島の七名は、柳沢のような一議会期を研究会に所属した場合を除き、三曜会や懇話会などに所属し、反藩閥政府、反研究会の旗幟を鮮明にするか、純無所属の立場で議員活動をして来た。佐竹、柳沢、本多がともに一期在職したのみで貴族院から去ったのは、明治三〇（一八九七）年の第二回通常選挙（総改選）の際の、研究会＝尚友会との抗争に破れたためであった(7)。これに対して、板倉、相良、本荘、高野は、かなりの期間研究会に所属したあと、それを脱会し、純無所属を経て研究会とは別の会派「無所属派」に移る（相良）か、同様に脱会後純無所属を経て反研究会系の扶桑会に入会（板倉、本荘、高野）するかしている。ここで無所属派は、山県系勅選議員の団体である茶話会の姉妹団体と言える会派で、ともに幸倶楽部を形成していた。藩閥政府支持と言う点では研究会も無所属派も同じではあった。そうであるのに何故、相良は研究会を離脱したのか。その理由は明確ではないが、明治三〇年代における研究会のリーダー堀田正養（子爵、旧近江国宮川藩主家当主）の「横暴にして偏頗極まる態度」(8)に対する反発がその原因であったように思われる。

さて、板倉、本荘、高野の三名についてであるが、板倉は当初三曜会に所属しむしろ反研究会の立場をとっていた。それがいかなる理由で三曜会を離脱したのか。現在資料を欠きそれは定かではないが、離脱した時期が改選の時期と重なることから、再選のために一時的に三曜会を離脱して研究会に入らないまでも、尚友会に入会したのではないだろうか。当選後、彼は特定の会派に入らなかったが、第一三議会以降は研究会に所属した。ただ第一四議会において、彼は一時研究会を離脱したが、これは研究会幹部の方針に反し、この議会の重要法案であった宗教法案に対するためであったか、と思われる。彼は同じく元三曜会の会員であった久世とともに純無所属の立場でこの法案成立に反対したのである。

一方、本荘は当初から研究会所属であった。第一四議会では後述するように議席は有しなかったが、宗教法案不成立に向けて研究会に対し積極的な工作をした広橋賢光（前子爵議員）の反対運動に呼応し、彼はその法案成立に反対している。(9)

高野は明治二九年一〇月の補欠選挙で当選し、研究会に入会した。しかし、彼は当初むしろ反研究会の立場をとり、尚友会が組織されることになった明治二五年の補欠選挙で、戸田忠行（旧下野国足利藩主家当主）、大田原一清（旧下野国大田原藩主家当主）とともに三曜会会員として、研究会推選の稲垣太祥（旧近江国山上藩主家当主）、阿部正敬（旧上総国佐貫藩主家当主）、堤功長（旧公卿）と戦った。(10)この補欠選挙で他の二名と共に敗退した高野が、その後どのような経緯を経て尚友会員となり、補欠選挙の候補者となり得たか、不明である。彼は、子爵界では谷干城ら著名人を除き、他の子爵は尚友会に入ることが議席に就く最短距離であると考えたのであろうか。

ところで、華族会の観察者《ウォッチャー》として、雑誌『太陽』に明治末年から大正期にかけて華族の政治活動に関する多くの論考を寄せた西湖漁郎（ペンネームと思われる）は、一時的にせよ談話会の成功を認めつつも、全員でないにしろその会員について質的な問題があることを次のように指摘している。「談話会が一挙に約百名に近き全員を拉し来たりて、研究会として驚異の眼を瞻らしえたるもの、慥かに一大成功と謂うことを得可し。而して是等談話会に投じたる子爵の多数が研究会員等の所謂、研究会のつねに排斥し、同属を毫も歯ひせざる徒輩にして、生涯貴族院議員たるの望み絶無なるものなりしが故、談話会が議員推選を好餌としての勧誘に接し、喜び勇んで然諾を与へたるものなる可しと雖も、併し必ずしもすべての会員がその人格の醜劣を以って目する能はざるは勿論、故子鳥尾光、子武者小路公共、子岩倉具明等の少壮有為の輩を包容し、殊に貴族院の硬骨を以て周知せられ、子爵会の五人組を以て称せられたる故子谷干城、子曽我祐準、子松平乗承、子仙石政固、故子鍋島直彬等が、客員として相談会に投じたるに見ても知ることを得可し」(11)。

子爵界全体の出身構成からすると、談話会役員四五名の構成は公卿華族の割合が若干高いことは、先程述べた。子爵界における公卿華族家の数は大名華族家の数の四割弱で、研究会＝尚友会はほぼその割合で議員候補者を選出してきた。しかるに、公卿華族の議員就任希望者が多いということは、大名華族に比し公卿華族の社会的・経済的な活躍の場が貴族議員に限られていたのではないだろうか。また、経済的困窮ということも、その大きな理由であろう(12)。資質的にも研究会＝尚友会によって顧られることがなかった「徒輩」とは、こうした公卿華族たちであったのかも知れない。

さて、右の記事において西湖が指摘した三名の「少壮有為の輩」のうち、二名が談話会の中核である常務員に推されたことに注目してみたい。まず、鳥尾光（一八七六〜一九一二）は、谷干城、曽我祐準、三浦梧楼ら長州出身の反山県系の陸軍中将・子爵者の一人故鳥尾小弥太の嗣子である。彼はこの三人の中では最年長で三二歳であった。二年後、彼は早逝するが、この時「統一学会の副社長」(13)であったという。

武者小路公共（一八八二〜一九六二）は、学習院を経て明治四〇（一九〇七）年七月、東京帝国大学法科大学独法を五六名中一一番の成績で卒業している。彼は東大在学中に外交官及領事官試験に合格し、卒業とともに領事官補となっている。それからほぼ一年後の明治四一年六月、彼は上海在勤となり、さらに翌四二年三月、外交官補としてドイツ在勤となっている。[14] 後述の如く、彼が談話会に関係したと思われるのは、組織化に向けての極く初期のことであったようである。なお、武者小路と常務員・勘解由小路が親戚関係であることは後で見る通りである。

岩倉具明（一八八〇〜一九四二）は岩倉具視の三男具経の嗣子である。具経は父の功績により、男爵に列せられ、さらに具明は父の功績により子爵に陞爵している。彼は明治四二年九月末現在で、東京帝国大学法科大学政治学科に在籍し、卒業のための最終試験である卒業試験の受験を翌年六月に控えた「卒業受験生」であった。[15] 談話会発会式の折、彼は二九歳であった。彼は発会式直前の一月二六日の幹事会で常務員候補を辞退しているが、その幹事会の前の一月一〇日の幹事会には少なくとも出席して発会式開催の準備に参画している。[16] 学生が政治に関わるのを警戒する明治期の風潮の中で、岩倉は卒業試験を控え、活動を自粛したのかも知れない。

何れにしろ、二〇代後半から三〇歳代前半の、この三人が子爵議員を目指し、特に東大法科大学を卒業もしくは卒業直前の武者小路、岩倉がそれぞれ真剣にそれを考慮したことは十分考えられる。鳥尾を含めこの三人が真剣に子爵議員たらんとすればするほど、研究会＝尚友会に牛耳られた子爵議員選挙の現状に不満を持ち、談話会活動に手を染めて行ったのではないだろうか。

三　伯爵者の介入

第二六議会（明治四二・一二・二四〜同四三・三・二三）開会を前にして、板倉ら三名が参加した扶桑会は、伯爵議員の会派であった。この会派はその丁度一年前の明治四一（一九〇八）年一二月一八日、第二五議会の召集を目前に、反〈研究会＝尚友会〉を標榜する伯爵団体「同志会」を伯爵界における支持基盤とした、大木遠吉（後年、原内閣法相）ら六名の伯爵議員と研究会を脱会したばかりの松木宗隆ら六名のそれとが合流し、新たに発足した団体である。扶桑会の成立については別に論じたことがあるのでここでは再論しないが、その背景の一つに研究会の伯爵議員集団における対立があったことを指摘しておきたい(17)。

この対立は、明治四一（一九〇八）年一〇月二八日に研究会の常務委員選挙を控えて、松木らのグループが会の長老とも言うべき伯爵正親町実正や同万里小路通房に代って自派から候補者を立てるべく、正親町に対して常務委員の勇退を直接勧告したことに端を発していると言われている(18)。しかし、松木らの正親町はじめ研究会幹部に対する不満はかなり以前からあったようで、彼らは第二二議会における郡制廃止法案の審議について決議違反の行動をとったばかりか、第二四議会においても家禄掌典禄処分案に関して議場を離れ、採決に加わらなかった(19)。

若手伯爵者たちのかかる反研究会的行為に加えて、今回の正親町への勇退勧告は、むろん研究会の子爵者たちを激昂させることになった。同会内部では松木らの行動に対する強硬論もあったようであるが、同会幹部は正親町も常務委員に選出しないかわりに、松木ら伯爵少壮派からも選ばない、との方針を決定した。いわゆる喧嘩両成敗である。しかし、この決定に不満な松木ら五名の伯爵議員はついに一〇月二九日に研究会を脱会した。彼らは同時に尚友会も脱会したため、院内会派としても推薦団体としても二重の意味で純無所属であった。なお、この時の常務委員改選にあたり選出された吉井幸蔵は、翌三〇日に研究会を脱会し、松木らに合流した。

研究会を脱会した、この六人の伯爵議員の中心は松木であったが、彼の実兄が高野宗順であった(20)。板倉、本荘、高野の相互の関係が判然としないが、高野を介して松木は研究会に不満をもつと思われた板倉、本荘に対し脱会を勧めたのであろうか。すでに見た如く、板倉らの三名は、扶桑会が成立する以前は研究会を脱会し、第二五議会（明治四一・一二・二五〜明治四二・三・二五）は純無所属で過ごした。すなわち、彼らは一議会待って、伯爵議員の団体に入会したのである。第二五議会終了時において、研究会以外で、ある程度まとまって子爵議員が所属していたのは土曜会であり、四〇名の会員を擁したそれは旧三曜会、旧懇話会系の谷、鍋島以下五名の子爵議員が所属した。その内の谷や曽我は談話会の「名誉会員」でもあった。そうであるのに、板倉ら三名は土曜会に入会することなく、あえて異質な伯爵議員団の中に身を投じたのである。何故であろうか、おそらく、伯爵議員団のほうが土曜会よりも目的、人脈等から彼らに身近であったためではなかっただろうか。

ところで、以上の一連の伯爵議員の動きの背後で伯爵広橋賢光（旧公卿）の存在があったようである。華冑界の俊秀として西園寺公望とともに伊藤博文のヨーロッパにおける憲法調査に随行し、帰国後、法制局参事官を振出しに、内務省地理局長、内閣記録局長、宮内省調査課長を歴任した広橋であった。彼はまた貴族院開設にあたり、伯爵議員に互選せられ、研究会創立に参画したものの、様々な事業に手を出し、その何れも失敗した結果、家産を蕩尽してしまった。そのためか、研究会伯爵団における彼の威望は低下し、さらに第一四議会（明治三二・一一・二二〜同三三・二・二四）における宗教法案の審議をめぐり、東本願寺と「親戚の関係ある」広橋が東本願寺の意向を受け、その信徒の浄財で研究会および木曜会所属議員に対し法案不成立に向けて買収工作をしたことが(21)、ますます彼の信用を失墜させた。

こうして明治三〇年（一八九七）七月および三七年七月にそれぞれ実施せられた第二、第三回の伯爵議員選挙に何れも再選されることなく今日に至ったのである。それ以来、広橋は自らの政治的復活の機会を狙っていたが、明治四〇年一一月と翌四一年二月に実施された伯爵議員補欠選挙がそのチャンスであった。すなわち、彼は研究会側の候補に対し、大木遠吉や松平頼寿を応援し、その選挙参謀を務め、四一年二月の選挙で二人を当選させたのである(22)。

先述の西湖漁郎によれば、広橋は当選した直後の大木と松平に対し、次のように述べ、研究会＝尚友会体制の打破について提言したという。すなわち、「我輩現時研究会内部の形成を仔細に観察して、其處に老人の跋扈跳梁に対する少壮者の不満、裏面に潜在欝結し、会内の空気は表面平静を装うも、一般に現状を以って満足せざる傾向歴

写真１　秋元興朝

出典：杉謙二編『華族画報』（1913年）より

然たるものあるを思ふ。卿等が今日研究会閥に反抗して克く大捷を博したるもの、一に旧人を送りて新人を迎へんとする新機運を捕らへたるが故也。されば此際、此れの新機運を利導して是れを子爵会に及ぼし、大に同志の糾合を策し、以て研究会を根底より覆へし新たに伯子両爵議員を中堅としたる新団体を組織し、第一着歩として貴族院内の空気展開を実行するの決意なき歟。若し卿等にして此に意あらば、先づ軍資金として今後卿等が収得すべき歳費全部を提供する所あれ。我輩誓ふて卿等の為に画策する所あるべし」[23]と。

西湖によれば、広橋はさらに続け、子爵界において研究会—尚友会に所属していない人物で「研究会に対抗し得べき適当な人物」は、かつて無任所特命弁理大使に任命された秋元興朝（下野国館林藩主家当主）以外にいないとし、秋元は体は弱いが気力、学識、「金力」の点でも「一方の首領として先づ欠点なきもの」と、大木と松平とに推挙したのである。[24] ちなみに、秋元家は「旧石高僅に六万石に過ぎざるに、拾万石以上の奥平、前田、酒井、宗伯《マヽ》等にも越へて十七万石の禄券を拝受せる名家」[25]であった。大木らの同意を得た広橋は続いて、姻戚関係にあり、学習院時代に秋元の学友であった勘解由小路資承（旧公卿）を通じて秋元と連絡を取った。[26] こうして明治四一年三月初旬、神田駿河台の秋元邸で秋元と勘解由小路との会談が持たれた。その後、秋元は旧知の伊藤博文や西園寺公望にも相談しつつ、後述の二つの条件を付して、勘解由小路の依頼を引受けることとなった。

ここで、広橋がどの程度動いたかは別として、右のような動きがあったのは、明治四一（一九〇八）年三月上旬のことに違いない。ちなみに、政友会総裁・原敬は、翌四二（一九〇九）年三月その「日記」に、前年に秋元より「研究会に対抗すべき団体の組織」について内談があったが、研究会のリーダー堀田正養の西園寺内閣入閣（明治四一年三月二五日）のことがあり、「表面に立つ事を避けるよう」秋元に言っておいた、と記している。[27]
原の指示を受け、「表面に立つ」のを控えた秋元であったが、明治四一年七月に第一次西園寺内閣は総辞職した。この直後より、秋元は研究会＝尚友会に対抗する組織を作るための活動を開始したのであろうか。
ところで秋元は、このとき政友会東京支部長であった。[28]「官憲」を中心に政党を「火付強盗」であるかのような見解をする風潮が残っていた当時において、彼は華族としては極めて珍しく、侯爵久我通久（旧公卿）とともに明治三三（一九〇〇）年創立以来の政友会のメンバーであった。
政友会内に行政部門を始め六部門からなる調査局が設置されると、彼は原敬や尾崎行雄らとともに調査委員として外交部門に所属した。[29]さらに、明治三六年（一九〇三）五月、協議員制度（協議委員長は伊藤博文の娘婿・男爵末松謙澄）の発足にともない彼は三〇名の協議員の一人に林有造や原敬らとともに選ばれている。[30]
このような秋元は、成程、広橋が観察したであろうように見識はあり、気力は横溢していたと思われる。西湖によれば、彼は政党人として「官僚派」を意識してか、①当面の「創業期」におけるリーダーによる独裁専制の容認とともに、②「官僚派」によって政党人たることが攻撃されても、政友会脱会を「強請」しないことを、談話会の指導者を引受ける条件として勘解由小路に対して提示し、これを彼に了承させたようであった。[31]
ともあれ、こうして五か月ほどの準備期間を経て、明治四二（一九〇九）年一月に、華族会館での創立大会開催に向け、秋元邸で談話会総会が開かれたことはすでに述べた通りである。この間に談話会による会員獲得の動きが、主に非尚友会員に対して積極的になされたと思われるが、[32]資料を欠き、その動きと創立前後の談話会の全会員を明らかにすることはできない。
しかし、子爵界における談話会設立に、反研究会派の伯爵議員団が背後にいるであろうことは、談話会の発会式とそれを前にした談話会総会において明らかである。すなわち、先に述べた一月二六日の総会で、谷干城、曽我祐準ら名誉会員とともに、「同会組織に関係を有する伯爵同志会の宗重望、島津忠亮、徳川達孝、大木遠吉、小笠原長幹、松平頼寿の各常務并に広橋賢光伯を顧問に推選すべき予定」(33)であると、『東京日日』は報じている。また二月一日の発会式には一七〇名あまりの参会者があったが、その中には千家尊福（木曜会のリーダー）ら二名の男爵議員に加えて、宗、大木、松平（頼）、松木ら一三名の伯爵議員が列席した。(34)実際には宗ら伯爵者が談話会の顧問に就任したかどうか定かではないが、発会式への彼等の参加も考え合わせるならば、伯爵者の子爵会への積極的な働きかけの存在を知り得るであろう。

ところで、広橋が反〈研究会―尚友会〉団体に注目し、先に述べた理由で勘解由小路と連絡を取った頃、すなわち明治四一年三月、勘解由小路の周辺で子爵議員を目指す青年子爵者の動きがあったようである。その中心は勘解由小路の甥・武者小路公共であった。これについて、研究会創立以来の会員で、この時尚友会の幹事でもあった山口弘達（子爵、旧常陸国牛久藩主家当主）は、後年貴族院関係者を前に次のように述べている。「談話会というのは奇妙なもので、初めに学習院を卒業した者、武者小路〔公共、編者註〕、今公使をしております。あの人や何かが、一つ学生や何かがお互いに議員にでも出るというような時の談話会をやろうじゃないかという、同窓会のようなものから出来た。それでありますから、武者小路という人などのやった談話会は、読んで字の如く談話会なんです。それをとんでもない選挙の方に持っていかれた。それで武者小路さんは関係なくなってしまった。談話会を何して居ったのかは、研究会に居りましたが、この間なくなった勘解由小路〔資承、編者註〕子、櫛笥隆督子、秋元子なんという人達が斡旋役をやって居られた」(35)。

武者小路公共の父・実世は明治二〇（一八八七）年に若くしてこの世を去った。その後、姉・秋子と実世の子である公共を、伯父として勘解由小路が何かにつけ面倒を見ていたことは十分に考えられるし、公共の事は折にふれ勘解由小路の耳に入って来ても何ら不思議ではないだろう。在学中に外交官及び領事官試験に合格し、卒業後は外交官への道が約束されていた武者小路であったが、東大卒業前後は若き子爵者たちと子爵議員としての可能性を模索したようであった。すでに述べたように、彼は明治四一年六月に上海に領事補として赴任したので、このとき貴族院議員を目指すことなく終わったが、あるいはこうした武者小路らの働きすなわち談話会開催を勘解由小路が知り、親戚筋にあたる広橋に伝えたのかも知れない。[36]

ほぼ三〇年後ではあるが、山口が語ったように、談話会の原点は武者小路らであり、それが勘解由小路↓広橋と伝わる内にそれぞれの段階で政治的思惑が加わり、ついに〈研究会―尚友会〉体制打破ということに帰結したように思われる。

他方、談話会成立の発端について『子爵三島弥太郎伝』は次のように述べる。「談話会に款を通じたる形跡あること」「研究会を政党組織に変更せんとして勧誘したる痕跡あること」[37]などを理由に研究会を除名されることになる前逓相（第一次西園寺内閣）・堀田正養（子爵、旧近江国宮川藩主家当主）が、広橋らの助言により、再度の入閣を果すため「腹心の勘解由小路を招き、秋元を担ぎて出資せしめ、同志の糾合を計る事とした」[38]。これは同会の古参会員稲垣太祥が秋元から聞いた「一大秘密」[39]であった。談話会の震源は堀田であり、先程とは逆に広橋↓勘解由小路というベクトルが存在したことになる。しかし、そもそも談話会組織の当初から彼がその中心にいたかどうかは、定かではない。しかし、ともあれ広橋―勘解由小路のパイプが存在したことは確かであろう。すでに見たように、談話会は研究会―尚友会支配体制への挑戦者ではありえても、当初から政友会と連携した会派や貴族院政党を目指したものではなかったようである。その後、原をバックとした秋元の存在やその発言から、その当初の計画より貴衆縦断を目指して秋元が関与したように思われたのではないか。ただ、子爵界における談話会、伯爵界における扶桑会―同志会の動きの背後にはそれぞれ広橋がいたと思われる。

なお、先の「談話会役員一覧」における※は、明治四四（一九一一）年七月の通常選挙で当選したことを示している。勘解由小路と櫛笥がそれである。明治四三年四月すなわち選挙の前年に、彼等はともに相前後して、尚友会幹事水野直（子爵、旧上総国結城藩主家当主）によって談話会を退会して尚友会に復帰させられ[40]、翌年の通常選挙に当選後研究会に所属することとなった。水野は勘解由小路とは姻戚関係にあった[41]。彼等の退会がその後の大量の退会を誘発し、談話会衰微のきっかけとなったことを考慮する時、水野は議席と引き換えに、彼等に対し談話会からの退会を迫ったと考えられる。

むすびにかえて

談話会について、それは議会に出ることが出来ない子爵者たちによる研究会＝尚友会体制の打破と、政友会と連携を取りつつ山県や桂ら官僚派に対抗し、議会における「貴衆縦断」の達成をその目的としたと、語られることが多い[42]。もちろん、そのような側面がなかったわけではない。しかし、以上に見てきたごとく、子爵議員としての貴族院入りを希望する子爵者たちの、研究会─尚友会支配体制に対する不満や、伯爵議員たちの同様な反発が、その主な原因として考えられるであろう。少なくとも設立前後はそうであった。

なるほど、談話会のリーダーである秋元興朝は、同会の設立当初より新聞等で貴衆縦断論を説いている。が、それはあくまで秋元個人の見解であって、談話会としてのそれではなかった。そもそも、最初に研究会─尚友会支配体制に対し挑戦した、大木遠吉ら伯爵議員たちにもそのような意図があったわけでもなさそうである。ちなみに、秋元の貴衆縦断論に対し、大木は「貴族院も今の儘では決して押し通すことが出来ず、早晩政党組織にならねばならぬことは嫌でも仕方あるまい。自分は共通政党こそ好まぬけれども、貴族院も亦政党組織にするといふことに就いては毫も依存はない。むしろその早からんことを希望する一人である[43]」と、研究会に対抗しつつ貴族院独自の政党を組織し発展させることを説いた。

ともかく、談話会内部のこうした矛盾が解決されないまま、研究会＝尚友会側の反撃すなわち切り崩しによって、談話会は明治四四年七月の通常選挙に完敗し、ついに一〇月には解散に追い込まれた。

談話会が解散に追い込まれる一年半程前、談話会に参加しつつ、院内では土曜会に属した曽我祐準は、第二六議会（明治四二年一二月開会）において、有爵互選議員選挙の規定改正に関する建議案を貴族院に提出した。「貴族院伯子男爵議員選挙規則中投票ニ関スル規定改正建議案」がそれで、彼は勅令として公布された「貴族院伯子男爵議員選挙規則」第一〇条第二項を、現行の連記投票を廃して単記投票かその他少数者代表を可能とする投票方法に変更するべきであるとの政府への建議案を、貴族院に提案したのである。これに対し、曽我と院内活動を共にしてきた小沢武雄（勅選、土曜会）が委員付託の動議を出し、茨木惟昭・園田安賢の二人の男爵議員（共に木曜会）と富井政章（勅選、東大教授、無所属）、桑田熊蔵（土曜会）そして三島弥太郎（研究会）がそれぞれ委員付託に賛成したことで、侯爵花山院親家を委員長とする特別委員会が設置された。政府は改正に消極的で、久保田譲（男爵、土曜会）の、今のものが完全であると考えるか、完全ではないが他に変える方法がないからこのままいくのか、との質問に対し、政府委員として答弁に立った法制局長官安広伴一郎は、他に良いものがあればともかく、「目下の所では現行のまま維持すると云ふ考えでございます」(44)と答えた。結局はこの建議案は会期末のため審議未了となるが、特別委員として審議に当たった富井は曽我の意見に「現行の無制限連記制度〔定数まで無制限に連記が可能―引用者註〕の不完全なることは少しも疑いないことと思ふ」(45)と、賛成の論陣をはった。一五年後、「大正一四年の貴族院改革」の際、枢密顧問官として、彼は再度この問題に関わることとなる。

それはともかく、現行の定数連記制は尚友会が子爵議員の「当選請負会社」（谷干城）であり続けるための欠くべからざる要件であった。この建議の提案が反藩閥政府を標榜する土曜会を中心として計画されたことは、ほぼ明白である。談話会が子爵界と貴族院における主導権をめぐって研究会―尚友会体制に挑戦し鎬を削っている時、曽我はかかる建議案を貴族院に提出することで、研究会―尚友会を牽制し、談話会への支持を広げようとしたのであろうか。それにしても、こうした〈危機〉にもかかわらず、三島は曽我の提案を門前払いとせず、委員会審議に回した。委員会で握りつぶす自信があったのであろう。ともあれ、曾我の建議案が貴族院本会議に上程されて半月後、勘解由小路等一〇名が談話会を離脱して尚友会に入会した。これを境に談話会は脱会者が急増し、第四回通常選挙では一人の当選者も出せなかったのである。

(1) 明治四二年二月二日付『東京日日新聞』。
(2) 同一月二七日付『東京日日』。
(3) 同。
(4) 同。なお岩倉については後述。
(5) 明治四三年六月一一日付『東京日日』。なお、談話会と深く関った伯爵松木宗隆は「我々の団体〔ママ〕…談話会も殆ど尚友会と是位になった。〔ママ〕(手で示す)もう少しで尚友会と対々に行ったのです。そうすると基礎が壊れるから研究会がこわれますね。この程度までかつかつに来たのです」(『水野直追憶座談会録』、尚友ブックレット一九、二〇〇六年刊、二五〇ページ)と、後年(昭和一六年)語っている。
(6) 一匡社『貴族院改革問題と貴族院制度の研究』(一九二四年)巻末の付表第三「華貴族出身ニ依ル爵別表」を参照。
(7) この抗争については本書第二章を参照されたい。
(8) 西湖漁郎「華冑政治家の色彩(五)」(『太陽』第二一巻九号、大正四年七月刊、所収、二〇ページ)。
(9) 貴族院での宗教法案の審議については小林和幸『明治立憲政と貴族院』第二部第二章、特に二二五ページ以下を参照。
(10) 尚友倶楽部編・刊『新編旧話会速記』(尚友ブックレット一七、内藤一成解題、二〇〇四年)、一四一ページ。ここで、創立以来の研究会員であり、その後尚友会幹事となった山口弘達はこの時の補欠選挙と尚友会成立について回顧している。
(11) 西湖「華冑政治家の色彩(七)」(『太陽』第二一巻一二号、大正四年一〇月刊、所収、六二～六三ページ)。

(12) ちなみに、原敬は「京都公家華族は少々の金銭にて何れにも動き……」(『原敬日記』明治四三年四月二六日の条)と評し、徳川義親は伯子男爵議員の選挙になると、研究会の幹部が京都におもむき、公卿華族に対し食事で接待したり金包を渡したりしていた(徳川義親『最後の殿様』)、と述べている。この点については第一章注42、第五章の注7をそれぞれ参照されたい。また、明治二七年以来、公卿華族を救済の対象とした「旧堂上華族恵恤金」(のち「旧堂上華族保護資金」)の制度があった。なお、この恵恤金をはじめ維新後の公卿華族の実情については刑部芳則『京都に残った公家たち—華族の近代—』(吉川弘文館、二〇一四年)が詳しい。

(13) 明治四四年六月二日付『東京日日』所載の訃報欄参照。

(14) 戦前期官僚制研究会／秦郁彦『戦前期日本官僚制の制度・組織・人事』(東京大学出版会、一九八一年)を参照。

(15) 東京帝国大学編・刊『東京帝国大学一覧・従明治四二年至明治四三年』所収、「学生生徒姓名」四六ページ、明治四三年六月一一日付。

(16) 明治四三年六月一一日付『読売』。

(17) 拙著『大正デモクラシーと貴族院』、六〇～七九ページを参照されたい。

(18) 明治四一年一〇月二六日付『東京日日』。

(19) 同。

(20) 霞会館編『平成新修華族家系大成』下巻(一九九六年、吉川弘文館)、六二四ページ参照。

(21) 小林、前掲書、二三三ページ。

(22) 西湖「華冑政治家の色彩(四)」(『太陽』第二一巻六号、大正四(一九一五)年六月刊、所収、五八ページ。

(23) 同、五九～六〇ページ。

(24) 同、六〇ページ。なお、秋元が無任所特命弁理公使に任命されたことは内閣官報局編・刊『明治二六年職員録』(明治二六年一月一日現在)四五ページに確認できる。彼が無任所特命弁理公使に任命された経緯は不明である。明治二六年一月一日の時点で秋元の他に、梶山鼎介、本間晴雄が任命されていたが、その何れも華族ではない。

(25) 杉謙二編『華族画報』(華族画報社、一九一三年)一九三ページ。

(26) 広橋の祖父・光成の弟・光宙が勘解由小路資承の祖父である(前掲『平成新修華族家系大成』上巻、四二八ページ及び下巻四二七ページをそれぞれ参照。

(27) 「原敬日記」明治四二年三月六日の条。

(28) 水野錬太郎「懐旧録・前編」(西尾林太郎・尚友倶楽部編『水野錬太郎回想録・関係文書』、山川出版、一九九八年、所収、二一ページ)。
(29) 『政友』第一〇号、明治三四年七月一〇日発行、六三ページ。
(30) 同第三三号、明治三六年五月一五日発行、二九ページ。
(31) 西湖「華冑政治家の色彩(六)」(『太陽』第二一巻一〇号、大正四〔一九一五〕年九月刊、所収、六四ページ。
(32) 西湖によれば、この時、勘解由小路資承が辣腕を振るって会員獲得に大いに貢献した(前掲「華冑政治家の色彩〔五〕」、二一ページ)。
(33) 明治四二年一月二四日付『東京日日新聞』
(34) (1)と同じ。
(35) (9)と同じ。
(36) (26)を参照。
(37) 坂本辰之助『子爵三島弥太郎伝』(一九三〇年、昭文社)、八四ページ。
(38) 同、八三ページ。
(39) 同、八二ページ。
(40) 先の山口によれば水野が談話会の切り崩しを実行した(前掲『新編旧話会速記』、一五一ページ)。
(41) 水野の妹・富子は、勘解由小路の妹・直子とその夫・川口武定の子武定の妻である(『平成新修華族家系大成』上巻、四二八、四五八ページ及び下巻、六八二ページをそれぞれ参照)。
(42) 例えば、前掲『研究会史』上、二七一～二七三ページ、小林『明治立憲政と貴族院』二九三ページ。
(43) 大木遠吉「貴族院における政党の将来」(『太陽』第一五巻一〇号、明治四二〔一九〇九〕年七月刊、六三ページ)。
(44) 第二六回帝国議会貴族院『貴族院伯子男爵議員選挙規則中投票ニ関スル規定改正建議案特別委員会議事速記録』第一号、一ページ。
(45) 同。

第二部　〈貴革〉への模索

立憲君主政で、民主的傾向が上院を抑圧するようにさせられるのと同様に、民主共和政では代議院または衆議院―いわゆる国民院―の元老院に対する優越がなおさらに主張されるにちがいない。そのことは法制上さまざまな仕方で表現されうる。

――H・ケルゼン（『一般国家学』）――

第四章　多額納税者議員鎌田勝太郎と貴族院改革

はじめに

鎌田勝太郎（一八六四〜一九四二）は香川県選出の貴族院多額納税者議員であり、四期二八年間に渡ってその議席を維持し続けた。

大半の多額納税者議員の在任期間は一期七年間であり、再選されることは少なく、三選は極めて稀、四選に至っては貴族院政治史上後にも先にも彼が唯一である(1)。

さて、第一章でも述べたように皇族議員を別にすれば、貴族院は華族議員、勅選議員、多額納税者議員から成り立っていた。そのなかでも互選による華族議員や勅選議員が数の上では貴族院の中心であり、政治的にも多額納税者議員がその所属会派の主導権をとったりすることはなかった。かくして多額納税者議員たちは貴族院の主流ではなく、一部の華族議員や勅選議員たちは彼らを蔑視し、新聞、雑誌はしばしば「長者議員」と彼らを揶揄した(2)。

写真2　鎌田勝太郎

出典：中村淳編『貴族院議員名鑑』（東京タイプ社、1915年）より

こうした貴族院内の環境にあって、鎌田が貴族院議員として

活躍し、新聞等で小さからず注目されたことはふたつの「例外」を除き、おそらくなかった。ひとつは第一三議会（明治三一年一二月開会）における貴族院での地租増徴反対の演説であり、もうひとつが大正一〇（一九二一）年から一二年にかけての貴族院改革を目指した活動である。帝国議会におけるこの地租増徴問題についてはすでに手堅い研究があり、鎌田が果たした役割はともかく、この問題の歴史的意義については明らかになっている(3)。この問題については第一節で簡単にふれるが、私が本章で問題にしたいのは後者についてである。

明治憲法体制下の上院すなわち貴族院の改革をめぐって、政界ではしばしば議論されてきた。その議論のピークは二つあった。一つは大正期におけるそれで、第二次護憲運動の前後において男子普通選挙の実現と並行して貴族院改革が議論され、ついには貴族院制度改革の実現に結びついた。二つめは昭和期におけるそれである。総力戦体制の構築を模索する広田内閣のもとで、「庶政改革」の一環として貴族院改革が議論された。

ところで、前者について考える場合、清浦内閣の成立とそれに触発された第二次護憲運動が出発点とされることが多かったし、この運動の結果成立した第一次加藤高明内閣＝護憲三派内閣との絡みで問題とされてきた(4)。それはそれで正しい。

しかし、政界において、この時初めて貴族院改革の動きが開始されたのかと言えば、そうではない。実はその三年近く前から政界において半ば〈公式に〉貴族院改革が議論され、細々ではあるがその実現に向けての動きが貴族院内部にあった。鎌田はこの動きに深く関っていたのである。否、関わるどころかその運動の先鞭をつけたのは彼であった。が、この点について指摘されることは余りない。彼が貴族院改革すなわち「貴革」の先駆者とされることがあっても、この時期の江木千之ら改革論者のひとりとして挙げられることがせいぜいである(5)。

そこで本章では、鎌田の貴族院改革論とその実現に向けての彼の行動について論じ、その歴史的役割を明らかにしてみたい。しかし、その前に彼の生い立ちと貴族院改革を提唱するに至るまでの政治上の閲歴を簡単に見てみよう。

一　生い立ちと政治的閲歴

鎌田勝太郎は元治元年(一八六四)一月二二日、讃岐国阿野郡坂出村(現、香川県坂出市)に父鎌田茂平と母イサの長男として生まれた(6)。母イサは勝太郎の祖父宇平太の弟の子であったが、宇平太に子がなかったためその養女となり、茂平と結婚した。宇平太を当主とする鎌田家は同地の素封家であり、当時「堺屋」と号し倉庫業をはじめ物流、酒造、製糖など手広く商売をしていた。

しかし茂平は慶応元(一八六五)年八月病気のため死亡し、イサが亡夫にかわり家業を切り盛りした。そのため祖父宇平太は勝太郎に特別の慈愛をかけ、たという(7)。彼は長じて坂出学校や愛媛県立高松中学に通いながら漢学・洋学の塾で学び、明治一一(一八七八)年中学を退学して上京し、慶応義塾に学んだ。翌一二年家督を継ぎ、一四年岡山県浅口郡西阿知の旧家中原俊輔の長女ヨシエと結婚した(8)。

結婚した翌年鎌田に転機が訪れた。岡山の「塩田王」として著名な野崎武吉郎との出会いである。終生鎌田は野崎を師と仰いだ。当時、鎌田家では旧藩経営の坂出塩田の一部を譲り受けて製塩業を展開していたが、同様の旧藩営の他の一部を経営する団体が野崎に七四〇〇円という多額の負債を負い、その債務の履行が困難となるに至って救済を鎌田家に求めてきた。七四〇〇円は明治一五年の野崎家総収入のほぼ五分の一にあたる大金であり(9)、野崎はその返済を求めて裁判所に提訴していた。これに対し鎌田は独自の再建案を作成し、返済の暫時の猶予を野崎に申し出た。野崎は鎌田の熱意と能力を認め、その申し出に応じた。その結果、鎌田は自らも資金を拠出して塩産会社を設立し、坂出の塩業復興に乗り出すことになった。当時瀬戸内海沿岸では生産過剰のため塩価の下落が止まらず、彼はこれを打開するため塩の販路拡大に努力し、明治一六年には坂出の塩産業者の生活の安定を目指して坂出塩産合資会社を発足させた。こうして、鎌田勝太郎は坂出一円の地域経済の指導者となった。

それとともに彼は地域の政治指導者としても成長していった。明治二二（一八八九）年一月、第一回香川県会議員選挙に当選し(10)、二五年には県議会議長となった。この間、宇多津塩田株式会社社長となり、二六年には坂出銀行頭取に就任した。そして二七年九月、衆議院議員総選挙に当選した。県議から代議士への転換にはおそらく野崎の示唆かその影響があったと思われる。野崎は明治二三（一八九〇）年の岡山県多額納税者議員選挙に当選し、大隈重信の改進党に近い立場をとりつつ議席を貴族院に有していた(11)。この野崎の示唆を受けてか、鎌田は改進党に属した。もっとも鎌田の選挙区である香川第三区は明治二〇年代において改進党が有力であり、同党が議席を独占してきた。この選挙区の改進党勢力は、綾井武夫と都崎秀太郎をリーダーとする二つのグループがあり、それぞれのリーダーが選挙のたびに交互に改進党の候補者となった(12)。鎌田が当選した第四回総選挙では都崎グループから都崎ではなく鎌田が出馬した。鎌田が地元から代議士を目指そうとした時、その最短距離は改進党・都崎グループの支援を得ることであった。

彼は衆議院議員となるや、野崎と共に大日本塩業同盟会を結成し（明治二七〔一八九四〕年一一・一五）、清国への塩の輸出を目指した(13)。製塩業者は、慢性的な塩価下落とコスト高に苦しんでいたのであり、明治初年より彼らはその打開策として対清輸出を思い立ち、その請願を各方面に続けていた(14)。特に旧幕時代より存在した「十州同盟」という、瀬戸内海沿岸の播磨を始めとする一〇の地域の塩生産者による塩カルテルが明治二三（一八九〇）年に消滅して以来、国内市場における過当競争による塩価の下落は、製塩業者にとって深刻な問題であったに違いない。日清戦争が始まるや、彼らは貴衆両院にそれぞれ塩の対清輸出の請願書を提出し、ともに受理されている。さらに明治二八年三月、鎌田は「清国ニ向ヒ食塩輸出ノ意見」と題し、一三ページにわたって持論を開陳したパンフレット(15)を作成して、各方面にそれを配布した。それは「我国ノ食塩ヲ清国ニ輸出セントスルノ挙ハ積年当業者ノ苦心経営スル所ニシテ」（一ページ）と、始まっている。そして彼は末尾で「我国今日ニ於テ予メ戦後ノ貿易ニ留意シ……〔中略〕……彼ノ清国ヲシテ塩禁制ヲ解カシメ以テ我食塩ノ輸入ヲ図ルカ如キハ其ノ急務中ノ最モ急務ナルモノトス」（一二ページ）と、している。なお、二七年一二月五日付で、野崎、鎌田をはじめ岡山、香川、広島、山口、愛媛、兵庫、徳島七県の塩産業者一〇名の連名で「日清新条約ノ締結ニ当タリ我ガ食塩ニ限リ清国ニ輸入ノ条欵ヲ加ヘラレン事」[16]を内閣に宛て請願している。その趣旨は鎌田のパンプレットのそれと同一であり、大日本塩業同盟会の目的そのものであった。以上の事実およびその後の鎌田の動きからして、清国への塩輸出をめぐる運動の中心のひとりに鎌田がいたのではないだろうか。

ところで、このような動きを受け、急遽政府は調査のため農商務省の技官を遼東半島に派遣した。しかし、この調査により遼東半島とその周辺の塩が廉価かつ品質良好であることが判明した。[17]この新たな事態に直面した野崎と鎌田は、明治二八年九月、「政府ノ遼東塩業調査ニ依テ更ニ意見ヲ述ブ」と題するパンフレットを連名で作成し、この地域への輸出には望みが無く、自分たち国内業者は塩質の改善や生産費の削減を図りつつ「支那本部」の調査を完全にし、インド、豪州、欧米などの「塩況」を調査して輸出の道を講ずるべき、とする「塩業者将来ノ方針」を全国の製塩業者に対し示した。[18]ちなみに明治二九年の東京市場における塩の価格は、一石（約一〇一kg）につき赤穂塩一円五九銭に対し輸入塩八五銭で、[19]国内の製塩業者にとって欧州の岩塩や清国の天日干塩などの輸入塩の存在は大きな脅威であったと思われる。

こうした中、鎌田は塩の専売化による製塩業者の利益保全を考えるに至った。[20]そのころ政府でもその可能性について検討していた。ちなみに、明治三一（一八九八）年に大石正巳農商務相が、塩業調査会の会合の席上で日本塩業の改良とその保護および公益の観点から塩の専売制導入の可能性について言及している。[21]しかし、野崎をはじめ一部の塩生産者と大半の塩問屋など流通業者は反対であった[22]。

ところで明治二九（一八九六）年、鎌田は翌年七月の香川県貴族院多額納税者議員選挙立候補のため、衆議院議員を辞任した。翌年六月一〇日の選挙で彼は当選したが、この時彼は一五票中一〇票を集めた[23]。それにしても彼は何故衆議院から貴族院に転じたのか。この点については資料を欠き判然としない。県議から代議士に転じた時と同様に野崎の示唆によるのであろうか、それとも後述の公爵近衛篤麿や子爵谷干城との出会いによるのであろうか。あるいはその両方かもしれない。しかし、後述のごとく近衛は貴族院の最大会派である研究会に対抗しうる院内勢力の形成を模索しつつあったので、鎌田の貴族院への転進は近衛の要請かその示唆による可能性が高い。ちなみに明治三〇年三月、近衛は同志の有爵議員たちと築地精養軒で「納税議員次期改選の相談[24]」をしているし、六月一〇日の選挙当日、選挙結果に関する情報を鋭意収集し、三〇名の当選者の名前を日記に記している[25]。多額納税者議員に対する近衛の関心の高さを物語る。

さて、当選した彼は多額納税者議員として最初の議会である第一一議会（明治三〇・一二・二四開会）を迎えた。ところが、この議会は招集日の翌日解散されたため、彼の貴族院議員としての本格的な活動は第五回衆議院総選挙をはさんで第一二議会（明治三一・五・一九招集）からとなる。彼は野崎とともに改進党―進歩党系の懇話会に所属し、谷干城や曽我祐準らと行動を共にした。懇話会は近衛篤磨や二条基弘らの三曜会とならんで貴族院において反藩閥政府の旗幟を鮮明にしていた。鎌田がこの会派を選んだのは進歩党系ということと政治の師とも言うべき野崎との関係によることが大きいと思われる。ちなみに、その後鎌田は野崎、野崎家理事である田辺為三郎（大東汽船社長、衆議院議員）、野崎家東京別邸執事・手島知徳（野崎の親戚でもあった[26]）の三名と一体となって近衛と面談し、建策したりしていることが、近衛の日記に明らかである。

また鎌田と近衛との関係であるが、それは野崎の紹介よるものであった。野崎は旧知の近衛に対し前述の大日本塩業同盟会の会長就任を依頼しているが、同盟会の中心人物として野崎は鎌田を近衛に紹介したことであろうし、近衛の日記に鎌田と会ったとの記載がある。[27]また、鎌田は野崎らとともに、そのころ近衛や谷ら貴族院議員を集め、彼らに対し「塩況報告」会を実施したり、接待をしている。[28]

ところで第一三議会（明治三一年一二月三日～三二年三月九日）で時の山県内閣は地租増徴案（地価修正法律案、地租条例中改正案）の成立をはかった。日清戦争後の北東アジアの政治情勢を踏まえ、政府は一層の軍拡と近代産業の育成のために初期議会に引き続き増税を策した。しかし初期議会とは異なり民党は地租増徴の容認に転じたため、同案は議会を通過して貴族院に送られたのである。[29]

第一三議会において貴族院の大勢は地租増徴に賛成であった。貴族院において同案が予算委員会で可決された後、一二月二七日の本会議で谷と鎌田が反対演説をした。鎌田が反対演説で語ったように、この地租増徴案は衆議院で「交渉とか提携とか揩った揉んだ末に遂に百分の四を三分三厘に減じ千八百万の収入を七百万に譲歩し、又其の上に五箇年という条件を附けてやつとのこと通過した」[30]のであった。

この衆議院からの送付案に対し、谷は「農は国の本なり」との考えから二時間にわたり地租増徴に対し反対演説を試み、続く鎌田は、五か年で三五〇〇万円の増収、六年目からは地価修正により三七五万円の減税などということではたして財政基盤を強固にすることができるのかと強い疑念を表明する一方、同案の衆議院通過にあたり政府は「種々なる卑劣な手段を用いた」として政府を非難し、さらに重大なこの案件の採決にあたり無記名投票によったのはおかしいと衆議院の採決方式について批判した。[31]この鎌田の衆議院批判に対し勅選議員三浦安が取り消すよう要求したことから一時議場は騒然となった。[32]結局、同案は二一八対五五の多数で第二読会へと進められ、次いで貴族院を通過した。

続く第一四議会および第一五議会で、鎌田は朝日倶楽部に所属した。明治三一（一八九八）年、第一次大隈内閣

（隈板内閣）が成立すると、近衛は研究会に対抗して貴族院内部の多数派工作を開始し、それに呼応しつつ懇話会に所属する野崎や鎌田ら改進党―進歩党―憲政本党系の多額納税者議員が中心となって新会派・朝日倶楽部結成に動いた。明治三一年一一月、野崎や鎌田は侯爵細川護久を招き、彼を盟主とするべく活動したが、一一月二三日、彼らに対し細川はそれを謝絶した[33]。その後「朝日倶楽部拡張」[34]のため彼らは奔走を続け、翌三二年二月近衛をリーダーとして来た三曜会は朝日倶楽部に合流するに至った。

ところで第一五議会は、成立早々の政友会を与党とする第四次伊藤内閣が北清事変出兵費を中心とした予算案を貴族院予算委員会が否決し、伊藤が「七重の膝を八重に折って」その通過を懇願した議会であった。懇話会とならんで朝日倶楽部は二条らを中心に反伊藤内閣の急先鋒であった[35]。しかし、一六議会以降一八議会まで鎌田は特定の会派には所属せず、純無所属であった。朝日倶楽部と懇話会の合併による土曜会（明治三四年一二月成立）に野崎が所属したことと対照的である。第一六議会の開会は明治三四（一九〇一）年一二月であるが、その直後に鎌田は政友会に入党し、鈴木伝五郎（前貴族院多額納税者議員）を会長とする政友会香川県支部を立ち上げ、その筆頭幹事となった[36]。貴族院では研究会を中心に反政党主義の雰囲気が強かったので、彼は一時的に純無所属となったのであろうか。もしくは藩閥政府と妥協しつつあった自由党とそれを中核として成立された政友会に批判的であった朝日倶楽部に対し冷却期間をおこうとしたため、とも考えられる。二回の議会を経て、その後の第一九議会では多額納税者議員のみによる会派・丁酉会に入った。しかし日露戦争最中の第二一議会（明治三八・一二・二八〜三九・三・二七）では鎌田は土曜会に属し、それ以降は同会が大正八（一九一九）年に解散するまで同会に所属し続けた。

ところで土曜会は貴族院において反伊藤・反政友会の姿勢をとった。明治三七（一九〇五）年に第三回多額納税者議員の選挙が実施されたが、その直後の調査[37]によると調査対象になった三三名の多額納税者議員のうちその後の最初の議会において土曜会に属したのは野崎や鎌田はじめ九名である。その九名の内訳は「立憲政友会派」とされた神奈川県選出の渡辺福三郎と「政友会」の鎌田が政友会系もしくは政友会、同じく鳥取県の桑田熊蔵が「中立」、島根県の江角拝四郎が「帝国党派」、それ以外の五名は「進歩党ニ傾ク」「憲政本党」「憲政本党派」の何れかで〈改進党―憲政本党系〉＝〈反伊藤・反政友会〉であった。れっきとした政友会員である鎌田は土曜会において異色であった。

それにしても、何故彼は政友会に入ったのか。最新の彼の伝記である『淡翁鎌田勝太郎』によれば、こうである。一五議会の折、地租増徴に反対する鎌田に対し伊藤首相の幕僚・金子堅太郎が接近し、金子は鎌田を伊藤に引き合わせた。そして明治三四年三月二八日伊藤は鎌田を大磯の別邸に招き夕食を共にした。「伊藤侯ヲ大磯ニ訪フ。晩餐ヲ饗応サレ数時歎談ス」と、鎌田のその日の日記にある。[38]この時伊藤から「君も政友会に入らぬか」と勧誘され、感激して入党を決意した。[39]

しかし、事実はそうではない。彼はもっと以前より政友会入りを勧誘され、入党を決意していた。伊藤と鎌田が夕食を共にするより半年ほど前に、鎌田は近衛に対し書面で次のように相談している。

陳ば春畝公の新政党愈発表相成候趣、右に対する御高慮は如何に御座候哉。未だ発表早々に付き当県内有志の意向も充分相分かり兼候へ共陰に同情を表し居候者、元進歩派に属するものにも有之、且他より勧誘を受け居候ものも有之、小生へも勧誘有之候。此際小生等親友両三輩の態度甚だ大切に付き、篤と閣下のご意見拝承致度候条、乍御面倒内々御洩らし被下度願上候。小生も来月二十日頃には出京可仕候に付き、其れ以前続々相談秘密に可有之と被存候に付、秘密に閣下のご意見御伺申上候。決して親友にも漏洩は致さず候条、御申聞被成下度願上候。匆々頓首。

八月二十六日[40]　　　鎌田勝太郎

霞山公侍史

この手紙からすれば、伊藤の政友会に対して、香川県の改進党―進歩党―憲政本党員の一部も関心を示し、鎌田自身も関心があるような口ぶりである。これに対し近衛は八月二九日に「これに加入するの不得策なる事」(41)を鎌田に返信している。その後鎌田は朝日倶楽部「月報」発行の準備をするなどの同倶楽部の会務を続けていたが、一二月二二日に近衛に面会し、同倶楽部脱会の旨を伝えると共に、同日書簡で政友会入会と朝日倶楽部脱会を近衛に対し申し入れている(42)。

このように鎌田の政友会入りは明治三三（一九〇〇）年一二月下旬には実質的に決定されていた。明治三四年三月二八日の伊藤との会食はその結果でしかなかったのではないか。しかし、後年「明治の元勲であり、時の総理の伊藤公に特別に招かれた勝太郎はよほど得意であった見え、よくその会談のことを話していた(43)」という。この夕食の席上、彼の持論である塩専売制も話題になったのであろうか。

彼はそれから二週間後、近衛を始めかつての同志たちを招待し、歓談した。そこで「鎌田は不得止して政友会に投ぜんとしたるも、旧政友には疎んぜられ、新政友には親しまれず、甚だ窮境にありとの繰言を述」べたが、これに対し近衛は、「何故に公然政友会に投ぜざるやを詰り、如此曖昧なる対度《ママ》こそ新旧の友人に疎んぜらるる所以なりと告げ(44)」、鎌田を説諭している。

かかる「曖昧なる対度《ママ》」すなわち〈政友会＝伊藤〉と反藩閥の〈朝日倶楽部・土曜会＝近衛・野崎〉との間に立つという矛盾を鎌田はどのように処理しようとしたのか。彼は政友会に入党した直後、貴族院では一時純無所属となることにより、この矛盾をカモフラージュしようとした。そしてそれを解決しないまま、近衛の没後（明治三七年一月）、彼は土曜会に入った。ほぼ近衛の死をはさんで一八年間にわたり、彼はこの矛盾を精算することなく棚上げにしたのである。

なぜ、それが可能であったか。衆議院における政党と比べ、貴族院における会派は研究会を除けばかなりの程度の自立性が各メンバーに確保されたからである。しかし、政友会に対する批判勢力である土曜会は慢性的な縮小を余儀なくされた。このことと原の政友会による貴衆縦断政策の遂行は鎌田のような矛盾を内包する土曜会の存在を困難にした。ともあれ、この矛盾は土曜会が解散され、彼が政友会系の会派・交友倶楽部に入ることによって解消された。ちなみに、大正八（一九一九）年の土曜会解散にあたって二九名の旧土曜会員のうち政友会系の交友倶楽部に加盟したのは鎌田ただひとりである(45)。

なお、鎌田が政治的にも深く関わってきた塩業であるが、政府は、日露戦争勃発に当たり、その戦費調達という財政上の必要性と国内塩業の保護という観点から専売制を導入した(46)。明治三八（一九〇五）年一月のことである。この間、塩業経営者でもある鎌田はその実現に向けておそらく活動を続けていたであろう。ちなみに塩業協会幹事でもあった手島知徳は、塩専売法成立直後に、鎌田に手紙を送り、次の様にその労をねぎらっている。「第一の問題たる塩専売法は意外にスルスルと安産、御同喜此事に御座候。全く大兄の御計画に基き候事トテ感謝ニ不勝候(47)」

二　貴族院改革の問題提起

鎌田が公式の場で貴族院改革について語ったのは大正一〇（一九二一）年のことである。彼が後年記したところによると、大正一〇年四月上旬、東京の日本工業倶楽部に貴族院担当の新聞記者たちを招待して彼らと懇談し、その席上、自らの貴族院改革論を披露した。彼はこれ以降大正一四年までの貴族院改革の流れと彼自身の取り組みについて、六四ページにわたり『貴族院改革と将来』（活版、Ｂ５版）と題する小冊子に纏めている。これによれば貴族院改革にかんする彼の「宿志」は「余程久しいものであった」（四ページ）。鎌田は貴族院において、貴族院野党である三曜会・懇話会の系統をひく土曜会に所属し、そのリーダー近衛篤麿とも親しかった。このことが鎌田に貴

写真３　北沢楽天の風刺漫画

出典：大正10年４月20日付『時事新報』夕刊

族院の現状に対する異和感を持たせ、改革への意志を彼に抱かせたのかもしれない。

さて、この鎌田の改革意見は四月九日『読売』朝刊紙上において「貴族院改革の急、厄介なる問題、鎌田勝太郎氏談」として大きく取り上げられた。さらに翌月には、その時の彼の貴族院改革案が「貴族院制度改正に就いて」と題し、『三田評論』二八六号に掲載された(48)。

鎌田の貴族院改革論が報ぜられるや、ある有爵議員団の会合でこれに関して意見の交換が行われるなど、「貴族議員の問に余程注意を惹くに至った(49)」ようである。「新聞」の反応も早かった。四月一〇日付『時事新報』夕刊は、「時事小観」なるコラム欄で、鎌田の名前こそ出さなかったものの「昨今貴族院改革の議を世に問はんとするものあり」として彼の改革意見の骨子を紹介している。ついで四月一六日付『東京朝日』社説は「貴族院改革案を評す」と題して鎌田の改革論をとりあげ、政友会に近い交友倶楽部所属の鎌田の改革論の意図を誘りながらも、多額納税者議員の廃止という、自らの特権を否定する彼の問題提起を評価し、歓迎している。続いて四月一八日に『読売』朝刊が「貴族院改革論の立場」と題して鎌田の主張を擁護する社説を掲げ、翌一九日には『東京日日』朝刊が「世界最旧式の貴族院」と題して貴族院改革の必要性を指摘した。さらに四月二〇日付『時事新報』夕刊には、北沢楽天の「土台から改めなければ手がつけられまい」と、上院改革の困難性を痛烈に風刺したキャプション入り時事漫画が掲載された（写真3）。朽ちた「官僚系」の土台柱のすぐ上に「多額納税者」のひさしが描かれている。ここで、楽天が「土台から改革する必要がある」として問題としているのは多額納税者議員と元高級官僚がその大半であった勅選議員制度であつた。さらに七月六日、『大阪朝日』朝刊は社説で貴族院改革擁護の論陣を張った。

では、鎌田の貴族院改革論とはいかなるものであったか。先の『三田評論』二八六号所載の鎌田の論文「貴族院制度改革に就いて」をもとに検討する。

彼は「既往及現在に於ける貴族院の内部の事を述ぶるは予の欲せざる所」（一ページ）であるが、「貴族院には感服し難き点幾多存するに拘わらず国民は下院の現状に鑑み寧ろ上院を信頼し大なる期待を為せるやに見える」（二ページ）ので、貴族院はこれに応えるために「根本的に改革を為さねばならぬ」とする。

しからば、上院としてのあるべき貴族院とはなにか。「一院の権力の偏重偏軽を調和し、一方の専横を防ぐ」のが二院制の「妙味」であり、貴族院の役割である。それゆえ「近来一部人士間に唱へらるる二院縦断説の如きは果たして如何。予は之を以て大いに誤れるものと思うのである」。鎌田は、いわゆる両院縦断説もしくは二院縦断説への反発が「貴族院制度改正」発表のきっかけであることを示唆する。この両院縦断＝二院縦断とは、両院の多数派が提携することである。

明治憲法体制は極めて分権主義が貫かれていた。それを支える帝国議会もまたそうであった。すなわち、予算先議権を除けば貴衆両院の権能は基本的には対等で、両院の意思に齟齬が生じ双方の譲歩が困難な場合、帝国議会の意思を決定することが不可能となる。衆議院を通過した法律案を貴族院が修正したり、衆議院を通過した予算案に対し貴族院が実質的に修正を加えた後、衆議院がそれに不同意などという事態が想定されるし、また現実に—明治および大正期に—それはしばしば起こった。桂園体制下において政友会が政党として力を蓄え、政党政治の担い手となるに至り、上院の多数派を与党化することが政友会の、そして政党内閣の権力基盤の安定化に不可欠であった。

「本格的政党内閣」の首班であった原敬はこの両院縦断を推し進めた[50]。言うまでもなく、原の貴族院におけるその対象は最大会派・研究会であった。第四四議会開催を前に、彼はほぼそれを達成する。その成果は四四議会で遺憾なく発揮された。この議会では中橋文相食言問題が両院で大いにとりあげられ、貴族院では文相さらに内閣不信任を意味する「風教に関する決議案」の採決をめぐり親原内閣勢力である研究会・交友倶楽部グループと公正会を中心とする反原内閣勢力とが激突した。結局、この決議案の文言を政府批判の内容にしないことで妥協がはかられたが、研究会は、これに不満を持つ一〇名の反原内閣派の勅選議員が脱会するという未曾有の事態を引きおこした[51]。

波乱にとんだ四四議会が終了したのは大正一〇（一九二一）年三月二七日である。それから僅か二週間足らずの間に、鎌田は貴族院改革を提唱した。この時彼は政友会系の勅選議員を中心とした会派・交友倶楽部に所属したが、彼のかかる行動は暗に原政友会の貴衆縦断政策を批判するかのようであった。

鎌田にとってあるべき貴族院とは、衆議院と政府に対しチェック機能を果たす上院である。そのためには貴族院の権威は高いものでなければならない。こうして、彼は上院の構成要素を吟味し、次のような改革案を提起した（三ページ）。

①第一多額納税議員の制度を廃止し之に代ふるに各府県より或る特種の方法を以って議員を選ぶこと。
②又勅選議員に年限を付すること。
③成るべく学者の収容に勉むること。
④其他華族に関しては公侯爵の世襲議員を廃して総て選挙に依ることとし、
⑤選挙は従来行はるる三爵議員の連記選挙の制を改正すること。

彼は自らが提唱する改革案の冒頭に多額納税者議員制度の廃止を掲げた。本論の冒頭でも触れたように多額納税者議員は議会では数的には少数であり、七年ごとの選挙でその殆どが改選された。また、同一選挙区において一任期をいくつかに分け、何人かが交代する、すなわち議席のたらい回しとも言うべき現象がしばしば見られた。以上のことから、かかる多額納税者議員は政治的にも軽く見られているようであった。それゆえ、明治三〇年代よりこの制度に対し疑問が呈せられ、明治末年には学界やジャーナリズムではその廃止論がささやかれていた。地元では「貴族院様」と尊敬を集める多額納税者議員であったが、中央では「長者議員」と揶揄される存在でしかなかった。これに対し鎌田は、納税額によらず、府県ごとに何がしかの権威者を選出することを提唱している。それにしても、多額納税者議員が自らの存在を否定する問題提起を「第一」にしたことは注目に値するし、先に挙げた全部の新聞の社説がこのような鎌田の姿勢を高く評価した。

次いで、勅選議員であるが、それは貴族院令に言う「国家に勲労あり又は学識ある満三〇歳以上の男子」にして勅任された者で、その任期は終身であった。この議員の大半は陸海軍軍人を含むもと高級官僚であったが、老衰のため登院が困難な者も少なくなかった。任期に年限を付してこうした例を極力少なくしようというのであろう。

第三に学者の議員登用である。本来ならこの学者議員は先の勅選議員の枠内であろうが、勅選議員の殆どが官僚出身者であるという実態に対し、学者の特別枠を確保しようとするものである。この提案は、ほぼ四年後の護憲三派内閣下の貴族院改革で実現を見ることとなる。

華族議員に関して鎌田はいささか遠慮気味である。それでも、彼は世襲議員の廃止を説いている。原則として公・侯爵者は、それ自体で貴族院議員となりえたが、伯・子・男爵の互選議員と異なり、歳費の支給はなく、ごく一部を除き、彼らが議席に就くことは稀なことであった。

確かに明治二〇年代および三〇年代において、公爵近衛篤麿、侯爵二条基弘らが三曜会で、侯爵伊達宗徳、侯爵徳川義礼らが懇話会なる会派を組織しまたは会派に参加して、世襲議員が貴族院議員として大いに活動した。特に近衛、二条らが北清事変の臨時予算をめぐり第四次伊藤内閣を苦しめ、追い詰めたこともあった。しかし、殆どの世襲議員は登院せず、登院しても特定の会派に入ることは無く、議員としての活動は皆無かそれに近かった。それにしても同じ華族でありながら互選によらずして上院議員になれるのは、公・侯爵者の大変な特権である。鎌田はそれを廃止しようというのである。

最後の三爵すなわち伯・子・男爵者の互選の改革であるが、現行の制度では記名・連記によった。連記は定数分の連記であったため、子爵議員選挙における尚友会のごとく当選を請け負う団体の指導者が選挙を牛耳り、さらに当選後も議員の行動を拘束する、といった弊害が目立ってきた。鎌田はこうした事態を改善するために互選規則を改めることを提唱する。

ところで、こうした貴族院の組織とその変更にかかわる事項は貴族院令に定められていた。特に貴族院令第一三条によりその変更について同院の同意が必要とされたため、『読売』が報じたように貴族院改革は実に「厄介なる問題」「厄介なる仕事」であった。

それゆえ、「政府は政略としては容易に改正案を〔貴族院に――引用者注〕提出しないであろう」し、「貴族院の多数は現況より察するに改正の建議を為すが如きことはあるまじ」（三ページ）と思われた。従って、「国民多数の与論に依って政府及上院議員の反省を促すこと」（同）によるしか、改正への道はない。そのためには識者が上院制度問題をよく研究して腹蔵なき意見を発表し、操湖界の人々は警鐘を打ち鳴らし「眠れる与論を警醒」すべきである」（同）と、鎌田は世論によってのみ貴族院改革が可能であるとする。

先に述べたように鎌田は新聞記者達を呼び、貴族院改革の必要性と自らの改革案を彼らに提案した。彼らに「眠れる与論を警醒」することを期待してのことであろう。この後、鎌田に続き、江木千之（勅選）と藤村義朗（男爵）が、貴族院議員として貴族院改革の必要性とその具体案について記したパンフレットを作成し関係者に配布したが、そこでは貴族院改革実現に向けての具体的な方策にまで言及される事はなかった。さらに、第二次護憲運動の後の「微温的」と称せられた貴族院改革が世論とこの運動の成果であったことを考える時、以上の鎌田の指摘は実に的確であったと言えるであろう。

三　貴族院改革運動

すでに述べたように、鎌田の貴族院改革論に対する新聞の反応はすばやかった。また、鎌田自身によれば学者、政治家、実業家その他各方面から頻々として賛意が寄せられ、中にはわざわざ来訪して熱心に賛成の意見を述べた人々もいた、という(52)。では議会側はどうか。貴衆両院ともにその反応は鈍く、かつ極めて部分的と言わざるをえない。

こうした中、貴衆両院の少壮議員からなるグループが結成された。憲法研究会である。これは近衛文麿（公爵）や堀田正恒（伯爵）を中心に政友会の山口義一など両院の九名の有志による団体であり、具体的な改革案を作成し、世論を喚起することを目的として六月一七日夜、上野の精養軒で第一回の会合が開かれた(53)。しかし、成立早々のこのグループに対し公・侯爵団より妨害が入ったため、その活動とその内容は秘密にされ(54)、彼が憲法研究会のメンバーであったかどうかは判然としない。すくなくとも大正一〇年八月、鎌田は憲法研究会とは別に、来るべき第四五議会において多額納税者議員廃止の建議案提出に向けて賛同者獲得の活動を開始した。

ところで、鎌田の改革案が発表されて半年足らずの間に、江木、藤村がそれぞれの改革意見をパンフレットにして関係者に配布したり、茶話会では会派内に貴族院改革研究会を発足させるなど、一部ではあるが貴族院内にも改革に関する検討が始まった。江木や藤村の改革案については次章で詳しく見るので、鎌田の改革案と比較して検討する必要の限りで、以下にそれぞれの骨子を示すことにする。

江木は「上院改革私見」と題し、B5版・活版で三九ページにわたる小冊子（日付なし、次章の写真4参照）を作成して自論を展開している。その特徴は、従来の皇族議員、華族議員、勅選議員に農業・商工業の代表者や都市部・農村部の代表者そして帝国学士院・官立公立私立大学の各代表者を新たに加えることである。それに伴い従来型の農・商・工業の代表者であった多額納税者議員の制度は廃止されることとされた。また有爵議員の互選について、連記制を改め単記制とすることが提案されている。

続いて藤村は「貴族院の改造」と題して、B5版・活版による一五ページ小冊子（大正一〇年九月）で、①華族議員については一部の世襲制を廃し全て互選とする、②歳費全廃、③有爵議員の選挙法改正、④多額納税者議員の廃止、の四点を主張した。

鎌田、江木、藤村に共通するところは多額納税者議員の廃止と有爵議員選挙における連記制廃止であった。前に述べたように、前者については鎌田が建議案提出に向け奔走したわけだが、これに江木や藤村はどのように関わったのであろうか。資料を欠いてこの点は不明である。何れにせよ第四五議会に貴族院改革の建議案が出されることはなかった。内閣と貴族院野党との対立激化がその原因のひとつであろう。第四五議では、「五校昇格」問題とそれをめぐる高橋首相の予算委員会での発言に端を発して、幸無四派（公正・同成・茶話・無所属）が態度を硬化させ、高橋内閣への批判を強めた。結局、会期末に至り、貴族院与党であった研究会提案の「綱紀粛正に関する建議」案に全会派が賛成することで、この対立は収拾された(55)。多額納税者議員は各派に分散して所属していたため、以上のような状況下でその廃止に向けた建議案について各派の合意を得ることなど不可能であろうし、おそらく上程を可能にするための三〇名の賛同者を得ることも困難であったにちがいない。ちなみに一年後鎌田は次のように語っている。「……昨年高橋内閣の議会に決議案を出そうと思ひ、それぞれの向きへも内々に相談しましたが、生憎昇格問題で議会の中心点がそこへ向いているため残念ながらそのままお流れにした」[56]。

翌々年、第四六議会（大正一一・一二・二五〜同一二・三・二七）が終わった頃から、こんどは男爵中川良長が貴族院各会派の指導者の間に改革を説いて回るなど精力的に活動を続けたが、八月に至り、『読売』は中川の「改革運動」と比較しつつ、鎌田、江木、藤村のそれについて次のように評している。「今回の中川男の運動に比して花々しくはなかったけれども院内の多数をしてその趣旨を諒とする程度に迄進ませることは出来た。即ち主義に賛成するものが多かったにも拘わらず、実際上では殆んど相手にする者のいない様な惨憺たる結果に終わったのである」[57]。

中川は第四五議会が終了した直後の大正一一年四月から翌一二年五月にかけて、男爵議員の会派「公正会」を離脱し、新たに「親和会」を組織するなど目立った存在であった。それゆえ新聞も彼の行動について逐一報道するところがあった。この『読売』の記事は、中川の貴族院改革運動が一段落した時点でのものである。要するに、中川の運動に先立つ大正一〇年後半から第四五議会終了の翌一一年三月にかけて、ごく一部の議員を除き、貴族院内部では改革の必要性を認める者はないわけではなかったであろうが、建議案の共同提案者に名を連ねるなど改革に向け鎌田に協力する雰囲気は希薄であったといえよう。

こうした状況下、「今度こそは自分ひとり犠牲になってやろうと決心した」[58]鎌田は、貴族院改革について本会議で直接首相の考えを質すという行動に出た。第四六議会でのことであり、彼は大正一二（一九二三）年二月六日、演壇に立った。この日、彼は、中国、ロシア、ドイツでは帝政が崩壊して共和制となり、衆議院の選挙法も変わってきている今、貴族院の制度が三五年間も変わらないのはいけないと説きつつ、有爵互選議員の連記投票についても「昔は〔他の公職選挙において—引用者注、なお第二章注79を参照されたい〕連記制はあつた、しかし今はない」と批判のメスを入れた。そして自ら先鞭をつけた大正一〇年の改革運動について次のように述べる。

……一昨年の五月私はある席に於いて、貴族院制度の改正の急なることを発表いたしまして、其の後引き続いて三田評論なる雑誌を以て私の意見を綴りまして天下の志士に配布いたしました。其の後院内の同僚たる先輩たる江木千之君、藤村義朗君の両君が制度改正の必要なることを述べられて其の意見書を御配布になりました。其他院内の議員諸君中改正の必要を論ぜられる御方は沢山あります。是は華族の御方にもあります。勅選議員の御方にもあります。沢山に私はこの御説を承っております。又院外に於いても政治家は勿論新聞記者・学者・実業家間に於いても沢山なる改正論者を見受けております。現に私が意見書を配布した時分に政治家・学者・実業家辺りから至極同意である、同論であるから折角この事の尽力を頼むといふ書面を寄せられた人もございます。中には未だ一面識もなき政治家・学者より新聞紙上に於いて私の意見を見ましてさうして同意であるから是非之を実現するやうにありたいものであるといふやうなる手紙を貰ったことも沢山あります。斯くの如く院の内外に於いて改正の議論が沢山あるにも拘らず、之が実現せぬといふことは実に不思議に思われるのである。[59]

彼はそして貴族院令一三条の規定にふれ、さらに具体的に先年『三田評論』で発表した貴族院改革についての持論を展開した。また彼は、閣員一〇名中七名が貴族院議員である貴族院内閣が「貴族院の制度を改めると云ふことは誠に便宜のことであります、最も世間の同情を惹くことであらうと考える」[60]、とする。すなわち鎌田は貴族院内閣である加藤友三郎内閣が貴族院改革に着手すれば世論の支持を得られ、また貴族院各派の支持を調達することも可能であり、ある程度の改革が可能と考えたのであろう。

しかし、日支郵便条約締結の当否をめぐり政府と貴族院野党との対立が激化したため、政府はひたすらこの問題の対応に追われ、なんら準備のない政府は改革に向けて積極的な一歩を踏み出すことはなく、第四六議会は閉会に至った。「相当に考究をなすべき必要のあることは政府はこれを認めて居ります」[61]と、鎌田に答えた加藤首相であったが、彼は胃癌のため在任中に死去した。こうして鎌田にとって、加藤内閣のもとでの貴族院改革の調査と実施は不可能となった。しかし、鎌田は初めて貴族院においてその改革について論じ、政府よりその必要性について認めるとの言質を引き出した。

加藤友三郎内閣の後、第二次山本権兵衛内閣が成立した。この内閣は普通選挙の実現については熱心であっが、貴族院改革についてはどうか。不明である。この内閣も虎ノ門事件のため、四か月という短命に終わった。その意思はともかく、貴族院改革についてはおそらくなんら準備することなく終わったにちがいない。しかし、その後の「清浦貴族院内閣」成立に対する政党勢力の反発は政友会、憲政会、革新倶楽部による第二次護憲運動を作り出した。清浦内閣下の第一五回衆議院総選挙に護憲勢力の中核であった憲政会は、「普選」と「貴革」の実現を選挙公約として掲げて大勝利をおさめた。

しかし、大正一三（一九二四）年六月憲政会を中心とした護憲三派内閣が成立し、新内閣は六月一八日に政務官設置、「普選」法案の次回議会への上程などの施政要綱を決定したが、そこで「貴革」について触れられてはいなかった。第四九回特別議会が召集（六月二七日）されてもなお、政府は「貴革」に関しまったく方針を示すことは無かった。こうした新たな政治状況を受け「貴革」を目指す両院の一部議員有志が会合を持った。六月一八日午後三時、政友会の仮本部があった芝の三縁亭に貴族院側から侯爵徳川義親、同佐佐木行忠、男爵中川良長の三名、衆議院側から有馬頼寧（無所属）、横山勝太郎（憲政会）、黒住成章（政友会）、山口義一（政友会）、植原悦二郎（革新倶楽部）四名がそれぞれ集まり懇談したが、この日は各自が意見を述べただけで終わった。(62)

六月二一日、その第二回の会合は貴族院制度改革に関する両院有志協議会として第一回と比べ規模を大きくして行われた。(63)この日参集した有志協議会のメンバーは次の通りであるが、来会できなかった熱心なメンバーとして先の横山がいる。また以下のメンバー以外にも森恪、春日俊文、上塚司ら政友会所属の前衆議院議員数名が参加していたし、その後の会合に新たに加わった貴衆両院議員もいた。

貴族院：純無所属　侯爵徳川義親、同佐佐木行忠、男爵中川良長（ただし、元親和会・公正会）
　交友倶楽部　鎌田勝太郎
衆議院：憲政会　小西和、鈴木富士弥、河野正義
　政友会　黒住成章、山口義一、石井謹吾、木暮正一、若尾幾太郎
　革新倶楽部　植原悦二郎、松本君平

この会合の主導権を握ったのはおそらく山口であったであろう。彼は会場を提供した政友会所属の代議士であり、大正一〇年より「貴革」を目指した憲法研究会の中心的なメンバーでもあったからである。

さて、この第二回の会合では、中川を座長に貴族院改革に関し種々の議論があった。なかでも鎌田は、次のように「貴革」は世論を喚起しそれを背景にしてのみ可能であると述べつつも、あくまでも改革は政府ではなく、貴族院自らによるべしと説く。「吾人は貴族院自体の意思に依りてこの改善を計ることが穏かであると思ふが実際問題として考察し院内今日の空気は到底改革の自発を待つと云ふことは困難である。故に吾々大いに国論を喚起し、公議与論に依つて此れが改革の動機を作る他は無いと信ずる。尚勅令の改正に依る改革問題は政府が自由になし得るが其れは穏当でない。これは院議を以つてしたい」(64)。これに対し中川は勅令によることを主張したが、「国論」喚起については賛成し、協議会として今後院外団や新聞記者を加え議論をすることとした。

七月三日の第三回協議会は何名かの新聞記者や院外団も参加して開催されたが、結局政府主導による改革となった。すなわち「政府は速やかに貴族院を改革すべし」との決議案を採択し、政府が調査会を作るか自ら政府案を作るかで進めるべきである、との方法によるべしという山口の主張が満場一致で承認された。これを踏まえて鎌田は中川、横山、黒住、松本、森らとともに決議案の起草委員に選出された。

さて、連立与党共同提案による、貴族院改革の決議案が衆議院本会議で審議されたのは七月一八日のことであ

る。憲政会から箕浦勝人、政友会から菅原伝、革新倶楽部から林田亀太郎がそれぞれ賛成演説を行った。政友会では当初、山口が当てられていたが、憲政会側の「総務級の人物で」という要求により急遽外されたという[65]。与党の中核・憲政会の幹部が山口の「貴革」の姿勢に対し警戒をしたため、とも考えられる。

むすびにかえて

最初の賛成演説に立った箕浦勝人は、貴族院改革について一五議会直後における伊藤博文の改革案作成から説き起こし、鎌田の第四六議会壇上における貴族院改革の具体案の提示が、その後の白熱した貴族院改革の論議につながった、と大いに評価した。すでに見てきたようにこの時の鎌田の問題提起とその改革に向けた活動が、その後の貴族院改革に直線的に結びついたわけではない。新聞紙上や『三田評論』誌上での「貴革」の提唱はその当初いくつかの新聞を除き、公的には殆ど無視され、貴族院内では反発を買った。鎌田にとってそれはある程度予想されたことであり、それゆえ彼はその実現は世論の高まりによらざるを得ないと考えた。またそれは第二次護憲運動で現実のものとなった。

それにしてもなぜ、鎌田は「貴革」を考えたのであろうか。明治期の製塩業者の利益代弁人すなわち〈塩議員鎌田〉とどうも結びつかない。ほとんど与党もしくは準与党であり続けた政友会に身を置きつつ、貴族院においては懇話会―朝日倶楽部―土曜会という、反政友会そしてほとんど貴族院野党ともいうべき会派に純無所属や丁酉会の時代を除いて一八年余り所属した。そのこと、すなわちこの矛盾が彼をして貴族院全体の問題点に注目させたのかもしれない。与党であり続けることは、しばしば既存の制度に対し保守的となり、問題点について盲目となるからである。

また政治上の盟主と仰いだ近衛篤麿の影響も考えられる。近衛は初期議会期に貴族院改革について考えたことがある。その草稿には「今貴族院に元老を集め、上下の碕信を繋ぎ、一面公事を議定し、一面政府と衆議院の紛争衝突を調和せしめるは両院立制の本旨なるのみならず、最対症の適剤なりと余輩の深く信じて疑わざる所なり」(66)とある。近衛は貴族院を政治的に権威ある議事機関として、また政府と衆議院との調停機関として考えた。この点、鎌田の改革論と相通ずるところがある。鎌田は軸足を政友会という政党に置きつつも、貴族院は政府と衆議院に対する権威あるチェック機関でなければならないと、近衛同様に考えたのかもしれない。しかし、五項目から成る鎌田の貴族院改革案の内、実現されたのは③のみであった。

(1)　ただし一度補欠選挙で再当選したことがある。明治三七年六月に実施された第三回多額納税者議員選挙において競争者があり、鎌田が自分に一票投じたことが物議を醸したため、彼は辞職した。彼はそれを受けてのいわば出直し選挙（制度上は補欠選挙）に再度立候補し、再選された。

(2)　大正七年六月一一日付『時事新報』所載記事「無差別」。

(3)　例えば坂野潤治『明治憲法体制の成立』（東京大学出版会、一九七一年）がそれである。

(4)　例えば季武嘉也編『大正社会と改造の潮流』日本の時代史二四（吉川弘文館、二〇〇四）、七八ページ。

(5)　例えば昭和六年に刊行された東京朝日新聞社編・刊「朝日政治経済叢書」の一冊『貴族院改革問題』では「大正十年から大正十二年にかけて、政治家、学者、言論機関の各方面から貴族院改革に関する意見が相次いで発表せられた。貴族院議員の中においても、江木千之、藤村義朗、徳川義親、鎌田勝太郎らは何れも相当の具体案を世間に発表して与論の喚起に努めた」（四九〜五〇ページ）と記されている。

(6)　鎌田の伝記には、彼が没した直後に刊行された、弔辞・事蹟を中心する①島出恭平編『淡翁』（鎌田共済会刊、一九四二年）、②『淡翁鎌田勝太郎伝』（鎌田勝太郎翁顕彰会刊、一九七四年）、③小川太一郎『淡翁鎌田勝太郎一道義と奉仕に生きた自由人』（坂出文化協会編刊『海橋』九号、一九八三年、四〜五六ページ、所収）がある。本稿第一章の「生い立ち」を草するにあたり、以上三点を適宜参考にした。

（7）（6）③五ページを参照。
（8）このころ宮武外骨が鎌田を訪ねている。外骨は香川県出身で鎌田の従兄弟であった。自転車に大変興味を持ち、やっとの思いで手に入れた自転車（三輪車）に乗って坂出を訪れた。「ある日予はこの自転車に乗って坂出港に遊び、同所の従兄鎌田勝太郎方に到りしに、勝太郎も予の自転車を見て馬鹿臭しと罵り、平常にも似ず一碗の茶も出されざるの汚辱を受けたり」（明治三六年五月五日『滑稽新聞』四八号）と、後年回顧している。
（9）「野崎家所得表」（日本専売公社編刊『日本塩業大系近代（稿）』、一九七五年、五五四〜五五五ページ所収）参照。
（10）香川県は明治二一年一二月愛媛県より分離独立して成立した。
（11）「貴族院〔多額納税者〕議員表」（国会図書館憲政資料室所蔵『平田東助関係文書』所収）。
（12）上田千一『香川県政治史』（上田書店、一九五九年）六〇〇〜六〇一ページを参照。
（13）大日本塩業同盟会規約（日本塩業大系編集委員会編『日本塩業大系・史料編（近現代一）』日本塩業研究会刊、一九七五年、六一五ぺ一ジ所収）。
（14）前掲『日本塩業大系近代（稿）』、三九ページ。
（15）鎌田勝太郎「清国ニ向ヒ食塩輸出ノ意見」（国会図書館マイクロフィルム）。
（16）前掲『日本塩業大系・史料編（近現代一）』六三九ページ。
（17）後出、野崎・鎌田「政府ノ遼東塩業調査ニ依テ更ニ意見ヲ述ブ」を参照。
（18）野崎武吉郎、鎌田勝太郎「政府ノ遼東塩業調査ニ依テ更ニ意見ヲ述ブ」（日本塩業大系編集委員会編『日本塩業大系・史料編近現代（一）』、日本塩業研究会刊、一九七五年、六八八〜六九四ページ、所収。
（19）小林利雄『近代日本塩業史』大明堂、二〇〇〇年、一一七ページ掲載の表を参照。
（20）（6）③一三ページ。
（21）前掲『日本塩業大系近代（稿）』五七三ページ。
（22）野崎が当初反対であったことは、注7の③一〇ページを参照。
（23）明治三〇年六月一一日付『香川新報』。
（24）『近衛篤麿日記』（鹿島出版会、一九六八年）明治三〇年三月二五日の条。
（25）同、同年六月一〇日の条。
（26）太田健一「詩と塩と茶に命をかけた日本男子―手島知徳口述の紹介―」（〔財〕ソルトサイエンス研究所編刊『そるえんす』第

六五号（二〇〇五年））を参照。
(27)『近衛篤麿日記』明治二八年四月二五日の条。なお、近衛はこの依頼を断わり（『近衛篤麿日記』明治二八年四月二四日の条）、結局顧問という形で塩産業と関係を持ち続けた。
(28)「大日本塩業同盟会報告書自明治二十七年十一月至同二十八年二月」（前掲『日本塩業大系・史料編近現代（一）』六四五～六六〇ページ所収）。
(29) その過程は前掲『明治憲法体制の成立』第二章第五節に詳しい。
(30) 大日本帝国議会誌編・刊『大日本帝国議会誌』第四巻（一九二七年）、一二〇八ページ。
(31) 同。
(32) 明治三一年一二月二八日付『読売新聞』
(33)『近衛篤麿日記』明治三一年一一月二三日の条。
(34) 同、明治三一年一二月二日の条。
(35) 霞会館編・刊『貴族院と華族』（一九九八年）、第三章第二節「第四次伊藤内閣」の四（一九七～二二七ページ）を参照。また、本書第一章第二節を参照されたい。
(36)『政友』第八号（明治三四年五月一〇日刊）二二ページ。
(37)（11）と同じ。
(38)（6）②一九ページ。
(39) 同。
(40) 明治三三年八月二六日付近衛篤麿宛鎌田勝太郎書簡（『近衛篤麿日記』③二八八ページ、所収）。
(41)『近衛篤麿日記』明治三三年八月二九日の条。
(42) 同、明治三三年一二月二三日の条。
(43)（6）③一九ページ。
(44)『近衛篤麿日記』明治三四年四月一二日の条。
(45) 酒田正敏編『貴族院会派一覧―一八九〇～一九一九―』（日本近代史料研究会刊一九七四年刊）を参照。
(46) 小林、前掲書、一一六～一一七ページ及び前掲『日本塩業大系近代（稿）』第一一章を参照。
(47) 明治三七年一二月二八日付鎌田勝太郎宛手島知徳書簡（注6③一三ページ所載）。

(48)『三田評論』二八六号（一九二一年五月号）一～三ページ所載。
(49)大正一〇年四月一八日付『読売新聞』。
(50)この問題については拙著『大正デモクラシー期の貴族院』（二〇〇五年、成文堂）第五章「原内閣における貴族院」を参照されたい。
(51)同じく拙著第五章第七節「研究会内硬派」を参照されたい。
(52)鎌田勝太郎『貴族院改革と将来』（一九二五年、私家版）四ページ。
(53)大正一〇年六月一八日付『読売』。
(54)「山口氏談話」大正一〇年六月三〇日付『大阪朝日新聞』。
(55)前掲『大正デモクラシー期の貴族院』第六章第二節「五校昇格問題と『一蓮托生』」を参照。
(56)大正一二年二月七日付『東京日日』。
(57)大正一二年八月一〇日付『読売』。
(58)(53)と同じ。
(59)前掲『大日本帝国議会誌』第一四巻（一九三〇年）、九六～九七ページ。
(60)同、九七ページ。
(61)同。
(62)大正一三年六月一九日付『読売』。
(63)大正一三年六月二二日付『読売』。
(64)同。
(65)大正一三年七月一八日付『東京朝日』。
(66)「貴族院改革論」（『近衛篤麿日記』別巻〔付属文書〕）〔鹿島出版会、一九六九年〕七七ページ、所載）。

第五章　明治・大正期の貴族院改革をめぐる諸論議

はじめに

一九三〇年代のことである。「庶政一新」をスローガンに岡田内閣期から広田内閣期にかけて行政改革や政治改革が叫ばれた。「高度国防国家」の構築を目指して政治改革や行政改革が不可避と政府や軍部が考えたことが、その発端である。この時、議会改革の重要な柱として貴族院改革が再度クローズアップされた。これに対応するため、貴族院事務局は、貴族院制度審議会を発足させるとともに、従来の貴族院に関する多くの刊行物すなわち新聞・雑誌記事や単行本の要旨を表題とともに収録し一覧としたものを、刊行した。『貴族院に関する所論概要録』（一九三六年、四八〇ページ）がそれである。これによれば、貴族院改革を最初に社会的な話題にしたのは、学者であり、論文や評論が『国家学会雑誌』や『法学新報』に掲載されたことから、次第に社会の耳目を集めて行ったことがわかる。原敬指導下の政友会による「両院縦断」（または「貴衆縦断」）の是非をめぐる、社会的関心の広がりが、その後新聞や雑誌が貴族院改革とそれをめぐる諸問題を多数取り上げるきっかけとなったのではないか。ともあれ、護憲運動という形で高揚した世論は〈普選〉と共に〈貴革〉を要求した。新聞や雑誌はどのような記事を掲載し、民衆をリードしていったのであろうか。

一　学界誌の問題提起

貴族院改革に関する最初のまとまった提言は、明治三七（一九〇四）年五月に刊行された『国家学会雑誌』第一八巻二〇七号所載の清水澄による「貴族院ノ組織ヲ論ス」と題した論説である[1]。憲法学者の清水は、現行の貴族院の構成に対して、皇族、公侯伯子男各爵において同爵者間で互選された者、勅選議員の三種類の要素によるべきであるとし、世襲議員の廃止を提唱した。さらに彼は、国民による公選議員でもって衆議院が構成されているのであるから、「今日ニ於テ特ニ多額納税者ノ代表者ヲ議会ニ列セシムルハ当ヲ得タルモノニアラズ」と、多額納税議員の廃止を主張したのであった。また同時に、「学識深遠ナルカ国務ニ練達スルカ何レニシテモ議員トシテ適材多ク存スルトキハ之ヲ勅選スル」べきであるとして、勅選議員数と多額納税議員数の合計が有爵議員数を上回ることを禁じた貴族院令第七条の全文削除をも提唱したのであった。

この世襲議員の互選議員化をはじめとして清水がここで提唱した貴族院改革案は、その後大正期の貴族院構成をめぐる各種の改革案にほぼ共通した認識を提起するものであった。これに、職能代表や地域代表といった要素を多かれ少なかれ付加すべきであるという主張が新たに加えられる程度である。そうしてみると、この清水の問題提起は画期的であった。清水のこうした問題提起の背景は判然としない。彼はいかなる意図で〝突如〟こうした一石を投じたのであろうか。しかし、清水が論文を発表したのは、第三回貴族院互選議員選挙が実施される直前であった。六月には多額納税者議員選挙が、九月には伯子男爵議員選挙がそれぞれ戦時下で実施された。これら一連の選挙を目前に控えていたことが、清水に論文を執筆させたきっかけのひとつであったことは否めない。この問題については今後の研究を期したい。ともあれ、清水の貴族院改革の提起に触発されたのか、彼と同じく憲法学者であり、勅選議員でもあった穂積八束は、七か月後の明治三八年一月、同じく『国家学会雑誌』第一九巻第一号に「貴族院ノ独立」と題する論文を寄稿し、貴族院は衆議院および政府に対しても独立性を保持すべきであって、「政府ヲ下院ニ隷属セシメ立法権ヲ以テ大権ヲ凌駕セントスル」議院内閣制は「大権独立ノ大義ヲ滅却スルモノ」であるとした。先の清水の勅選議員を中心とした貴族院制度再編成に向けた改革論は「貴族院独立」のための実効性確保のために主張された可能性も皆無ではないが、おそらくそうではないであろう。大分後にはなるが、後年（大正一二年一月）、清水は『法学新報』誌上（三三巻第一号）に「貴族院ノ組織ニツキ考慮スヘキ案件」と題して寄稿し、明治三七年以来の持論を展開すると共に、「貴族院ノ組織ハ重要ナルコトヲ以テ衆議院ノ議決ヲモ経ルコトニ為スヲ当ヲ得タルモノナリト信ス」とし、「将来憲法改正ノ機会アラバ貴族院ノ組織ハ貴族院法ヲ以テ定ムルコトノ可否ヲ十分ニ審議セラレンコトヲ希望スルナリ」と、極めて慎重な表現ではあるが、現行の貴族院令第一三条による〈貴族院の鉄壁〉を打破することが望ましいとしているからである。

その後、明治四〇年前後から大正五、六年に至るほぼ一〇年間に、『国家学会雑誌』や『法学新報』など学術雑誌を中心に貴族院論が散見される。昭和一一（一九三六）年に貴族院事務局が編集・刊行した『貴族院ニ関スル諸論概要録』によれば、穂積の貴族院論以降少くとも第二次護憲運動以前に次のような論説が発表されている。

○鵜沢総明「議会ノ二院制度論及其ノ根拠ノ概要」・『国家学会雑誌』二〇―一・明治三九年刊
○稲田周之助「貴族院論」・『法学新報』一八―八・明治四一年刊
○水野錬太郎「上院対下院」・『国家学会雑誌』二二―二・明治四一年刊
○美濃部達吉「貴族院ノ選挙規則改正問題」・『国家学会雑誌』四二―二三・明治四二年刊
○富井政章「貴族院ノ将来」・『国家学会雑誌』二四―一一・明治四三年刊
○荘田秋村「上院と予算否決権」・『東京経済雑誌』六一―一五三五・明治四三年刊

○上杉慎吉「伯子男爵議員ノ選挙」・『法学新報』二二―四・明治四四年刊
○清水澄「上下両院ノ権衡」・『法学新報』二三―七・明治四五年刊
○上杉慎吉「貴族院ノ職分ト構成」・『法学協会雑誌』三一―六・大正二年刊
○清水澄「帝国議会に就いて」・『法律新聞』一〇〇三～一〇〇七連載・大正四年刊
○清水澄「勅選議員の選択」・『法律新聞』一一六三・大正五年刊
○佐藤丑次郎「貴族院論」・『法学会雑誌』一一―六～七連載・大正五年刊
○村田岩次郎「貴衆両院論」・『三田学会雑誌』一〇―三・大正五年刊
○水野錬太郎「上院論」・『国家学会雑誌』三〇―八～一〇連載・大正五年刊
○占部百太郎「英国貴族院の改造」・『三田学会雑誌』一三―九～一〇・大正八年刊
○鎌田勝太郎「貴族院制度改正に就て」・『三田評論』二八六・大正一〇年刊
○清水澄「貴族院ノ組織ニツキ考慮スヘキ案件」・『法学新報』三三―一・大正一二年刊

以上はいずれも学術雑誌掲載の論説であるが、もちろん、この時期の新聞や大衆向けの雑誌には、貴族院関係の記事が少なくない。すでに第二、第三章で見たように、明治三〇、四〇年代の貴族院は有爵互選議員の選挙をめぐって、各爵ごとに熾烈な選挙競争がなされ、それに関する事件が商業雑誌や新聞で取りあげられ、時にはスキャンダラスに報道されたこともしばしばあった。しかし、こうした報道記事の大半は華族社会の実態について面白おかしく書き立てるだけで、正面から貴族院の現状を論じ、さらに貴族院改革の必要性にまで論及したものは極めて少なかったようである。貴族院制度の現状について学術的な見地から論じ、貴族院改革の必要性を体系的に論じたのは、『国家学会雑誌』（東京帝国大学法学部研究室に国家学会事務局が置かれた）や『法学新報』（中央大学法学部編刊）を中心としたアカデミック・サークルにおいてであった。

ここで主に論じられ、現行の貴族院制度の欠陥として指摘されたものの一つは、貴族院の組織についてであった。例えば、中央大学の政治学者稲田周之助は、有爵互選議員と多額納税議員の任期が七年というのは長すぎるであろうし、勅選議員の終身制度は社会の実情に合わないし、そもそも貴族院議員に歳費を給することは不合理であるとした。特に彼は、それが不合理であることの理由として、「百弊之ヨリ生シ遂ニ同院ノ堕落ヲ招クヘキハ何人モ悉ク知ルトコロナリ」としている。かつて第九議会（明治二九年一二月開会）で一部の有爵議員や多額納税者議員たちから華族や多額納税者による互選議員の「歳費廃止法案」が貴族院に提出されたことがあった。いわゆる貧乏華族が歳費目当てに貴族院議員となり、そうした華族たちに対するボス支配が選挙の公平性を欠如させ、貴族院の品位低下をもたらしつつあったのである。稲田はまた、ヨーロッパ諸国の例に倣って植民地の代表を列席させるべきであり、「大学総長学長大法官等ヲ上院ニ列席セシメルハ立憲国ノ通議」であると共に「首都大都市ノ代表者ヲ上院ニ出スコトハ世間其例」が多いので、こうした要素を貴族院に加えることを提案している。(2)

さらに、現行の華族中心に構成される貴族院を批判したのが、民法学者であり東京帝国大学名誉教授で立命館大学の学長職にあった富井政章である。彼は、明治四三（一九一〇）年三月、第二六議会において曽我祐準による伯子男爵議員選挙での連記投票廃止の建議案上程に際し賛成論を展開した。その体験が彼に「貴族院の将来」を書かせたのであろう。さて、富井によれば、理想的な貴族院の組織とは「国内ニ存立スル各種ノ階級、団体ヲ代表スベキ適任者ヲ集」めたものであり、「門地、行政、学術、農工商業ノ各部面ヨリ最モ国務ニ練達セル人物ヲ出サシムルコトヲ眼目」とするものであった。しかるに「我国ノ貴族院ハ主トシテ貴族的組織ヲ採ルモノニシテ…其分類ノ方法少シク当ヲ得ザル所アリ。又各種議員ノ割合ノ如キモ宜キヲ得タルモノト云フ可ラズ」として、彼は以下の三点について制度上の改革を提起する。①有爵議員数の削減、②有爵互選議員の選挙法の改正、③華族の子弟の教育設備の充実。

①について富井は、「名門功臣ノ末裔必ズシモ国事ヲ議スルニ堪能ナル者ニ非ス又自己一代ノ功労ニ依リ爵ヲ授ケラレタル者ト雖モ其子孫ハ凡庸ナルコトアルベシ。故ニ重要ナル国務ヲ議スル議会ノ議員トシテ今ヨリモ其員数ヲ減少スルノ必要ナルコト疑ヲ存セズ」とし、公侯爵議員の世襲を廃し、各爵ごとに一〇名につき一名の割合で互選議員を選出することが「至当」であるとしている。

また、②について、彼は現行の連記投票制によれば「多数ノ一団体」が各爵の議員全部を独占してしまうため、「他ノ少数ノ同爵者ヨリ其意見ヲ代表スル議員ヲ選出スル」ことが不可能となるので、この「連続投票ノ極弊ヲ矯ムル」ために新たに「積聚投票」を採用したらどうか、と提案している。富井によれば、この方法で七〇名を選挙すべき場合には、一〇人に七票ずつ投票してもよし、甲に三〇票、乙に二〇票、他の一〇人に各二票ずつという具合に七〇票をいかに使ってもよく、「比較的ニ弊害少クシテ現今ノ実際ニ最モ行ハレ易キ方法」であった。

さて、③であるが、これは貴族院議員を勤めるに足る資質を華族に身につけさせるため、「華族ノ子弟ノ為ニ特殊ノ高等学科ヲ設クル」ことを提案するものであった。この「高等学科」は尋常小学校高等科を卒業した者を対象に二～三年の教育をさらに施すというものである。

右に明らかなように、富井の貴族院改革論の中心は、有爵議員のあり方とその選出方法をめぐる問題点の克服にあった。その後、富井は貴族院から枢密院に転じたが、顧問官として、貴族院令改正に〝成功〟した護憲三派内閣首相加藤高明に対し、伯子男爵議員選挙規則の改正を迫ることになる。(3)

また、富井のように貴族院の組織構成という問題にまでふれなくとも、華族間の選挙すなわち現行の有爵互選議員選挙の制度改革の必要性を説くことについては、右にあげた論説が刊行された一年前に、憲法学者である美濃部達吉が、「公平ナル見地」から現行の「連名投票制」に各自が「最モ多ク当選ヲ希望スル者カラ順次ニ一、二、三、等ノ順位ヲ付スル」ことによる「単名投票制」の要素を加味するよう提唱していた（「貴族院ノ選挙規則改正問題」）。一方、東京帝国大学法学部助教授・上杉慎吉は「貴族ノ公子ハ豈ニ必スシモ平民ノ子ニ優レリト為サン却テ貴族ノ公子一瓦庸無為ノ徒多キハ人ノ皆知ル所デアル」としながらも、憲法の本旨からすれば有爵者は「当然皆議員タリトスルノガ本則デアル」ではあるが、実際問題としてそれは不可能であり、抽せんとか年齢順あるいは「イロハ」順等の方法で議員を選抜することが貴族院制度本来の主旨に適すると述べている（「伯子男爵議員の選挙」）。

このように、アカデミック・サークルにおいて話題にされ、かなり具体的な改革案まで提起された有爵互選議員選挙の実態はどうであったか。明治四〇年代初頭は、明治四四年に実施が予定された第四回通常選挙の前哨戦として、伯爵議員や子爵議員の補欠選挙が華族界あるいは政・官界で大いに注目された[4]。

第二章および第三章でみたように、明治三〇年代から四〇年代にかけて、貴族院の動向は最大会派「研究会」が握り、その事実上の議員選出母体で、子爵者の大部分を会員とした「尚友会」が子爵団の互選をテコとして子爵者全体に大きな影響力を持っていた。研究会は初期議会時代より藩閥政府と結びつき、反藩閥勢力である三曜会や木曜会を切り崩しつつ、明治三〇年代後半には貴族院における藩閥勢力の牙城としての役割を果たしていた。ところが、明治四〇（一九〇七）年に至るや、こうした研究会の姿勢に不満を持つ一部の伯爵者や子爵者が研究会＝尚友会主導の選挙に反対する姿勢を示し始めたのである。その先陣は大木喬任の嗣子遠吉で、自ら伯爵議員補欠選挙に出馬し、尚友会の推薦者を向うに回して戦ったり、主だった伯爵議員ないしは伯爵者が所属していた研究会＝尚友会に対抗して新たな伯爵議員の選出母体「伯爵同志会」を結成したりした。彼は明治四一年二月の伯爵議員補欠選挙で松平頼寿（旧伊予松山藩主家当主）と共に当選し、同年五月の同じく補欠選挙に陣頭指揮をして尚友会推薦の芳川顕正に対し、伯爵同志会推薦の清閑寺経房を当選させている。さらに彼はこの年の一二月、研究会から脱会した松木宗隆、広沢金次郎ら六名の伯爵議員と中立派議員三名および松平、清閑寺そして自分を合わせて、計一二名からなる院内会派「扶桑会」を結成し、院内においても研究会に対抗しようとした。

その翌年二月、伯爵者の集団に続いて、研究会＝尚友会の中核である子爵団においても、反研究会集団が成立した。「子爵談話会」（または単に談話会）がそれで、政友会との関係が深いと言われた秋元興朝（旧館林藩主家当主）がその中心であった。しかし、伯爵団とは異なり、子爵団は数も多く、子爵談話会が研究会＝尚友会に対抗するには当初より困難が予想された。このことは、明治四一年とその翌年に実施された補欠選挙で明らかであった。例えば、明治四一年七月の選挙では、尚友会推薦の藤谷為寛が一九六票を獲得したのに対し、子爵談話会推薦の相良頼紹は九八票にとどまった。この時期の有爵互選議員選挙については、子爵団を中心に第三章で論じたので、これにとどめるが、山県―桂系の官僚集団と藩閥を背景とした〈研究会＝尚友会〉グループと大木遠吉や秋元興朝らそれに対抗するグループとが、数度にわたる補欠選挙において、有権者である伯爵者や子爵者の獲得・防戦をめぐる泥試合を演じたのである。先のアカデミック・サークルにおける「貴族院論」の多くが有爵互選議員選挙規則の改正を訴えたり、その必要性を示唆するものであったが、それはこのような選挙過程の反映でもあったと思われる。

二　勅選議員の改革案

貴族院論ないしは貴族院改革論が具体的な改革案の提示を伴なった形で盛んに行なわれるようになったのは、大正一〇年代になってからのことである。政界、言論界あるいは学界を中心に、普通選挙運動の昂揚や大正デモクラシーの潮流の中で貴族院改革すなわち〈貴革〉論議は新聞や『太陽』、『中央公論』などの雑誌を中心に年を追うごとに白熱化し、「貴族院内閣」と悼名された清浦内閣の成立（大正一三年一月）とそれが発生の引き金を引いた第二次護憲運動の頃にはピークを迎えた。ちなみに、この時期には「来れ一億民衆よ／即時に叫べ改革を／国の癌たる貴族院／位記勲等や爵録や／無明の毒矢を研ぎすまし／階級戦を挑むなり／いざ疾く攻めよ……」なる「アムー

写真4　2つの〈貴革〉私見

出典：著者蔵

ル」曲の替え歌「貴族院改革の歌」が流行した[5]。

こうした〈貴革〉ムードの高まりのきっかけをつくったのはひとりの貴族院議員であった。多額納税者議員鎌田勝太郎（香川県選出）である。彼は「貴族院制度改正に就て」と題する論文を作成し、右に見るように大正一〇年五月に刊行された『三田評論』誌上で発表した。鎌田の人となりとその所論については前章で検討したので、ここではふれない。鎌田の〈貴革〉論の発表から数か月後、勅選議員江木千之（茶話会、大正一三年一月清浦内閣文相）が貴族院改革案を公表した。彼は、大正一〇年九月、『上院改革私見』と題する小冊子（写真4左）を刊行し、「総説」において彼は「予ノ上院改革ニ関スル意見ハ数年来時々友人間ニ開陳セシ所ナルガ口頭一場ノ談ハ其ノ意ヲ尽シ難キ憾アルノミナラズ今也此ノ問題ハ広ク先輩及同儕ノ諸氏ニ質スノ緊切ナルモノアリ」と述べ、同著刊行の動機と貴族院改革が緊急かつ不可欠であるとしている。

さて、彼の考える〈貴革〉のポイントは組織改革であり、貴族院の組織は左の要素によるべきであるとしている。

㈠　皇族
㈡　勅旨ニ依リ議席ニ列セラレタル王族
㈢　勅旨ニ依リ議席ニ列セラレタル公族

㈣　公侯爵中ヨリ選挙セラレタル者　十人
㈤　伯爵中ヨリ選挙セラレタル者　九人
㈥　子爵中ヨリ選挙セラレタル者　三十五人
㈦　男爵中ヨリ選挙セラレタル者　三十六人
㈧　朝鮮貴族中ヨリ特ニ勅任セラレタル者　五人
㈨　国家ニ勲功アリ又ハ学識アル者ヨリ特ニ勅任セラレタル者　百二十五人以内
㈩　農会ヨリ推薦シテ勅任セラレタル者　四十七人
(十一)　商工会ヨリ推薦シテ勅任セラレタル者　四十七人
(十二)　市街地自治体ヨリ推薦シテ勅任セラレタル者　二十三人
(十三)　村落地自治体ヨリ推薦シテ勅任セラレタル者　二十四人
(十四)　東京市ヨリ推薦シテ勅任セラレタル者　二人
(十五)　帝国学士院ヨリ推薦シテ勅任セラレタル者　三人
(十六)　官立及公立大学ヨリ推薦シテ勅任セラレタル者　十二人
(十七)　私立大学ヨリ推薦シテ勅任セラレタル者　四人
(十八)　以上掲グル所ノ外諸階級職業ニ関シ代表トシテ任期ヲ定メ特ニ勅任セラレタル者　十八人以内

江木案で第一に特徴的な事は、世襲議員を廃し公侯爵も互選によるとする一方、この議員および伯子男の互選議員の数を半減させようとしたことである。有爵議員中心主義は「日進月歩ノ時世ニ存続シ得ベキ制度」ではないとの考えに基づくものであった。第二に、農・商工、学士院はじめ諸階級や各職業分野からの代表者すなわち職能代表制の要素を採り入れている。第三に市街地、村落地、東京市など自治体代表者を加えたこと、第四に大学の代表者および朝鮮貴族の代表者をそれぞれ構成要素としていることが特徴的である。なお、この第三、第四については明治四一年に稲田周之助が初めて提起したものであるが、貴族院議員による本格的な改革案にこうして採り入れられたことは大いに注目すべきである。江木案によれば、若干の朝鮮貴族を加えつつも爵位を持つことを要件とした有爵議員は、定員九五となり、貴族院の総議員数の四分の一以下にまで削減される。

三　有爵議員の改革案

他方、男爵議員・藤村義朗（公正会、年清浦内閣逓相）も江木とほとんど同時に『貴族院の改造』（大正一〇年九月刊）と題する印刷物をパンフレットという形で作成し、自らの〈貴革〉案を各方面に示した。その冒頭で藤村が示した改革案の要点は次の通りである。

第一　議員総数を現在数より減ずる
第二　皇族以外の議員の種類を華族及勅任議員の二種とし其数は約半々とする
第三　議員たる資格を得る年齢を引き上ぐ
第四　歳費を全廃する
第五　議員に対する道徳的制裁の方法を規定する
第六　公侯爵の世襲議員制を廃して伯子男同様の互選制とする
第七　有爵互選議員の選挙法を改正する
第八　勅任議員選任の範囲を拡め又推薦制を採る
第九　多額納税議員を廃止する

第十　新たに朝鮮皇族及朝鮮貴族代表を議員に列する

そして、この改正案による議員の定数と現行のそれとの比較は次の如くである。

	改正案	現在数
皇族	一五	一五
朝鮮皇族	二	―
公爵	五	一四
侯爵	一〇	三四
伯爵	二〇	二〇
子爵	五〇	七三
男爵	五〇	七三
朝鮮貴族	五	―
勅任議員	一五〇	一二五
多額納税議員	―	四七
総　計	三〇七	四〇一

この改正案によれば、有爵議員に対する勅任議員の優位性が確立することになる。また、藤村は、従来勅選議員の奏薦は専ら内閣がしていることに対し、政府、特殊官庁（枢密院、大審院、行政裁判所など）、貴族院および各界代表で組織される勅任議員推薦委員会にその選考を委ね、そこでの結果を総理大臣が奏薦するような制度にすべきことを説いている。すでにふれた如く、勅選議員の奏薦は時の内閣の性格に左右される所が大きかった。藤村の〈貴革〉案はそうした所を矯正しようとする意図によるものであった。

また、藤村は右に見る如く貴族院議員に対する「道徳的制裁」を提唱しているが、これは「国家の綱紀維持に於いて貴族院は最も権威ある擁護者でなければならぬ」という問題意識によるものであった。明治四〇年代に富井政章が貴族院の権威確立のため華族子弟の教育の拡充を説いたが、大正期半ばに至っても、〈綱紀棄乱〉、腐敗の構造は一向に改善されなかった。ちなみに、有爵議員は互選会の際はもちろん、折にふれて政党や当の政府の買収工作の好餌とされた。旧公卿華族は特にひどかったようである。例えば原敬は「旧公家なるものは…只歳費を得んが為めに狂奔する事飢渇の犬の如し、余は之を評して錦を着たる乞食なりとは公家の真相なりしならん」(6)と手厳しく評する程であった。他方、公爵徳川義親は後年回顧して、原内閣期の研究会の華族対策は次のようであったという。「〔研究会幹部が—引用者〕毎年春秋の二回に京都に出て、選挙権をもつ公卿華族を料亭に招いて酒肴をだし、二十円か三十円の紙包を持たせて帰す。貧乏な公卿華族にはその金は暮しの助けと、子弟の教育費のたしになる。さらに研究会は子弟の入学や就職の世話もする。そこで選挙には公卿華族が研究会の指示どおりに投票する。裏切れば村八分になって、料亭にも紙包みにもありつけないという算段である」(7)。藤村はこうした風潮の中で、「縦令其行為が法律制規に触るる所なしとするも、貴族院は寸毫も寛暇する所あってはならぬ」とし、制裁規定を貴族院令に盛ることを主張する。なお、藤村案では、当時悪評の高かった連記による互選制度自体はそのままにされている。藤村は現行制度に欠陥があることは認めつつも、五爵合同の選挙母体を創出し、各爵の代表者によって構成される、候補選定評議会の公開審議を経て候補者を選出し、改めて有権者の選出をまてばよいとしている。

貴族院内部に限ってみると、第四章でとりあげた鎌田案は別として、これら江木、藤村による〈貴革〉案の外に、侯爵徳川義親のそれが注目される。徳川は大正一三年五月に『法律新聞』(二二五二号)紙上に「貴族院改造私見」を発表したが、それは御三家のひとつ尾張徳川家当主の〈貴革〉案として、また内容がより革新的という意味で出色であった。また彼はそれに先立つ三月に、小冊子『貴族院改造私見概要』(縦一八・五センチ、横一二・五センチ、全二六ページ、写真4右）を作成し、関係者に配布した。これによれば、徳川は、貴族院を「国民の理性を総合具現するの機関」であるべきとし、それは「国家組織の総ゆる系統に属する潜在意識の発現所」たらしめることを貴族院改革の根本原則としつつ、次のような「重要条項」を得たという。

改革案の重要条項

一．貴族院は左の議員を以て組織す。

イ　皇族

ロ　公侯伯子男爵其配偶者及び戸主なりし者（華族令第五条及び第六条の三・四）にして各其同爵中より選挙せられ勅任せられたる者（華族議員）

ハ　職業別による選挙団体より選挙せられたる男子及び女子にして勅任せられたる者（職業議員）

二．皇族の男子及び女子にして成年に達したる時は議席に列す。

三．華族議員は有爵者其配偶者及び戸主たりし者にして満三十歳（或は廿五歳）達したる者なるを要す。

四．職業議員は職業別による選挙団体中より各自団体の職務に満十年以上従事したる満三十五歳以上の男子或は女子なるを要す。

前項議員の数は二百五十名を超過すべからず。

五．職業別による選挙団体に属する満二十五歳以上の男子及び女子は選挙権を有す。

六．議員の任期は九箇年とし各種議員に就き舞い三年に三分の一宛改選を行ふ。

七．有爵議員には歳費を給せず。

八．有爵議員の選挙投票は単記投票たるべし。

九．議長、副議長は議員中より選挙す。任期を九年とす。但し議員としての任期を超ゆる事を得ず。

徳川案は定数二五〇にものぼる「職業議員」すなわち職能代表制による議員を設定すると共に、有爵議員の定数を一〇〇と、現行の半数以下に抑え、しかも皇族、有爵議員そして「職業議員」についてそれぞれ女子（皇族は成年女子、華族は配偶者）にも選挙権と被選挙権を与えようとするものであった。これについて徳川は「稍矯激の感あるべく反対論なきにしもあらざるべし」としつつも、「殊に国家の理性生活を体現せんとする貴族院に於て、全国人口の半数を有する婦人の参加の道を開き、其思想感情を発表せしむるは最も有益にして必要の事なり」と信ずるからであった。そればかりではない。現行の伯子男爵議員への歳費支給を止め、その選挙方式も連記制から単記制への変更を提言している。しかしながら、社会主義者・石川三四郎とふたりして考え出した、この〈貴革〉案が〈貴革〉論議に一石を投じたかと言うとそうではなかったようである。(8) 後年、徳川は回顧して次のように言う。「ぼくの貴族院改革案が表面化すると、全議員はもちろん、言論界も完全に黙殺した。騒ぎが起これば論争の発端となるが完全黙殺ではどうしようもない。見事に失敗した。貴族院議長は徳川家達であったが、ぼくにはよほど閉口したらしい。(9)」

ともあれ、この時期の貴族院議員の手になる〈貴革〉案を検討してみて言えることは、伯子男爵議員への歳費支給や互選方式（連記か単記か等）についてはいろいろ意見の分かれる所ではあるが、登院の可能性はともかく皇族議員の存続、世襲議員数の削減又は数の上での有爵議員の優位性の排除そして多額納税者議員制度の廃止といった三点については、殆どの〈貴革〉案に共通する所であった。また、職能代表制の採用についても、大半の〈貴革〉案は、この意義を認め、それを積極的に採用している。

むすびにかえて

政府案の作成や議場での審議に、すでにみた多くの〈貴革〉案がいかなる影響を与えたかについて、本章では検討して来なかった。ただ、全ての改革案に共通した多額納税議員および世襲議員の廃止と各種の改革案によく見られた職能代表制の導入が政府によって拒否されたことは明らかである。しかし、有爵議員の大幅な削減こそ容れられなかったが、その貴族院内での数的優位性を保証した第七条の削除が実現した。議場での審議にも、この点については表立って反対する意見は見当らなかった。大半の〈貴革〉案は大なり小なりこの優位性の打破をうたっていたことを考える時、そのことが政府案の策定や議場での審議に一つの強い拘束力としてそれなりの影響力を与えたと言いうるであろう。

（1）　以下、貴族院論ないしは貴族院改革案については、初出の際にのみ本文に原載誌（紙）・刊行年月日等を明示するにとどめる。

（2）　稲田周之助の貴族院論について論じたものに、大竹昭裕「稲田周之助の貴族院論─稲田周之助憲法学説研究ノート(1)」（『青森保健大雑誌』第一〇巻第二号、一九一一～二〇三ページ、所収、二〇〇九年）がある。大竹は、稲田の学説は美濃部ら正統的立憲学派の周辺に存在しながらも、貴族院については議院法改正による貴族院の権限の明確化の必要性を説くなど、美濃部を超える側面もあると評している。

（3）　本書第八章第二節「伯子男爵議員選挙規則」を参照されたい。

（4）　明治四四年に実施された通常の選挙とそれに先行する数次の補欠選挙の実態とその政治的背景については、拙著『大正デモクラシーの時代と貴族院』第二章「明治期における貴族院有爵議員選挙──特に桂園内閣期の動向を中心として──」を参照されたい。

（5）　政党政治研究会編『議会政治一〇〇年──生命をかけた政治家達──』（徳間書店、一九八八年刊）、三一一九頁。

（6）『原敬日記』（福村書店、一九七三年刊）明治四三年二月二三日の条。

（7）徳川義親『最後の殿様・徳川義親自伝』（講談社、一九七三年刊）、一〇一ページ。なお、こうした公卿華族の実態について、内藤一成「有爵議員互選選挙をめぐる貴族院の会派と華族―大正期の『研究会』を中心に―」（九州史学研究会編『九州史学』一一六、一九九八年、所収）の（二）〝貧窮華族〟にとっての互選選挙」が詳しい。

（8）大石勇「大正十三年、徳川義親の貴族院改造運動―徳川義親『貴族院改造私見』を中心に」（徳川林政史研究所編『徳川林政史研究所研究紀要』第二八号、所収）では、『貴族院改造私見』は「世間一般を刺激した部分は以外に大きく」それは「義親が予想したものとはまるで違った意図に受けとめられていたらしい」（五五ページ）としている。なお、徳川義親は、第五〇議会で成立した治安維持法について、侯爵議員細川護立と共に貴族院において反対した。この点については、大石論文の五五ページ以下に詳しい。

（9）徳川、前掲書、一〇四頁。

第六章　大正一四年の貴族院令改正

はじめに

原敬横死を受けて成立した高橋内閣の倒壊以来、加藤友三郎内閣、第二次山本権兵衛内閣と超然内閣が続き、清浦内閣成立によってさらにまた政権が政党を素通りしたことは政友会を始めとする政党勢力を失望させた。第二次護憲運動はその政友会総裁派＝非改革派の指導者・横田千之助の主導で計画され、展開された(1)。政友会は清浦内閣への対応をめぐって分裂し、反総裁派＝改革派は脱党して政友本党を立ち上げたが、清浦擁立に動いた研究会幹部に対する横田ら政友会幹部の反発は強く、政友会は憲政会や革新倶楽部とともに反研究会・反貴族院のスローガンの下に第二次護憲運動を展開したのである。従って、第二次護憲運動の勝利は、「普選」とともに貴族院改革すなわち「貴革」を護憲三派内閣である第一次加藤高明内閣の最重要課題とさせた。

ちなみに『萬朝報』編集局長の坂口二郎は、普選と貴革に関する関連法案が政府により議会に提出された第五〇議会の最中に小冊子『国民常識としての貴族院改革』（B６版、全九四ページ、帝都書院、一九二五年二月刊）を上梓し、その中で次のように述べる。

然し貴族院議員の一団が、内閣組織の大命を拝した者を擁して我から内閣の組織に当つた例は清浦内閣に至つて兎も角も記録を作つたものと解せなければならない。唯その形式を説くのではない、而も前後の事情を思はなければ成らない、そして当時の所謂護憲運動が、極めて勝手な計画であつたにも拘わらず、ついに輿論を動かし得た一事は寧ろ之を時代的、民衆的政治視聴の底流に潜む国民の意識に点火した結果であると観なければならない。貴族院問題は斯くて亦、遂に国民の問題となった、即ち仮に現内閣が之に善処する事がないとしても、国民は最早貴族院を貴族院として、二院制度を二院制度として単なる事実又は国家及び国民の定められた運命として看過することはしない（三〜四ページ）。

第二次護憲運動は坂口が言うような「勝手な計画」によるものであったかどうかはともかく、少なくともそれは政党勢力による政権奪取の手段であった。ともあれ、護憲運動の高揚の中で、貴革は普選と共に国民的な政治問題となった。ではこの問題はどのように〈処理〉されたのであろうか。普選については松尾尊兊『普通選挙成立史の研究』（岩波書店、一九八九年刊）を始め多くの研究がある。(2) これに対し貴革に関する研究は、管見の限りでは佐藤立夫『貴族院体制成立の研究』（人文閣、一九四三年刊）、今津敏晃「一九二五年の貴族院改革に関する一考察」（『日本歴史』六七九号、二〇〇四年）他いくつかに限られるようである。(3) 数少ない大正期の貴族院改革研究の中で、今津の研究は国立公文書館所蔵の「枢密院文書」を駆使して貴族院令改正の審議過程の一端を明らかにした注目すべき研究である。これに対し、本章は議会における議論の記録を主な素材として、新聞報道や貴族院議員の日記など関係資料を検討し、今津論文では言及されなかった側面にもふれつつ、貴革に関する政治過程について論ずるものである。

一　護憲三派の改革案

貴族院改革をめぐる論議は、大正一三（一九二四）年一月に「貴族院内閣」あるいは「殿様内閣」とも「研究会内閣」とも称せられた清浦内閣の成立と共に、貴族院の内外においてにわかに高まった。そしてそれは、清浦内閣の退陣と共に、〈普選〉の実現および〈貴革〉の断行とを掲げ、選挙に勝利した護憲三派による連立内閣、第一次加藤高明内閣の成立に際してピークに達した。

六月二七日午後三時、第四九臨時議会の開院式を翌日に控え、護憲三派の有志議員および新聞記者有志の呼びかけによって、政友会本部で貴族院改革問題有志大会が開催された。主な来会者は次の通りである。

貴族院側

佐佐木行忠（侯爵）　室田義文（勅選）　中川良長（男爵）　佐藤友右衛門（多額）

鎌田勝太郎（多額）　藤本閑作（多額）

衆議院側

憲政会

鈴木富士弥　永井柳太郎　横山金太郎　横山勝太郎

政友会

東武　渡辺祐策　長田桃蔵　高山長幸　秦豊助　小泉策太郎　菅原伝

岩崎勲　堀切善兵衛　八田宗吉

革新倶楽部

関直作　林田亀太郎　秋田清　高木正年　松本君平

中正会

増田義一　児玉右二

純無所属

安藤正純

そのほか衆議院議員、院外団、新聞記者など約五〇〇名の来会があった。[4] 貴族院から六名の参加者があったが、この中から、鎌田が議長に推された。鎌田は第四章で論じたように、貴族院内における〈貴革〉の先駆的な提唱者であった。中川は親和会を脱会して以来貴族院改革を院の内外に説いて回って来たし、佐佐木は後年近衛文麿らと火曜会を組織してさらなる貴族院改革に取り組むことになる。室田、佐藤、藤本は共に政友会系の会派・交友倶楽部に所属した。佐藤は新潟県の大地主、藤本は山口県宇部の炭鉱経営者で、それぞれ貴族院議員を一期ないし二期務め、この年の九月に任期を終えている。[5] この三名がこの有志大会に参加した理由は不明である。他方、衆議院側であるが、護憲三派では与党の中核で、選挙で議席数を大きく伸ばした憲政会に比べ、議席を減らした政友会や革新倶楽部の参加者の多いことが目をひく。岩崎勲、小泉策太郎、東武ら党幹部が参加し、党本部の建物を会場に提供したことをも考慮すれば、〈貴革〉に対する政友会の姿勢は並々ならぬものがあった。

さて、貴族院側を代表して中川は貴族院全体が改革には熱心ではないので、「国論を喚起し衆議院の問題となし、政府をして改革の手を染めしめたい」[6] と述べ、衆議院側は石川安次郎（憲政）、中村巍（政友）、植原悦二郎（革新）らがかわるがわるに〈貴革〉の必要性と世論の支持があることを説いた。因みに中村は「貴族院改革を論議するは国民としての権利でありまた自由であり義務である。我々は貴族院改革は既に与論なりと信ずる」[7] と論じた。その後、鎌田の司会で議事に入り、「貴族院制度の改革は今次護憲運動の第一使命なり」との決議を採択して有志大会は終了した。第一章で触れたように、この時、かつて伊藤博文首相の指示により、当時の梅（謙次郎）内閣法制局長官と共に貴族院改革の草案起草の任に当たった林田亀太郎（当時、衆議院書記官長）も演壇に立ち、往時の成案を披露した。その成案の中身であるが、自己の勲功によって華族に列せられた伯子男爵は選挙によらず議員とするとか、多額納税者議員制度を廃止するなど革新的な内容であった。その詳細は本書第一章注16を参照されたい。

第四九議会の閉会前日（七月一八日）、憲政会の重鎮である箕浦勝人外三四名により「貴族院制度の改革に関する建議」案が衆議院本会議に上程された。提案理由の説明に登壇した箕浦はこの林田の話を踏まえてか、「日本に於ける貴族院の制度に対する改正の先駆を為したる者は、故の公爵伊藤博文氏であります。伊藤公爵は明治三〇年ごろに貴族院の制度の改正を必要とされて、具体案までも作成されたのであります」[8]と述べ、鎌田が第四七議会の貴族院本会議で加藤友三郎首相より貴族院改革の必要性についての言質を取ったことなどを紹介した上で、①公侯爵の世襲制度、②有爵議員の選挙方法、③有爵議員の年齢などの選挙資格、④有爵議員の定員、⑤勅選議員の任期、⑥多額納税議員制度など六項目を貴族院改革の重要論点として指摘した。この建議案は記名投票により賛成二九六、反対七七の圧倒的な多数で可決された[9]。貴族院改革が国民的要求として議会によって認知された瞬間である。

さて、この時期、貴族院ことに改革の具体的対象とされた有爵議員の大半を擁していた研究会や公正会の部内では専門委員会をつくるなどして、その対象に追われていた。公正会では、男爵阪谷芳郎を委員長とする「貴族院制度に関する調査委員会」が設置され、連日検討が重ねられたが、政界の一部や新聞・雑誌に採り上げられたり、先に見たような貴族院議員自らが作成して周辺の関係者に配布した〈貴革〉案に対し、否定的な意見が支配的であったと言われる[10]。ちなみに、衆議院の建議案採択の直後において、阪谷らの委員会では互選規則の改正、多額納税者議員制度の廃止、勅選議員任命方法やその選出機関をめぐり随分議論がなされたが、結論を出すまでには至らず、連記投票制を単記投票制へと変更することについては、否定的であった[11]。

また、研究会の領袖・子爵青木信光は「貴族院の多数がその改革がより良い制度であるとするならば強いて反対はせぬ」としながらも、「本問題は憲法付属の大典に手を加へるのである関係上慎重の上にも慎重の態度を持って臨む必要がある」として、「憲法付属の大典」を盾に改革には消極的な姿勢を示した[12]。同様に、研究会の重鎮である伯爵林博太郎は、公侯爵議員の互選には賛成するなど貴族院改革の必要性はそれなりに認めつつも、その時期や方法については「慎重考慮」を要するし、連記制度から単記制度への改正は「害あって益がない」として反対したばかりか、「貴議院の主力は貴族にあらねばならない」という理念から有爵議員の数の制度についても「絶対反対」の立場をとっていた(13)。

こうして貴族院では〈貴革〉反対の雰囲気が濃厚になりつつあった。これに対し、第五〇議会が近づくにつれ、衆議院側の〈貴革〉への意欲と熱気は高まることこそすれ、衰える兆しすらなかった。

連立与党のなかで最も貴族院改革に熱心であったのは政友会である。第四九議会終了後、政友会は党内に貴族院制度改革特別委員会を立ち上げ審議を重ねた。第五〇議会の開会直前の一二月四日、政友会本部に総務委員および役員そして特別委員会委員による、委員・幹部連合協議会が開催され、特別委員会案が満場一致で政友会案として採択された。それは次の通りである。

第一　議院法中第四〇条に於ける貴族院の予算審議を定むる期間は之を二週間となす事
第二　公侯爵の世襲議員を廃する事
第三　公侯伯子男爵〔議員〕数は皇族を除き其の他の議員総数の三分の一を標準として現在数を減ずる事
第四　勅選議員に任期を付し七年とする事
第五　勅選議員の銓衡資格を定むる事
第六　多額納税議員は之を廃止する事
第七　華族議員互選方法は連記記名式を廃し単記記名式を採用する事
第八　互選議員中不在者若しくは代理者の投票は之を廃止する事
第九　貴族院議員の選挙管理及び選挙取締罰則に就いては之を改正し監理は官吏を以て当らしめ取締罰則は衆議院選挙取締罰則を採用する事
第十　貴族院令第十三条は之を削除する事

第十一華族の戸主に対し衆議院議員の選挙権並に被選挙権を与ふる事[14]

この政友会案は華族議員の大幅な定員減やその選出方法の変更を含む、かなり大きな改革構想であった。これによれば現行の華族議員の定数は二一一から約七〇に減ぜられることとなる。すなわち現行では公爵議員一四、侯爵議員三一、伯爵議員二〇、子爵議員七三、男爵議員七三で華族議員の総計は二一一であり、それが約三分の一にまで減ずるとすれば、華族議員の定数は七〇となる。これは現行の華族中心主義による貴族院の否定である。またその選挙は連記記名式により、委託投票も可能としつつ各爵毎にそれぞれの管理者によって華族会館において実施されてきた。改正案はそれを廃止し、選挙そのものを官憲の手に委ねようとするものである。第二章および第三章で見てきたように、選挙が各有爵者グループのボスに支配されることを防止するためであるのは言うまでもない。さらに、貴族院の同意を条件とする例外的な勅令である、貴族院令の改正に関する条項の削除も謳われている。

また、政友会案の特徴的なことは、貴族院令に関わる諸々の改正点に先んじて、議院法第四〇条の改正を第一に挙げていることである。改正理由は「衆議院における予算審査期間は二一日なるを以て貴族院では右審査期間を短縮するが至当であるから二週間とする事[15]」であった。衆議院は予算先議権こそあれ、その他については貴族院と対等であったことを考える時、議会の権能を象徴する予算審議について更に一歩進め、貴族院に対し予算審議時間の優位性を得ることで、衆議院の貴族院に対する予算審議の優位性を確保したいとする、政友会の姿勢が見て取れよう。政友会が議院法第四〇条の改正についていかに執着したかは、次章で論ずるところである。

では憲政会についてはどうか。憲政会案は一二月五日に「貴族院改革要綱[16]」と題して発表された。それは次の通りである。

一、組織に関する件

イ　皇族議員（現行通り）

ロ　公侯伯子男爵議員（定員約百二十五名）
ハ　勅選議員（同上）
ニ　公選議員（勅任を要す、同上）
二、選挙資格に関する件
イ　有爵議員選挙年齢を二十五歳以上とする
ロ　公選議員の選挙人は衆議院議員選挙人と同じ
三、被選挙権に関する件
イ　有爵議員並に公選議員年齢は三十歳以上とする事
ロ　勅選議員は現行法通り
四、議員の任期に関する件
イ　勅選議員の任期は現行法通り終身とすとの説と六年と為すとの説あり、決定に至らず
ロ　有爵議員及び公選議員の任期は六年
五、選挙及び銓衡方法に関する件
イ　有爵議員は其同爵中より選挙す
ロ　勅選議員は適当なる銓衡機関を組織し其の推薦に依り政府をして勅任を奏請せしむる事
ハ　公選議員は一府県一選挙区と為し人口約四十五万に就き一人の定員とする事
ニ　選挙は直接無記名とす
六、議員は政務官を除く外官吏を兼ぬることを得ず
七、貴族院令第九条中貴族院議員選挙に関する訴訟を判決する部分を削除し選挙訴訟は司法裁判所で管轄せし

む

八、貴族院議員選挙法は別に之を定む

憲政会案は政友会案ほどではないにせよ、華族議員すなわち有爵議員定数の大幅削減を目指すものであった。憲政会案の定数一二五は現行の四割減を意味する。これに対し政友会案では六割七分減である。憲政・政友両党は公侯爵議員の世襲制を廃止し、公侯爵議員を含む有爵議員定数を大幅に減じ、多額納税者議員を廃止する点では同一であったが、議院法改正を冒頭に掲げる政友会に対し、憲政会は多額納税者議員を廃止し、その現行の二倍以上の一二五名からなる公選議員の創出を目指している。また、有爵議員をはじめ議員の任期を七年から一年短縮して六年としている。さらに憲政会は、政友会が強調する貴族院の予算審査期間短縮に対し、貴族院が持つ選挙訴訟処理に関する特権を廃し、衆議院同様に司法裁判所に選挙訴訟処理を一元化することを目指した。両党はそれぞれ異なる視点で衆議院の貴族院との対等化を目指したのである。

革新倶楽部も同じく五日に貴族院改革委員会を開き、改革「要綱」(17)を決定した。さらに選挙および選挙取締り細則を一〇日ごろまでに決定して、一二日の三派交渉会に臨む旨を申し合わせた。その「要綱」は以下の通りである。

一、貴族院令第一三条を廃し貴族院令は法律とする事

二、貴族院議員の総数を三百九十名程度とする事

三、公侯爵の特権を廃し有爵者共通互選を以て単記無記名の選挙方法により選出する事但し議員の数は総数の三分の一とする事

四、勅選議員は銓衡機関の銓衡に依り勅任し其期間は七箇年とする事銓衡機関は総理大臣枢密院議長貴衆両院議長とし議員数は総数の三分の一とする事

五、多額納税者議員を廃し民選による勅任の議員を設け市町村会議員を以て選挙有権者とし北海道及び各府県

表4　護憲三派の貴族院改革案

	政友会	憲政会	革新倶楽部
世襲議員の廃止	○	○	
有爵議員の大幅削減	○	○	○
連記記名式互選の廃止	○	○	○
勅選議員の任期制	○	△	○
勅選議員銓衡機関の設置	○	○	○
多額議員制度の廃止と公選議員制度の採用	○	○	○
貴族院令第13条の削除	○	—	○

この表における○はその項目について賛成、△は未定、－はその項目が挙げられていないことをそれぞれ表している。

を各一地選挙区とし人口約四五万に対し一人の割合を以て選
出する事但し議員の数は総数の三分の一とす

革新倶楽部も他の二党と同様に、公侯爵の世襲制を廃止したうえでの華族議員、勅選議員そして公選議員を多額納税者議員に代え、それぞれ総数の三分の一とすることでは一致していた。また勅選議員は銓衡委員会の銓衡によることでも同様であったが、政友・憲政両党は構成員について具体的な提案はなかったのに対し、革新倶楽部は首相、枢密院議長そして貴衆両院議長からなる銓衡委員会の設立を提案した。

ここで、右の護憲三派すなわち連立与党の貴族院改革案の主な項目について一覧表にしてみよう。表4がそれである。

護憲三派には、新聞や雑誌で指摘され論ぜられてきた貴族院改革の主要項目の殆どについて意見の一致があった。しかし、連立与党の中核である憲政会は勅選議員の任期に関し、他の議員と同様に六年とするか現行の終身とするか、未定であった。また同会は「貴族院の鉄壁」と称された貴族院令第一三条について具体的に意思表示をしないばかりか、それを改革要綱の項目にすらあげていなかった。後に述べるように、男子普選法案の成立を最優先課題とする憲政会の総裁加藤高明は、貴族院改革に慎重であった。

この姿勢が憲政会案に反映したのであろうか。新聞や雑誌には貴族院令第一三条の削除を概ね賛成する記事が多かった。否、賛成がほとんどであった。これに対し美濃部達吉は、その著書『憲法撮要』において、勅令でありながら、その改正に貴族院の同意を要する貴族院令第一三条の存在を「憲法以外ニ新タナル規定ヲ設ケタルニアラズシテ、当然ノコトヲ言明セルモノナリ」(18)と肯定的に捉えている。憲法が貴族院の組織を法律でなく勅令で定めたことは明治憲法の「異彩ノ一」であり、その「最モ不合理ナルモノナリ」と考える美濃部ではあるが、この条文がなかったら貴族院は時の政府の思うままに従属させられることになると警告し、「貴族院ノ改正ガ貴族院自身ノ議決ヲ要スルコトハ憲法上ノ自明ノ事理ト認ムベク」(19)とする。加藤総裁さらに憲政会貴族院改革委員会は美濃部の言う、この点を考慮したのであろうか。それはともかく、以上の護憲三派の貴族院改革をめぐる主張や要求がどのように政府案に盛られたのか。何が反映され、何が反映されなかったのか。そして貴族院側はどのように動いたのか。これらについて節を改めて検討する。

二　加藤首相の「敵前架橋」

これより前、連立与党の中核政党である憲政会の総裁であり首相の加藤高明は貴族院最大会派研究会にパイプを設定しようとした。すなわち第一五回総選挙終了後開催された臨時議会—第四九議会（大正一三年六月二八日～七月一八日）の前後より、加藤首相とその側近によって研究会への働きかけが開始された。それはいくつかのルートによって試みられた。

まず、加藤首相の娘婿・岡部長景（旧岸和田藩主家当主）がこれにあたった。岡部は外務官僚であり、加藤は元来娘婿などを政治活動に使おうなどと考えることはなかったが、「今度の貴族院改革は政治問題であるが、お前たち華族の問題でもあるのだから、お前は華族の立場で心配しろと〔加藤に―引用者注〕言われた」岡部は、「政府は貴族院との連絡がむずかしいので、私が貴族院改革に関して研究会との連絡としてお役に立てばと仕事をすることになった[20]」のである。彼は加藤内閣成立早々に研究会幹部を訪ねた。六月一四日、彼は、当時水野直ら研究会幹部が活動の拠点のひとつとしていた小笠原長幹邸を訪問した。水野の懐中手帳に「七時岡部、小笠原邸[21]」とある。同じく議会開会当日の二八日には「青木、岡部、小伯邸[22]」とあり、この日岡部が小笠原邸に来邸し水野、小笠原はもちろん青木をも交えて岡部と会談したと考えられる。これ以降、水野の手帳には岡部の名前が時々出てくる。ちなみに手帳の八月一四日の項に「岡部氏ヨリ電話首相諒解シ居ル[23]」とあり、それは岡部による加藤と水野とを結ぶパイプが機能していることを示している。

さて第四九議会は会期が三週間と短かったが、政務官設置問題をめぐり政府と研究会が激しく対立し、その最終日には衆議院で「貴族院制度改正」の建議案が二九六対七七の圧倒的多数をもって可決されるなど、何かと話題の多い議会であった。終了して二〇日余りたった八月八日、内閣書記官長・江木翼が、研究会の実力者とされる水野直を東京・大塚の私邸に訪れた。この日江木は、四九議会で新たに設置が認められた政務官の一つのポストを「貴院改善とは別問題」としつつ、研究会に提供したいと申し出たのである。

八月八日午前八時、江木書記官長大塚の邸に来邸

政務官一名研究会、但し貴院改善とは別問題

人材本位、人選は首相の意中もある可し、適当とせば首相と会見せよ、まだ公正会とは交渉せず、研究会の返事を待つて

資格は大臣の次なり、本日の朝日新聞

別紙

従来の関係と本日の関係とは無関係にて厚意を持ちたし
勅選不可、可成互選、研究会は貴族院改善如何
他の二派も同意、政務の運用に付[24]

研究会の中心は子爵議員である。江木は水野に対し、政務官ポストに子爵議員の就任を求めた。彼らの歓心を買おうとしたのであろう。さて、その翌日、今度は水野が江木を訪れている。[25]これを契機に江木と水野は時々会うようになったことが水野の懐中手帳から確認できる。さらに同じ頃水野は加藤と直接面会している。加藤の側近の一人であった松本忠雄が、後年政務官問題で加藤と水野が鎌倉の水野の別邸で会ったことがあると述べているが、[26]そのことを含め水野自身は日記に次のように記している。

八月十四日研究会常務委員会に大河内子と共に政務次官拒絶の件に付報告
一、成否に拘らず厚情関係継続のこと
二、大学教授の辞表と共に断しこと（ママ）
三、此以外の関係にて加藤首相と相談
四、鎌倉にて面会せしも他の関係に付話なし
五、江木氏に断る[27]

また、この頃の水野の懐中手帳には、岡部が研究会所属の若手議員である池田長康（男爵）や裏松友光（子爵）と共に政務官問題で水野を訪問したことが記されている。[28]
こうした加藤首相の政務官就任依頼をめぐる対研究会工作に対して、連立与党はいっせいに反発した。ちなみに八月九日付『読売』は「政務官の選考にお膝元から反対論、『貴院からの採用は政治的自殺だ』四面楚歌の首相」との見出しをつけ憲政会や政友会幹部の反発振りを報じている。また同紙は翌一〇日付けで「一名は研究会から、

昨日江木翰長が水野子へ催促、けふ中に何分の返答」「貴族院に対し何故のご機嫌取りぞ、首相の心事会し難しと、憲政会幹部悉く不平満々」との見出しの下で「政務次官の就任を求め以って貴族院との妥協政治を行はんとするは加藤首相に一片の廉恥心ありや否やを疑いたくなる。ナゼなら加藤首相の行為は這般選挙における国民の期待を無視するものである」と憲政会内の「声」を紹介している。

結局、加藤首相は貴族院から二名の政務官を採用することを当面断念することになるが、彼は与党内の強い反対をよそに、江木を通じて貴族院への接近を継続して行った。政府は東大教授でもある大河内正敏の政務次官就任を望み、水野側ではその可能性について検討したようであった。が、結局、研究会は政府側の申し出を断ることになった。しかし、何がそこまで加藤をして熱心に対研究会工作を熱心にさせたのか。

ともかく、この政務官就任依頼問題を契機に加藤内閣は研究会とパイプを持つに至った。これについて『加藤高明伝』は、加藤自身がこの「敵前架橋」に心を砕き多いに努力したと述べている[29]。連立与党の中核である憲政会は、政友会に比して貴族院の最大会派である研究会に人脈や交渉のチャネルをほとんど持たなかったのである。これに対し加藤は研究会の中でも青木光信や渡辺千冬らのグループではなく、水野直・小笠原長幹らとの間に信頼関係を築き、水野・小笠原ルートによる対研究会のパイプの開鑿にかかった。加藤は水野らを「政府に対し好意的中立を守り得るもの」とし、青木らは「政本合同に依つて伯〔加藤―引用者注〕を覆さんと願ふもの」と捉え[30]、水野・小笠原ルートの開鑿をはかったのである[31]。

さて、江木は水野との会見後一週間して一新聞記者を介し「その後の様子[32]」につき水野に探りを入れてきた。これに対して翌一六日に水野は江木を訪問している。

八月一六日江木氏訪問

一、若槻氏に対し榎本、井上両氏を推薦

二、八条子に付考へたるも時期を逸せり
三、貴族院より二名採用することは首相と自分と極力主張せし所にして高橋、犬養両氏の同意を得たる次第なり
四、大河内氏は各派に対し最も人望あり
五、貴族院改正は
a　大学、商業会議所等より公選
b　現在の制度に新分子を加ふること
c　½連記制にて格別の困難なし、公正会は未だ理解せず(33)

この日の会談は政務官問題と貴族院改革問題である。水野は研究会から政務官を出さない方針を常務員会に報告していたが、江木から加藤首相ともども連立与党の党首である高橋と犬養より貴族院からの二名採用につき同意を得ていると再考を求められた。

しかし他方で、水野は貴革について公選議員など「新分子」を加えることで上院の構成を大きく変える可能性や有爵互選議員選挙における制限連記制の導入について、江木より聞き取った。そもそも研究会―尚友会の領袖であった水野の関心は、連記制を梃子とした尚友会による子爵界への統制と子爵中心の研究会の貴族院における優位性の確保であった。有爵議員の互選に定数の半分までの連記制を存続できるなら、例えば既存の選出母体の組織を便宜上二分割し、それぞれに定数の半分までの異なった候補者をあてがうことにより、従来と同じ効果を期待できよう。ともかく、この時点で政府の貴革に関する基本姿勢はほぼ定まっていたようである。すなわち、多額納税者議員制度の存続可否との関連が不明であるが、新たな公選議員制度の設置や有爵互選議員制度における現行連記制の若干の変更がそれであった。

三　貴革調査委員会案

これに対し連立与党の姿勢は先に見た通りである。しかし、これについて『加藤高明伝』は次のように言う。与党は到底「善処」では満足しなかった。然も貴族院改革の内容如何。互選規則の改正といい権限の縮小といい群議は喧しいけれどどの程度に如何なる改革を貴族院に加えるかに就いては何等の成案もなかった。而して貴族院自身は強いられて改革するよりも自ら改革すべしとの識者の言を余所にただなんとなく不安の胸を抑へて政府に嫌がらせや件政策を宣伝するのみであった。斯くして八月・九月は経過した。九月末になると「政府は速やかに具体的措置を取られんことを望む」という決議が与党三党の交渉会から伯に持ち込まれた。(34)

このような与党の姿勢を考慮して、加藤内閣は閣内に貴革のための調査委員会を設置するとになった。一〇月一〇日にその旨が発表され、委員会のメンバーは若槻内相、横田法相、江木書記官長そして塚本法制局長官の四名の内閣構成員と内閣書記官・館哲二、法制局参事官（第一部長）・金森徳次郎、内務省地方局長・潮恵之輔、司法省官房秘書（秘書課長）・三宅正太郎の同じく四名の上級官僚による補助委員とからなった。なお後に内務省土木局長・堀切善次郎がこれに加わった。官命により大正八年から一〇年にかけ欧州で各国の政治行政の諸制度を調査した堀切は、その見聞を生かして大正一一年一〇月加藤友三郎内閣の下で設立された衆議院議員選挙法調査会の幹事を務めた。また、彼は翌年一二月、欧州での際の調査の基づき『貴族院改革資料』(35)を刊行した。おそらく、こうした経験や見識が考慮されたのであろう。

さて、この委員会の第一回会合が一〇月二一日に首相官邸で開かれた。先の四九議会で加藤が施政方針演説の中で貴革について表明した基本方針「憲法制定の趣旨に基づく」と「時代の要求」の二点に基づいて調査を進めることが、そこで確認された。この二点についてさらに以下のように具体的な調査項目が絞られた(36)。

前者については

・憲法は貴族院衆議院の二院制度を採用していること

・二院制度の意味は貴族院をして上流代表及勲労学識の代表たらしむるものである

・貴族院は慎重熟練久の気風を代表するの府たること

後者については

・互選議員の数をいかにすべきか

・互選議員選出方法・勅選議員に定年制を設くべきか又は任期を定むべきか

・多額議員の存廃・民選議員を貴族院に認むるや否や

・貴族院令第一三条の改正の要ありや否や

・世襲議員の存廃

こうして、以上の各項目について一一月上旬までに補助委員たちが資料を収集し、委員会に付議する手筈となった。

さて一二月二四日、第五〇議会が召集され、一二月二七日、衆議院において政友会の山本悌二郎の質問に答えるかたちで、法相横田千之助は貴革案については現在調査中であるが、今期議会に必ず提出すると述べた。彼は今回の護憲運動の火付け役でもあり、政友会のリーダーとして貴族院改革の急先鋒であり、同時に貴革に関するインナーキャビネット inner cabinet のメンバーであった。政府案の基礎となる上記の委員会案がほぼ完成し、新聞にその骨子が報ぜられたのはその一か月後のことである。

大正一四年一月一四日午後、貴革のための調査委員会が開かれ、若槻、横田、江木、塚本の各委員は補助委員会が調査し作成した基礎案について意見交換をした。『東京日日』はこの日の調査委員会の結論について次のように報ずる。委員会はまず貴族院令の改革が第一であると考え、補助委員会は公侯爵議員の世襲制について存続可否の両論併記をするなど、その存続や廃止を簡単に考えているが、公侯爵議員を世襲とするに至った根拠を「相当調査」する必要があるし、有爵議員の数、多額納税者議員廃止に伴ってこれに代わるべき勅選議員の問題等についてさらに再調査が必要である。江木書記官長のもとで各補助委員と再調査をしたうえでさらに審議を進めることとなった。(37)

その二週間後、首相に答申すべき基礎案がほぼ決められた。すなわち、一月二七日午後八時半に、貴族院制度改革調査委員会が、若槻ら全委員と館ら補助委員全員が出席して首相官邸で開かれた。(38)『東京日日』は一月二八日付朝刊で「貴族院改革の骨子―有爵議員数を減少して制限連記制を採用」との見出しをつけ、「大体改革案の骨子は次の通りであると信ぜられておる」と、留保しつつ調査会案を報じている。それによると①公侯爵議員については現行通りで、互選制を適用しない、②伯子男爵議員の数を減じ総数を一五〇程度とし、それぞれについて「何名以内」を削除、③勅選議員に年限を付さない、④多額納税者議員については現行の制度を廃し、選挙人の条件として納税額が一定となっていないのを改め、別に一定の税額を定めこれに該当する者全員を互選人とし、各府県で一名またはそれ以上を互選させる、⑤議院法を改正し貴族院にも予算審査期限を設ける、⑥有爵互選議員についてある程度の制限連記制とする。

⑥有爵互選議員の選挙方法について、政府はその後の枢密院や貴族院の審議で態度を明らかにしなかった。しかし、実に、この問題と貴族院令第七条の削除や官職議員・学士院会員議員の新設を別にすれば、この記事の内容はその後の政府の枢密院諮詢案の骨子とほぼ同じである。

他方、二八日付『読売』によると、二七日の委員会で江木が議長となり、既に補助委員会で決定し各委員に配布してある法令改正の基礎案に関し逐条審議がなされた。改正内容に関し委員相互で非公式な会談がなされ、意見が交換されてきたので格別の議論もなく、二時間で委員会は終わった。同紙はその改正案の概要を次のように報ずる。

一、議院法中改正要領

現行法では衆議院の予算審議期間は規定されているが、貴族院の予算審議期限には規定がない為に種々の弊害の生ずることがあるから貴族院にも其の審議期間を定めること。

一、貴族院令改正案要領

イ　公侯爵の世襲制度を廃止し、伯子男と同様の選挙制度に改め、その数は無論現在数より減少する。

ロ　伯子男爵議員数を減少する。

ハ　多額納税議員を廃止してこれに代はるべき公選議員を設け、これを北海道並びに沖縄県にも適用する事。

但し現在の多額納税者よりも範囲を拡張したる者よりこれを公選する事。

一、有爵議員互選規則

各爵議員数を以て選挙資格者数を除して得たる数を単位とする制限連記とする。

この調査会案の内容について『東京日日』と『読売』とでは明らかに異なっている。予算審議期間の制限、有爵議員数の削減や多額納税者議員制の廃止とこれに替わる民選議員制度の新設について両紙の報道は一致する。が、『東京日日』は勅選議員の終身は変わらずと報ずるが『読売』はそれを報ずるところではない。また『東京日日』は世襲議員については存続と報ずるが、一方『読売』は公侯爵議員の世襲制を廃止し、伯子男爵議員と同じ互選制とすると報じている。これは連立与党案に近い。また、有爵議員の互選について『東京日日』は「ある程度の制限連記制」とだけで、明確でない。これに対し『読売』は、有権者が連記する候補者の数を各爵者の選挙資格者数を議員定数で除したものとすると報じている。『読売』が報じた方式で子爵議員選挙の連記数を算出してみよう。大正一四年一月現在の子爵者数三八二、子爵議員定数七三であるから、382÷73でその除数は四捨五入して六・二三となる。すなわちひとりの有権者が（連記）投票できる候補者の最大数は六または七で、何れにしてもそれは現行の定数七三の一〇分の一以下である。憲政会はこの互選については別に定める議院法によるとして数字を明らかにしなかったが、政友会や革新倶楽部の改革案は単記無記名であった。これに比べれば、連記を認めるだけ『読売』が報じた委員会案は〈保守的〉ではあろうが、この委員会案でも尚友会や協同会など各爵別選挙母体組織の存続は困難となろう。

いずれにせよ、『東京日日』の方が『読売』に比べ政府案に近くはあったが、共に委員会案の正確な全容を報じてはいない。委員会案が作成されたのは一月二七日ではあるが、その全容がこの二紙をはじめ新聞で正確に報ぜられることはなかったようである。貴革については、政治家有志、新聞社などが主催する講演会[39]や同じく政治家・ジャーナリスト有志による貴革要求国民大会が全国各地で多数開催され、国民大会の会場などでは「貴族院改革の歌[40]」が歌われるなど、普選同様に国民的関心が高かった。かくして、この問題に関し、各紙の報道合戦は熾烈であった。新聞記者にたいする補助委員を含む各委員のガードが固く、各紙ともに政府の貴革案の入手が困難であったかと思われる。

しかし、ともかくもこの時に政府案はほぼ出来上がっていたといってよい。一月二八日夜、松本剛吉は横田法相から彼自身の「貴改腹《ママ》案の骨子[41]」を聴取している。さらに二月二日には、研究会の筆頭常務委員である近衛文麿が加藤首相から聴取った貴革について松本は「曩に横田法相より聴取せしものと大同小異なり[42]」としつつ、次のように日記に記している。

一、勅選に七年の任期を設くること。

一、特殊勅選十八名を置くこと。
此れは英国流にして、この種の学者又は特殊の官衙長等の類。
一、多額議員を廃し、各府県を通じて約二名宛の議員を出す事。
此れは納税額を百円以上とすること。
一、公侯爵の世襲は其儘とし、何時にても本人の希望に依り辞職を許す事。
一、伯子男の互選数現在百六十六名を減じて約百四十名とすること、則ち二十六名の減員也。
之は首相と近衛公との間に於て妥協するの余地ありと云ふ。

右の外、選挙手続即ち単記連記は制限連記法を可なりとする説あるも、之は今少し研究を要するを以て、他日に譲ることになる趣なり。

予思うに、今日貴院にて問題となるは互選定数の減員なるが百四十名案を百五十名とすることは左程難事にあらざるべし。よって此の旨近衛公に申し置けり。[43]

公爵近衛文麿が研究会に入会したのは大正一一年九月である。それは水野直の勧誘によるところが大きいようだが、水野は侯爵徳川頼倫や同じく侯爵蜂須賀正韶にかわって近衛を研究会の指導者として育てていこうとした。[44]近衛は水野の薫陶を受けつつ、入会後二年で常務委員となり、筆頭常務として遇された。水野の懐中手帳のメモから、近衛が加藤内閣成立直後より大正一三年末にかけて加藤首相としばしば面談したことが明らかである。その近衛が一月二七日夜と二月一日夜、加藤首相の許を訪ねている。[45]二七日夜、調査委員会案が出来上がったことは既に述べた。そして三一日夜に臨時閣議が開かれ調査委員会案が閣議に報告され、加藤は閣僚よりその扱いの一任を取り付けた。[46]この両日にわたり近衛は加藤首相を訪問し、右のような貴革の骨子について聞き取ったものと思われる。勅選への任期制の導入を除けば、近衛が松本に伝えた貴革情報はほぼ正確であった。

それにしても、各政党や各紙がその廃止を当然のことと主張し報じてきた多額納税者議員制度であるが、その廃止に伴い新設されようとした民選議員制度とはいかなるものか。加藤首相の「敵前架橋」の過程で、大学教授という知識人グループや商工会議所の会員すなわち経営者集団から議員を公選することが水野と江木との間で話題になった（八月一三日）ことがあった。しかし、その半年後、松本が近衛から聞き取ったところによれば、それは各府県ごとに直接国税年額一〇〇円以上の納税者からなる選挙母体から二名の代表者を選出するというものであった。現行では道府県ごとに一名選出であるので、新設の民選議員の数は既存の多額納税者議員の二倍となる。しかもその選挙区ごとの有権者は千人から数千人規模となることが予想されたのである。ちなみに、後述する枢密院での審議で直接国税年額三〇〇円以上とした時、その有権者は千葉県では八〇〇名、栃木県では一〇〇〇名となるとの指摘があった[47]。それを一〇〇円とした時、千葉県でも有権者は一〇〇〇名を越えよう[48]。要するに加藤内閣が提案する新設の公選議員制度とは、各道府県を選挙区とし、納税条件による制限選挙に基づくものであった。

ともかく、二月上旬から中旬にかけて、即ち二週間余りの期間に首相サイドで以下のような最終調整がなされ、法制局での条文の整理を経て枢密院に政府案として提出された。

貴革に関する政府案が枢密院に提出されたのは二月一九日である。ここに『東京日日』、『読売』が共通して報じた委員会案が政府案に反映されたのは予算審査期限の設定、伯子男爵議員の減員、多額納税者議員制度の廃止に限られ、政府案では世襲議員は存続され、勅選議員の任期については、心身の問題で辞職する道が新たに開かれたものの、従前と変わることなく終身であった。しかし政府案には勅任議員に対する華族議員の優位性を謳った貴族院令第七条の削除が明記されていた。また新設の公選議員制は、その議員の任期は既存の多額納税者議員と同じく七年であるが、有権者の年齢は三〇歳から四〇歳に引き上げられ、近衛から松本が聞き取った直接国税年額一〇〇円以上の納入者から三〇〇円以上のそれへと納税条件のハードルが高められ、さらに各道府県の人口に応じて定数は一または二と修正され、総定員は六六とされた。年齢が引き上げられ、納税条件が高められたのは有権者数を制限するためであろうが、何故そうするのか。この頃多額納税者議員選挙への有力政党の関与や議員そのものの政党化が問題とされたが、加藤首相の周辺でこの問題に注目が集り、公選議員の有権者数の削減につながったかどうかは、不明である。なお、有爵互選議員の総定員が一四〇から一五〇へと引き上げられた。近衛ら研究会側は、松本の近衛への助言にもあったように加藤首相や江木書記官長に対し、その引き上げについて交渉した結果であろう。

こうして政府案による貴族院の構成は次のようになった。有爵議員の勅任議員に対する優位性はここに崩れた。

有爵議員　一九五
- ・世襲議員　公爵議員一五　侯爵議員三〇
- ・互選議員　伯爵議員一八　子爵議員六六　男爵議員六六

勅任議員　二一〇
- 勅選議員一二五
- 官職議員一五
- 学士院会員議員四
- 公選議員六六

しかし、以上は、伯子男爵議員の減員や多額納税者議員制の廃止と官職議員制度や学士院会員議員制度さらに公選議員制度の新設による定数拡大の結果を追認するための措置なのか、勅任議員に対する有爵議員（華族議員）の優位性の打破という明確な意思が政府にあったかどうかは定かではない。が、すぐ後で見るように、これがその後枢密院で大きな問題となる。

四　枢密院での議論

ところで「憲法の番人」と自他共に認める枢密院で一番問題にされたのは、一月二八日付『東京日日』が報じた①~⑥の項目ではなく、貴族院令第七条削除の是非をめぐってであった。ついで問題にされ、大きく修正されたのは①~⑤のうちの④についてである。なお、先の「公選議員」であるが、政府案では既存の呼称「多額納税者議員」が使われた。呼称が変更されなかった理由は不明である。

三月九日、本会議で、貴革案審査小委員長の顧問官穂積陳重は二月一九日以来小委員会を数回にわたって開催して得られた審査結果を、貴族院令に関し八項目、多額納税者議員選挙に関する法律案そして議院法改正案に分けて報告した。それは上記④の問題を除き、ほぼ政府案を認めるものであった。

しかし、穂積の報告の後、共に元官僚の目加田種太郎、平山成信両顧問官が相次いで貴族院令第七条は「貴族院組織の本義に関するもの」または「憲法及貴族院令の根本」であるとして[49]、その削除にそれぞれ異論を唱えた。加藤首相は目加田の質問に答えて「華族は固より貴族院組織の重要なる一要素なるも、その他の議員もまた重要にして、その間優劣なきか故に時勢の変遷に順応する為貴族院の本旨に鑑み、且世論の趨勢に察し、本件の如く改正するを以て最も適当なりと考へたるなり[50]」と述べ、普通選挙実施後の新たな事態に対応するためにも貴族院は華族中心主義ではなく、新たなタイプの議員を含めた勅任議員中心に組織されるべきとした。

この加藤の発言を受け、江木千之顧問官は貴族院令第六条の改正すなわち多額納税者議員制度の改正こそが今回の改正の最も重要な改正であるとして、普選後を視野に入れつつ次のように述べた。普通選挙により小作人や労働者が衆議院に議席を持ち、「諸般の制度を議するに当たり勢い地主及資本家が圧倒せらるるに至らんこと明らかなり。之か対策としては一般地主農業家商工業者の代表者を政治に参与せしむる方法に付篤と考察を要することなる」[51]として、現行の多額納税者議員制度に注目しつつそれを各府県「農業家代表一人」と「工業家代表一人」の二名の「地方議員」制度とすることを主張した。すなわち江木は加藤首相同様、普選の時代において従来の華族中心の貴族院では新たな勢力に対抗できない、と考えたのである。ちなみに江木書記官長自身、貴族院特別委員会審議の席上で、土地、工業、商業についてある程度の納税をする者が地方における「高い程度の中産階級」であり、これら「相当高い程度の中産階級」の代表者を選ぶことが「本案の趣旨」であるとした。[52]この「中産階級の代表」こそが〈普選後〉における貴族院の中核を担うことを加藤や江木ら政府首脳は期待していたのではないだろうか。

江木千之は護憲三派内閣の書記官長である江木翼の養父であり、大正一三年八月、同内閣下で貴族院勅選議員から枢密顧問官に転じた。彼は、その勅選議員時代の末期にあたる大正一〇年に貴族院改革の必要性を標榜し、「上院改革私見」と題する小冊子（全三九ページ、前章写真4）を作成して各方面にそれを配布した。彼の貴族院改革論は世襲議員と多額納税者議員をそれぞれ廃止し、有爵議員の数を現行の半数以下にまで削減、さらに九〇名以上の職能代表議員や市街地・村落地自治体の合計四七名の代表者、帝国学士院、帝国大学・公立大学・私立大学の代表者などをそれぞれ貴族院の構成員とするという、当時としては大胆な改革案を提示した（前章参照）。

しかし、枢密顧問官として江木が三月九日の会議で主張したことは、かかる改革案の趣旨は普選により「一般的代表機関」[53]として「改善」される衆議院に対し、上院としての貴族院に改革を実行させ「二院制の実効を完ふすることを計らさる」[54]をえないとする彼の当初の改革の理念と一致するものであった。彼が改革の必要性について新たに提起した右の議員たち、とりわけ多額納税者議員の延長線上にあると思われた「地方議員」の存在は重要であった。江木は、地方の地主や商工業者の代表を貴族院に列することによって顕彰するのではなく、華族に替わって彼らに政治的防波堤としての役割を新たに担わそうとするものであった。ともあれ彼は政府案をそれなりに評価し、賛成した。しかし、かかる江木とは対照的に、目加田や平山は華族中心主義をとり、急速な変革を否定した。この日の会議の採決の際にも、この二人は起立せず、政府案に反対した[55]。

こうして、この二人の反対はあったが、華族ではなく、「地方議員」・官僚出身者を始とする勲功議員・学士院会員議員からなる勅任議員制度中心とする改革案が枢密院で承認された。この「地方議員」はその名称こそ従来の「多額納税者議員」ではあったが、その存在意義は小さくない。松本が近衛から聞き取った最初の政府原案では、北海道および各府県の定数が二であり、互選有資格者を直接国税年額一〇〇円以上の納税者とされていたが、枢密院諮詢案では定数が一ないし二、直接国税の年間納税額は三〇〇円以上と、それぞれ修正されていた。現行では、この多額納税者議員は北海道および各府県の直接国税納税者の上位一五名の互選によったが、以前より北海道および各府県において該当する納税者の納税額には全国的に見て大きな格差があることが指摘されて来た[56]。ここに直接国税年間納付額一律三〇〇円以上と改定された時、例えば東京府ではその有権者数は一五から五五八六と、実に三七〇倍になる[57]。枢密院で承認された政府案では、多額納税者議員制度は、名目上はともかく、実質的には一定額以上の直接国税納税者による地方代表制度に置換されたのである。

五　貴族院での審議

枢密院のこの会議の翌日一〇日、政府の貴革案は貴族院本会議に提出された。時まさに会期末である。このとき衆議院から貴族院に回付された普通選挙法案が、本会議での質疑応答の後委員会付託となっていた。すなわち貴族院では貴革関連法令案と普選法案の審議がほぼ同時進行していたのである。

さて貴革に関する政府案は、「貴族院令改正案」、「議院法中改正法律案」、「貴族院令第六条の議員選挙に付衆議院議員選挙法中罰則の規定準用に関する法律案」の三本の法令の改正案からなり、その内容の骨子は次の通りである。


一．公侯爵議員の世襲制は現行通りとするが、就任を満三〇歳とし、辞任を認める。

二．伯子男爵議員の数を減じ、その定数をそれぞれ一八、六六、六六とする。

三．朝鮮総督、台湾総督、関東長官、検事総長、行政裁判所長官、帝国大学総長その他の大学長、帝国学士院長、日本銀行総裁の職にある者を議員とする（一五名以内）。

四．帝国学士院会員議員（四名）の創設。

五．勅選議員は満三〇歳以上とし、辞任を認める。

六．多額納税者議員は北海道各府県から一名または二名選出されるとし（六六名以内）、有権者は各選挙区における直接国税年額三〇〇円以上の納税者とする。

七．非有爵議員の数は有爵議員の数を上回ることができないとする貴族院令第七条の削除。

八．予算審議期間に制限を設け二一日とする。

九．多額納税者議員選挙に衆議院議員選挙法の罰則規定を準用する。


この貴革案の特徴は、現行の有爵議員優位を排し、官職議員・帝国学士院会員議員の新設や多額納税者議員とその選挙権者の増加を図ったことである。さらに貴族院の予算審議期間を二一日以内に限定したことは、それだけ貴族院の権能の縮小を意味した。現行では、貴族院の予算審議期間（正確には貴族院予算委員会の審査期間）(58)について議院法はなんら時間的制限を設けておらず、そのために衆議院からの予算案回付より議会最終日までの、残りの限られた時間を予算委員会が〈故意〉に空費させ、予算不成立とすることもありえたのである。他方、公侯爵議員への互選制の導入や伯子男爵議員の互選選挙における定数連記制の撤廃、さらに貴族院の鉄壁と称された貴族院令第一三条の改正は当面見送られている。

加藤首相は、貴族院令改正案の提案理由を、憲法が規定する二院制を前提としつつ、両院が「時代の進展に順応して改善充実を図るの必要」[59]があるとし、それができない時「政治勢力は偏重偏軽に陥り或は孰か傾斜奔流の勢いを以つて時に範疇を踰ゆるに至り、終に二院制の本旨を備ふに至るなきを保し難いと憂慮せらるるのでございます」[60]とする。加藤はこのように、伊藤博文がかつてその著『憲法義解』で説いた二院制論に立ち、その二院制を維持するために貴族院の組織改革が必要であると述べる。すでに序章で述べたように、普選の実現を前提としつつ、吉野作造や美濃部達吉もまた伊藤と同様に貴族院の権能を牽制と均衡創出に求めていた。加藤もまたそうであった。

それではその組織をどのようにしようとするのか。加藤は次のように言う。「従って貴族院に代表せられて然るべしと認めらるる要素は各方面に鬱然として勃興した感があります。各方面に起こりたる要素中、慎重、熟練、耐久の気風を代表する分子を貴族院に網羅し、以つて世運の進展に順応し、以つて貴族院の地位をして堅固ならしめた謂ふ趣旨を以て院令の改正を致す次第でございます」[61]。政府案の行政議員、学士議員、拡大多額納税者議員が新たな時代の「慎重、熟練、耐久の気風を代表する分子」の代表であった。

さて、加藤首相の提案理由の説明をうけて、一〇日の貴族院本会議では政府側と貴族院側との質疑応答が数時間に渡り繰り広げられた。中でも加藤友三郎内閣下の貴族院において「貴革」を説き、加藤（友）首相にその必要性を認めさせた多額納税者議員・鎌田勝太郎（交友倶楽部）[62]は、質問の冒頭で、貴族院は他国の上院と比べ議員数が多く、その「過多の数に於て過半数は華族であります」[63]と指摘して、華族議員の削減の必要性を示唆した。そして、政府の貴革案を「微温不徹底」と断じ、衆議院で四分の三議席を有する三派内閣がこの申し訳程度の改革案に甘んずるとは何事か、と加藤高明内閣を痛罵しつつ質問を締めくくっている[64]。これに対し加藤首相は政府案を「極めて穏健、極めて中正、従て極めて適切」と自画自賛しつつ、抜本的な改革をしないことを示唆し、「為さざるは為すに優ると云うこともあります」(65)と貴革に対する政府の姿勢を明らかにした。すなわち彼は「微温不徹底」な貴革案こそが穏健・中正・適切で、抜本的な改革を「為さざるは為すに優る」としたのである。

こうして一通りの質疑応答が終了して、二七名から成る特別委員会に貴革案が付託された。この二七名を会派別に示せば次の通りである。なお、＊は後述の貴族院連盟懇談会における各会派の代表を示す。

研究会　一三名
公爵　近衛文麿＊、伯爵　大木遠吉、伯爵　小笠原長幹＊、子爵　青木信光＊、子爵　牧野忠篤、子爵　前田利定＊、子爵　水野直、子爵　八条隆正＊、男爵　池田長康、馬場鍈一＊、鈴木喜三郎＊、佐竹三吾＊（以上、勅選議員）、横山章＊（多額納税者議員）

交友倶楽部　三名
岡野敬次郎＊、鎌田栄吉＊（以上勅選議員）、鎌田勝太郎＊（多額納税者議員）

茶話会　三名
石塚英蔵＊、倉知鉄吉＊（以上勅選議員）、矢口長右衛門（多額納税者議員）

公正会　三名
男爵　阪谷芳郎＊、男爵　船越光之丞＊、男爵　藤村義朗＊

同成会　二名
西久保弘道＊、菅原通敬＊（以上勅選議員）

無所属　二名
侯爵　佐佐木行忠＊、永田秀次郎＊（勅選議員）

純無所属　一名

松本烝治＊（勅選議員）

研究会および公正会はそれぞれ伯爵・子爵議員、男爵議員中心の会派である。今回、この二大会派はそれぞれ大臣経験者や常務委員など幹部クラスの人物をこの委員会に投入した。研究会の場合、筆頭常務近衛をはじめ、子爵議員の全部は常務か常務経験者である。さらに大木と前田は閣僚経験者でもある。公正会側も、阪谷はその指導者のひとりであり、貴族院の論客として知られていた。船越、藤村は福原俊丸と共に三Fと称せられた男爵界の若手有力者であった。特に藤村は、大正一〇年九月に貴革に関する私案を作成して各方面に配布した、華族界における貴族院改革の提唱者のひとりとして知られ、大正一三年一月には清浦内閣の逓信大臣に就任している(66)。また、無所属（無所属派）の佐佐木は、後年、研究会を退会した近衛とともに火曜会を立ち上げ、その後の貴族院改革に尽力することになる。

ところで、これより前、即ち二月二四日、貴族院改革関連法令案が枢密院で審議されるなか、貴族院に「貴族院連盟懇談会」なる超党派のグループが組織された。その前日、昨年末以来貴族院内で断続的に開催されてきた、貴族院改革調査会設置を目指した有志懇談会でその設置が確認されたのを受け、二四日に第一回の各派代表委員の初顔合わせが行われたのである。この代表委員は研究会から近衛はじめ一四名、交友倶楽部から岡野敬次郎はじめ四名、公正会から阪谷はじめ三名、茶話会から内田嘉吉はじめ四名、無所属派から佐々木はじめ二名、純無所属から松本がそれぞれ委員として挙げられた。このうち近衛と永田が当日欠席をしたが、幹事として八条隆正（研究会）、石塚英蔵（茶話会）、南弘（交友倶楽部）の三名が選出され、貴族院各派による「貴革」に関する意見交換の公式な場が院内に設けられた。この懇談会は、二月二四日以降、「貴革」関連法令案が貴族院本会議に上程された三月一〇日までに数回開催されたが、その都度どのような議論が交わされたか、不明である。しかし、これを契機に「貴革」をめぐり貴族院各派間の意思疎通が活発になされ、それが三月一〇日以降の貴族院での「貴革」関連法令案の審議に繫がったことは確かである。

ちなみに政府案が貴族院本会議に提出された三月一〇日、その審議のための特別委員会が発足したが、この懇談会の各派代表委員の大半がその特別委員会のメンバーとなった。従って第五〇議会における貴革関連法令の審議は実質的にこの懇談会がリードしたと言ってよい。なお、一八三・一八四ページの人名表の人名の末尾の＊は、貴族院連盟懇談会の各派代表委員でもあったことを示す。

さて、近衛を委員長とする特別委員会は三月一二～一四、一六～一八、二二、二五日の八日間にわたって開催された。しかし、病気を理由に欠席しがちな近衛に代わり、この委員会の司会を務め議事をリードしたのは副委員長の岡野敬次郎であった。右の「貴族院連盟懇談会」も水野と並ぶ研究会の領袖・青木信光の懇請により岡野が呼びかけ成立させたものであり(67)、貴革関連法令改正案の貴族院本会議上程に伴う特別委員会の副委員長に岡野が就任するのは成り行きとして自然でもあった。

なお、会派の異なる青木と岡野との政治的結付きは、少なくとも二年余り前の加藤友三郎内閣末期に遡る。加藤首相が重体に陥るに及んで、法制局長官であった馬場鍈一らによる、岡野法相の後継内閣首班擁立運動が起った。この時、青木はこの運動に乗ったのである(68)。今また会期末を迎えた第五〇議会において、この青木、岡野を中心に貴族院側の貴革案とりまとめがなされることになる。

さて特別委員会の初日の審議は、二院制度論を中心に、華族議員の数の上での優位性を謳った貴族院令第七条の削除や有爵互選議員の選挙規則改正の可能性にまで話が及んだ。二日目の一三日には公・侯爵議員の世襲制、互選規則改正の当否、多額納税者議員制度撤廃の当否、有爵議員の削減に関し議論が白熱した。この日、有爵議員の削減をめぐり、江木内閣書記官長は佐竹の質問に答えて次のように述べる。

有爵議員の数を減少したと御覧になりますのは少しく御見解の相違であります。ご承知の如く現行制度に於きましては伯爵二〇名以内、子爵男爵各七三名以内に於いて勅命を以て通常選挙毎にその数を定める、斯うなっております。而して七条には勅任議員の数は有爵議員の数を超ゆるをえず、超えない程度であるならば略同数位ならば少しも差支えないことに従来もなつているのであります。そこで仮に第七条が現行制度に於いて働くと致しまするも而して今の「以内」に於いて勅命をもつて之を定める場合が仮にありといたしたならば、有爵議員の数は相当の程度まで通常選挙の時に之を下げて選挙を為さしむることが出来ることになつて居るのである。たとえば現在の総議員数におきまして約一三〇人内外のところまで下げ得ることは出来ることになつて居りますから、この一六六人と言ふものと其の最低限である所の一三〇人内外と云ふものの中間を取りますと云うと、凡そ一五〇人と言う位の数になる、即ち必ずしも下げたのではない、減じたのではない。(69)

現行の貴族院令によれば、勅任議員とは勅選議員と多額納税者議員からなり、その定数はそれぞれ一二五、四七であった。すなわち勅任議員の定数は一七二である。そして貴族院令第七条は、勅任議員が数の上で有爵議員を超えることを禁じていた。これを前提として、政府が有爵議員の数を最低に抑えようとする時、有爵議員数は一七二となるが、大正一四年一月現在で公・侯爵による世襲議員数は四五であるから、伯・子・男爵による互選議員数は一二七となる。同じく第四条によれば伯爵二〇人以内、子爵七三人以内、男爵七三人以内とそれぞれ上限が定められ、通常選挙ごとに勅令によりそれぞれの定員が定められることになっていた。政府はその枠内で互選議員定数決定に関しフリーハンドを持っていたのである。すなわち現行の一六六から一二七にまで互選議員の定数削減が可能であった。

江木は改正案の伯爵議員一八、子爵議員六六、男爵議員六六、合計一五〇という数字は必ずしもその意図的な削減ではないとしながらも、今回の改正案が成立しない場合、政府は有爵互選議員の定数を一二七にまで削減しうることを仄めかしているのである。

ところで、三月一六日、「多額納税者議員」について議論が白熱した。この問題について口火を切ったのは栃木県選出の多額納税者議員・矢口長右衛門である。彼は政府への質問の冒頭で、一万人近く、あるいは三千人少なくとも千人内外の多数を有権者とする必要はない、そのようになった場合、たくさん納税をする者を優遇するという意味を没却することになる、さらにその選挙は政党化するであろうし、それは貴族院の政党化にもつながるのではないか、と述べ、政府の見解を質した(70)。これに対し江木は、この選挙の有権者数の大きな拡大は「穏健なる中産階級と申しませうか或は恒産階級と申しませうか高い納税者の階級だけから、しかも老成なる階級のものより出すといふことになりますれば、貴族院の本質を能く解し、而して是が選挙となって代表者を送ると云うことになりますれば(71)」衆議院において選挙を争っているような「活発な」政党の勢力がこの選挙に及ぶということは極めて少ないと応じ、彼自身が枢密院の審議でも明らかにしたように、この選挙の数千人規模への有権者拡大の目的は中産階級の代表者を多額納税者選挙の名の下に貴族院に取り込むことであると述べた。彼は、また一方で大政党がこの貴族院の選挙に介入することはないであろうと建前論で矢口に応じている(72)。

矢口は、多額納税者議員をより広い範囲から選びたいと建前論を繰り返す江木に対し、有権者の激増は選挙の政党化をもたらしはしないか、と「懸念」を表明した。が、現実には、現行の多額納税者一五人を有権者とする選挙に政党が関与しないわけではなかった。すくなくとも直近の大正七（一九一八）年実施の通常選挙はそうでなかった(73)。各政党がその選挙に少なからず関与していた。ちなみに、各紙は貴族院の有力会派や有力政党が各県で選挙活動をする様子を報じているし、特集を組み連載記事でもって、その選挙の様子を報じていた。したがって、江木がそうした事情を知らないわけがない。江木はまた建前論で矢口の「懸念」に応じたのである。

矢口に続いて同じく多額納税者議員・鎌田勝太郎（香川県選出）が、同様に改定の趣旨が明確でないと江木に迫った。すなわち鎌田は、政府案によれば東京府の有権者は五五八六人に対し沖縄県のそれは六二人と「非常な差」があり、現行法では例えば多額納税者議員を「地方豪族の代表」と見るならば今度の改正は何の代表であるか、「此度の改正案に付て世間では公選議員と云ふ、貴族院に公選議員は要らない、公選議員は衆議院に沢山送つてあるのである、二重に公選議員をつくると云ふのはどうかと思ふのである」[74]と、公選制の導入に難色を示した。そもそも鎌田は多額納税者議員制度廃止論者であった。彼は、中橋文相二枚舌事件などで紛糾し、研究会から一部の反原内閣派勅選議員が脱会するなど波乱に富んだ第四四議会終了直後、貴族院改革の必要性を説いた。すなわち彼はこの制度を廃止して、「各府県より或る特殊の方法を以って議員を選ぶこと」を提唱したのである。[75]ここで彼の言う「或る特殊の方法」とは具体的にどのようなものか不明であるが、すくなくとも鎌田は各府県から貴族院議員の候補者を選抜し政府に推薦する制度を想定していたことは確かである。

他方、阪谷は貴族院議員の選挙は中産階級の代表者を選ぶことを目的として納税資格があり、衆議院議員選挙は普通選挙であるというようでは、徒に「階級闘争」をあおることになりはしないか、として「公選議員」制の導入に難色を示した。

こうして、委員会では政府案を支持する発言はなく、多額納税者議員制を実質的に「公選議員」制に置き換えることは困難であるとの雰囲気が漂い始めた。

三月二〇日午後、院内に各派協議会が開かれ、研究会から青木、水野、小笠原、馬場、交友倶楽部から岡野、南弘、公正会から藤村、船越、茶話会から石塚、倉知がそれぞれ出席し、「貴革」および「普選」に関する政府案に対する修正について協議した。[76]三月二一日付『東京日日』が報ずるところによれば、「貴革」案については、①官職議員の削除、②学士院会員議員を四名から一〇名程度に増員、③「地方公選議員」選挙資格者を「改正」して各県約一〇〇名ないし二〇〇名とする説が有力であったが、これについては未定、④ただしこの公選議員数を一〇以上削減、⑤議員の年齢を一律三〇歳とするの五点である。同紙は「この申し合わせ当日出席者の顔ぶれからして各派の意向となって実現するであろう」としている。また「普選」については、欠格条項に「独立の生計を営なまざる者」に近い修正を加える、華族の戸主に選挙・被選挙権資格を与えないなど、これまた政府案を大きな修正するものであった。

さて三月二二日午前一〇時五〇分「貴革」案特別委員会の開会劈頭、研究会の八条隆正が委員会案を取り纏めるために七名からなる小委員会を設け、委員は委員長が指名されたしとの動議を提出した。これが満場異議なく受け入れられ、委員長・近衛は佐佐木、青木、藤村、菅原、石塚、松本、そして副委員長の岡野の七名を小委員会委員に指名した。この小委員会の任務は、特別委員会におけるこれまでの論議を踏まえ議論の多かった条項について、委員会としての修正案を作成することである。そのメンバーは純無所属を含む各派から一名が選出された形であるが、実に七名のうち四名は二〇日の各派協議会のメンバーであった。

同じ日すなわち二二日午後、貴族院では主に欠格条項をめぐって普選案の審議は行き詰り、貴革同様意見の集約のために小委員会が組織された。また、来年度予算案めぐる政府と貴族院の対立は激化の一途を辿りつつあった。すなわち、予算委員会において、研究会や交友倶楽部は師範教育費の削減や発電所建設に関する鉄道省予算の一部削減を要求して譲らなかった。こうしたなか、政友会本部で対貴族院国民大会が開かれ[77]、憲政会は七〇余名の代議士を集めて緊急代議士会を開催し「普選は既に院議の決する所、貴族院改革は国民の要望なり[78]」との決議を採択するなど、与党は貴族院を大いに牽制した。

このような状況下、小委員会は貴族院令について政府案を次のように修正した[79]。第一条第五項「特殊ノ官又ハ職ニ在ル者ヨリ特ニ勅任セラレタル者」→「帝国学士院ノ推薦ニ由リ特ニ勅任セラレタル者」。第一条第六項「北海道各府県ニ於テ土地或ハ工業商業ニ付キ直接国税年額三百円以上ヲ納ムル者ノ中ヨリ一人又ハ二人ヲ互選シテ勅任セラレタル者」→「北海道各府県ニ於テ土地或ハ工業商業ニ付キ多額ノ直接国税ヲ納ムル者ノ中ヨリ一人又ハ二人ヲ互選シテ勅任セラレタル者」。五条追加第二項「左ニ掲グル官又ハ職ニ在ル者ニシテ勅任セラレタル者ハソノ官又ハ職ニ在ル間議員タルヘシ……中略……前項議員ハ十名ヲ超過スベカラス。帝国学士院中ヨリ四人ヲ互選シソノ選ニ当リ勅選セラレタル者ハ其ノ会員タルノ間七箇年ノ任期ヲ以テ議員タルヘシ。ソノ選挙ニ関ル規則ハ別ニ勅令ヲ以テ之ヲ定ム」↓「満三〇歳以上ノ男子ニシテ帝国学士院ノ推薦ニ依リ勅選セラレタル者ハ七箇年ノ任期ヲ以テ議員タルヘシ。ソノ推薦ニ関ル規則ハ別ニ勅令ヲ以テ之ヲ定ム」「前項議員ノ定数ハ十人トス」。第六条「北海道各府県ニ於テ満四十歳以上ノ男子ニシテ土地或ハ工業商業ニ付直接国税年額三百円以上ヲ納ムル者ノ中ヨリ一人又ハ二人ヲ互選シソノ選ニ当リ勅任セラレタル者ハ七箇年ノ任期ヲ以テ之ヲ定ム。前項議員ノ総数ハ六十六人以内トシソノ北海道各府県ニオケル定数ハ通常選挙毎ニ人口ニ応ジ勅令ヲ以テ之ヲ指定ス」↓「満三十歳以上ノ男子ニシテ北海道各府県ニ於テ土地或ハ工業商業ニ付多額ノ直接国税ヲ納ムル者百人ノ中ヨリ一人、二百人ノ中ヨリ二人ヲ互選シ其ノ選ニ当リ勅任セラレタル者ハ七箇年ノ任期ヲ以テ議員タルヘシ。ソノ選挙ニ関ル規則ハ別ニ勅令ヲ以テ之ヲ定ム」「前項議員ノ総数ハ六十人以内トシソノ北海道各府県ニオケル定数ハ通常選挙毎ニ人口ニ応シ勅令ヲ以テ之ヲ指定ス」

要するに小委員会は、官職議員について全面的に削除し、学士院会員議員を互選ではなく学士院の推薦により、さらにその年齢を三〇歳以上と限定し、定員を四から一〇に増加させた。また多額納税者議員制度については納税額を定めずに北海道各府県において、一〇〇人につき一人または二〇〇人につき二人としたのである。後者においては納税額三〇〇円という条件を除いたことは、政府案に大きな修正をしたことになる。北海道各府県によって大きく異なろうが、政府案における互選者数百名、数千名から、一律に一〇〇名ないし二〇〇名としてしまったからである。北海道各府県における多額納税者上位一〇〇名ないし二〇〇名を互選者とすることは、現行制度における互選者一五名の約七倍増でしかない。すなわちそれは実質的な民選議員制度の新設を排し、若干改良されたとはいうものの基本的には従来の多額納税者議員制度の維持を意味するものである。また、その定員を六六から六〇に減じた。以上の結論は三月二〇日の各派協議会の結論とほぼ同一であった。

この小委員会案は、二二日午後二時四〇分に再開された委員会に岡野によって特別委員会に報告された。この内容に政府は「非常に狼狽」[80]し、早速、貴族院側と接触した。すなわち江木書記官長はこの日の夜八時に牛込河田町の青木邸を訪れ、八条、岡野、青木と会談している。この時江木が要望したのは、官職議員と多額納税者議員についてであった。江木は彼らに対し「多額議員は貴院の修正によれば公選議員としての趣旨に反する結果となりその数においても政府原案通り六十六人以内としたい」との要望をしたようであった[81]。翌年、岡野は亡くなるが、その直後に江木はこの時の貴革作業を回顧して「小委員会が設けられて後は専ら男〔岡野男爵―引用者注〕が評議の中心になられたのである。たんに表面議事の中心になられたばかりでなく、裏面において案の審議を進むる為に頗る大なる努力をされたのである。小委員会は更に二、三の代表的委員の会合となりて評議をなすに際し会期切迫の折柄、随分夜晩くまで会談せられたこともあつたやうである。最後の評定を為すべく大正十四年三月二十二日か二十三日の夜、九時を期して牛込河田町の青木子爵の邸に、男と私三人が会合して意見の交換をやつた時に男は既に三十九度近い発熱があることを言われておつていかにも苦しそうに見えたにも拘らず夜十一時過ぎまで何等倦怠の色なく、此の重大国事に中心となつて当られたのである」[82]と述べている。

一方、江木と同様に貴族院改革担当の若槻内相は藤村義朗や阪本釤之助に会見して幸倶楽部すなわち公正会、茶話会、同成会方面の了解を求めた。また、加藤首相は自ら青木や水野と懇談し修正案の緩和を求めた[83]。このように二二日夜から二三日にかけて、政府側は小委員会委員を含む貴族院の有力者に働きかけを行った。

こうした政府側の奔走が功を奏し、二四日午前、小委員会の委員たちが院内で会合を開き、二二日に報告した修正案について再検討した[84]。その結果多額議員数を政府原案通り六六人以内としたが、官職議員の復活はなかった。

また四名の学士院会員議員は学士院が政府に推薦するのではなく、政府の要望どおり互選とする、さらに予算案審査機関を定めた議員法四〇条については「貴族院は議決を以って一週間以内これを延長することを得」と、延長を一週間以内に限るようにそれぞれ修正した(85)。この日の午後、岡野と青木はこの内容を加藤首相に通告したが、ここで加藤はなおも官職議員の復活を要望した(86)。これに対し青木は午後五時に再度加藤首相と会見し、明日開催が予定される小委員会委員の会合での再考を約束したが、午前一一時までに返事がない時は政府の要望を容れることはできない、と答えた(87)。

結局、小委員会が官職議員復活を認めることはなかった。しかし、そのほかの項目については前日の合意により、小委員会は自らの修正案の修正を提案した。それは純無所属の松本烝治の手で行われた。この日すなわち二五日午後一時に開会された特別委員会の席上、松本は、前日午前の会合での合意内容に沿って、小委員会による修正案の修正を提案し、いずれも容れられている。すなわち、学士院会員議員は政府案どおり学士院会員の互選となり、定数も一〇から四に戻された。貴族院令第六条の多額納税者議員については、「一人」の次に「又は」を復活して挿入し、定数を六〇から六六に修正された。一方、予算案審議を衆議院同様二一日以内とするとした、政府の議院法第四〇条の改正案に対し、小委員会は貴族院の議決により延長を可とする旨の但し書きを付していた。松本はこれに対し、その延長を七日間以内に限定することを発議し、これが認められた。

むすびにかえて

三月二五日、特別委員会に引き続き、貴族院本会議が開かれ、貴族院令中改正案外二件に関し特別委員会の報告が副委員長岡野敬次郎よりなされた。岡野の報告が終わるや、数年前から貴族院改革の必要性を標榜し活動をしてきた中川良長が質問に立ち、「第一にお伺いしたい所のものは、地方議員の、即ち修正になりましたる多額の議員の点でございます」として次のように述べた。すなわち、今回の多額納税者議員は一五人の有権者を一〇〇人に範囲を広めただけであり、それは「依然として地主金持ちの代表」であって、普選が行われようとしている衆議院には「労働方面の方をも列せられるやうな状態」であるのに対し、貴族院では資本家、金持ちと云ふ者をば網羅すると云ふこと」で「階級的の闘争」の発端にもなりかねない、そこで「貴族院はこの原案に於て、政府が提出されましたる如くに、職能代表と致して農工商の方面に於ける所の知能堪能なる所の人をば集めて行くと云ふことが最も適切にあらずやと信ずるのでございます」(88)。

中川は、階級闘争の可能性をチラつかせながら職能代表にも通ずる「民選議員」を多額納税者議員と差し替える政府原案の支持を表明したのである。これに対し岡野の回答は、階級闘争の虞れについては委員会では問題とはならなかったとするに留まった。

彼は多額納税者議員問題の他に、学士院会員議員誕生の反面、勅選議員に任期が規定されない「学識」の議員がいるのはおかしいとして、貴族院令第五条「国家ニ勲労アリ又ハ学識アル満三十歳以上ノ男子……」から「又ハ学識アル」を削除することを提案した。彼は以上の二点のほかに世襲議員への互選導入がなされなかったこと、互選議員定数の削減が少なかったこと、貴族院令第一三条が無傷であったことなどが問題であるとしながらも、貴族院令第七条の削除、有爵議員の資格年齢を衆議院議員と同一にしたこと、予算審査期日を設定したことなどを「双手を挙げて慶祝する次第」(89)と大いに評価した。第四四議会以来、水野直と提携しつつ男爵界の政治的再編成のため、親和会を組織しさらに貴族院改革を目指して活動し世間の注目を集めた中川が、第一の問題として多額納税者議員問題について岡野副委員長に質問していることは、大正一四年の貴族院改革の可能性を考える上で示唆的である。

加藤高明内閣は、呼称は「多額納税者議員」と従来と変わることはなかったが、実質的には公選による中産階層の代表者を貴族院に送り込もうとした。が、その試みは貴族院の抵抗に遭い半ば挫折した。すなわち政府はその試みを半ば放棄しつつ、華族議員優位性の撤廃を優先した。こうして貴族院令第七条の削除と華族議員数の削減・非華族議員（勅任議員）数の増加が実現された。それは研究会の有爵議員（華族議員）による清浦内閣組織に対する政党や社会の反発のしからしむるものであった。他方、議院法第四〇条の改正案についてであるが、貴族院に七日の予算審議期間延長を認める貴族院修正案に対し、衆議院が反対したため両院協議会が開かれた。両院協議会は貴族院修正案を認めたが、衆議院がそれを認めなかった。こうして貴族院の予算審議期間の制限と衆議院との均等化は実現されずに終わった。

両院均等化といえば、第五〇議会に政府が提出した普選法案では華族の戸主にも選挙権を認めていた。すなわち政府の普選法案枢密院諮詢案では華族戸主の選挙権・被選挙が認められた。それが実現すれば衆議院は文字通り「一般代表機関」すなわち国民代表による議会となる筈であった。しかし、伯子男爵ら華族は貴族院議員の選挙権を有する上に、さらに下院議員選挙への参加権を彼らに認めることは、彼らに二重の権利を与えることになるとして、枢密院はそれを認めなかった。枢密院で修正された政府案が衆議院本会議に上程されるや、政友会所属議員を中心に政府や枢密院への批判が続出した。護憲三派は華族戸主を含む有権者資格規定に関する再修正案を衆議院で可決し、貴族院に回付した。貴族院はこの修正案をさらに修正し、華族戸主の衆議院議員選挙権・被選挙を認めなかった。両院協議会が開かれ貴衆両院の協議員が歩み寄る中、衆議院側は華族戸主の普選への参加権付与を断念するに至った。しかし、護憲三派内閣による、華族戸主への衆議院議員選挙選挙権・被選挙権付与構想には「衆議院こそ国民代表機関であり、国民の一員である華族の戸主に選・被選挙両権をもたらしめるのは当然である、という衆議院優越論・第一院論が根底にあった(90)」のはまず間違いないであろう。そうだからこそ、枢密院や貴族院の官僚派勢力は華族戸主の普選参加を認めなかったのではなかったか。

なお、政府は有爵議員互選規則の改正について「考慮中」であるとしながらも、その実現を目指して行動に移すことはなかった。すなわち、護憲三派内閣は、それを研究会や公正会に対する〈切り札〉としつつ、それを〈切る〉ことなく華族議員優位性の撤廃という形で貴革を達成しようとしたのである。

(1) この点については拙著『大正デモクラシーの時代と貴族院』(成文堂、二〇〇五年)第八章「清浦内閣の成立と研究会――二党制に向けて――」の第二および第四節を参照されたい。
(2) 例えば比較的最近のものとして山室建徳「普通選挙法案は衆議院でどのように論じられたのか」(有馬学・三谷博編『近代日本の政治構造』吉川弘文館、一九九三年、所収)などがある。
(3) 他にこの時期の貴族院改革に関する研究として里上良平「大正デモクラシーと貴族院」(井上清編『大正期の政治と社会』岩波書店、一九六九年、所収)、および本書第五章の元稿である「貴族院改革に関する諸論議」(早稲田大学社会科学研究所編刊『社会科学討究』一〇六、一九九一年)所収、などがある。また内藤一成『貴族院』(同成社、二〇〇八年)は改革問題を通じての水野直の研究会内リーダーシップという視点から〈貴革〉を論じている。
(4) 大正一三年六月二八日付『東京朝日』。
(5) 衆議院・参議院編・刊『議会制度七十年史・貴族院参議院議員名鑑』(一九六〇年刊)を参照。
(6) 大正一三年六月二八日付『東京朝日』。
(7) 同。
(8) 『大日本帝国議会誌』第一五巻、一九三〇年、四〇六ページ。
(9) 同、四一五ページ。記名投票によることは箕浦ら建議案の提案者の要求によるものであった。〈貴革〉反対の議員名が帝国議会の公式記録に残されることとなった。
(10) 大正一三年七月二八日付『東京日日』。
(11) 同。
(12) 大正一三年一〇月二一日付『東京朝日』。
(13) 同。
(14) 大正一三年一二月五日付『東京朝日』。

(15) 同。
(16) 大正一三年一二月六日付『東京朝日』。
(17) 同。
(18) 美濃部達吉『憲法撮要』訂正四版（有斐閣、一九二七年刊）、三一三ページ。
(19) 同、三一二〜三一三ページ。
(20) （社）尚友倶楽部編刊『その頃を語る—旧貴族院議員懐旧談集—』（一九九〇年）、三ページ。
(21) 「水野直懐中手帳」（国会図書館憲政資料室所蔵「水野直関係文書」所収）大正一三年六月一四日の項。
(22) 同、大正一三年六月二八日の項。
(23) 同、大正一三年八月一四日の項。
(24) 「水野直日記」大正一四年八月八日の条（『大乗の政治家水野直伝』一九九ページ、所収）。なお、八月一〇日付『読売』朝刊第二面で八月六日に江木が水野を訪問したとあるが、水野の懐中手帳や日記では八日に訪問したことが記されている。
(25) 前掲「水野直懐中手帳」大正一三年八月九日の項に「二時江木氏」とある。
(26) 尚友倶楽部編・刊『水野直子を語る・水野直追憶座談会録』、二〇〇六年、一三五ページ。
(27) 「水野直日記」大正八月一四日の条（『大乗の政治家水野直伝』一九九〜二〇〇ページ、所収）。
(28) 前掲「水野直懐中手帳」大正一三年八月一三日の項。
(29) 伊藤正徳編『加藤高明伝』下、加藤高明伝記刊行会、一九二九年、五三九〜五四〇ページ。
(30) 同五三七〜八ページ、なお、当時加藤は子爵であった。
(31) 「松本剛吉政治日誌」（岡義武・林茂校訂『大正デモクラシー期の政治』岩波書店、一九七七年）大正一三年一〇月二日の条も参照。
(32) 「水野直日記」八月一五日の条（『大乗の政治家水野直伝』二〇〇ページ、所収）。
(33) 同、八月一六日の条。
(34) 前掲『加藤高明伝』下、五六四ページ。
(35) 堀切の著書『貴族院改革資料』は各国の上院制度の概略を三〇四ページにわたって述べたもので、一九二三年一二月東京の厳松堂より刊行された。
(36) 大正一三年一〇月二二日付『読売』。

(37) 大正一四年一年一五日付『東京日日』。
(38) 大正一四年一年二八日付『読売』。
(39) たとえば、第五〇議会の開会を目前にした大正一三年一二月八日夜、国民新聞社主催の貴族院改革講演会が上野自治会館で開催された。憲政会所属代議士斎藤隆夫はこれに出席し、講演をしている。斎藤以外に占部百太郎、五来欣造、野村淳治（以上学者）、石井省一郎、植原悦二郎、牧野良三、中川良長が演壇に立った（伊藤隆編『斎藤隆夫日記』上、二〇〇九年刊、大正一三年一二月八日の条）。
(40)「貴族院改革の歌」の歌詞は次の通りである。「一、来たれ一億民衆よ　即時に叫べ改革を国の癌たる貴族院　位記勲等や爵禄や　二、無明の毒矢を研ぎ澄まし　階級戦を挑むなり　いざ疾く攻めよ疾く攻めよ　彼らは四民の敵なるぞ」（大正一四年二月二日付『読売』より）。二月二日付『読売』は「貴革の歌の合唱に熱狂した四千」との見出しの下に、二月一正午より政友会本部において、有馬頼寧（衆議院）、中川良長（貴族院）の二名の華族をふくむ七名の帝国議会議員を弁士とする貴族院改革大演説会が催され、約二〇〇名の警察官が目を光らせる中、四〇〇〇名あまりの参加者があったと、報じている。
(41)「松本剛吉政治日誌」大正一四年一月二八日の条。
(42) 同、大正一四年二月二日の条。
(43) 同、大正一四年二月二日の条。
(44) この点については伊藤隆・西尾林太郎「水野直日記―大正一一・一二年」（東京大学社会科学研究所編刊『社会科学研究』第三四巻六号、一九八三年、所収）一七三ページを参照されたい。
(45)「松本剛吉政治日誌」大正一四年一月二七日の条。
(46) 同、大正一四年二月一日の条。
(47) 国立公文書館所蔵『枢密院会議議事録』三七（一九八七年、東京大学出版会）、二〇〇ページ。
(48) なお、一〇年後の統計資料ではあるが、議会制度審議会貴族院制度部編刊『貴族院制度調査資料』（一九三九年刊）によれば、昭和一二（一九三五）年または同一三年の時点で第三種所得税、個人営業税、地租について二〇〇円以上の納税者数は、それぞれ一二一八三九、一〇八四一、二〇三三四、同じく五〇〇円以上ではそれぞれ五二六三一、二〇五九、五四四二である（同書、二六四～二八八ページを参照）。重複者がいるであろうが、貴族院民選議員選挙の有権者の納税条件を三〇〇円とした時、少なくとも昭和一三年の時点でその有権者は少なくとも六万人以上となろう。
(49) 国立公文書館所蔵『枢密院会議議事録』三七（一九八七年、東京大学出版会）、一九五ページ。

(50) 同。
(51) 同、二〇〇ページ。
(52) 『帝国議会貴族院委員会議事速記録』二五、(一九八七年、臨川書店)二七七ページ。
(53) 江木千之『上院改革意見』(一九二一年)、二ページ。
(54) 同。
(55) 前掲『枢密院会議議事録』三七(一九八七年、東京大学出版会)、二〇一ページ。
(56) この点については拙著『大正デモクラシーの時代と貴族院』一四八～一四九ページを参照されたい。
(57) 大正一四年三月一七日の特別委員会における鎌田勝太郎の発言より。鎌田は「……其の互選の資格を政府の調べておる参考書に拠りますると云ふと……」(『貴族院委員会議事速記録』二五、二七六ページ)としてこの数字をあげている。
(58) この点については、本書第七章を参照されたい。
(59) 『大日本帝国議会誌』一五、六八〇ページ。
(60) 同。
(61) 同。
(62) 貴族院議員としての鎌田勝太郎については、本書四章を参照されたい。
(63) 『大日本帝国議会誌』一五、六八九ページ。
(64) 同。
(65) 同。
(66) 藤村については拙著『大正デモクラシーの時代と貴族院』の第八章「清浦内閣の成立と研究会」第四節及び第五節を参照されたい。なお、藤村は大正一〇年九月に「貴族院の改造」と題する一九ページから成る小冊子を作成し、関係者に配布している。
(67) 六樹会編刊『岡野敬次郎伝』(一九二六年)二〇六～二〇七ページ。
(68) 前掲『大正デモクラシーの時代と貴族院』三八二ページを参照されたい。
(69) 『貴族院委員会議事速記録』二五、二四三ページ
(70) 同、二七六ページ。
(71) 同。
(72) 同。

(73) これについては拙著『大正デモクラシーの時代と貴族院』の第四章「大正七年の貴族院多額納税者議員選挙」を参照されたい。
(74) 『貴族院委員会議事速記録』二五、二七六ページ。
(75) 『三田評論』二八六号（一九二一年五月）、二一〜三ページ。
(76) 前掲『岡野敬次郎伝』、二〇九ページ。
(77) 大正一四年三月二三日付『東京朝日』
(78) 大正一四年三月二三日付『東京日日』。
(79) 『貴族院委員会議事速記録』二五、二九九ページ。
(80) 大正一四年三月二三日付『東京日日』。
(81) 大正一四年三月二三日付『東京日日』。
(82) 江木翼「岡野男最後の発病」（前掲『岡野敬次郎伝』、五二五ページ所収）。
(83) 前掲『岡野敬次郎伝』、二一〇ページ。
(84) 大正一四年三月二五日付『東京日日』。なお、これは正式な委員会の会合ではなく、小委員会のメンバーが院内で新たな事態への対応を協議したということであろう。
(85) 同。
(86) 同。
(87) 同。
(88) 前掲『大日本帝国議会誌』五、八〇二ページ。
(89) 同、八〇三ページ。
(90) 松尾尊兊『普通選挙制度成立史の研究』（岩波書店、一九九五年）、三一八ページ。

第七章　議院法第四〇条の改正
――貴族院の予算審議期間について――

はじめに

貴族院改革の一環として護憲三派内閣は議院法第四〇条の改正を目指した。同内閣は「微温的」と揶揄されながらも第五〇議会で貴族院令の改正に「成功」したが、議院法中改正法律案は廃案に追い込まれた。後継の憲政会単独内閣はこの法案を再度、次の第五一議会に提出した。ところが、それは貴族院の同意を得られず、再度廃案となり、続く第五二議会において議員立法という形でやっと成立した。その法案は三度とも衆議院をほぼ全会一致で通過したのであった。衆議院はなぜ、かくもその成立にこだわったのであろうか。他方、貴族院はなぜそれに反対し続けたのか。前章では貴族院令の改正問題を中心に貴族院改革の政治過程について検討した。それを受けて本章では議院法改正を中心に貴族院改革について検討する。(1)そこで衆議院がこの法案の成立にこだわった理由も自ずと明らかになろう。

さて、議院法とは、言うまでもなく帝国議会の運営に関する一般通則を定めたものであり、日本国憲法下の国会法に相当する。護憲三派内閣すなわち第一次加藤高明内閣が改正しようとしたのは議院法第四〇条であった。すなわち現行の第四〇条に「予算案カ貴族院ニ移サレタル時ハ予算委員ハソノ院ニ於イテ受ケ取リタル日ヨリ二十一日以内ニ審査ヲ終リ議院ニ報告スベシ」の一項を付け加えようとするものである。この時、第四〇条では衆議院の予算審議期間を二一日以内と限っていたのに対し、衆議院の審議案を受け取った貴族院についてはその審議期間が特に定められていたわけではなかった。それゆえに同内閣は、「彼此権衡を得せしむる為」[2]すなわち貴衆両院対等主義の立場より、貴族院予算委員会に同様な予算審議期間を設けようとしたのである。しかしそれは表向きの理由であった。加藤内閣が貴族院予算委員会の審議期間を衆議院と対等に二一日に限ろうとする目的は貴族院の権限そのものを縮小することであった。

憲法第四二条の規定により帝国議会の通常会の会期は三か月である。ほとんどの通常会は一二月に招集された。それは大抵一二月二〇日前後に召集され、年末年始の休会を挟んで一月二〇日前後に再開されることが慣例であった。会計法第七条では「歳入歳出ノ総予算」は「前年ノ帝国議会集会ノ始」に議会に提出されることになっているが、実際に提出されるのは年明けの再開直後であった。予算案は先議権を持つ衆議院の審議を経て二月二〇日前後に貴族院に回付される。貴族院予算委員会は本会議において院の付託を受け、その回付案を政府原案と対照させつつ審議し、三月下旬に予算委員長は審議の結果を本会議に報告し、それを受けて貴族院は本会議で報告案を審議採決する。こうした手順が踏まれ、次年度予算成立の運びとなる。要するに、次年度予算は帝国議会の閉会ぎりぎりに成立することが多かったのである。

ところで、二月末から三月にかけ、予算関連法案や本予算とは別に追加予算案の審議も入ってくるので、貴族院ではこの時期に審議が輻輳することが通例であった。それでも会期延長がなされたのは、第一帝国議会（明治二三年開会）以来第五〇議会開会（大正一三年一二月二六日）までに九回を数えるのみであった[3]。それゆえ年末年始の休会を考慮するならば帝国議会が通常会として実質的に開かれるのは、二か月余りの期間であり、貴衆両院がそれぞれ予算審議に費やす時間はさらに少なかった。

ここで一つ問題が生ずる。衆議院に対し予算を後から審議する貴族院では、会期末を控え予算案や法律案の審議が輻輳する。そのなかで、予算審議の進捗は時の政府の最大関心事であろう。ここに予算案の通過を急ぐ余り、時として政府は貴族院に妥協することすらありうるであろう。要するに貴族院は可処分所得ならぬ「可処分時間」disposable time の消費を調整・コントロールしつつ、歴代の政権を掣肘した。それゆえ、この「可処分時間」消費の調整権はまさしく、院の組織について自己決定権を持ち、解散がない貴族院の、政府・与党および衆議院に対する権力の源泉であった。(4)

ではどのような議論を経て議院法第四〇条は改正されようとしたか。本章では以上のような問題意識に基づき、第五〇議会での審議を中心にこの問題について検討する。基本資料として衆議院事務局編・刊『議院法改正経過概要』を使用する。これはA五判でページ数一三七九という大部のものであり、第一帝国議会（一八九〇年一一月召集）以来第六七議会（一九三五年一二月召集）までの、いくつかの議院法改正を巡る貴衆両院の本会議や委員会での審議の速記録集成ともいうべきものである。それは昭和一一（一九三六）年八月に衆議院事務局によって刊行されたが、公開された本会議・委員会の速記録だけでなく、上程されたが審議に至らなかった改正法案も網羅的に収められている。(5)

一　明治期の改正

まず、予算審査期間をめぐって帝国議会はどのような対応を取ってきたのか。

この問題は実に第一議会以来の問題であった。院議には上らなかったものの、最年少の改進党議員高田早苗（埼玉県選出、後、早稲田大学学長）は、議院法の全面的かつ大幅な改定内容をもつ改正案を明治二三（一八九〇）年一二月一二日、衆議院に提出した。ここで高田は現行の第四〇条に「但し時宜により議院の許諾を経て其日限を延ばすことを得」[6]との条文を追加し、藩閥政府が意図した審議期間を必要に応じて各議院がそれを延長できる可能性を確保しようとしたのである。その他、勅選による議長の実質的な決定権を議院の側に確保することを目指すなど、議会の権限強化を志すものであった。[7]

第二議会にも高田は四名の議員と連名で同様に全面的な改正案を提出した。それによれば衆議院での予算審議期間を現行の一五日以内から二〇日以内と五日間延長し、第一議会提出案と同様に「但し時宜により議院の許諾を経て其日限を延ばすことを得」（高田案三八条）としている。[8]この高田以下四名による改正案は明治二四年一二月二日に衆議院に提出され、本会議第一読会で委員会付託となり、委員会は審議した後報告書を作成したが、一二月一二日に衆議院が解散されたため、本会議にそれは報告されないまま議決未了となった。続いて第四議会、第五議会にそれぞれ加藤平四郎（岡山県選出、自由党）や加賀美嘉兵衛（山梨県選出、中立）らにより議院法改正案が衆議院に提出された。前者は院議にも上らず、後者は委員会付託となったが衆議院解散のため、その報告が衆議院本会議でなされなかった。その何れの改正案も衆議院における予算審議期間を現行の一五日より長い二〇日としていた。[9]

日清戦争中の第八議会にも、高田は予算審議期間を二〇日以内とする条項を含む改正案を提出した。[10]開会初日の提出である。それは若干の修正を経て、二八年三月一四日に衆議院を通過し、即日貴族院に送られた。貴族院では三月一八日に第一読会を開き委員会付託を決定して曽我祐準、岡部長職をそれぞれ委員長、副委員長とする委員会が組織されたが、その委員会は開会されなかったようである。同議会は三月二七日に閉会しており、委員会の組織は会期を余すところ九日のことであった。会期末とはいえ、一度も委員会が開催されなかったその理由は明らかではない。

なお、政府は第四〇条を含めて議院法の改正には反対であった。政府委員として貴族院本会議に出席した内務次官・松岡康毅は、現行法でも衆議院での予算審議は長引くので「貴族院が予算案に対して十分調べをすると云ふ期間の在つたことは数度のうちで甚だ少ない……尚改正して斯う云ふことにうなりまするると予算と云ふものは衆議院の持ち切り見たやうになりまして貴族院は愈々之を議すると云ふ時間を少なくせられると云ふことは免れない[11]」と述べ、改正に難色を示した。彼自身明治二四年一二月以来勅選議員として貴族院の構成員であった。この法案成立により時間的に貴族院の予算審議は十分でない、衆議院の審議期間が増える反面、会期末での貴族院のそれがますます少なくならざるをえないと、おそらく彼は自らの体験を踏まえつつ指摘したのであろう。

それにしても、藩閥政府の予算をチェックする民党に対し、貴族院は短期間で予算案を通して来たことが、この松岡の発言からも伺える。因みに、初期議会において民党が政府に抵抗し予算審議が難航すればするほど衆議院の予算審議に要する時間が増え、その分貴族院の予算審議時間は縮小される。よく知られているように、第一議会における貴族院の衆議院から送付された査定案の審議期間は実質的に五日間に制限されてしまったのである。以来、三曜会や懇話会を中心に貴族院の予算審議が有名無実化することを恐れ、まとまった審議時間すなわち衆議院と対等な審議時間を要求する雰囲気が醸成されていったようでもあった[12]。他方、改進党すなわち民党に属する高田は、議院法第四〇条を改正することで、民党側の「可処分時間」管理権の強化を目指そうとしたのである。実現すれば、少なくとも民党側にとってその政治的効用は小さくなかった。

続いて高田が議院法改正案を提出したのは、内閣が替わって松方内閣の下で召集された第一〇議会である。高田は第一議会における提案趣旨説明で「行われ易きことを期し……如何にしても変へなければならぬものだけ前に列べました訳でござります[13]」と述べる。なるほど先の第八議会のそれよりもさらに厳選されたようである。そうした改正案のなかに引き続き予算審査期間を二〇日とする第四〇条の修正も、また含まれていた。

今回の改正案は議会が再開された一月二七日に衆議院に提出され、三月二日に委員会付託となり、八日委員会報告を受け、一三日本会議は委員会案を可決し、貴族院に同改正案を送付した。さて貴族院はこれを三月一八日の本会議で委員会付託とした。委員長は岡部長職、副委員長は三浦安である。三月二四日、三浦は委員会席上、憲法付属の法律である議院法の改正を軽々しく行うべきではない、いまだ議会は一〇回を数えるのみであって改正は時期尚早であると述べ[14]、改正に反対した。結局委員会は改正を否決すべきとの報告を採択した。二七日に閉院式が執り行われたが、その報告書が貴族院本会議で院議に付せられることなく、高田案は廃案となった。

ところで第一〇議会において、政府は高田案に対し、いかなる態度を取ったか。従前の内閣と同様に総じて改正に消極的ではあったが、法制局長官・神鞭知常は三月五日の衆議院特別委員会での逐条審議の折に「賛成することを躊躇せす」「政府は不同意にあらす」「政府は同意なり」[15]など賛意を表す発言が少なくなかった。神鞭はこの時、落選中の元衆議院議員（京都府選出）で、反藩閥政府の対外硬派の人物として知られていた。第二次松方内閣の法制局長官に彼が就任した経緯は明らかでないが、少なくとも内閣の一員として、神鞭は提携する与党進歩党が成立を目指す議院法改正案に対して好意的であった。

彼は、その第四〇条について「本条改正の一大理由は議会開期の始に正月休日の介在することなり。然るに議会の開期は目下改正の議ありてたぶん実行せらるへしと信するか故に従つて本状の改正は必要なきにいたらん」[16]と、改正不要論をとった。彼は高田に対し、審査期間を一五日としているのは会期三か月に対するものであるが、これを二〇日と改めるとしても「正月の休日その間に介在するものとすれは改正の効少なしと思ふ如何」問いかけた[17]。これに対し高田は「正月休日」が使えなくても五日間の延長は審査上の便宜であり、それは「同日の談にあらす」と、それが衆議院の予算案審査にとっての効用は大きいと反論した[18]。

続く第一一・一二議会には議院法改正案が提出されることはなかったが、第一三議会に政府による改正案が提出された。地租増徴を含む増税案の成立をはかる山県内閣は、他方で議員歳費増額のため、議院法第一九条の改正を目指した。すなわち現行の議長の歳費四〇〇〇円、副議長の歳費二〇〇〇円、議員歳費八〇〇円をそれぞれ五〇〇〇円、三〇〇〇円、二〇〇〇円と改定するものであった[19]。特に一般議員の歳費は二・五倍増である。これをめぐり貴衆両院の特別委員会の審議は紛糾したが、結局明治三二年三月八日にこの議院法改正案は可決成立した。ちなみに、衆議院の一部での反発は根強く、続く一四議会に憲政本党を中心とする反対派議員から、歳費を元に戻す議院法改正案が衆議院に提出されたほどである[20]。

その後一六議会に政府答弁の厳格な実施を意図した議院法改正案が菅野善右衛門から提出され、衆議院は通過したが、貴族院で否決された。続く一七議会（明治三五・一二・九開会）に政友会の松田正久や大岡育造らにより、予算審議期間を三〇日に延長する第四〇条の改正案が開会早々の衆議院に提出されたが、一二月二九日に議会が解散されたことにより審議未了となった。この時、桂内閣は山県内閣以来の地租増徴の継続を目指した法律案を衆議院に提出していた。衆議院解散はこの継続案が衆議院で採決される直前のことである。これに反対する政友会の松田らによる議院法改正案の提出は、それへの対抗措置であった。同じく反対の憲政本党と共に地租増徴継続反対をめぐる院内での共闘を目指しての措置でもあったと考えられる。解散はこうした政党勢力への桂内閣のさらなる対抗措置であった。

議院法改正が議会で再び問題となったのは日露戦争後のことである。明治三八（一九〇五）年一二月二一日、第二二議会開会を前に桂内閣が総辞職し、明けて一月七日、第一次西園寺内閣が成立した。政友会内閣である。この内閣の下で開催された第二二議会に、政友会の藤金作（福岡県選出）らから議院法中改正法律案が衆議院に提出された。この法案は松田らによる先の改正案と同様、第一六議会およびそれ以前の改正案と比べ極めて単純であった。すなわちそれは「議院法中左の通り改正す。第四〇条中『一五日』を『二一日』に改む[21]」の二行だけである。

議会が終盤にさしかかった二月二七日、藤はこの法案を提出し、翌三月三日第一読会でその提案理由を説明している。彼は、第一議会に提出された予算と比べ今日の予算は巨額である、しかるに一五日では十分予算審査の権能を尽くすことができない、「是非とも本期では実は三〇日にも延べたいと云う希望でありましたけれども、貴族院との釣合を考えまして、二一日に修正いたすのでございます」[22]と述べた。

ここに二一日とする根拠は何か。そもそも藤は周到な準備をした上で、この法案を衆議会に提出したのである。彼は綿密な調査を踏まえ、審議時間二一日を引き出した。彼は、明治二四年から三九年にかけての一五年間を四期に分け、各期を単位とした総予算（今日の一般会計）の変遷や同じく租税収入の変遷、及び第九、第一六、第二二議会における衆議院予算委員会の開会の回数と当該委員会の審議時間数一覧など一二点の詳細な参考資料を作成し、法案付属資料として本会議に提出したのである。[23]その第一二番目の資料が「貴族院予算審査日数」であり、第一五、一六及び二二議会における審査期間と日数とを一覧表にしたものである。

それによれば、第一五、一六議会における貴族院予算審査日数がともに二一日、開会中の二二議会については二〇日である。それを踏まえて藤は続ける。「貴族院も丁度一五議会から一六議会までは矢張り二一日になつて、本期の議会だけが二〇日になつて居ります」[24]と。彼は一五、一六議会における貴族院の審査日数と比べつつ、審査途中の第二二議会ではすでに二〇日を数えていることを踏まえ、対等な審査日数として二一日を貴族院に要求した。藤にしてみれば、今期議会において貴族院は少なくとも二一日以上の審査期間を要するに違いなかったのである。

ところで、予算審議の期間について、貴族院は衆議院と異なり、特別な制約があるわけではなかった。しかし、貴族院は成り行きのまま、時間的な制約なしに予算審議ができるわけではない。明治二四年二月に貴族院規則の付属規程として定められた「予算案議定細則」第二条には「議院ハ予算審査報告ノ期限ヲ定メ予算案ヲ予算委員ニ付託スヘシ」とある。議会のたびに貴族院は予算委員会の予算審議期限をその都度決めたのである。例えば、政府提出の明治三九年度予算案は、第一「明治三九年度歳入歳出総予算案並明治三九年度各特別会計歳入歳出予算案」以下七件からなっていた。衆議院から第一から第七の予算案の回付を受けた貴族院では、二月一四日の本会議で、予算委員長の正親町実正（伯爵、研究会）が「此第一より第七全体の予算審査期限は本日より二十日間、即ち来る三月五日中に審査報告を致したいと云ふ考えであります」[25]と、予算委員会による明治三九年度予算案の審議期間に関する動議を出し、賛成多数でその審議期間は二〇日と定められた。右の藤の発言にあった、「二〇日になつて居ります」はこれを踏まえてのことである。

さて、藤の問題提起に対する政府側の対応はどうであったか。三月九日、特別委員会の求めに応じて政府委員としてその委員会の審議会に出席した法制局長官・岡野敬次郎は次のように述べた。従来政府は憲法付属の法律を改正しないという方針を採ってきたし、予算は各省にまたがる広範なものであるから政府委員総出で、その分平生の事務にも影響があったが、「予算も段々浩瀚になりまして一五日では多少短きに失するかの疑もありますし、又単に六日だけ延ばすと云ふことでは格別えらい影響はないかと思われますので、政府においても本案に同意するに躊躇しない考であります」[26]と。岡野はこのように藤案に同意する意向を明らかにした。こうして藤案は衆議院を通過し、即日貴族院に送られた。

貴族院は三月一六日平松時厚（伯爵、旧公卿、研究会）を委員長とする九名の委員を指名し、この法案の審議を開始した。委員会の構成は次の通りである。

子爵　平松時厚（研究会）　子爵　鍋島直虎（研究会）　三浦安（勅選、無所属）
古沢滋（勅選、茶話会）　男爵　実吉安純（勅選、無所属）　男爵　二条正麿（木曜会）
中島永元（勅選、土曜会）　児玉淳一郎（純無）　宮本谷蔵（多額、無所属）

この特別委員会は三月二二日に第一回の会議を開いた。この時、岡野は政府委員として出席し、衆議院で述べたと同様な理由で六日間の審議延長は「当然」とし、大蔵省とも協議の上政府としてこれに同意する、と述べている[27]。これに対し、児玉淳一郎は憲法付属の法令なるが故にその改正には慎重でなければならず、「僅かな理由」で改正するのは「将来に悪例を貽す」として反対した(28)。続いて以前から議院法改正に反対の姿勢をとり続けてきた三浦安は、今度は会期が六日延長されると、両院意見不一致が生じた場合、両院協議会を開く時間も確保できない、と反対した(29)。この委員会では児玉（純無）、三浦（無所属）、古沢（茶話会）の三名が反対を表明したが、結局採決の結果、否決された。六名の委員が反対した(30)。賛成者は反藩閥の会派土曜会の中島と研究会の鍋島のふたりであったであろう。研究会に影響力を持つ桂系官僚勢力の支持もあってか、研究会は藤＝政友会案に好意的であった。ちなみに本会議では研究会所属の菊池大麓は賛成演説をしている。

特別委員会は否決したが、本会議で事態が反転した。すなわち三月二四日にその結果が平松委員長により貴族院本会議に報告されるや、研究会所属の勅選議員菊池大麓は原案支持を表明した。彼は次のように述べる。すなわち、憲法付属の法律だからといって「一切改正なし」ということではないし、貴族院でも審査機関が「大概近頃毎年の例として三週間と云ふことになつて居るのでありまする……衆議院に於いて十五日のものを二十一日とするとすると云ふことは是は無理のない改正である……どうぞ諸君に置かれましても委員の決議に反対して原案をご賛成あらんことを希望いたします」(31)。菊池に続き特別委員である中島永元が委員会と同様原案賛成の論陣をはった。こうして一転、貴族院本会議は衆議院原案を可決したのであった。

以上のような経緯で衆議院の予算審査期間は六日間延長され、二一日となった。それからほぼ二〇年たち、貴族院改革の一環として今度は衆議院と同様に貴族院にも予算審査期間が設けられようとしていた。

二　両院均衡

第一次加藤内閣による議院法の改正案が貴族院令の改正案と共に枢密院での審議に付され、貴革関連法令案審査小委員長の穂積陳重顧問官から枢密会議に報告があったのは、開会中の第五〇議会が終盤にさしかかった大正一四（一九二五）年三月九日である。

　この日、穂積は次のように報告した。まず政府の提案理由について「議院法の現行規定に於ては政府より予算案を衆議院に提出したるときは予算委員は其の院に於て受け取りたる日より二十一日以内の審査を終り議院に報告すへきことを定めたるも、貴族院に於て予算案の審査するの日限に付ては何等の定を設けす其結果両院の間に権衡を失するの嫌あるのみならす貴族院に於て予算案の審査を遅延して実際の支障を生するの虞なきにあらさるか故に本案を以て予算案か貴族院に移されたるときは予算委員は其の院に於て受け取りたる日より同しく二十一日以内に審査を終り議院に報告すへき旨の条項を追加し之を今期の帝国議会に提出せんとするなり(32)」と、両院均衡と審査遅延による〈支障を生するの虞〉除去が今回の議院法四〇条改正の理由であると明言する。続いて彼は今回の程度の貴族院令の改正は「当面諸般の情勢に照らし」て「已むを得さる所(33)」であるとする一方、「議院法中改正法律案は両院の間に権衡を保ち事宜に適せしむるの趣旨に於て別に支障なきものと思料す(34)」と、〈支障を生するの虞〉を問題にすることはなかったが、議院法第四〇条の改正は両院均衡という点で事宜に適した措置であるとした。

　この改正案が帝国議会に提出されたのは翌一〇日である。まずそれは貴族院に貴族院令改正案等共に、すなわちいわゆる貴族院改革関連法令案の一つとして提出された。従ってこの議院法改正案は貴族院先議であった。貴族院本会議では一通りの質疑応答の終了の後、下記の二七名から成る特別委員会に三本の貴族院改革法令案が一括して付託された。この二七名を会派別に示した特別委員会委員一覧は前章第五

写真５　阪谷芳郎

出典：阪谷家蔵

節「貴族院での審議」に掲げた通りである。

さて、この委員会は数日間にわたり議論を展開したが、三月二五日に委員会案を本会議で報告している。この委員会での議論の大半は構成員に関することや貴族院令改正の是非をめぐるものであった。議院法改正については特に阪谷芳郎が強硬に反対した。

彼が所属し指導する公正会は、政府が貴族院改革関連法令案を提出することが大いに予想された第五〇議会再開を目前に、六項目をあげ貴族院改革に反対するを決議をしたが、その第三項目に「議院法そのほかの改正はよって貴族院の権限を縮小することをなさしめないこと」[35]を挙げ、議院法第四〇条の改正は貴族院の権限縮小であると指摘していた。かかる認識は政府側にも共通するものであったであろう。ちなみに、閣内に設置された貴族院改革委員会に補助委員として加った内務省土木局長・堀切善次郎は、大正一四年五月、高等警察講習会において、貴族院の予算審議期間の改正で「貴族院の方が衆議院よりも有利な状態にあったものが一つ直され」ることになる、との認識を示している[36]。

さて三月一八日阪谷は特別委員会席上で次のように述べた。「貴族院の予算の審査は法律の審査と相待ちますので、到底二一日とか何日とか限ることはできない、……今度これを限ることになりますと如何にも法律が例えば貴族院に廻つたのが衆議院に又戻して協議会でも開かなければならぬやうな場合になつて来るとなかなか日数が掛かつて、それが為に予算の審査を結了することが出来ないやうなことが起こるやうに思ふ、それで立法上の便利から申せば、貴族院の審査期限を限らぬ方が政府も貴族院も大変便利であるのでありますが、然るに之を限らねばならぬと云う理由は何処にあるのであるか、帝国議会として上下両院を通じてみると、何だか政府から権限を縮小されるやうに見える、……此の度はなんでも二十一日以内にやれと云ふことは従来の権限を縮小されるやうに見えるのであります」[37]。このように彼は予算関連法案をめぐって貴族院・衆議院が両院協議会など開いて調整していると時間が足りず予算案を慎重に審査ができない、として政府案に反対するのであった。このような認識がこの時の貴族院の大勢を占めていた。

これに対し政府委員としてこの会議に臨んだ江木翼内閣書記官長は、予算の審査期限というものは議院法が規定するところではなく、当初の議会では衆議院がほとんど会期の僅か二、三日を残して予算を審議していた、その後「二週間と云う立法が出来たかと記憶いたして居ります」[38]としつつ次のように述べ、予算審議期間については事実上両院が同じであり、それを法律上制度化することは政府にとっても都合がよい、と続ける。すなわち彼は続けて言う、今日では予算審議とそれにかかわる法律の審議は「相追随を致して居ります……今期議会に於きましても既に予算に伴ふたる所の法律案の如きは全て委員会等の議了が済み又本会議に於ても早く既に済んだものもありまするし、大体は全部議了になって居るかと思はれるのであります。斯くの如き次第でありまするから略々両院相均衡を得せしむる為に、また政府の方の都合から見ましてもなるべく早く予算が議了せられ、そうして予算に伴ふたる所の勅令其の他の準備をすることが出来ますれば、非常なる便宜を得る次第なのであります」[39]と。

それにしても内閣書記官長自身、議院法について理解が不十分である。江木は当初衆議院の予算審議には期限が設けられておらず、その後立法措置によって「二週間」という期間が設けられたと述べているが、それは明らかに誤りである。制定当初から議院法第四〇条に一五日と明記されている。このことは既に述べた。江木が問題とするのは現実において既定の両院の予算審議期間がそれぞれ二一日であるということであり、法的根拠を持たない貴族院にもそれを与えようということである。しかし、法的根拠を与えることはまた法的制限を設定することでもある。すなわち、慣例上成立していた審議期間を法的期間として明示しようとするものであった。予算審議における既存の貴衆両院対等を法制化することに加え、貴族院が政府に対し予算を《人質》にする可能性を制限するものとして、それは《小さからざる》貴族院改革であった。

しかし、このような貴族院に対する政府の姿勢―それはまた憲法の番人を以って任ずる枢密院の姿勢でもあったが、実は、それは立法者の意図とはかけ離れたものであった。後年すなわち議院法第四〇条の改正案が可決成立した第五二議会終了後、貴族院令をはじめ貴族院関連法規や議院法の起草を伊藤博文の下で担当した金子堅太郎は、予算案に関し衆議院の議決を貴族院が尊重することを前提に、貴族院の予算審議には期限を設けなかったと、昭和二（一九二七）年、初期議会を回想しつつ次のように貴族院関係者の会合の席上で語る。

〔予算案は―引用者注〕……最初の精神から言って、衆議院から来たその儘でいいじゃないか、と伊藤〔博文―引用者注〕さんが言われた。ところが最も反対先鋒隊の三浦安、谷干城、山川浩、俗に硬派と当時言って居ったが、それはいかん、我々は憲法上同等の権を持って居るからという論がありましてやかましい。……期限なんということは貴族院には無いのだ。無いのが貴族院で予算を貴族院で議する精神であった。衆議院で人民の代表が予算委員会をして政府と交渉をして十分出来た案を』貴族院に持ってくれば貴族院は『オンブロック《（ママ）》』で可とか否とか決めようというのが憲法制定当時の考えで、この予算議定規則には期限が無い。憲法にも無ければ議院法にも無い。貴族院令にも無い。従って予算細則にも無い。それも憲法制定の精神も然らず。唯それが貴族院に無いから期限を付けなければならぬという事は衆議院は憲法制定の趣旨に対しては権力を殺がれたことになる。明文には無いけれども精神はそこに在って、大変衆議院を尊重したのであった。その精神を善意に解せずして、一時の感情から悪意に解して貴族院も三週間と決められた、同等の権利にされたけれども憲法制定の精神に背く、背くのみならず議会に於いて衆議院と貴族院の予算に関する問題に付いては我々の制定の当初から、貴族院というものは期限などで議するものでない(40)」

要は、衆議院に対し予算審議の期限をつけなかったのは、予算に関しては貴族院より衆議院が優位にあり、貴族院の衆議院に対する自制を前提とした、と金子は言うのである。金子の言う通りとすれば、両院対等主義に凝り固まった貴族院の硬派や衆議院に柔軟に対応しなかった貴族院そのものが法的にも予算審議期間を設定されるという墓穴を自ら掘ってしまったのであろう。

さて、両院対等主義の立場から、初期議会以来、貴族院は予算審議に臨んできた。今度は同じく両院対等主義の立場から、貴族院は政党内閣によって予算審議期間を法的に制限されようとしているのである。これに対し、先に挙げた貴族院特別委員会はそれを甘受する代わりに、「但し已むことを得さる事由ある時は貴族院は議決を以て之を延長することを得」との文言を但書きとして改正案に盛ることとし、さらにそれも特別委員のひとり松本烝治の提案によりその延長できる期間は七日以内とした。

この委員会案は委員会で了承された後ただちに本会議にかけられた。そこでは男爵中川良長が更に一週間の「優越なる審議期間を有するということは、是は貴族院が衆議院に向かつての大なる侮辱である」[41]と、貴族院による修正に反対した。彼は数年来貴族院にあって貴族院改革運動を進めてきた数少ない改革派の一人であった。しかし、結局、多勢に無勢、委員会案が議決され、この修正案は即日衆議院に送られた。

三月二五日、これを受け衆議院は議事日程を変更し、同院本会議は貴族院送付案の審議を開始した。この法案を審議する特別委員会は小山松寿（憲政会、愛知県選出）以下一八名から構成された。同日開かれたこの委員会で、冒頭、政友本党の松田源治が発言し、貴族院の修正に対し同意するのかどうか政府の基本姿勢を質した。これに対し江木は「同意はいたしませぬ」[42]と、きっぱり答えている。

この政府の姿勢に関する確認を受け、委員会は一週間の審議期間の延長の必要性について議論が集中したが、政友会の山崎達之助（福岡県選出）は、貴族院における阪谷の発言を踏まえ、「最近数年の実情を見ますと予算関係の法律案が必ずしも予算案と同時に提出されて居ない、よほど遅れて提出されるやうな場合があるのであります……予算関係の法律案の提出については……今後厳重に御取締になつて予算と同時に法律案も提出すると云ふ御方針を御執りになつて居ると信じますが……」[43]と、政府も予算関係法案は予算案と一緒に衆議院に提出する必要があるが、これが守られないところに貴族院において審議期間延長論が出てくる、と政府を追及した。これに対し江木は「従来の慣例通に成るべく遵守したい」[44]と答えるにとどまった。

その後、松田が政府の姿勢を追及したが、東武（政友会、北海道選出）は「貴族院に対して従来期間のなかつたのを期間を設けた云う事が極めて重要な意義を持つと考へる、この貴革全体を総合した改革の中に於いて、吾々は此の期間を設けたと云ふことが、実に骨子と考えて居る」[45]と述べ、さらに貴族院の予算審議期間が租税その他を負担する国民を代表する衆議院と同じ二一日である必要は無い、「二週間ぐらいに短縮しても可なり」と平素考えているくらいなのだが、ここに来て「衆議院以上に七日の延長を加へるとは不当も甚だしい」[46]と断じ、貴族院が付した但書きを削除する修正動議を提出した。直ちに横山金太郎（憲政会、広島県選出）がこれに賛意を表明したが、野党である憲政本党の松田は党議が定まっていないという理由で態度を留保した。しかし、採決の結果、賛成多数で東の修正動議は採択された。これを受け、衆議院は再度議事日程の変更を行い、先の第一読会を再開した。衆議院は、小松特別委員会委員長の報告の後、第二読会を開き、第三読会を省略して特別委員会報告の通り、再修正案を可決したのである。

明けて翌二六日、回付を受けた貴族院は回付案を本会議での審議に付したが、研究会の八条隆正が不同意を表明した。直ちに採決の結果、貴族院は不同意と決し、同院は衆議院に両院協議会の開催を求めた。

三　両院協議会

両院協議会が開かれたのは、三月二七・二八日の二日にわたってである。丁度このころ普選法案をめぐり両院は鋭く対立し、同じように両院協議会が開かれようとしていた。

議院法改正案をめぐる両院協議会委員は次の通りである。

貴族院

侯爵佐佐木行忠〔純無〕、（議長）伯爵堀田正恒〔研究会〕、子爵牧野忠篤〔研究会〕、子爵前田利定〔研究会〕、（副議長）岡野敬次郎〔交友倶楽部〕、石塚英蔵〔茶話会〕、男爵藤村義朗〔公正会〕、松本烝治〔純無〕、西久保弘道〔同成会〕、佐竹三吾〔研究会〕

衆議院

東武〔政友会〕、岩崎勲〔政友会〕、林田亀太郎〔革新倶楽部〕、野村嘉六〔憲政会〕山崎達之輔〔政友会〕、（議長）武藤金吉〔政友会〕、田中善立〔憲政会〕、小山松寿〔憲政会〕、（副議長）横山金太郎〔憲政会〕、作間耕逸〔憲政会〕

両院の両院協議会委員からそれぞれ議長、副議長が選出されているが、これは事前にそれぞれの議長、副議長を選んでおき、開催した両院協議会において交代でその議長を務めるためである。委員がそれぞれが所属する院の意向に拘束される時、議長を出した側が採決の時不利になることは言うまでもない。

ところで、議院法をめぐるこの両院協議会ではそれぞれの議院での議論が繰り返された。特に貴族院側から同院における予算審議が長引いた事実やその理由について具体的な意見が相ついで述べられた。まず、岡野は「突発の事柄」のため予算審査に直ぐに移られないことがあったと、次のように述べる。「例えば予算総会、分科に移る前に於いて、随分近年は相当に貴族院に於いてもご承知のごとく予算に直接関係の無い事柄でも、政府に対して質問すると云うことが中々ある、これが為に数日を費やす、例えば……満鉄事件―満鉄事件は確か私の記憶に依れば予算総会で質問が起こった、是は相当長く時を費やしたと私は思って居る、さう云ったやうなことが起ると、自然所謂分科に移す時が遅れることになりまして、而して又予算の審査が十分に精細なることを得ないと云ふやふな虞もある」(47)。

また岡野に続き、前田は三月二五日の衆議院特別委員会での東の発言を踏まえて次のように述べ、さらに自らが予算委員長であった第四四、四五及び四五議会において貴族院の予算審議が長引いた事由に関して以下のように語る。

近頃に起きまして審査期限の延長と云うことが時折ございますが、以前に於きましてはほとんど二一日で以って審査が満了しておりましたことが多いのでございます、是は過去の統計を見ますと明らかになっております。近来此数年以来時々ございます、其最も日数の是まで多うございましたのが第四四議会、第四五議会、第四六議会でありまして、是は私が委員長になっておりました時でございまして、時恰も原内閣から高橋内閣に亙っております、第四四議会に於きましては一〇日間、第四五議会於きましては一二日間、第四六議会に於きましては七日間、二一日よりもそれだけ超過して居ります、是は必ず東君に於いてもご記憶でございませうと考えて居りますが、一度は例の学校の昇格問題、一度は今岡野博士が述べられました満鉄事件で、綱紀粛正のやかましい議論が予算会にございました、それから四四議会はなんでございましたか、一寸今胸に浮かびませぬのでございますが、やはり兎に角やかましい問題がございまして、此の問題と並行して予算会が開けて居りましたが為に時々予算会を開くことが不可能の場合が多かったのであります、殊に綱紀粛正に付きましては予算委員の希望もありまして、満鉄事件の調査を要求したと云うやうなこともありました、その調書の編纂に時日を要しましたと云うことでもございます。昇格問題の如きも左様でありまして是は中々貴族院ではやかましい問題でありまして、どうしても並行して開いて居りますと云うと予算会の審査が殆ど議会の会期だけでは足りないような、情勢が見えましたようなことで、左様な次第で昇格問題の方を先に致しまして、予算は後回しとしたと云うようなこともございました。左様な次第で斯様に一〇日間或は一二日間延ばしましたことは甚だ遺憾でありましたが、当時の事情左様にいたしませぬければ予算を不成立ならしめるやうな懸念があったために予算をなるべく成立させたいと云う所から、已むを得ず期限を延長いたしましたのであります(48)

なるほど前田が言うように、第四四、四五、四六議会は共に貴族院を中心に議会は大荒れであった。原内閣下での第四四議会（大正九・一二・二七～一〇・三・二六）では、高等工業学校、高等師範学校など五校の大学昇格に関する中橋文相の発言をめぐって貴族院の反政友会勢力が反発、文相不信任の意味を持つと考えられた文教粛正決議案が貴族院に提出された。さらに学校関係者ばかりか、東京・赤坂で貴族院督励内閣弾劾国民大会が開かれるなど院外にまでこの問題が飛び火した。

続く第四五議会（大正一〇・一二・二六～一一・三・二五）は、原の横死を受け成立した高橋内閣の下で開催された。野党憲政会や国民党による強い普選要求を受け、政友会を二分する内紛を抱え指導力を問われた高橋首相に対する貴族院野党の攻撃は厳しかった。会期末に貴族院与党の研究会主導による綱紀粛正建議が採択されることで、高橋内閣は急場を凌いだ。第四六議会（大正一一・一二・二七に召集）は、加藤友三郎内閣の下で召集された。この議会では、日支郵便条約に関し枢密院が政府弾劾の上奏案を可決したことに端を発する対中国外交問題が貴衆両院で取り上げられ、貴族院では対外国策樹立の必要性をうたった建議案を超党派で可決することで、政府は辛くも窮地を脱したのである(49)。かかる貴族院予算委員会における公正会など貴族院野党の追及のため、四四議会、四五議会、四六議会は二一日以内とされた予算審議期間をそれぞれ一〇日、一二日、七日超過してしまった。

ここに貴族院予算委員会が衆議院から回付された予算案を受け取った日時は明らかでないが、前田によればそれから各議会の貴族院においてそれぞれ三一日、三三日、二八日という時間が予算委員会の審議に費やされた。では、前田が言う貴族院予算委員会の審議期間二一日という根拠はどこにあるのか。明治二四（一八九一）年に貴族院規則の付属規則として制定された予算案議定細則第二条に「議院ハ予算審査報告ノ期限ヲ定メ予算案ヲ予算委員ニ付託スヘシ」とあり、貴族院では議会ごとに予算委員会による予算案の審査期限が定められた。この時、貴族院では衆議院と審議期限を同じとし、以後それが踏襲され、慣例として定着したものと思われる(50)。

ところで、二八日、佐竹が、貴族院事務局と衆議院での議院法特別委員会委員長の小山からそれぞれ提供された資料をもとに、上記三議会での予算審議の延べ時間を割り出した。以下はそれに関する佐竹の発言内容(51)を表にしたものである。この三つの議会における予算審議時間は貴族院が衆議院を三〇時間以上超過している。そのことがそれぞれの議会の予算審議期間の延長をもたらしたと考えられる。

表５　第44～46議会における予算審議時間の比較

	貴族院	衆議院	差分
第44議会	161時間41分	106時間20分	55時間21分
第45議会	142時間56分	109時間45分	33時間11分
第46議会	166時間6分	127時間16分	38時間50分

出典：上記の佐竹三吾の発言をもとに筆者が作成

この日、こうした事実を踏まえつつ林田は、かかる審議時間の差分を一週間と見立て、衆議院に貴族院のような「一週間だけの余裕」を求めると会期の終了までには予算を成立させることは「甚だ困難になりはしないか」と、貴族院側に迫った(52)。これに対し先ほど四四～四六議会の予算審議時間について具体的な数字を提供した佐竹は、後のことを考えて衆議院は審議期間に制限を設けることは「絶対的に必要である」が、貴族院においては「それ程必要はないのである」、「大体に於て二、三の非常に延びた例外」はあるが、今までどおりにしておいても何等不都合は無く、貴族院案に対する衆議院の修正は不適当である、と反論した(53)。

佐竹の反対論を最後に議論が尽き、武藤議長の下で採決が行われた。その結果、一〇対九で貴族院案が採択された。この日は衆議院側が議長であり、彼はその採択に加わらなかったからである。

この日すなわち三月二八日、貴族院、衆議院でそれぞれ本会議が開かれ、両院協議会の結果がそれぞれ報告された。貴族院では中川が二五日と同様に両院協議会案に異論を唱えたが、採決の結果協議会案が採択され、直ちに衆議院に送られた。しかし、衆議院では小山、松田の両院協議会委員や浜田国松がそれぞれ協議会案に対し反対の旨の発言があり、衆議院は協議会の成案を否とした。こうして、第五〇議会における議院法第四〇条の改正は不可能となった。

四　継続する貴族院改革

議院法第四〇条に但書きを付け、その但書きに貴族院の予算案審査期間を明記することで貴族院の予算案審査期間を衆議院のそれと同一にしようとする、第五〇議会での活動は、その後も貴衆両院の有志議員により継続された。大正一四（一九二五）年九月、貴族院の柳原義光（伯爵議員）、同二荒芳徳（同）、衆議院の山口義一（政友会）、有馬頼寧（政友会、後、伯爵）、横山勝太郎（憲政会）、鳩山一郎（政友本党）、林田亀太郎（革新倶楽部）ら政治家そして占部百太郎（慶應義塾大学教授）、五来欣造（早稲田大学教授）、野村淳治（京都大学教授）ら学者と何人かの新聞記者によって貴族院改革期成会が組織された。彼らは九月二二日、華族会館に集合し、「前議会に於ける貴族院改革は吾人の企図したる改革の一階梯たるに過ぎず」(54)とする声明を発し、二八日の総会で貴族院の予算審議期間を衆議院と同等にするという項目を含む五項目を採択した。(55)この中には、貴族院の組織を法律を持って定めること、公侯爵議員の世襲化の廃止、多額納税者議員の廃止とそれに代わる公選議員の新設がうたわれている。その何れも以前から議論となっているものの、第五〇議会では実現されなかった事項である。彼らに七月の男爵議員選挙で互選されなかった中川良長が加わり、貴族院改革期成会はより徹底した貴族院改革の必要性を訴えたが、その動向はしばしば新聞で報じられた。

ところで、第五〇議会が終了して以降は、貴族院改革の動きは憲政会から政友会へとその主導権が移った。続く第五一議会では政友会に促された格好で、若槻憲政党内閣が、議院法第四〇条の改正案を議会に提出した。すなわち第五一議会再開早々の大正一五（一九二六）年一月二二日、政友会側は武藤金吉以下一九名の連名で議院法中改正案を衆議院に提出した。そして、加藤高明の突然の死を受け首相となった若槻礼次郎の内閣は、二月一〇日、武藤らと全く同じ法律案を同じく衆議院に提出した。面子の故であろうか。それは、「普選」と共に「貴革」の実現を掲げて政権を獲得した憲政党による単独内閣の宿命であった。ちなみに、二月一六日の衆議院本会議で、政友会側の貴族院改革運動のリーダーのひとり黒住成章（北海道選出）は、「這般の枝葉末節の改正[56]」と前年の貴族院令の改正をこきおろしたが、これに対して若槻首相は、「貴族院改善[57]」は議院法の改正で一段落すると応じた。政友会に対抗する形で前年度と全く同じ議院法の改正案を衆議院に提出した若槻内閣であったが、当該法案の成立によって「貴革」を終らせたい姿勢が鮮明であった。

ともあれ前議会で廃案となった法案と全く同一の法案が議員の側から次の議会に、そしてそれに対抗するかのように、政府から全く同様の法案が同じく次の議会に、しかも序盤と中盤という時間的な違いがあるとはいえ、同じ議会にほぼ同時期に提出されたのである。前代未聞の椿事であった。議員側の共同提案者のひとりであり、前年三月の貴族院令改正後における貴族院改革運動の中心的人物であった山口義一（大阪府選出）は、政府と議員が「同時」に同様な法律案を提出したからと言って、政府案を残し、政友会案即ち議員から出した案を引込めようとするのは、議院自らが己の権能を軽んずることになるので、議員提出案を撤回することはできない[58]、と主張した。

写真６　山口義一

出典：犬養内閣編集所編『犬養内閣』（1932年）より

さて、山口はこの本会議で以下のように提案理由について述べた[59]。「衆議院の内外は一段と緊張味を呈し」傍聴席は満員であった[60]。長文にわたるが、大正一四年の貴族院令改正後の貴族院改革運動を主導する山口らが議院法第四〇条改正にかける意欲と主張を遺漏なく披瀝していると思われるので、以下に掲げたい。

本案は昨年第五十議会に於きまして、殆ど満場一致を以て通過致して居りまするので、衆議院が既に決定致して居るのであります、然るに貴族院に於て反対をされましたるが故に、茲に再び上程しなければならぬと云ふことに相成ったのであります、衆議院に於きまして憲法が予算の先議権を認めて居りまするのは、衆議院は国民、殊に租税を負担する所の国民を代表する者であると云ふ点に重きを置いてあるのでございます、然るに此予算先議権に対しては、二十一日と云ふ期間の制限を附せられて居るのである、所が一方に於て貴族院の此予算の審査期間には何等制限を附して居られないのでございます、尚ほ其上に衆議院に於て決定致しましたる予算案に対しましても、貴族院は自由に之を修正致し、又否決する所の権能を持って居るのでございますからして、予算先議権と申しますと云ふと、如何にも衆議院の方は貴族院よりも優先を有して居ると云ふ風に、立派に聞えるのでございますけれども、其実は却て衆議院の方が貴族院の方よりも劣って居るのである、恰も衆議院は貴族院に対して予算の下調べをして居るような観があるのであります、国民を代表する所の貴族院よりも、其権能に於て劣って居ると云ふやうなことは、到底国民の堪へ得る所ではないと私は考へるのであります（拍手）更に又此貴族院の予算審議期間に制限がないと云ふことを宜しいことに致しまして、或は種々なる権略を此間に弄するのであります、即ち議会の会期が終了に間近くなって居りまするとき、一方に於いては重要なる法律案が山積となって居りまするのに、貴族院の予算委員会に於いては悠々と論議を続けて居る、或は故意に議論を引延して、政府をして予算不成立の危険を感ぜしむるのであります、昨年の如きは三月二十四日、議会終了の大詰になって、辛くも此予算案が通過致したと云うふやうな有様で、国民は此貴族院の此横暴なる有様を眼の前に見せ付けられて居るやうな現状であります、故に貴族院と政府との間の関係、貴族院の言ふことを聴いたならば、此予算案は通してやる、貴族院の言ふことを聴かなければ予算案を通してやらないと云ふやうな、斯の如き強迫の態度を執りましたときに、如何なる政府と雖も之に対して頭を下げなければならぬと云ふのは、制度の上に大いなる欠陥があるからである、即ち斯の如き貴族院の挑戦的態度に対しまして、政府が唯々執り得る所の唯一の手段と云ふやうな、廻りくどい方法に依るにあらずんば、此貴族院より挑まれたる戦に対抗することが出来ない訳であるから、如何なる政府も此貴族院の圧迫、強迫に耐へ兼ねて、到頭最後には頭を下げなければならぬと云ふことになる、即ち我国に於て本当の政党内閣制の確立しない所の原因も此所にある、又昨年は護憲運動をやって居ったかと思へば、今年は貴族院の研究会に頭を下げなければならぬと云ふ弱味も此所にあり、弱点も此所にある、即ち此政治の中心が衆議院にあるべくして、却て貴族院の方に傾くと云ふ禍根は此所に在るのでありますから、私は此貴族院の予算審査期間に二十一日の制限を附けると云ふことは、最も合理的なる要求であると信じて居るのであります（拍手）所が去年の此案が貴族院に廻りましたるときに、貴族院に於て反対致しました理由を見ると、薄弱にして取るに足らないことばかりを言って居るのでありります、例へば貴族院に於ては、予算は予算に関係ある所の法律案と並び審議をしなければならない、故に衆議院のように、さう期限を附けられては困る、是は衆議院と同じやうな二十一日には出来ないのである、斯う云ふやうな理窟を附けて居るのでありますけれども、此予算案と予算関係の法律案と一緒に並び審議をしなければならぬと云ふ事情は、衆議院と貴族院との間に少しも異ったる事情ではない、全く同一なる事情である、殊に衆議院の方は先に予算案が上程されるのであるからして、衆議院に於て二十一日間予算委員会に於て質疑応答致して居りまする所の有様を、貴族院に於ては目撃致して居るのであるからして、心ある所の貴族院議員は速記録でも読んで居ったならば、予め予備知識が出来て居るのでありますから、衆議院に於て二十一日に十分審議が出来てしまふと云ふならば、貴族院に於ては私は二十一日要らない、二週間位で十分であると考へるのであります、それから又斯う云ふことを言うて居る、衆議院の方は早くやってしまはないと云ふと先きが支へて居る、貴族院の方で待って居るのである、所が貴族院の方は幾ら早くやっても先きが支へて居ない、第三院と云ふものは無いのであるからして、そんなに急いでやる必要はないと云ふことを言って居るのでありますけれども、是は理由とするに足らない、是は全く責任の観念が如何なるものであるか、政治道徳がどう云ふものであるか知らない人でなければ、斯んなことは言へないのであります、私は斯う云ふ人の言ふことを一々取上げて茲に申上げませぬけれども、要するに取るに足らない所の理由を付けて本案に反対致して居るのであります、反対致して居るのでありますけれども、洵に私は是は貴族院の為に惜しむべきことであると思って居る、此普通選挙の精神と云ふものは何所に在るかと云ふと、要するに国民をして国政参与の実を挙げしめると云ふ所にある、即ち此選挙権の数を無暗に殖す、此選挙権の数ばかりを殖やすと云ふことだけでは、吾々は満足出来ない、即ち三百五十万人の有権者が千二百万人になったとい云ふだけの其分量の点だけでは、吾々は満足することが出来ないのである、即ち選挙権の分量を増加せしめると同時に、選挙権の内容、実質、即ち一票の投票権の其の価値を大きくすると云ふことに向って、吾々は努力をしなければならない、分量のみならず、内容、実質に向って吾々は努力をしなければならぬ、斯の如くにして初めて国民を本位とする所の国政参与の実を挙げることが出来るのでありますが、此投票権の内容を大きくすると云ふことが、此投票権の内容を大きくすると云ふことは、即ち取も直さず此衆議院の権能を大きくすると云ふことに帰著する、一方から考へますと云ふと、即ち此貴族院の権能を小さくすると云ふことに外ならぬのでありますから、普通選挙の本当の精神を徹底せしめんと欲するならば、今後の吾々の努力は即ち此貴族院の改革、即ち貴族院の組織及権限に向って改革を加へなければならぬと私は考へて居るのであります、本案の如きは此大なる理想、貴族院を改革しなければならぬと云ふ大なる理想に向って進むべき所の、ほんの第一歩に過ぎないのである、第一歩でありますけれども、実に貴族院改革に対する本当の第一歩、真に第一歩でございまするからして、此意味に於きまして私は、此本案は洵に重大なる政治的意味を持って居ると思ふのであります、然るに貴族院の諸公は此時代の趨勢を見ることに誠に迂遠でありまして、昨年は此貴族院改革に対して反対された、反対されましたが故に、益々国民の反感を激成したのである、国民は今や貴族院にたいして大いなる不平を持って居るのであります、其不平は津々浦々にまで行渡って居る、此不平と云ふものが単なる不平に止って居ります間はそれで宜しいのでございますけれども、此不平が募り重って参りますと、即ち今度は呪ふと云ふことになるのである、国民が貴族院を呪ふと云ふことに相成るのでありますが、此呪ひの勃発する所、以下に重大なる結果を惹起するかも知れないと云ふことは、是は欧米の歴史が明に吾人示して居るのであります、故に貴族院の諸公に致しましても、国民の間に存する所の大なる不平、之を正しく直視して、公平に眺めて、而して己を空しうして国家の前途を考へましたならば、本案の如き合理的法案に対しては、決して反対は為さるまいと思ふのであります、政府に於ては曩に若槻総理大臣は貴族院改革の問題に付きまして、安藤〔正純―引用者注〕君の質問に対しまして、貴族院改革は一段落、もうやらないのであると云ふことを仰せになったけれども、それから後の星島〔二郎―引用者注〕君の質問に対して、いや予算期間の審査の制限だけはやるのであると云ふことを申された、併しそれに附加へて此期間の制限と云ふことは、是は貴族院の改革ではないのだと云ふことを総理大臣は仰せになった、どう云ふ訳で此事を貴族院改革ではないと云ふことを強弁されたか、私は其真意が何所にあるのかわかりませぬけれども、是が貴族院改革であるかないかと云ふことは、私が此所で兎や角申上げますよりも、若槻総理大臣が三派連立内閣の使命と云ふものはどう云ふものであったかと云ふことを思起こされたならば、はっきり是は分かるのであります（拍手）昨年加藤内閣が、天下に貴族院改革案であるとして発表されました其中に於て、衆議院に上程されましたものは予算の審査期間の制限の外にはない、貴族院改革であると云ふて天下に発表されたるものは、即ち取も直さず是より外にないのであります、然るに一年経たざる今日に於て、白々しくも是は貴族院改革ではないと云ふやうなことは、是は即ち己を欺き、天下を欺くものでございまして、一国の総理大臣として執るべき態度ではないと思ふ、併ながら其精神は何所に在るかしらぬけれども、兎に角表面に現れたる所の此形式に至っては、吾々の主張する所に同意して居られるのであるから、是は多とするのであります、どうか諸君に於かせられましても、満場一致を以て本案に御賛成あらんことを御願する次第であります（拍手）

この二つの法案すなわち政友会案と政府案とが特別委員会で一本化され、全会一致で衆議院を通過した。が、それはまたしても貴族院で否決された。ちなみに、公正会所属の男爵議員池田長康は、特別委員会において、政府は必要ならば会期を延長できるのであるから、その「議会の会期と云ふのが審議期間ではないか」[61]と、政府委員の山川端夫（法制局長官）に詰め寄った。そして、その後の本会議では、本会議は衆議院と貴族院で審議の手段その他においてそれぞれ特徴を持っていることによって二院制の妙用が発揮されるし、予算を伴う法律案すなわち金銭法案は予算案と同時決着しなければならないので、多くの法案が送られる会期末において審議期間が限定されることにより、貴族院のひとつの法案審議にかける「期間」＝時間は短くなる、[62]と池田は議院法改正反対の意見を述べている。かつては研究会に所属し、第二次加藤高明内閣および若槻内閣の準与党的立場にあった研究会とのパイプを持つ池田ではあったが、反研究会の姿勢をとって来た公正会のリーダーのひとりである阪谷と同様、貴族院の実質的な権限の削減を恐れての反対論を展開したのである。

さらに貴族院側は、第五二議会における議院法改正後もなお、〈予算審議〉権を政党内閣と衆議院に対する貴族院の優位性確保の手段としようとした。公正会の井上清純（男爵、大正一四年の通常選挙で初当選）は、三年後「予算上程期に就いて」と題して次のような書簡を阪谷芳郎に宛てて書き送っている。

> 予算案審査期限を定められた精神から見れは、予算は法律案と切離して議定すへきものかとも思はれますが、本法は予算委員の審査期限を定めたもので、貴族院の審査期限を定めたものではない、夫れ故委員長より予算案可決の報告を受けても直ちにこれを上程しなくてはならぬと云ふ事はない筈であります、議長はよろしく先例に従ひ、関係法案の目度〔ママ〕がつく迄、暫く上程を差控へる事が議場の紛糾を防ぎ、併せて将来の好先例を残さる丶事になろうか〔ママ〕存じます、
>
> 井上清純
>
> 右の主旨を議長に御注意あつてはいかがゞであらうとの論議、公正会内に起つて居ります、ご勘考を願ふ、菅原〔通敬―引用者注〕氏等は予算案未了だと、その為譲〔ママ〕税案審査の進行を督促せらる丶事を恐れ、予算は早く可決してしまつて、全力を挙げてその方に進みたいと云ふのでありますが、予算も又、之れ有力なる貴族院の攻道具でありまして、之を政府に与へてしまつては、重大法案否決の影も意味も弱まり、且四月以降適宜会期も延長が出来る為、握りつぶしと云ふことが出来なくなると思ひます、四五日位議長のお手元に御留置き相成様致度、因みに公正会員中譲〔ママ〕税案反対を声明せられた者四十名に上り居ります。[63]

右の書簡において井上は、改正議院法は貴族院の予算審議期間を二一日に制限するものではなく、貴族院予算委員会の審議期間を二一日以内とするものでしかないので、予算委員長の本会議での報告は予算委員会の審議終了から「四、五日位」後でもいいのではないか、今後それを先例化したらどうか、と述べている。要するに、彼は、予算委員会の審議終了からその審査報告の本会議上程までの時間をできるだけ長引かせ、会期末の貴重な時間を空費させることで、〈予算審議時間〉を貴族院の政府に対する「攻道具」とし続けたらどうかと、公正会の領袖である阪谷に申し入れている。

さて、冒頭でもふれたように、第五一議会では前回とは異なり、貴族院特別委員会が改正法律案を否決した。同委員の佐竹三吾（勅選、研究会）は第三回委員会会議の席上「此案は昨年の第五〇議会へ提案になりまして、之に対して貴族院が但書を付して同意を致したのでありますが、併ながら是は当時に於ける政情がよほど関係致して居るのでありまして、当時に於いても審査期間を設けると云ふこと自体を決して適当なりと考えたのではないと思ひます」(64)、と述べ三回にわたった委員会審議での議論を踏まえ、否決すべきことを提案している。先の五〇議会では、審議期間延長を条件に、その期間の上限設定を「甘受」した特別委員会であったが、この議会での特別委員会はそれすら認めず、改正法律案を全会一致で否決したのであった。要するに、貴族院特別委員会は、同一法案に対し、その前年とは全く異なった判断をしたのである。第一議会から第四〇条を含む議院法改正を主張してきた憲政会系の勅選議員高田早苗もその委員会に委員として加わっていたにも拘わらず、である。

しかし、本会議でこれを問題にした議員がいた。政治学者である学士院会員議員小野塚喜平次（元東大教授、のち東大総長）である。小野塚は吉野作造の師であった。さて、彼は貴族院改革論者であり、大正一四年一月、第五〇議会開会に合せるかのように職能代表制に関する論文を発表し、貴族院改革の必要性に言及していた(65)。すなわち、「此重要なる法案に対して特別委員会が……一人の反対者なく否決されたと云ふ其態度に付いては私は甚だ遺憾に感ずる者であります、その遺憾の念を幾分なりとも少なくする為に、又国民一般の貴族院に対する疑惑と云ふものを無いようにする為に、なぜ昨年の態度と変わつたのであるか(66)」と、小野塚は一条実孝委員長（公爵）にその理由開示を迫った。これに対し、一条は、昨年と今年の態度の違いについての議論は無く、答えられないと述べるに止まった。こうして議院法改正案は、「極めて少数の賛成を

写真７　小野塚喜平次

出典：『東京帝国大学五十年史』下（1932年）より

見たるも、大多数を以て」[67]第二読会開会の否決という形で廃案となったのである。

しかし、同法案は三たび第五二議会で審議されることとなった。すなわち、昭和二（一九二七）年一月二九日、小川平吉以下二六名の政友会および政友会系議員は議院法中改正法律案を衆議院に提出した。安藤正純、森恪、山口義一、黒住成章、有馬頼寧（のち伯爵議員）、星島二郎らの貴族院改革推進派の衆議院議員が党内を奔走して「衆議院の院議を尊重せしめると共に審査期間を定めて貴族院の予算審議権に制限を加へ、衆議院との間に審議権の公平を期せねばならぬ」との党内の合意を取り付け[68]、党議による同法律案の提出であった。

同案は二月二六日に衆議院本会議において、全会一致で原案通り可決され、即日貴族院に回付された。貴族院では二八日に開催された本会議に回付案が上程され、近衛文麿を委員長とする特別委員会に審議が付託された。この委員会は前議会におけるように一八名の委員によるのではなく、その半数の九名の委員から構成された。政府提出法案ではなかったものの、昨年度（そして一昨年度も）と同一法案でありながら、その特別委員会の規模が縮小・半減した理由は不明である。ともかく、本法案特別委員会の構成は次のとおりである。委員長には研究会筆頭常務委員の近衛が、副委員長には議院法改正反対の急先鋒である阪谷芳郎（公正会）がそれぞれ就いた。また、前年に議院法改正の姿勢をめぐる貴族院の態度を批判した小野塚も委員となった[69]。佐佐木はその後近衛らとともに新会派を発足させ、貴族院改革に奔走することになる人物である。特別委員会組織の規模からすると、その委員に貴族院改革に前向きな人物三人は少なくない。衆議院と対等な予算審議期間を貴族院に設定することについて認めるためへの特別委員会であったとも考えられる。

委員長　公爵近衛文麿　　副委員長　男爵阪谷芳郎　　侯爵佐佐木行忠
子爵青木信光　　小野塚喜平次（学士院）　　倉知鉄吉（勅選）　　南弘（勅選）
馬場鍈一（勅選）　　土田万助（多額）

この本会議でも旧来と同様な審議期間設定是非論や審議期間の長短について議論が展開された。これに対し、小野塚は、「一昨年と其態度を異にして居る」貴族院の「昨年の態度は感心しない」「貴族院の態度はよくない」[70]と、前年度会期末の貴族院本会議における自らの発言を踏まえつつ、衆議院が全会一致で三度も同一法案を可決したことに対し、貴族院では一向に議論が深まらず、専ら技術論に傾いて行ったことに警鐘を鳴らした。しかし、貴族院の大勢は依然これに反対であった。例えば三月七日の予算総会において、各分科会の審査とその報告がなされ、審議を終え、総予算の議決ができる態勢に至ったにも関わらず、それがなされず留保された。全ての予算関連法律案が貴族院に送付されるまで総予算の議決を留保すべし、との動議が研究会より提出され、可決されたのである。研究会は会期延長を、反研究会勢力である公正会・同成会・茶話会（いわゆる幸三派）そして親研究会会派交友倶楽部は共同して予算の再付託を、それぞれ主張した。[71] 主張こそ違え、これは共に予算審査期限に法的制限を設定しようとする試みを「間接的に防止」しようとする貴族院側の意思表示であった。[72]

しかし、一部の幹部はこうした状況を打破しようとした。すなわち、七日午後水野直は院内に井上鉄道大臣（子爵議員、研究会所属）と塚本内閣書記官長を訪問、これに研究会所属の佐竹鉄道政務次官も加わり種々打ち合わせをした結果、解決策として関連法律案の回付を待って議決することで双方の了解が得られた。[73] 八日午後七時、研究会は華族会館で臨時常務委員会を開き、研究会所属の政務官水野直と佐竹がこれに加わった。この時の「拡大常務委員会」[74]では再付託か会期延長かをめぐり二時間余り激論が交わされた模様であるが、当初の方針通り、会期延長でいくことを確認した。実は研究会の幹部をはじめとする大勢の会期延長論は衆議院を牽制しつつも、「将来政党内閣が続く限り何時までも懸案として残される問題である故に本年は適当な折衷案でも作り解決する方法を講じたい」とする意見が会派内で有力となり、幹部の中にはその具体案を研究するものもいたようであった。[75] すなわち、会期延長の可能性を念頭に置きつつ、研究会は予算案を通し、議院法の改正にも「折衷案」で対応しようとする雰囲気が醸成されつつあった。

ところで、政府は前議会のように政府案を提出することはなかった。現行法の方が時によると政府にとって「非常に便利」であるし、貴族院の同意を得る望みの少ない法律案をことさらに提出することを、政府は「差控へた」のである。(76) ちなみに若槻首相は、三月一八日の貴族院特別委員会で、予算委員会の決定の後に本会議で「法律案の運命が予期せられた通りに行きませなかったならば、其時に本議場でそれに応じた修正をせられると云うことになりましたならば、期限が定められても実際においては予算と法律とを一致せしめると云ふ意味の趣旨も行われ得る」(77)と述べている。要するに、会期末において予算を伴う法律案の成立が見込めない場合は、予算案についてその分を本会議で修正するだけだと、若槻は本音とも開き直りとも取れる発言をしている。おそらく、その両方であろう。

さらに彼は言う。通常議会には三か月という会期が存在し、予算不成立の場合は前年度予算の施行という（憲法上規定上の）条件がある以上、衆議院の予算審査が非常に遅れると貴族院の審査の期間は非常に短くなる、それ故衆議院の予算の審査期間が定まっていることは「是等の事情と調和する上に大変便利」だと思う、また衆議院にとってこの「二一日間の期間のあること」は不便かもしれないが、「是が不便であっていけぬと云う議論は今日は衆議院で起こっては居らぬのであります」(78)、と。そしてさらに「通常議会の会期が定まって居り、前年度予算施行と云ふ制度があり、さうして唯今の所、先議権を有って居る衆議院は一定の期間で別に不便を感じて居ないと云ふのでありますから、それを今改正すると云ふことは如何かと思ふのであります」(79)と、彼はこの法律案成立の少なくとも政府としての効用を否定した。ともかく、憲本提携が進む中、若槻憲政会内閣は政友会法案に対して冷淡であった。

では、衆議院にとってその効用とは何であるか。それは予算審議における衆議院の優位性の制度的確立を可能とする貴族院改革であった。その改革を認めず否定するため、阪谷芳郎は二回にわたって開催された特別委員会の会議において、繰り返し改正法案反対の論陣を張った。貴族院の予算審議期間に制限を設ける議院法改正は世論への迎合である、と。すなわち彼は言う、「衆議院は予算の審査に付いては先議権を持ち、貴族院は予算の審査竝に法律案との関係を意を取り揃へて審査する云ふが為に審査期限を付しない、是は誠に尤もなことである、さあ云ふ尤もなこと、又事実現在において差支へて居る、それにも拘らず重大なる議院法と云ふものを、唯国民が変に思ふ、変に思ふと云うやうなことは理由にならない、さふ云う理由にならない、さふ云う理由のない修正と云ふものは寧ろ世の中の一部の誤れる議論に迎合すると云ふことになる」[80]。

これに対し、小野塚は、この問題は貴族院改革の一部であり、早く解決するべきであると次のように述べた。「実際に於いては矢張り所謂貴族院改革の一部としてこの問題が起って来て、今まで解決を見ない問題であると思ふのであります、また貴族院改革と云ふ問題は早晩何れ発生するだらうと思いますのであります、其発生する前にこの問題を打っちゃって置く方が宜しいか、又処分して仕舞う方が宜しいかと云うならば、……此問題は此問題として早く解決して行た方が宜しいと思ふのであります……」[81]。小野塚の発言はほぼ一時間にわたり、時間的にもこの日の委員会の議論の大半を占めた。彼は阪谷に代表される反対論者に対し、理を説き言葉を尽くし、そして「予算のことなどに付いて、例へば議院法などに付いては阪谷男爵の御弟子になりたいのでございますが」[82]と反対論の急先鋒である阪谷を立てつつ、その改正の必要性を訴えた。小野塚のかかる発言は特別委員会の雰囲気を一変させたようにも思われた。

小野塚に続き、勅選議員馬場鍈一（研究会常務委員）は「本案は衆議院に於て殆ど全会一致で三回通過したものでありまして、之を我々が政治的に軽く見ると云ふことは面白くないことであらうと思う」[83]と、衆議院の主張を認め、予算委員会の予算審議期間を二一日とすると共に、さらに両院対等主義に立って貴衆両院に五日以内の審議期間の延長を認める修正案を提出した。この委員会で馬場の修正案が可決され、当日（三月二一日）午後貴族院本会議でも同様に可決された。貴族院がこれまで頑なにその受け入れを拒否してきた両院対等主義を同院が認めたことは画期的であった。しかし、これには〈裏〉があった。

これより前、すなわち三月一八日の第一回会議の後、特別委員会は懇談会を開いたのである。席上、腹蔵無く意見交換が行われたようで、その結果、予算審議期間の延長の可能性を貴衆両院に認めることで、この問題に決着をつけることが委員会内部で合意された。すなわち、審議期間の制限を頑なに拒否する阪谷に対し、五日間にわたる貴族院の審議期間延長を認める代わりに、貴族院への審議期限の設定と衆議院に対する同様の権利の提供を、小野塚は阪谷に認めさせたのである。第五一議会における「貴族院の態度はよくない」と考える小野塚は必死に阪谷を説得したに違いない。ちなみにこの年、小野塚は、「議院法制定に参与され予算の学理と実際とに通暁せらるる同博士に対して敢えて反対の主張を公言するは予の狐疑するところなり、されど公事は私情の為メに累せられるべきにあらず、予は予の所信に忠実なること公平に予の義務感覚を満足せしむるのみならず、又憂国慨世至誠奉公の一好模型たる同男爵に対して却て敬意を表する所以なりと思考す[84]」と、自己の所信に忠実であることが義務であり、「久しく指導と友誼を辱うし来れる」阪谷に対する敬意である、と書いている。

衆議院にも審査期間の延長を認めることについて、そしてそれが懇談会という非公式な場で決められたことについて、数学者として著名な学士院会員議員藤沢利喜太郎（理学博士、元東大教授）は、貴族院本会議（三月二三日開会）で近衛特別委員会委員長に対して質問した。藤沢は衆議院が希望もしないのに「こちらから押掛け的にすると云ふやうな形にならないか[85]」と、同様の予算審議期間の延長を衆議院にも認めることを問題にしたのである。近衛の答弁の後、小野塚は委員長答弁の補足として、「何とか此問題を解決しやうと云ふやうな話合があったのでありま す[86]」と述べ、懇談会の存在とそこで実質的な打開策について議論されたことを認めた。貴族院が審査期間の延長を主張する限り「両院同等」でなければ、貴族院回付案の衆議院通過は困難であると小野塚は考え、「御互に譲歩妥協する態度で以て此問題を解決しやう[87]」と、懇談会の席上で彼は他の委員に訴え、そして間接的にではあるが衆議院側にも訴えようとしたのであろう。第一回委員会審議とその後の懇談会の四日後、すなわち三月二二日に開催された第二回特別委員会での阪谷や小野塚の発言そして馬場の提案は、全てこの懇談会での議論と合意を踏まえてのことであった。要するに第二回特別委員会での「審議」は、非公式な場での議論の公式な場での再演であり、非公式な場における結論の公式な場における確認であった。

翌三月二三日、かかる特別委員会案は貴族院本会議での賛成の議決を得た。こうして出来上がった貴族院回付案に対し、衆議院は「吾々の主張が茲に貫徹された」(88)として、審議期間の延長を両院に認める貴族院の修正案すなわち貴族院回付案を全会一致で認めたのである。

むすびにかえて

初期議会より衆議院ではその予算審議期間の短さが問題視された。その後それは徐々に是正され、第一次西園寺内閣下において議員立法により二一日にまで引き延ばされた。予算先議権こそあるもの、会期末の数多くの法案や予算案が錯綜するなか、予算審議期間について制限がない貴族院は政党内閣にとって「鬼門」であった。護憲運動を受けて成立した護憲三派内閣は貴族院改革の一環としてこの問題を捉え、第五〇議会において議院法第四〇条の改正を試みたが、失敗した。続く憲政会単独内閣は連立を離脱した政友会に促される形で再度議院法の改正に挑戦したが、失敗に終わった。

三度目の挑戦は政友会単独によった。「三度目」を深刻に受け止めた小野塚は当該法案の特別委員会のメンバーとして、この問題解決に向け尽力し、それに成功した。難問をなぜ解決できたか。予算審議に関し衆議院の貴族院に対する制度的優位性の実現こそがこの問題解決の鍵であり、貴族院側の衆議院に対する妥協によってしかこの問題を解決する道はないと小野塚は考え、特別委員会をはじめ広く貴族院議員にそのことを訴えたからであった。「貴族院に対し衆議院尊重の思想は、法律上の権限の理論とは別に、立憲政治運用の問題として、貴族院議員小野塚の演説や質疑において、常に基調をなしてい(89)た。また、貴族院を主導してきた最大会派研究会の幹部が「民衆」を意識したことも大きな要因であったかもしれない(90)。ちなみに水野直は自らの行動準則を「他の意見の尊重了解事実なり」(91)と懐中手帳に書き付けている。研究会筆頭常務委員近衛文麿が特別委員会委員長となり、「貴族院改革」に理解を示す小野塚を委員とし、その委員会に水野の政治的パートナー青木信光と、水野・青木に近い馬場鍈一を委員としてその委員会に送りこんだのも、水野はじめ研究会幹部の「了解」あってのことかもしれない。

（1）第五〇議会における議院法第四〇条改正問題を論じたものに本章の元になった拙稿「第五〇議会における議院法改正をめぐる審議」、また第五一議会での議院法第四〇条の改正問題をめぐる貴衆両院の議論を紹介したものに、前田英昭「白熱した大正期の『貴族院改革』議論」（『国会画報』第四五巻六号、一六～一九ページ）がある。

（2）大正一四年三月一〇日本会議加藤首相答弁、（大日本帝国議会誌刊行会編・刊『大日本帝国議会誌』一五、一九三〇年、六八〇ページ）。

（3）大正一四年三月二九日、貴族院本会議で多額納税者議員・成清信愛（奈良県選出）は、今議会において三回にもわたり、会期を延長した事について緊急質問したが、その際、以下のように第一議会以来九回にわたり会期延長がなされたと述べている。（前掲『大日本帝国議会誌』一五、八六九ページ）。

議会	開会日	延長日数
一	明治二三・一一・二九	九
四	同左	二
九	明治二九・一二・二八	二
一二	明治三一・五・一五	七
一三	明治三一・一二・三	七
一四	明治三三・一一・二二	四
一八	明治三六・五・一二	三
三四	大正三・九・四	三
三九	大正三・六・二三	一

出典：成清信愛の発言に基づき筆者作成

（4）この点は岩井奉信『現代政治学叢書一二・立法過程』（東京大学出版会、一九八八年）一二六～一三二ページを参照。
（5）ただし、この『議院法改正経過概要』には第九議会で、貴族院に提出され、第一読会で廃案になった議院法第一九条第一項改正案（続に貴族院議員歳費廃止法案）に関するものは収録されていない。なお、この議院法第一九条第一項改正問題については本書の第一章を参照されたい。
（6）衆議院事務局編・刊『議院法改正経過概要』（一九三六年）二二ページ。
（7）京口元吉『高田早苗伝』（早稲田大学刊、一九六二年）一三九ページ。
（8）前掲『議院法改正経過概要』、三七ページ。
（9）同、六九ページならびに七二ページ。
（10）同、その記事の経過については前掲『議院法改正経過概要』八四ページを参照。
（11）前掲『議院法改正経過概要』一七五ページ。
（12）初期議会における貴族院の予算審議権については、小林和幸『明治立憲政と貴族院』（吉川弘文館、二〇〇二年）の第一章第一節「予算審議と貴族院審議権問題」が詳しい。
（13）同、一八七ページ。
（14）同、二二二ページ。
（15）同、一九七、二〇一、二〇〇ページ。
（16）同、二〇二ページ。
（17）同、一九五ページ
（18）同。
（19）同、二二六ページ。
（20）憲政本党の平岡浩太郎外四一名によって提出された。
（21）前掲『議院法改正経過概要』、三九六ページ。
（22）同、三九七ページ。
（23）同、三九八～四二〇ページに所載。
（24）同、三九八ページ。
（25）前掲『大日本帝国議会誌』第六巻、五三一ページ。

(26) 同、四二二ページ。
(27) 同、四二六ページ。
(28) 同。
(29) 同、四二七ページ。
(30) 三月二四日の平松委員長報告（前掲『議院法改正経過概要』、四二八ページ所収）参照。
(31) 同、四二九〜四三〇ページ。
(32) 国立公文書館所蔵『枢密院会議議事録』三七（東京大学出版会、一九八七年刊）、一九三ページ。
(33) 同。
(34) 同、一九四ページ。
(35) 故阪谷子爵記念事業会編・刊『阪谷芳郎伝』（一九五一年刊）五〇六ページ。
(36) 堀切善次郎述『貴族院問題』（警察教育資料第七編）（警察講習所学友会、一九二五年刊）、一六ページ。なお、第八章第一節「内務官僚の貴族院改革への認識」を参照されたい。
(37) 前掲『議院法改正経過概要』、七四四ページ。
(38) 同、七四七ページ。
(39) 同、七四八ページ。
(40) 『新編　旧話会速記』（尚友ブックレット第一七）（社団法人尚友俱楽部刊、二〇〇四年刊）四四ページ。なお、ここでの『オンブロック』であるが、前後の関係からすれば「一括で」の意である。『インブロック』（in block）の誤りであろう。
(41) 前掲『議院法改正経過概要』、七五八ページ。
(42) 同、七六四ページ。
(43) 同、七六九ページ。
(44) 同、七七〇ページ。
(45) 同、七七二ページ。
(46) 同、七七三ページ。
(47) 同、七八七ページ。
(48) 同、七八九〜七九〇ページ。

(49)　原内閣、高橋内閣および加藤友三郎内閣に対する貴族院の対応については、拙著『大正デモクラシーと貴族院』（成文堂、二〇〇五年）第三章〜第五章を参照されたい。

(50)　前掲『新編　旧話会速記』、二二五ページ。

(51)　前掲『議院法改正経過概要』、八〇七ページ。

(52)　同、八二七ページ。

(53)　同、八三〇ページ。

(54)　大正一四年九月二三日付『読売』。

(55)　大正一四年九月二六日付『読売』。

(56)　前掲『大日本帝国議会誌』第一六巻、一九三〇年、七八一ページ。

(57)　同右。

(58)　同、七八三ページを参照。なお、一時衆議院議員として貴族院改革運動に関った有馬頼寧《〔ママ〕》（のち貴族院伯爵議員）は、後年回顧して山口について「竹を割ったような性質の人」であり「身体も大きく声も大きく内所話などとても出来ない、またしたがらない人でどこでもだれでもかまわず大きな声で話す人」で、「演説もうまかった」と語っている（有馬頼寧『政界道中記』、日本出版協同株式会社、一九五一年、二二三ページ）。

(59)　前掲『大日本帝国議会誌』第一六巻、七七八〜七七九ページ。

(60)　大正一五年二月一七日付『東京朝日』夕刊（発行は二月一六日）

(61)　前掲『議院法改正経過概要』、九七四ページ。

(62)　前掲『大日本帝国議会誌』第一六巻、三〇五〜三〇六ページ。

(63)　昭和四年〔筆者推定〕日付不明阪谷芳郎宛井上清純書書簡（専修大学編『阪谷芳郎関係書簡集』、芙蓉書房書版、二〇一三年刊、一一四ページ、所収）。第五六議会（昭和三年一二月開会）では、地租・営業税を国税から地方税に委譲しようとする「地租営業税委譲案」をめぐり、田中政友会内閣と貴族院が激しく対立したが、この両税委譲案を政界やマスコミ界では「譲税案」と呼んだ。本書簡は昭和四年一月〜三月のものであると推定される。

(64)　前掲『議院法改正経過概要』、一〇三〇〜一〇三一ページ。

(65)　小野塚は大正一四（一九二五）年一月、「職能代表と国会の組織」と題する論文を『国家学会雑誌』誌上に発表したが、その「余論」で、「貴族院改革論は、我国に於て普選問題に比して其論議の期間は短く、其要求の熱度も低きが如しと雖、貴族院が其勢力を有しつつ其構成が時勢の進運に順応せざるの程度に至りては、現今の衆議院以上に位せんか。況や普選実施以後に於てをや。此点より推せば貴族院改革は其時機決して尚早にあらざるべし」（『国家学会雑誌』第三九巻第一号、五七八ページ）と記している。

(66)　前掲『議院法改正経過概要』、一〇三七ページ。

(67)　中村円一郎編・刊『第五十一回帝国議会報告書』、二〇四ページ。中村は静岡県選出の多額納税者議員である。

(68)　昭和二年一月二八日付『東京朝日』。

(69)　学士院会員議員としての小野塚喜平次の貴族院での活動については、南原繁・蝋山政道・矢部貞治『小野塚喜平次―人と業績―』第一五章「学外の活動」で丁寧に紹介されている。この部分の分担執筆者は南原で、これは後年、『南原繁著作集』第八巻（岩波書店、一九七三年刊）に収められた。なお、学士院会員議員制度の成立について、佐々木研一朗「貴族院帝国学士院会員議員研究序説―その成立の経緯と隠れた活躍―」（明治大学大学院政治経済学研究科編・刊『政治学研究論集』第三七号、二〇一二年刊）が詳しいが、小野塚の言動についてはほとんどふれられていない。

(70)　前掲『議院法改正経過概要』、一一三九ページ。

(71)　昭和二年三月九日付『東京朝日』東京市内版。

(72)　昭和二年三月八日付『東京朝日』東京市内版。

(73)　昭和二年三月八日付『東京朝日』夕刊（前日発行）。

(74)　この時の研究会常務委員会のメンバーは次の通りである。二条厚基、寺島誠一郎、小笠原長幹、青木信光、前田利定、渡辺千冬、八条隆正、馬場鍈一、湯地幸平、津村重舎。

(75)　昭和二年三月一日付『読売新聞』。

(76)　昭和二年三月一八日開催議院法中改正法律案特別委員会における若槻首相の発言（第五二回帝国議会貴族院「議院法中改正法律案特別委員会議事速記録」第一号、一ページ）。

(77)　同。

(78)　同、四ページ。

(79)　同。

(80)　昭和二年三月二二日開催議院法中改正法律案特別委員会における阪谷芳郎の発言（第五二回帝国議会貴族院「議院法中改正法律案特別委員会議事速記録」第二号、一ページ）

(81) 同じく小野塚喜平次の発言（同）。
(82) 同。
(83) 同じく馬場鍈一の発言（同）。
(84) 小野塚喜平次「貴族院予算委員の審査期間に就て」『国家学会雑誌』第四一巻第五号（一九二七年）、七～八ページ。
(85) （前掲『大日本帝国議会誌』第一七巻、一九三〇年、一二三九ページ）。
(86) 同。
(87) 同。
(88) 昭和二年三月二二日開催第五二回帝国議会衆議院本会議における山口義一の発言（同、九四二ページ）。
(89) 南原繁・蝋山政道・矢部貞治、前掲書、二四五ページ。ちなみに、すでに触れたように小野塚は貴族院改革推進の立場をとった。第五二議会終了直後次のように記している。「貴族院改革に関する余の所説の基調は、この改革は主として貴族院の組織に関して行ふべくして容易に其権限の縮小を企つべきにあらずとするにあり……貴族院の予算修正権は法規上軽々に拘束を加ふべきにあらず、只政治道徳上重大なる理由あるにあらざれば此権能を使用するを自制すべし、されど之を以て告朔の餼羊たらしむべからず。輓近文明諸国に於ける予算は概して益増加の趨勢にあり、社会の複雑化と社会政策の採用とによる経費の膨張は大体に於いて是認すべきものなりと雖、国防の競争と選挙民の歓心迎合とより来る経費の増加は、苟もすれば不当に国民の負担を加重することは、諸国の実例に照らして争ふべからず。財政緊縮は政府当局者の実行を難しとする所なり、種々の要求を衡平に比較して、大局に着眼して譲るべきは固より雅量を以て衆議院に譲るべきも、財政の浪費に失する懸念ある時は、誠意を示して予算の修正を試むるは、貴族院の憲法上に於いて有する当然の権能にして、又其避くべからざる責任なり。この権利を利用して其責任を悉さんが為には、」比較的些事に拘泥して衆議院との間に感情的溝渠を生ぜしむるが如きは、極力避くべきなり（「貴族院予算委員の審査期間に就て」（『国家学会雑誌』第四一巻第五号、一九二七年五月一日発行、三六ページ）。小野塚はこのように、貴族院の組織に関して改革を行うべきであって、その権限の縮小など企てるべきではなく、貴族院自身がその行使を自制するべきとする。しかし、それは「告朔の餼羊」すなわち形骸化させるべきではなく、予算修正権について言えば、予算増大は致し方ないとはいえ「財政の浪費」についてチェックを入れることは貴族院の役目である、と説く。では、小野塚にとって貴族院の組織はどのように改革するべきなのか。まず彼は下院議員の選挙は地域代表による普通選挙と比例代表制の併用によるべきであるとする（小野塚「選挙法改正管見」、『国家学会雑誌』第三八巻第一号、一九二三年一月刊、所収）。これに対し、同一地域住民の相互の共通利益及び感情は希薄になりつつある半面、職能的連鎖と団結が強固になりつつあることを考慮して、上院の構成に職能代表制 functional representation が採用されるべきである（小野塚「職能代表と国会の組織」〔『国家学会雑誌』第三九巻第一号、一九二五年一月刊〕、所収）と小野塚は主張する。なお、小野塚の所論の日本政治学説史ないしは政治思想史上の意義については、田口冨久治『日本政治学史の源流―小野塚喜平次の政治学―』（未来社、一九八五年）が詳しい。

（90）　今津敏晃「第一次若槻内閣下の研究会―政党内閣と貴族院」（『史学雑誌』（一一二編第一〇号、二〇〇三年、八〇ページ）を参照。

（91）　「水野直懐中手帳」（国会図書館憲政資料室所蔵『水野直関係文書』所収）昭和二年一〇月二三日の条。

第三部　改革とその後の選挙

一般に下院は熱意をもった政治家の議院であるが、上院は控えめに言っても、熱意のない政治家の議院であると言える。…しかし事情はどうあろうとも、ほとんどの貴族が実際に自己の義務を怠っているということは、非常な欠点である。また外部から熱意を欠いていると思われるのは、危険な欠点である。

——W・バジョット（『英国憲政論』）——

第八章　大正一四年の子爵議員通常選挙

はじめに

言うまでもなく、貴族院有爵互選議員すなわち伯爵・子爵・男爵議員の任期は七年であり、その通常選挙は該当する年の七月に実施された。帝国議会の設置に先んじて実施された第一回通常選挙（明治二三［一八九〇］年七月）以来大正末年に至るまで、それは六回行われた。なお、第二回目以降の通常選挙について、互選によって選出される議員（いわゆる互選議員）全員の改選ということで、しばしば「総改選」とも称された。

ところで大正一四（一九二五）年七月に実施された第六回通常選挙は二つの意味で注目される。一つは、「普通選挙」と「貴族院改革」の断行をスローガンとした第二次護憲運動の勝利者たる護憲三派内閣による貴族院改革後最初の通常選挙であったことである。第二に、大正一四（一九二五）年の改革によって、伯爵・子爵・男爵議員の各定数が一八、六六、六六とそれぞれ一割余り削減され、三爵それぞれにおける候補者選出の調整に困難が予想された。

ではこの時の通常選挙はどのように行われたであろうか。これを明らかにした研究は無いし、そもそも大正期における貴族院有爵互選議員の選挙過程に関する研究についても、筆者と内藤一成氏によるもの(1)しか筆者は寡聞にして承知していない。

以下、明治憲法体制下最大の上院改革と言われる大正一四年の貴族院改革まで、少くとも貴族院の中心勢力であった子爵者たちの動向を中心に、改革後最初の選挙の実態について明らかにしてみたい。その前に一内務官僚が貴族院改革について語った記録に注目しておきたい。政府貴族院改革委員会の補助委員として、加藤高明首相や内閣書記官長江木翼を助けた一内務官僚が、枢密院の最終的な了解を得ることにより大正一四年の貴族院令改正案の成立の見込みが立ったころ、(2)高等警察に関する講習会において貴族院改革について語っている。それは一内務官僚の認識をこえて、この問題の本質の一端をつくものであると考えられる。

一　一内務官僚の貴族院改革への認識

堀切善次郎は大正一四年五月、警察講習所主催の高等警察講習会において「貴族院問題」と題して講演をした。高等警察とは、平時における保安警察の中の普通警察に対する概念であり、結社・集会・出版・秩序・選挙等を包摂し、主に治安警察法を法的根拠とする警察分野のことである。(3)警察官を前に堀切は高等警察担当者の教養として貴族院改革について論じ、貴族院令は一三か条しかなく、貴族院改革問題は衆議院議員選挙法改正法案すなわち普選法案と比べて、非常に簡単な問題であるが、「政治上に対する影響が大きく」「政治上の意義が非常に深い」問題であるとした。また同時に、この講演で貴族院令以外の問題すなわち予算審議時間や有爵互選議員選挙について問題点を指摘した。かかる堀切の講演内容は、貴族院改革問題の本丸は貴族院令の改革にあるのではなく、貴族院の予算審議時間の制限や伯子男爵議員選挙規則（広く有爵互選議員互選規則と呼ばれた）の改正にあることを示唆するものであった。この講演記録は堀切善次郎述『貴族院改革』としてまとめられ、この年の一二月に高等警察教養シリーズの一冊として、警察講習所学友会から出版された。なお、警察講習所とは大正七（一九一八）年五月制定の警察講習所官制に基づき、同年七月に設立された警察官教育施設である。

以下、長文に渡るが主要部分を掲げたい。

……今新聞で色々云つて居ります伯子男爵の互選規則があるのですが、改正せられない事に決定したものの様に新聞で伝へられてありましたが、さうだらうと思ひます。是れは従来の規定でも又今度改正せられるとしても同じ様な規則になると思ひますが、選挙は矢張互選々挙ではありますが是は内務省や地方官憲の権限の内には入れてありません。有爵者伯子男爵の互選の手続きは是は伯子男爵が自治に委してある、大体に於て伯子男爵が自治に委してありまして、之に対して憲法が監督するとか云ふ様な事は従来も絶対にありませんし、今後も其の儘であると思ふ。大体選挙の方は自治に委されて居るけれ共、所謂選挙人名簿の様な互選人名簿と称する名簿は是は賞（ママ）勲局長官が作つて、華族の数人の人に渡してある、さうすると各爵の間で選挙長と云ふ様な職務に当たるべき人を相談し合つて選びまして、あそこの華族会館を選挙場として同志の間で一切やつて行くと云ふ事になつて居ります。別に六ヶ敷い問題が起こった事はないが此互選の現則（ママ）に就て問題が起る。序でですから要点だけを申し述べたいと思ひます。

伯子男爵の互選規則は只今の処では外の選挙法には全く類例がないと云つても差支へない連記投票で以て委託投票を認めてあります。是連記制度と云ふ事は単記の投票に相対するやり方でありまして普通の投票選挙の方法は大抵は単記で、例へば衆議院議員の選挙に候補者が何人か出て来まして選挙の議員の数が三人であつても四人であつても只一人だけの名前を書いて投票する、此連記の方法は一人でなくして男爵六十三人或は七十三人を皆列記する、伯爵では十八人を皆列記して行くやり方であります。其結果は何うなるかと云ふと、極く公平に考へて当たり前の事であれば何でもない結果にしてさう心配は入（ママ）らないのでありますが、仮に党派に分けれて多数派と少数派とあると、多数派は全部取つてしまつて少数派は一人も取れないと云ふのが連記の方法である、何故かと云へば例えば子爵男爵は計算しいい為に四百人あるとしまして、此組が二百一人の組と百九十九人の組と二組に党派が分かれたと仮定致しますと、二百一人の組は六十三人全部を当選さしてしまって、百九十九人の組は一人も当選させることが出来ないと云ふ事になつてしまう。当たり前ならば二百一人の組は三十二人位を当選をして百九十九人の組は三十一名の者を当選させると云ふ割合が正当ですが、連記の方法では後の者を全部蹴落してしまうと云ふ様な結果になる。何故かと云へば一人で六十三人を皆書くからである二百一人の組は六十三人が二百一票を得るに反して百九十人の方は皆百九十九票しか得票がない譯であるから余計な投票を得た二百一票の六十三人が全部占めると云ふ様な結果になる、さう云ふ様な現在の選挙の方法を採つて居る。

更に互選規則でもう一つ面白い変つたやり方は、委託投票と云ふ事を許して居る。衆議院は必ず自分で行って自分で書かなければならぬ。併し子爵男爵の互選規則の方は委託投票でやつて差支へない、委託して委託状を持て行って差支へない、委託状を持つて居る者が其の人間に代わつて差支へない、実際のやり方にしても従来行はれた伯子男爵の選挙に於ては大抵の人は委託投票で華族会館で極く少数派の人が代理で投票をします、外の人は身体は行つて居ても碁を打つたり将棋をやつたり、身体は行つて居ても遊んで居られる、此規定の改正を要すべきは極めて議論のない問題のない事であるが、政治上の事情の為に改正すると云ふ事はやり切れない様です。まあ連記の方法はつまり是は政治上に非常に大きな関係を持ちますが貴族院に於ける団体は之は政党ではありません。政党と云ふ事は貴族院の人は嫌ひますから。貴族院の政党的の団体は一番大きいのは所謂研究会、此連記の方法で行けば研究会が全部を当選さしてしまつて外の団体は一人も当選させることは出来ないと云ふ結果になる、研究会は子爵の人を根底として居ります、伯爵と子爵を根底として居りますが、三百八十二人ある子爵の中に二百人位糾合すれば、百九十二人だけ団結すれば今の連記の投票に依つて皆自分の方の党派だけを当選させる事が出来るあとの百九十人はうつちやつて置いても手も足も出ないと云ふ事になる。六十三人を全部をしめてしてしまう事が出来ると云ふ結果になる。之は従来の結果に於てもさうであるし、今度の選挙に於いても必ずさう行くと思ひますが、共通点は明瞭に一派で独占する伯爵に就ても同じでありまして百三人ありますが、其の中で政治や何かの方に関係する事を好まれない人もありますから四十人か五十人研究会に取り組んで居れば全部を十八人を採る事が出来る。

男爵の方は少し趣が違ふ所謂公正会と云ふ団体があります、研究会よりも男爵間には強くなつて居る。男爵の方は公正会と研究会に分けて居りますが、今の連記の制度で行けば今度の改選には男爵は悉く公正会の人になつて研究会の人は一人も居なくなる、公正会の出来上がつたのはまだ七年になりませんので前の選挙の時は双方ありましたが福原俊丸男爵等数人の男爵は研究会に属して居ります、所が今日の状態で男爵は公正会の方で過半数を占めて居りますから連記の方で行けば七月の改選には研究会の男爵は一掃されて当選出来なくなる。無論公正会で固まると云ふ結果になる、さう云ふ様に理屈の上から云へば全く変な事である、過半数、一人だけ多く同爵を求めればそれで以て六十三人全部を壟断する事が出来ると云ふ事は理屈の上から云へばおかしいのであります。之が改正は色々政治上の関係で手を触れる事が出来ないと云ふ事になつて居る〔傍点は引用者〕。新聞で首相は大阪、名古屋に行つて伯子男の互選規則改正はしない様な口吻を漏らしたと云ふことが政治上の問題になつて居りますが、理屈から云へば何にも問題でないのであるがさう云ふ関係で改正しない様な実際の状態である、若しか連記の制度を改正するとすれば政治上の結果は面白いものと思ひますが、単記になれば頭数で男爵方面は公正会で独占する事は出来ません、男爵の中でも約六人に就て一人の議員ですから六人の男爵が相談すれば男爵に於ける公正会の絶対多数は破れるし、研究会の伯子爵間の絶対多数も破れると云ふ結果になるので、改正すれば今日の貴族院の研究会等は団体の公布は非常に変わつて来る結果になるだろうと思ふ。さう云ふ結果を伴ふことになりますが、さう云ふ様に互選に就いてはさう問題が潜んでおりまして今度の改正ではこの点までは触れていない。是は貴族院令で規定するものではなくて、単純な互選規則と云ふ勅令に委されてあります（三〇〜三五ページ）。

この講演は、その内容からすると、貴族院令について貴族院で修正された部分の枢密院での審査終了のころ行なわれた。すなわち四月末から五月初旬に行なわれたと思われる。堀切は伯子男爵議員選挙規則を改正することは「極めて議論のない、問題のない事であるが」、政治的事情のため改正できない、と述べている。補助委員として、選挙規則改正に関する堀切らの結論は〈改正可能〉であったが、加藤首相ら政治家の判断は〈改正困難〉であった。では堀切自身は選挙規則をどのようにすればいいと考えるのか。彼は現行の定数連記にかえて制限連記制を導入するか、富井政章の言う（第二六議会〔明治四二年一二月開会〕特別委員会での発言）、連記を原則として集積投票法を加えたものとするべき、と考えていたようである[4]。

なお、賞勲局長官が伯子男爵議員選挙の選挙人名簿を作成すると堀切は言うが、「爵位局長」の誤りであろう。もっとも明治四三（一九一〇）年に宮内省爵位寮は宗秩寮となり、宗秩寮総裁が選挙人名簿作成の責任者であった。

二　伯子男爵議員選挙規則

男子普選の実施を可能にした衆議院選挙法改正案の成立と数の上での有爵議員の優位性を否定する貴族院令改正を実現させた第五〇議会が閉会したのは、大正一四年三月三一日であった。それから約半月後の四月半ば、来る七月一〇日に実施が予定される伯子男爵議員選挙に関する話題が早々と新聞に取り上げられている。例えば四月一五日付『東京朝日』は「改選期を前に子爵議員の選考、新時代に処し内容充実の為老若朽者十数名整理されん」と題し、初期議会以来貴族院に議席を有した稲垣太祥以下一六名の実名を挙げ、彼らが引退の俎上に挙げられるであろう、と報じている。

しかし、ここで貴族院各会派の最大の関心事は「貴族院伯子男爵議員選挙規則」（伯子男爵議員は各爵別の互選によったから、その選挙に関する規則は政界を含め広く「伯子男爵議員互選規則」と呼ばれた）の改正がなされるか否か、ということであった。すなわち、有爵互選議員の定数は改正された貴族院令によって伯爵・子爵・男爵議員それぞれ一八、六六、六六と定められたので、各会派の関心はそれぞれの組織の維持を可能とする選挙＝互選が既存の方式によって行われ、各会派がそれぞれ予定する当選者数を獲得できるかどうかという点に移っていた。それは従来通りの定員連記によるかどうかという一点にあった。

堀切が警察講習所の講習会で述べたように、この選挙は各爵別に実施され、委託投票も認められ、それぞれ定数分の連記投票、いわゆる定員連記によっていた。そこで各爵別に有権者を組織し、当選を請け負う団体が存在した。例えば子爵者については尚友会があり、通常選挙・補欠選挙を問わず、尚友会の幹部が候補者を決め、会員にその都度投票する人物を「推薦」した。

この「推薦」は指示と同義語である。尚友会は全子爵者の大半を会員として組織していたから、同会幹部は選挙のたびに意中の人物を当選させることができたのである。ほとんどの場合、当選した子爵議員は研究会に入会したので、尚友会は研究会所属の子爵議員の実質的な選挙母体であり、リクルート機関であった。研究会の幹部は尚友会の幹部を兼ねることが多く、その場合幹部は議席と引き換えに議員の院内での行動を制約した。研究会総会による決議拘束がその最たるものであった。研究会は貴族院の最大会派であり、研究会の動向が貴族院のそれを左右した。こうして研究会の幹部は尚友会の幹部を兼ねることにより、貴族院の動向について大きな影響力を行使したのである。

同様に男爵者については、院内会派として公正会があり、選挙母体として協同会があった。かくして研究会幹部と同様、公正会幹部も伯子男爵議員選挙規則の改正の可能性について気を揉むことになる。因みに四月一七日付『東京日日』はこの点について次のように報じている。「互選規則を改正し、従来の連記を単記または制限連記にするといふ説もあつて、この互選規則の改正如何は今回の選挙に重大なる影響を与へるので、貴院方面でも政府の態度に深甚なる注意を払つている。」

「深甚なる注意を払つている」のは枢密院もまた同じであった。伯子男爵議員選挙規則（俗に「伯子男爵議員互選規則」）は勅令である。勅令は、内閣がその制定・改廃の発議に当たったが、枢密院の審議を経て、その了解を得ることが手続上不可欠であった。

四月一五日に開催された枢密院本会議では、貴族院令改正案が再度審議に付された。同院の了解を経て内閣により貴族院に提出された貴族院令改正案が貴族院で修正されたため、当該部分について枢密院の了解を得るためである。この本会議席上、貴族院議員時代から貴族院改革論者であった江木千之顧問官は、「今貴族院の修正を見るに更に不徹底なるの感を深くせさるを得す。乍併之に関連せる互選規則の改正に由りては幾分か本改正の効能を発揮することあるへしと考ふ。就いては互選規則の改正に付内閣総理大臣は如何なる意向を有せらるるかを承知したし」[5]と発言し、貴族院令の改正による今回の貴族院制度改革だけでは不十分であり、さらに「互選規則ノ改正」と暗に伯子男爵議員選挙規則の改正が不可欠であると主張した。これに対し、加藤首相は「この事は政府に於て目下詮議中にして今日の所何とも答弁することを得す、今暫く御猶予を請ふ」[6]と答えるに止まった[7]。すぐ後で述べるように、枢密院はこの改正に〝前向き〟であった。勅令である限り貴族院の同意は必要でなかったが、首相は改正を逡巡していた。

このように加藤が逡巡し態度を明確にしなかったのはいくつかの理由が考えられる。一つは世論の動向に対する配慮と与党対策のためであろう。護憲三派は普通選挙と貴族院改革の実現を金看板として衆議院総選挙を戦い、連立政権維持の根拠としてきたからである。『加藤高明伝』はこの点について次のように述べる。「貴革問題が未だ騒がしかつた四月二五日、互選規則改正に関する新聞記者の質問に答へて『実際政治と云ふものは左様に簡単なものではない』と言つたが、大体に於いて伯の対貴族院態度は不徹底と定評されたほど軟弱に見えて妥協的であつた」[8]。要するに、堀切善次郎ら官僚レベルでは改正すべきであっても、政治家レベルでは「手を触れることが出来な」かったのである。

さて、第五〇議会が終了しても、政府の意思表示はなかった。四月一七日付『東京日日』が報じたように、貴族院各派は伯子男爵議員選挙規則（いわゆる互選規則）を巡る政府の態度に「深甚なる注意」を払っていた。因みに、このような明確さを欠く加藤の態度や政府の対応に対し、来るべき総選挙への迅速な準備を考えていたであろう研究会の領袖水野直は加藤首相に対し大いに不満であった。四月七日、松本剛吉は、近衛はじめ数名の研究会員の前での水野について次のように記している。「互選規則改正の件に関し政府は今尚確答せざる旨を以て水野子は、大なる不平を唱へ居れり」[9]。

不満であったのは貴族院側ばかりではない。先に見たように、別の意味で不満であったのは枢密院の一部の顧問官たちであった。四月一五日の本会議に続き、六月二日に開催された、多額納税者議員互選規則改正案と学士院議員互選規則案の第一回精査委員会の席上、両規則案の審議そっちのけで江木千之、倉富勇三郎、富井政章、山川健次郎、有松英義の各顧問官が伯子男議員互選規則不改正とする政府の姿勢を異口同音に批判する質問を展開した[10]。なかでも富井は一五年前、貴族院議員（勅選）として、曽我祐準の第二六議会における「伯子男爵議員互選規則改正建議」に賛成の立場で関ったことがあった（第三章「むすびにかえて」を参照）。また、山川は一時研究会に籍を置いたことがあり（本書第九章第二節「男爵議員の場合」を参照されたい）、彼は研究会の内情に通じていたと思われる。

同様に政友会の若手中堅党員や院外団もまた不満を露わにしていた。四月一九日続く四月二三日、政友会の東武、岩崎勲両総務委員は江木書記官長、加藤首相、若槻内相を歴訪して有爵議員・学士院議員・多額納税者議員の互選規則について政府の方針を質した。[11]これに対し、江木や加藤は「考慮調査中」を繰り返した。[12]東、岩崎の目的が政府の伯子男爵議員選挙規則改正の意思の有無を探ることであったことは明らかである。その翌日、政友会本部に山本悌二郎、武藤金吉、藤田包助、坂井大輔、石井三郎、森恪、山口義一、石井謹吾、有馬頼寧、春日俊文（直近の第一五回総選挙で落選）らの現職及び前衆議院議員が集まり、貴族院改革実行委員会と称して会合を持ち、伯子男爵議員選挙規則改正について協議し、政府および党幹部に対し改正に向け「鞭撻督励」[13]することを申し合わせている。彼らは今回の貴族院改革を中途半端と捉え、その後も伯子男爵議員選挙規則や議院法の改正の必要性を、政界各方面にそして新聞等メディアに訴えて行くのである。

ところで、加藤内閣が伯子男爵議員選挙規則を改正する可能性は少ないとの観測が広まる中で、五月一日に首相官邸において、現行通りで行く旨が江木内閣書記官長を中心に決定された。[14]この日、江木、塚本清治内閣法制局長官、金森徳次郎法制局参事官、川崎卓吉内務省警保局長、潮恵《けい》之輔同地方局長、堀切善次郎同土木局長らが参集し、選挙資格、年齢、単記制・連記制などの問題について協議し、「大体現行制度通りといふことに意見の一致をみた」[15]。江木、塚本、金森は帝国学士院会員互選議員選挙規則の起草および多額納税者議員互選規則改定案作成の、川崎・潮は多額納税者議員互選規則作成のそれぞれ政府側の担当者であった。[16]堀切は別に触れたように先年ヨーロッパの上院制度について研究し、資料集を刊行したばかりであった。帝国学士院会員互選議員選挙規則案と多額納税者議員互選規則改正案についてそれぞれ議論をした際、伯子男爵議員選挙規則改正の有無を含め政府の最終方針が議論され、決定されたものと思われる。

そもそも、伯子男爵議員互選規則は、貴族院令のように改定の際貴族院の同意が必要とする特別な勅令でなかった。従って政府すなわち内閣は枢密院の審議を経て、その同意を得ることでそれを改正することが出来る筈であった。伊藤博文のブレーントラストの一人で貴族院令および伯子男爵議員互選規則の草案の起草に当った金子堅太郎は、昭和二年（一九二七）年一二月、貴族院関係者を前に次のように語っている。「……伯子男の互選規則及び多額納税の互選規則は貴族院の基礎権限には関係なく単に議員の選挙の方法だから、是だけは貴族院令の如く貴族院の議を経るということにはせないが宜しかろうと決定して、伯子男の互選規則及び多額納税の互選規則は貴族院の議を経るということは彼の規則中に書かずに置いた次第である。是れ将来連記がいかぬならば単記にするかまた連記にするか、それは時の経過に依てその結果を見てその時の政府に於て弊害を見たならば改めても宜しい、併し内閣が自由勝手に改めてはいけないからこの互選規則は普通の勅令とは異なり（ママ）〔同様に―引用者注〕、必ず枢密院の議を経ることに決定した。然れども伯子男の互選規則及び多額納税議員の互選規則は貴族院の議を経るということは書かずに憲法制定の当時から、あの互選規則は枢密院の議だけを経ることになって、普通の勅令のようになって居りませぬ（ママ、なって居た）」。[17] 伯子男爵議員互選規則はここで金子が言うような特別な勅令ではない。もちろん同規則には枢密院の議を経て改正などという条項はない。要するに金子は、互選規則は枢密院の同意を経て改正する、改正可能であることを言いたかったのであろう。ちなみに、貴族院令改正案の第五〇議会通過を受け、政府は多額納税者議員互選選挙規則を改定し、帝国学士院会員議員互選選挙規則を新たに制定したが、ともに貴族院に諮られることなく、他の勅令と同様に枢密院の審議を経て制定・公布された。後に美濃部達吉は自説を変更するが、少なくとも大正一三・一四年の時点では伯子男爵議員互選選挙規則の改正について他の勅令と全く同様に考えていた。[18] 右に見たように枢密院の中にも貴族院改革のため伯子男爵議員互選選挙規則改正の必要性を暗に加藤首相に示唆したり、要請したりする数人の顧問官がいた。世論の風も吹いていた。それなのに何故、加藤首相は伯子男爵についても互選選挙規則の改正に踏み切らなかったのか。加藤にはその改正の意思が当初より無かったのではないか。

すでに第三章「むすびにかえて」で述べたように、第二六議会の折に、曽我祐準がこの選挙での連記を廃し、単記もしくは他の選挙方法に改めるよう、政府への建議を貴族院に提案した。曽我はこの時（明治四三年三月）提案理由を説明して、市会議員選挙規則、町村会議員選挙規則、府県会議員選挙規則そして衆議院議員選挙法など明治二〇年代に制定・公布された各種の選挙法令では連記が認められていたが、明治三〇年代から四〇年代にかけて改定ないしは新たに制定された各種選挙法令はそのほとんどが単記に改められたり当初から単記が採用されている、今日伯子男爵議員互選選挙規則が「連記で今に存在して居る重もなるものであります、これが存在しておるのみでありまして…それから前に申しました衆議院を初め府県会の如き郡会の如き、悉く単記に改められました」[19]と、述べている。曽我が述べるように、明治憲法体制発足時において衆議院議員選挙法をはじめ各種の議員選挙で連記が認められたが、その後そのほとんどが単記に改定されていった。これに対し、政府や貴族院では曽我によるこの建議案を除き、その後連記による投票方式を改正しようと動くことはなかった。要するに貴族院はこの点に関し、時代の変化に対応できていなかったのである。また歴代の内閣も貴族院の有力会派と政治的な取引をすることこそあれ、投票方法の検討や改革を目指す動きをすることは無かったといってよい。

ともかく、こうした政府部内の動きに対し、政友会の一部では強い反発が見られた。すなわち、五月九日に幹部顧問連合会が党本部で開催されたが、席上、伯子男爵議員選挙規則改正問題に関して山本悌二郎と春日俊文とが政府の態度を難じ、強硬に反対意見を述べた[20]。結局、幹部・顧問連合会は「貴革問題中予算審査期間の設定有爵互選規則の改正等はなお残された問題として今後遂行を期さねばならぬ問題でこれを打ち切ることは勿論できない」[21]としたが、七月の改選期前に実現することは困難である、ということで大筋の合意を得た。

三　幹部案

これより前、すなわち四月二三日、尚友会は東京芝にある料亭「紅葉館」に総会兼春季懇親会を開催し、続いて四月二八日同会は京都支部主催の京都支部総会兼春季懇親会を京都円山公園の料亭「左阿彌」で開いた。後者は東京本部と旧公卿を中心とする京都支部の幹部との意見交換の場でもあり、今回は東京から研究会筆頭常務委員近衛文麿、伯爵では堀田正恒、小笠原長幹、酒井忠亮、子爵では水野直、八条隆正、前田利定、牧野忠篤ら幹部たちがそれぞれ参加した[22]。東京と京都での総会兼懇親会において七月の総選挙の候補者選定に関する会員たちの要望などを受け、五月に入るとその予備選挙すなわち予選の候補者選考に向けて研究会―尚友会の幹部たちは動き始めた。貴族院令が〝大きく〟改正されたとは言え、例えば『中央公論』五月号が「研究会解体論」の特集を組むなど二か月後に迫った貴族院通常選挙や貴族院そのものへのマスメディアの注目度は高かった。こうした中で、七月の選挙に向け研究会が動き出したのである。

五月一日午後五時、京都支部の総会・懇親会に参加した水野、八条が青木信光を牛込河田町の自宅に訪ねた。彼らは懇親会の様子や京都支部幹部の意向等を青木に報告した後、三者で今回の総選挙に関し種々協議した結果、幹事としての候補者推薦名簿原案を作成し、五月下旬に評議員会を開催して予選候補者を決定し、六月上旬に総会を開いて正式に候補者を決定するとの方針を申し合わせた[23]。この原案作成にあたったのは青木、水野、酒井忠亮、牧野、八条である。八条は京都支部を代表する意味合いがあった。

そもそも四月二三日に開催された尚友会総会は例年になく一〇〇余名の参加者があり、その中には来るべき総選挙に出馬したいとの意向を持つものが多数おり推薦候補者問題について種々意見が交換された。「大体において前例に依り人物本位を以て公平に選考すべしといふ意見が多数を占めて居た」が、この日は特になんら決することなく散会した[24]。続く四月二八日開催の京都支部での総会（四八名参加）を終え、研究会―尚友会幹部による推薦候補者の選考が本格化した。「人物本位を以て公平に選考」される新選議員候補の希望者が多数いるなかで、この作業に当たったのは青木、水野、牧野、酒井、前田、八条の六名である。彼らの作業は再選辞退者と新選議員候補者のそれぞれについて具体的に人物を選択することであり、特に前者について、できるだけ多くの人物を選択し[25]、該当するそれぞれの人物に辞退・勇退を受け入れさせることであったと思われる。

要するに、尚友会にとって、ある程度の新人候補の推薦数に定員削減分を加えると、来る七月の総選挙において二〇名前後の子爵議員を再選させないことになる。すなわち七人の定数減分に加え、例えば新人候補者数を一〇とした時、一七名の議員について再選させないことになるのである。現行の七三名の子爵議員中一七名を再選しないとすれば、勇退・再選辞退率は二三・三パーセントとなる。

表6　子爵議員の再選率

	再選者数	議員定数	再選率
明治30（1897）年	48	70	68.6%
明治37（1904）年	60	70	85.7%
明治44（1911）年	55	70	78.6%
大正7（1918）年	66	70	90.4%
大正14（1925）年	51	73	69.9%
昭和7（1932）年	56	66	84.8%

出典：『青票白票』第55号[27]のデータをもとに筆者作成

前回（大正七年）の勇退・再選辞退者は四名で、勇退・再選辞退率は六パーセントであった。前回と比べた時、この数字の持つ意味は大きいと言わざるを得ない。

ここで、第二回通常選挙以来この選挙までの子爵議員の再選率を考えてみたい。表6に注目されたい。任期を満了するに当たり、特別な事情でもない限り大半の議員は再選を考えるであろう。特に、旧小藩大名家当主が多い子爵団においては、ことのほかそうであった。「当選請負団体」である尚友会が暗躍する所以である。この表の議員定数であるが、通常選挙に直近する過去の議会の子爵議員の定数である。大正一四年について言えば、この選挙後の議員定数すなわち新議員定数は六六であるが、直近の第五〇議会終了時の子爵議員の定数が七三で、再選希望者は七三名中のひとりとして尚友会協議員会から「推薦」を受けねばならない。明治三〇年の通常選挙は「当選請負団体」としての尚友会が最初に迎えたそれであった。明治四四（一九一一）年の通常選挙では、研究会—尚友会体制に対して談話会が成立し、会員数の上でも尚友会に肉薄した。(26)今回の大正一四年の通常選挙では、再選率は尚友会最初の通常選挙の際のそれに戻っている。再選率に限って言えば、この大正一四年の選挙は〈異常〉なのである。尚友会幹部は再選の対象者を例年になく大きく絞り込んだ。

第二次護憲運動以来の世論の動向を考慮して、研究会—尚友会の幹部は新人をある程度まとまった数だけ推薦し、当選させる必要があると考えたであろうか。であるとすれば、幹部はどのようにして二〇名前後の勇退・再選辞退者を出すのか。

青木・水野らによるいわゆる幹部案が、六月五日午後三時に研究会事務所において開催される尚友会協議会の審議にかけられることになった。この協議会のメンバーは評議員と幹事からなり、尚友会の実質的な意思決定機関である。

その幹部案は次のように三通りあった。①貴族院令の改正に伴い、子爵議員は七名減員されるので、新選議員を八名として合計一五名を再選辞退者とする。②同様に減員分七に加えて新選議員を一三名内外として合計二〇名内外を再選辞退者とする。③同じく減員分七に加えて新選議員を一八名内外として合計二五名内外を再選辞退者とする。この三案を無記名投票にかけ、一案を選択した後「整理すべき人員、新候補者らを具体的に決定する」(28)というのが、幹部の意思である。以上のように報じた『東京朝日』はさらに「大体は第二案を採用し、新選議員は一四、五名とするのが穏当であろうとの意向が多いからこの辺に落ち着くであろう」(29)と観測している。

これより前、すなわち六月一日、研究会は一日までに勇退を幹部に申し出た伏原以下一〇名を公表し、さらに

表7 「自発的引退者」

	氏名	出身	生年・月	年齢	議員就任
1	堀河護麿	旧公卿	明治6（1873）.8	51	明治35.7
2	大宮以季	旧公卿	安政5（1858）.2	67	明治30.7
3	鍋島直虎	旧肥前国小城藩主家	安政3（1856）.2	69	明治23.7
4	永井尚敏	旧美濃国加納藩主家	明治4（1871）.9	53	明治30.7
5	唐橋在正	旧公卿	嘉永5（1852）.11	72	明治23.7
6	山口弘達	旧常陸国牛久藩主家	万延1（1860）.3	65	明治23.7
7	松平乗承	旧三河国西尾藩主家	嘉永4（1851）.12	73	明治23.7
8	松平乗長	旧美濃国岩村藩主家	明治1（1868）.10	56	明治43.8
3	伏原宣足	旧公卿	弘化2（1845）.5	80	明治26.3
10	青山幸宜	旧美濃国郡上八幡藩主家	安政1（1854）.11	70	明治23.7
11	京極高備	旧讃岐国多度津藩主家	明治6（1873）.7	52	明治43.10

出典：尚友倶楽部編・刊『研究会所属貴族院議員録』（1978年）を参照して作成

表8 「引退を求めらるる者」

	氏名	出身	生年・月	年齢	議員就任
1	竹屋春光	旧公卿	明治16（1883）.3	42	大正7.7
2	大給近孝	旧豊後国府内藩主家	明治12（1879）.7	46	大正4.12
3	六郷政賢	旧出羽国本庄藩主家	明治5（1872）.2	53	大正9.8
4	松平直徳	旧播磨国明石藩主家	明治2（1869）.7	56	明治36.1
5	森清	旧鹿児島藩士、森有礼嗣子	明治8（1875）.12	49	明治41.3
6	細川立興	旧肥後国宇土藩主家	明治4（1871）.8	53	明治41.4 大正4.8
7	土方雄志	旧伊勢国菰野藩主家	安政3（1856）.8	68	明治23.7 大正7.7
8	堤雄長	旧公卿	明治3（1870）.11	54	大正5.6
9	丹羽長徳	旧陸奥国二本松藩主家	明治6（1873）.8	51	明治44.7
10	蒔田広城	旧備中国浅尾藩主家	明治14（1881）.8	43	大正8.12

出典：尚友倶楽部編・刊『研究会所属貴族院議員録』（1978年）を参照して作成

五，六名追加されるとした[30]。尚友会では青木・水野ら六名の幹部の〈努力〉により、総会・懇親会の開催からほぼ一か月経過した時点で一五，六名の勇退・再選辞退者を公表した[31]。要は第二案で決着する目途がたったのである。

四　引退者と新選議員候補者

これを受け六月五日午後三時研究会事務所において評議員会が開催された。それはまた、評議員会に青木ら三名の幹事が加わり、評議員と幹事による協議会という形での開催であった。六月六日付『東京朝日』によると、その日の参加者は次の通りである。

評議員

青山幸宜、京極高徳、山口弘達、稲垣太祥、松平直平、牧野忠篤、酒井忠亮、伊集院兼知、前田利定、大河内正敏、伊東裕弘、渡辺千冬

幹事

青木信光、水野直、八条隆正

以上の参加者によって、引退するものとそれに代わる新議員候補者・同次点が次のように決定された。

「自発的引退者」（一一名）

堀河護麿、大宮以季、鍋島直虎、永井尚敏、唐橋在正、山口弘達、松平乗承、松平乗長、伏原宣足、青山幸宜、京極高徳

「引退を求めらるる者」（一〇名）

竹屋春光、大給近孝、六郷政賢、松平直徳、森清、細川立興、土方雄志、堤雄長、丹羽長徳、蒔田広城

新議員候補者（一四名）

大久保立、小倉秀季、保科正昭、花房太郎、石川成秀、森俊成、岩城高徳、鍋島直縄、膳所篤秀、三室戸敬光、舟橋清賢、松平康春、綾小路護、瀧脇宏光

同次点者

東園基光、井伊直方、植村家樹、土岐章、高島友武、梅小路定行、伊東二郎

「自発的引退者」「引退を求めらるる者」それぞれについて、出自および生年月と子爵議員就任年月を表にしたものが、それぞれ表7、表8である。自発的に引退を申し出たとされる一四名の議員中六名が初期議会経験者であり、そのうち鍋島、唐橋、山口、青山の四名は第一回通常選挙（明治二三年七月実施）の当選者である。さらに鍋島と山口は研究会設立以来の会員である。明治四〇年代に議員となった松平乗長と京極高備を別にすれば、他の全員すなわち一二名の議員は総選挙か補欠選挙の差こそあれ、明治二〇年代か三〇年代に貴族院議員選挙に当選し議席を得ている。従って彼らは大正一四（一九二五）年の通常選挙までに、二〇〜三五年もの長期にわたり貴族院に議席を維持し続けてきた。また年齢的にも六〇歳以上が七名と、一一名の引退者の大半を占めている。こうして見ると、「自発的引退者」の大半については老朽淘汰である。

表8は協議委員会の審議を経て引退させられる議員の一覧表である。細川と土方は初当選以来大正一四年の通常選挙まで議員としての空白期間がある。細川は明治四一年四月に実施された補欠選挙で当選したが、明治四四年七月の通常選挙では候補者になれなかった。その四年後の大正四年八月の補欠選挙で二度目の当選を果たし、大正七年七月実施の総選挙での当選を経て大正一四年に至った。土方は第一回通常選挙に当選し任期を全うした。しかし第二回から第四回の通常選挙では再選されず、大正七年の第五回通常選挙で再選され、大正一四年の通常選挙を迎えている。引退を求められた者は、土方雄志、松平直徳を除き初当選が明治四〇年代か大正期であり、議員在任期

表9　新議員候補者

	氏名	出身	生年・月	年齢	職業、学歴
1	大久保立	旧幕臣、大久保一翁嗣子	明治4（1871）.4	54	海軍造船中将、大正12予備役
2	小倉英季	旧公卿	明治5（1872）.11	52	陸軍歩兵大佐、大正10予備役
3	保科正昭	旧上総国飯野藩主家	明治16（1884）.10	40	東大理学部、農商務省技師
4	花房太郎	旧岡山池田藩士、花房義質嗣子	明治6（1873）.4	52	海軍少将、大正12予備役
5	石川成秀	旧伊勢国亀山藩主家	明治19（1886）.7	39	学習院高等科、元宮内省職員
6	森俊成	旧播州三日月藩主家	明治20（1887）.1	38	京大法学部、私大講師
7	岩城隆徳	旧出羽国亀田藩主家	明治23（1890）.6	35	東大理学部、元印刷会社社長、内務省嘱託
8	鍋島直縄	旧肥前国鹿島藩主家	明治22（1889）.5	36	東京外語、第百六銀行頭取
9	税所篤秀	旧鹿児島藩士	明治5（1882）.8	42	東洋大学、第十五銀行行員
10	三室戸敬光	旧公卿	明治6（1873）.5	52	明治法律学校、宮中顧問官
11	舟橋清賢	旧公卿	明治24（1891）.12	34	京大法学部、日銀行員
12	松平康春	旧美作国津山藩主家	明治25（1892）.1	33	東大理学部、無職
13	綾小路護	旧公卿	明治25（1892）.10	32	京大経済学部、第十五銀行行員
14	瀧脇宏光	旧上総国桜井藩主家	明治21（1888）.12	36	東大法、鉄道省職員

出典：尚友倶楽部編・刊『研究会所属貴族院議員録』（1978）年及び大正14年6月6日付『東京朝日』を参照して作成

間が一〇年未満の者も目立つ。年齢も四〇歳台か五〇歳台である。それからすれば、六八歳の土方以外はおそらく再選を希望したであろう。ことによれば土方も希望したかもしれない。新議員候補者と比べると、六郷や土方がそれぞれ東京帝室博物館技手、台湾総督府書記といった定職に就いていたようだが、竹屋（大正五年内閣総理大臣秘書官）、大給（皇子浴場の儀鳴弦控）、松平（不詳）、森（不詳）、細川（皇子浴場の儀鳴弦）、堤（大喪使祭官）、蒔田（不詳）らは不詳であるか、少なくとも職業に限っては臨時職に就いていたよう思われる[32]。

これに対し新議員候補者は殆どの者が大学等の高等教育機関を卒業し、定職に就いていたし、現に就いている。表9を参照されたい。

新議員候補者は三名の予備役に編入さ

れた軍人と一人の宮中顧問官を除き、いずれも大学などで高等教育を受け、松平以外は銀行関係など手堅い職業を持っている。「普選後の衆議院に対抗するためには貴族院に対しても相当新勢力を注入し、改造されたる貴族院を組織し真に新時代に処する新貴族院を構成する必要があるとの主張が頻りに少壮の有爵議員間に唱道され、この主張は相当幹部を動かしている」(33)ようでもあった。今回の新たな動きはこうした事情の反映であったかもしれない。また、後日青木信光は新選議員中に「政党的色彩のあるものは一人もいない」(34)と語っているが、候補者選抜にあたり、元軍人、銀行員、官吏という非政党性が重要な基準として考慮されたようでもある。

五　予選会と本選挙

ともあれ、六日の協議会で「自発的引退者」「引退を求めらるる者」合わせて二一名を引退させることを申し合わせ、無記名投票により引退させられる現議員（「引退を求めらるる者」）と新議員候補者を決定した。(35)次点は東園基光（元富山県知事）ら七名であった。以上の結果を受け、尚友会子爵部は六月一一日午前一〇時、研究会事務所において予選会を開催し、協議会が推薦した六六名の候補者について無記名投票を実施した。開票の結果、有権者総数三四八名中委託投票を含め一八四票の多数を以て推選候補者六六名全員の「当選」が決まった。開票終了後、再選者を代表して稲垣太祥、新選者を代表して大久保立がそれぞれ挨拶をした。なお、推薦候補者の一人であった勘解由小路資承が六月一八日に死去したため、次点者の東園が繰上げ当選となった。

さて、有爵互選議員の本選挙はすでに触れたように七月一〇日に実施されることになっていた。それはこの日午前中に華族会館で実施された。以下のように投票時間をずらしての選挙である。伯爵議員選挙：管理者―伯爵松平直亮・午前七時～九時、男爵議員選挙：管理者―男爵中村雄次郎・午前八時～一〇時、子爵議員選挙：管理者―清浦奎吾・午前一〇時〜正午。

この選挙結果について、青木信光は次のように言う。

我が子爵団では最初候補者の選考に就いては最も慎重なる態度を以て情実を排し人物本位を第一義として予選候補者を推薦しこれを無記名投票に依つて決定した。この手続きを踏んではいるものの選挙の結果如何に変わつて行くかに就いては相当心配した。然し開票の結果に見ると有権者総数三四七票中三四二票の投票があり棄権は僅かに二三票に過ぎぬ。投票の中に無効が二票あったが、これは単なる偶然の過失からきたものらしく候補者は全て三二一票（五辻子だけは三二〇票）といふ大多数を以て当選したといふことは同族間に差したる不平もなく最も円満平静中に今度の選挙が執行されたといふ何よりの証拠ではあるまいか。(36)

青木はこのように尚友会が今般の貴族院令改正後も、何等変わることなく子爵界を支配できていると強調するが、研究会が貴族院内において改正以前同様に諸会派を圧倒し、その議員推薦母体・尚友会が子爵界に君臨できるかは、不確定であった。すなわち、通常選挙の前年（大正一三）七月に、研究会―尚友会所属の男爵議員二〇名が大挙して退会し、男爵議員の会派である公正会とその選挙母体・協同会に戻っていた。

これより二年前、すなわち大正一一年四月五日、男爵議員の会派・親和会が成立し研究会所属の一〇名の男爵議員もこれに参加したが、同会所属の男爵議員は協同会でなく、尚友会男爵部に属した。親和会は議員補欠選挙に候補者を立て研究会に対抗し、男爵部の参謀に水野直がなり「研究会中の男爵議員を合せ自ら陣頭に立って青木信光子と協力同心、昼夜の別なく、親和会の為に奮闘」(37)したのである。しかし、水野たちの思惑は外れ、尚友会男爵部の会員数が協同会のそれを上回ることはなく、親和会は解散に追い込まれた。一時尚友会に属した男爵たちの大半が切り崩し等により協同会に戻ったが、藤堂高成、黒川幹太郎、真田幸世、安藤直雄、竹《たけ》腰正己の五名の男爵議員は選挙母体を尚友会としたまま、自ら所属する会派を再び研究会としたのである。従って研究会が公正会との対立を続ける限り、この五名の大正一四年の通常選挙での再選は絶望視されていたのである。五名の再選問題もさることながら、一時は二五名余の男爵議員を加えることによって、研究会は会員数一七〇を数える大会派となったが、総選挙を前にして二〇名の男爵議員の離脱により会員数は一五〇となった。このこともまた、研究会にとって大問題なのであった。すなわち、通常選挙で公正会―協同会が男爵議員六六名をほぼひとり占めし、公正会が幸三派（公正会、同成会、茶話会）の中核として研究会による貴族院支配体制に挑戦する可能性が出て来たのである。

むすびにかえて

研究会―尚友会体制が政界に連動する子爵界への支配を確立したのは日露戦争前後のことである。そして、貴族院において研究会が官僚派勢力と目された幸倶楽部（幸三派）と提携することにより、貴族院多数派として同院を動かしたのは日露戦争前後から桂園内閣期を経て大正初年に至る時期である。この体制はまさしく桂園内閣期に政党勢力により大きな挑戦を受けることとなった。談話会の出現である。談話会勢力は、一時尚友会勢力に少なくとも人数の上で肉薄したが、結局は壊滅した。研究会―尚友会体制は原内閣出現直前に伯爵団を糾合し、さらに大きな政治力を持つに至る。

しかし、拡大し、より強力になった研究会は原内閣下において幸三派との提携を解消して、上院の枠を超え、衆議院の政友会と提携するに至る。そしてさらに、研究会―尚友会は水野直が主導して男爵グループに覇を唱えようとする公正会―協同会を潰しにかかり、その挑戦に失敗した後で迎えたのが、今回の第六回通常選挙であった。

五月上旬に政界の耳目を集めた選挙規則改正問題が不改正と決着したころより、青木、水野、八条ら研究会・尚友会幹部を軸に、来たるべき通常選挙の候補者選びが進められた。前回の通常選挙と比べ貴族院を取り巻く状況は厳しく、子爵議員選挙に限っては、彼らは老朽淘汰と「能力主義」の観点から候補者を選択した。そのため、第一議会以来の鍋島直虎ら四名の最古参議員をはじめ一一名が再選の途を絶たれ、さらに研究会への貢献度・健康・能力主義等の観点から一〇名が投票という手段によって被再選者から排除された。その結果、二一名の引退者を確保した尚友会は新たに一四名の新選候補者を擁した結果、再選率を大きく低下させることとなった。この事について、『東京日日』は男爵議員によって構成される公正会およびその選挙母体協同会と比較しつつ「廿一名の首をはねて十四名の新顔を揃へてしかもその門地経歴学歴等について吟味しても矢張り相当な人物なのに比べると」[38]と述べ、それを可能にした二、三の研究会・尚友会幹部は「全然愚盲でない」[39]と、青木、水野らを評価している。この評価の当否はともかく、青木、水野ら研究会―尚友会の領袖は、第二次護憲運動以降の貴族院に対する厳しい世論の動向をそれなりに考慮したのではなかったか。

（1）桂園内閣期を中心とした研究としては「明治期における貴族院有爵互選議員選挙」（拙著『大正デモクラシーの時代と貴族院』第二章）、明治～大正期にかけての研究として内藤一成「有爵議員互選選挙をめぐる貴族院の会派と華族―大正期の『研究会』を中心に―」（『九州史学』一一六、一九九六年）がある。

（2）政府提出による貴族院令改正案は貴族院の審議で一部修正された。その成立・公布のために、この修正箇所について、政府は枢密院の了解を得ることが必要であった。この場合は、大正一四年五月上旬である。

（3）飯沢章治『政治必携』（同文館刊、一九三五年）、四九～五〇ページを参照。

（4）佐藤立夫『貴族院体制整備の研究』（人文閣、一九四三年）第三章注3（七六ページ）を参照。

（5）国立公文書館所蔵『枢密院会議議事録』第三七巻（東京大学出版会刊、一九八七年）、六二ページ。

（6）同右。

（7）大正一四年四月一六日付『東京日日』は、四月一五日に開催された枢密院本会議で、伯子男爵議員互選規則・多額納税者議員互選規則の改正案と学士院互選勅任議員選挙規則案との諮詢が未だに枢密院にない理由は何か、と「某顧問官」が質問し、これに対し加藤首相は「この点は関係する処頗る重大なるを以て政府は考慮中なり」と答えるに止まった、と報じた。すなわち「加藤首相は、政府は目下各案共折角調査審議中なる旨を答え、更に某顧問官より貴族院改革問題中の最重要事項に属する伯子男爵議員互選規則中の選挙方法特に現在の連記制を単記制または制限連記制に改正するの有無に付き政府の意思を繰り返し追窮したるに加藤首相はこの点は関係する処頗る重大なるを以て政府は考慮中なりと答へ（傍点ママ）ていずれとも政府の態度を明らかにしなかったそうであるが、、」と同紙に記されている。しかし、『枢密院会議議事録』で確認すると、「某顧問官」が伯子男爵議員互選規則について連記制か単記制かなどについて問題にしているような発言は見当たらない。某顧問官すなわち江木千之が具体的に「研究会」という実名を挙げ、それを問題にしたのは二か月後の六月一五日の枢密院会議の席上である。四月一五日の枢密院会議の終了後、取材を受けた江木が『東京日日』の記者に大きく脚色して語ったか、記者が互選規則改正の世論を盛り上げようと江木の名を語ってその記事を書いたのかもしれない。

（8）伊藤正徳編『加藤高明伝』下（一九二九年刊）、六五二ページ。
（9）「松本剛吉政治日誌」（岡義武他編『大正デモクラシー期の政治』岩波書店、一九五九年）大正一四年四月七日の条。
（10）大正一四年六月三日付『読売』。
（11）大正一四年四月二四日付『東京日日』。
（12）同。
（13）大正一四年四月二五日付『東京日日』。
（14）大正一四年五月二日付『東京日日』。
（15）同。
（16）前掲『枢密院会議議事録』第三八巻、三ページの「委員」欄の記載による。
（17）尚友倶楽部調査室・内藤一成編『新編旧話会速記』（尚友ブックレット17.）六七ページ。
（18）美濃部達吉『憲法撮要』大正一三年初版（有斐閣、一九二七年）、三二三ページ。しかし、昭和二（一九二七）年一二月に刊行された自著『逐条憲法精義』（有斐閣）において、貴族院の一連の選挙（互選）規則（その何れも勅令）はいずれも「貴族院令によって普通の勅令に委任せられて居る」とする政府の見解には「賛成し難い」（同、四四四ページ）と、大正一三（一九二四）年の時点での学説を変更した。今津敏晃「一九二五年の貴族院改革に関する一考察」（『日本歴史』第六七九号、二〇〇四年、所載）では、互選規則の改訂に関わる審議慣行が成立していないし、美濃部のように貴族院の議決を必要とすると述べる者もおり（同、七六ページ）従ってその改正は難かしかったのでは、とするが、寺内内閣時に貴族院での審議を経ることなく多額納税者議員互選規則（勅令）が改訂されているし、第一次加藤内閣の下で学士院会員議員選挙規則（勅令）が同様に新定されている。また、一九二七年ではいざしらず、一九二五年―大正一四年の時点では、互選規則の改訂には貴族院の「協賛」を要しないと、美濃部自身その著書『憲法撮要』（三二三ページ）に明記している。なお、美濃部は『改造』大正一三年八月号に論説文「貴族院改革について」を寄せ、貴族院「選挙規則」の改正に同院の同意は不要であるとするのは誤りである（三七ページ）と述べている。美濃部の見解は揺れ動いていたのである。

(19)『第二六回帝国議会貴族院議事速記録』第一三号、一五二ページ。

(20) 大正一四年五月一〇日付『東京日日』。

(21) 同。

(22) 大正一四年四月二九日付『東京日日』。

(23) 大正一四年五月二日付『東京日日』。

(24) 大正一四年四月二四日付『東京朝日』。

(25) この時、旧公卿であり、明治末年に反〈研究会―尚友会〉運動の一角を担った子爵梅小路定行は明治四四年の総選挙の候補者に挙げられることはなかった。その後、何回かの補欠選挙や大正七年の総選挙にも候補者になることなく、大正一四年に至った。大正一四年の総選挙に候補者として臨もうとした梅小路の述懐した内容を纏めると次の通りである（尚友倶楽部編『水野直子を語る・水野直追憶座談会録』、二四三～二四六ページ）。再度子爵議員への就任を強く希望した梅小路は友人たちの助言により、水野直の了解を得るため水野が政務次官を勤める陸軍省や小石川の自宅を何度か訪問した。何回かに渡った面談により、梅小路の希望を了承した水野は公卿華族の実力者である入江為守の了解を得るよう求めたという。梅小路と入江は遠い姻戚関係でもあった。水野は入江から話があったら了解する手筈になっていると言い、「〇〇が頭を振るとなかなか面倒になる」という意味の語句が何度も水野の口から出てきた。「〇〇が頭を振るとなかなか面倒になる」という〈難関〉を克服したことが梅小路の選挙出馬を可能としたように思われる。研究会―尚友会という組織における意思決定での重要な要素は、尚友会はもとより、子爵グループの姻戚関係、公卿華族―武家華族などさらに小集団の有力者の了解であり、少なくとも異論が無いということであったと思われる。なお、梅小路はこの総選挙では候補者に挙げられることはなく、三年後の昭和三（一九二八）年の補欠選挙（水野直の死去に伴って実施）で候補者となり、当選した。大正一四年の選挙では「人物本位の公平選挙」という方針が堅持されたのであろうか。

(26) 談話会については本書第三章「談話会の成立―明治末年における華族の政治活動―」を参照されたい。

(27)「改選時に於ける再選者数と新選者数」(『青票白票』第五五号［尚友倶楽部編『青票白票』柏書房、一九九〇年、四二六ページ、所収)。なお、同誌は侯爵松平康昌(福井松平家当主)らを中心に貴族院議員によって昭和八(一九三三)年六月から昭和一五年一〇月まで編集・刊行された。

(28) 大正一四年五月二五日付『東京朝日』。

(29) 同。

(30) 大正一四年六月二日付『東京朝日』。

(31) 今回、幹部たちがどのような手段によったかは不明であるが、前回の大正七年の通常選挙の際に、大正七年四月一七日付『東京朝日』が報じたところによると、従来「醜悪なる運動」がなされ、「引退料の提供、投票買収、債務の督促等あらゆる陋手段」がとられたという。

(32) また、大正一四年五月一九日付『東京日日』は、功労ないし同志の結束の能否についても「相当考慮する必要がある」として、稲垣太祥、山口弘達、京極高徳、京極高備、堤雄長、五辻治仲らは会に対する功労その他の意味から再選組に入れられるであろうし、竹屋春光や大給近孝は会務不熱心、大浦兼一は病気という理由からそれぞれ再選の見込みが乏しい、と推測している。

(33) 大正四月一五日付『東京朝日』。

(34) 大正七月一一日付『東京朝日』。

(35) 大正六月六日付『東京朝日』。

(36) 大正一四年七月一四日付『東京朝日』、青木信光談。

(37) 中川良長「想ひ起す縦横無礙の怪腕」(尚友倶楽部編・刊『水野直子を語る・水野直追憶座談会録』ブックレット一九、二〇〇六年、所収、一一四ページ)、なお、この点については伊藤隆・西尾林太郎「水野直日記―大正一一・一二年」(東京大学社会科学研究所編・刊『社会科学研究』三四巻六号、所収)一七七ページを参照されたい。

(38) 大正一四年六月一三日付『東京日日』。

(39) 大正一四年六月八日付『東京日日』。

第九章　大正一四年の伯爵・男爵議員選挙

はじめに

前章で貴族院改革後の子爵議員の通常選挙＝総改選について採り上げた。研究会―尚友会の幹部が選挙そのものをほぼ完全に〝仕切る〟ことは従来通りであったが、その選挙は従来と比べて多数の新人を当選させた。では伯爵、男爵についてはどうか。

一　伯爵議員の場合

伯爵議員選挙はどうであったか。今回の大正一四（一九二五）年七月の通常選挙について検討する前に、前回および前々回のそれについて若干見ておきたい。

明治四四（一九一一）年の総選挙において伯爵界は、大木遠吉らの同志会と官僚派勢力を背景にした反同志会系グループに二分され、両者が激烈な戦いを繰り広げた。[1]結局、この選挙では反同志会派の圧勝に終わった。

これより前、すなわち明治四一年六月に実施された補欠選挙において大木遠吉ら反研究会系の推す清閑寺経房が当選し、研究会が推した候補が敗れた。同年一二月一八日、松木ら研究会所属の六名の伯爵議員が同会を脱会し、無所属であった大木遠吉ら六名の伯爵議員と共に会派「扶桑会」を立ち上げた。同時に扶桑会所属ならびに同会推薦の候補者の当選を目指す団体「同志会」が発足した。翌年九月、補欠選挙で当選した伯爵議員中川久任や無所属であった川村鉄太郎さらに反研究会＝尚友会の板倉勝達ら三名の子爵議員が扶桑会に加わった。それ以降、同志会は伯爵界における伯爵議員の選挙母体を確立するべく、伯爵界での研究会系勢力を排除しつつ組織拡大を図った。その背後には政友会が在ったと言われる。(2)

こうして、伯爵界は同志会および同志会グループと研究会系の反同志会グループの二つに分かれ、明治四四年七月に実施が見込まれた有爵議員総選挙に至るまで対立・抗争を繰り広げたのである。すでに触れたように、明治四四年七月に実施された総選挙では、任期満了時の同志会所属伯爵議員一二名の内で当選できたのは僅か徳川達孝一名であった。すなわち総選挙後最初の議会である第二八議会（明治四四年一二月二七日〜明治四五年三月二五日）での扶桑会所属の伯爵議員は、清閑寺経房、徳川達孝、川村鉄太郎、寺島誠一郎、柳沢保恵、柳原義光、吉井幸蔵の七名で、その内で同志会に所属していたのは徳川のみであった。当初同志会に所属していた清閑寺ら多くの会員は研究会や官僚勢力の圧力に抗しきれず、同会を離脱し、非同志会を標榜したりした。ちなみに徳川は御三卿の一つの田安家の出であり、「門閥の故を以て非同志派より懐柔策を使われたるのみならず、其の同志会の為に運動する勿れと条件を付せられ」、大いに反発したという。(3)

また「大隈伯が松浦伯が姻戚の故を以て其の傀儡となり当の敵たるべき〔研究会所属の―引用者注〕大原正親町両伯の為にも尚且助力しつつあるは心あるものをして聊か顰蹙せし」めたという。(4) ここに言う「松浦伯」とは大隈の養嗣子信常の実兄松浦厚（伯爵、旧松浦藩主家当主）であり、非同志会系のひとりである彼はその後官僚派に近い政治的スタンスをとった。すなわち大木ら同志会に反発した彼は、明治四三年に伯爵界の廓清を標榜して「改革派」を組織し、土方久元・東久世通禧・芳川顕正・田中光顕・大隈重信ら伯爵界の長老と思しき人々に反同志会の側に立つように働き掛け、誘導した。大隈重信の養嗣子信常は松浦厚の弟であったからか、松浦の大隈に対する働き掛けは執拗ともいうべきものであった。当初、大隈は松浦と同志会との間をうろうろしていた。明治四〇年一一月一六日に実施された伯爵議員補欠選挙で当選こそできなかったが、研究会―尚友会推薦の川村鉄太郎と同数の票を獲得した大木は「先般伯爵議員補欠選挙之際非常の御高配を辱し円満なる結果を得、光栄之至に奉鳴謝候。就而者来十二月四日於拙邸粗酒差上度候間……」(5)と、大隈に書簡を出し、彼に大きな謝意を表している。大木は翌年二月末に実施された補欠選挙で議席を得、反研究会の団体すなわち同志会の勢力拡大を図った。さらにその次の補欠選挙で、大木は大隈に宛てて、投票会場に出向くのか委託投票にするのかを問い、委託投票であるならば別紙の委託証書を添えるのでそれへの署名捺印を要請している。「扨投票用紙もいよいよ配布に相成候間、選挙場に御出被遊候や将又委託被遊候哉一両日中に参趨の上御都合拝承致度存候。自然御委托之場合には別紙委托証状封筒相添置候間、御調印被下度奉願候。今回は彼研究会之者共も必死狂奔罷在候得共正邪の道は未だ錯乱不致ものと見へ、大敵を受けながら日々優勢に赴き候」(6)。このように大隈は大木への支持者であった。

これに対し、松浦は同志会員である大隈に圧力を加えた。土方らが同志会に対する旗幟を鮮明にするや、彼は大隈に書簡を送り同志会脱会を迫っている。「……大木伯土方伯爵訪問の結果、土方伯初同志会を退会する事相成り候。就ては閣下にも同時に御退会相成り候へは如何。御同意被下候上は此退会届に御記名御捺印被給度希上候。……」(7)同志会の在り方をめぐり大木らと土方とが話し合った結果、土方らは同志会を退会することになった旨を松浦は大隈に伝えつつ、退会届の用紙まで大隈に送りつけ、その退会を迫ったのである。さらに、松浦は九月一二日に同志会調査部で大隈が演説することを察知すると、(8)病気等口実を設け欠席するように大隈に依頼したり、大隈の出席の意思が変わらないと知るや、「昨日参候時縷々相願置候通り来る一二日御演説は伯爵会改革派の勢援と可相成、十分に御口演願上候」と、改革派＝反同志会を排除することなく、容認するような演説をするよう大隈を説得し、「『伯爵同志会調査部のために本日来たりて演説するにあらず。華族全部即ち各爵諸君に向て意見を公に陳述せんとするなり』と云ふことを明白に御示被下度願上候」[9]と、松浦は大隈による改革派に対する不利益な行動を封じようとしたのである。

こうした松浦の動きが功を奏したのか、土方久元・東久世通禧・芳川顕正・田中光顕・そして大隈重信ら伯爵界の長老たちが彼を支持し、同志会員に脱会するよう、圧力を加えた[10]。大隈も姻戚関係にある松浦に抗しかね、官僚派勢力と結びついた研究会の伯爵議員らを援助していたようである。

このため、劣勢に追い込まれつつも同志会所属を標榜し続けた、松木宗隆・広沢金次郎・大村純雄・大木遠吉・松平頼寿は七月の総選挙において共に落選した。

しかし、第二八議会の招集を目前に、扶桑会側に同会を解消し新選議員五名を加えて新会派を結成しようとする動きがあり、辛亥倶楽部が新たに発足した。一二月二二日午後、双方の議員が柳沢の事務所に集り、新会派結成と新会派の幹事を決定した。これに対し、同志会に所属する徳川は入会を拒否し、無所属となった。この時の辛亥倶楽部所属議員は次の通りである。○は幹事である[11]。

辛亥倶楽部会員

再選

清閑寺経房、○寺島誠一郎、○柳原義光、○柳沢保恵、川村鉄太郎、吉井幸蔵

新選

奥平昌恭、島津忠麿、後藤猛太郎、○松平直之、○松浦厚

こうして、伯爵議員については①研究会所属が四名（正親町実正、大原重朝、万里小路通房、清棲家教）、②会派に入らない純無所属が二名（児玉秀雄、徳川達孝）、そして③扶桑会を発展的に解消し新選議員を加えて組織された辛亥倶楽

部に所属する者が一一名と、三つのグループが貴族院内に存在することになった。

ところで徳川が辛亥倶楽部に参加しなかったことに明らかなように、この会派は非同志会系であり、研究会寄りであった。院内交渉団体としての要件は会員二五である。数の上でその半分にも満たない会派が最有力会派とパイプを持ちその影響を受けるのは理解できるところである。しかし、かつて研究会を脱会した経験を持つ会員すなわち旧同志会系と新選議員会員との軋轢もあった。特に松浦はしばしば先輩議員と対立した。こうした中、後藤象二郎の急死に伴う補欠選挙が行われることになった。会派「辛亥倶楽部」と選挙母体「同志会」との対立は激化するかに思われたが、双方の交渉が続けられ、一二月一四日には両派の懇親会がもたれた[12]。大正二年一二月一六日付『読売』が報じたところによると、その出席者は次の通りである。なお、当日大木は「病気欠席」をしたという。

辛亥倶楽部側

柳沢保恵、松浦厚、奥平昌恭、寺島誠一郎、松平直之、吉井幸蔵

同志会側

徳川達孝、松木宗隆、松平頼寿、中川久任、酒井忠亮、（大木遠吉：病気欠席）

中立

小笠原長幹

結局、中立系の林博太郎が両派有志による推薦候補と決定し、全有権者に対し彼らによる推薦状が発せられ、林は補欠選挙に当選した。この補欠選挙をきっかけとした両派の意思疎通が可能となった。伯爵界の最大の問題は独自の院内会派とそれと連動した独自の議員選出母体を持たないことであった。すなわち子爵界のような研究会―尚友会体制が伯爵界には無かったのである。大正三（一九一四）年七月、この問題解決ため、会派「辛亥倶楽部」と選挙母体「同志会」が同時に解散され、新たに院内会派と選挙母体がそれぞれ立ち上げられた。それが「庚寅《いん》倶楽

部」であり、「大正会」であった。

七月一日午後一時、華族会館に伯爵会総会が招集された。招集の中心となったのは辛亥倶楽部と同志会の幹部たちで、この幹部たちを含め一七名の参加者があった(13)。新たな院内会派とその選挙母体の発足に向け、庚寅倶楽部については柳原義光・奥平昌恭・島津忠麿を、大正会については柳沢保惠・松平頼寿・奥平昌恭・大木遠吉・小笠原長幹をそれぞれ担当委員とする旨がこの総会で決められた(14)。大正会については、この決定を受け柳沢らの委員会が別室において会の規約案を作成し、直ちに規約案を総会に付議し、幹事五名を決定したのである。この五名の幹事に柳沢以下五名の委員が横滑りした。中立という立ち位置をとりつつも小笠原は大木と並び旧同志会の領袖であり、松平が元同志会員であることを考慮する時、大正会の運営は少なくとも数的には旧同志会派が握ったようであった(15)。ともかくも、大正会という形で、同志会と非同志会グループ（＝辛亥倶楽部）との対立・抗争を収束させ、自らが大正会の幹部となることにより、元伯爵議員であり同志会の領袖であった大木・小笠原の貴族院復帰は大きく一歩前進した。

さて、大正会の成立により、伯爵界では四年後の貴族院総選挙に向けての基盤造りがなされたと言ってよい。この選挙をめぐり大きな対立を生ずることもなく、大木・小笠原らかつての同志会系グループの領袖たちは共に議席を獲得し、選挙を終えることになった。

すなわち、この選挙では、定数が一七から二〇へと増員されたが、大正会はその三名の増員分について公卿華族、大名華族、勲功華族から各々一名を充当することになり、それぞれ松木宗隆、小笠原長幹、大木遠吉が議員候補者として同会幹部により推薦された。他方、児玉秀雄や松平直之ら四名が「同族平和」や病気療養を理由に自ら任期満了・推薦辞退を表明した。大正会幹部はこれに応じて、堀田正恒、津軽英麿（以上大名華族）、副島道正、広沢金次郎（以上勲功華族）が「少壮有為」の人物ということで候補者として推薦された(16)。こうして大正会は公卿華族こそ新人候補としなかったものの、大名華族と勲功華族のバランスをとりながら、旧同志会幹部の政界入りを認めたのである。

大正会は四月二四日午後五時より、華族会館において候補選考委員会を開き、会としての候補者を〈選定〉した。参加者は林博太郎、奥平昌恭、川村鉄太郎、柳沢保恵、柳原義光、松平頼寿、松浦厚、児玉秀雄、寺島誠一郎（以上現議員）、松木宗隆、小笠原長幹、大木遠吉、堀田正恒、津軽英麿、副島道正、広沢金次郎（以上候補者）である。九名の現職議員のうち、旧同志会系はその後の補欠選挙によった松平ただ一人で、他は反同志会系か中立派である。候補選考委員会とは名ばかりで、この日の参集者の顔ぶれからすれば七年前に伯爵界を二分した抗争の終結式さながらの手打ち式であった。候補選考委員会は以下の二〇名の候補者について承認し、土方久元、樺山資紀、寺内正毅、芳川顕正、田中光顕、黒木為楨《もと》、東郷平八郎、松平直亮の八名の名前でもって有権者に宛てて推薦状と被推薦者名簿を発送するよう決定した。この八名は土方ら維新の功労者や黒木・東郷ら日露戦争の英雄を含む、伯爵界はもとより広く社会一般の著名人であった。推薦状を受け取ったほとんど全員の大正会会員はこの被推薦者二〇名の名前を投票用紙に連記するはずであった。

第五回総選挙〈当選〉内定者

再選　正親町実正　清棲家教　大原重朝　万里小路通房　吉井幸蔵　松浦厚　寺島誠一郎　柳沢保恵　柳原義光　川村鉄太郎　林博太郎　松平頼寿　奥平昌恭

新選　大木遠吉、小笠原長幹、松木宗隆、広沢金次郎、副島道正、堀田正恒、津軽英麿

こうして、明治四四年の通常選挙で落選させられた大木、小笠原、松木、広沢はそれぞれ議席を回復したのである。

このように、伯爵界においては明治四四年前後の同志会問題を克服し、選挙母体は安定し、大正七年の総選挙は

静かであった。伯爵者たちにしてみればようやく訪れた同族平和であった。しかし、護憲三派内閣による貴族院改革のため、伯爵議員の定数は一六に減じた。これに対し、伯爵界はどのように対応したのか。

伯爵者にとって、大正一四年の通常選挙は制度的には大正七年のそれと比べ大きな違いがあった。大正八（一九一九）年八月の庚寅俱楽部の研究会への糾合に伴い、大正会は消滅していた。すなわち、伯爵議員全員は研究会に加入することになり、選挙母体は尚友会伯爵部となったのである。しかし、尚友会の子爵の幹部が伯爵議員の選挙に介入することは殆どなく、候補者選びを含め選挙の実質は変わることがなかったようである。

大正会が組織されて以来、当初は大木や小笠原が主に会務にあたっていたが、原内閣の成立以降、庚寅俱楽部の研究会への合流や原内閣への協力そして大木の司法大臣としての原内閣への入閣、小笠原の国勢院総裁就任など旧同志会勢力によって伯爵議員団は動かされてきた。これに対し、旧〈辛亥俱楽部―反同志会〉系は反発した。その中心にいたのが松浦厚である。こうしたなかで伯爵団には大木派と松浦派が形成されていった。すでに触れたように、大正一四年の総選挙での定数は一八であり、二名の減員に加え、改革に見合うある程度纏まった数の新人をこの選挙に投入する必要があった。かくして、選挙を間近に控えた五月になると、一八名の候補者推薦に向けて両グループ間の意見の対立が顕在化した。

大木派では小笠原を中心に人選が進められていた。彼は現議員から吉井、中川、副島、大原重明を引退させ酒井忠克と柳原義光（元議員）を新選議員として推薦したいとした。これに対し松浦派は副島と大原の引退に異論を唱え、官職にある児玉や広沢を引退させ、樺山と二荒を推薦したいとした[17]。因みに副島はケンブリッジ大学を卒業した秀才で、シカゴ大学の招請を受け渡米することになっているとの理由による副島の引退に松浦らは反対したのである。大原は東大文科大学を卒業した歌人であったが、引退の理由は不明である。最終的には伯爵界の長老松平直亮が両者に示した調停案に基づき決定された。それによるそれぞれの陣営の推薦候補者は次の通りである[18]。

大木派
再選　大木遠吉、小笠原長幹、松木宗隆、酒井忠正、堀田正恒、林博太郎、松平頼寿、溝口直亮
新選　酒井忠克（若狭国小浜藩主家当主、明治一六〔一八八三〕年生まれ、元宮内省狩猟官）
松浦派
再選　松浦厚、川村鉄太郎、寺島誠一郎、児玉秀雄、柳沢保恵、奥平昌恭
新選　柳原義光（元伯爵議員、元公卿、明治七年生まれ、保険会社重役）、樺山愛輔（元鹿児島藩士、天保八〔一八三八〕年生まれ、日本製鋼所常務）
中立
新選　二荒芳徳（元公卿、明治一九〔一八八六〕年生まれ、元宮内省参事官）

以上の松浦派の中の柳原は柳原白蓮の兄で、彼は白蓮問題の責任を感じ大正一一（一九二二）年三月に、議員を辞職していた。

さて、両者が譲らない中、伊東巳代治と松平直亮が仲裁にはいった。その結果双方があゆみ寄り、彼らの仲裁に従う旨をそれぞれ表明するに至った。六月一四日、芝紅葉館に両派の関係者が集まり、松平直亮の裁定案が示された。それは右の通りで、大木派九、松浦派八、中立一であるが、中立の二荒は松浦派による被推薦者である。ともあれ、伯爵者については伯爵界の長老による調停が功を奏し、通常選挙を乗り切ったのである。

二　男爵議員の場合

さて、男爵議員の場合はどうか。伯爵議員や子爵議員とは異なり、男爵議員は大正半ばまで院内会派、選出母体

ともに纏まった団体をもたなかった。議会開設当初、伯・子爵と比べ男爵者の数は少なく、その後戦争のたびに軍人や官僚を中心に男爵者の数は急速に増し、それに伴い男爵議員の定員も通常選挙のたびに大幅に増えていったのである。男爵界のこうした急激な膨張に千家ら男爵集団の指導者たちが対応できないまま、大正期半ばに至ったのである。では彼らは院内において如何なる会派に所属したのか。次の表10の通り、大正前半期、例えば第四〇議会において、多くの男爵議員は茶話会や無所属派を中心に所属していた。なお、第四〇議会は大正六（一九一七）年一二月二七日〜同七年三月二六日にかけて開催された。

こうした状況下、会派横断的な集団が男爵議員の間に存在した。五全会がそれである。具体的にいつそれが成立したか、またその中心メンバーや当初の会員はだれかについては不明である。しかし、その後男爵議員団の指導者になった阪谷芳郎（もと大蔵官僚、第二次桂内閣大蔵大臣）の「貴族院日記」の大正六年五月五日に項に五全会に関する記載があることからすれば、少なくともこの時点で五全会は存在していた。阪谷はこの日の会合で「男爵互選議員全部合同の必要」[19]を説いた。

五全会という緩い結合体が固い結束もつ集団―院内会派へと脱皮したのは、第四一議会における「田中光顕伯問題」をめぐる幸倶楽部系の官僚系議員の対応ぶりであった。すなわち茶話会、無所属派に所属する官僚出身の勅選議員たちと同じく両会派を中心に分属する男爵議員たちとの意見が対立した。これら男爵議員の集団の中心は阪谷と郷誠之助であった。その後彼らが中心となり、大正八（一九一九）年六月五日、五全会総会の議決を経て公正会が組織されるが、その数日前、郷は原首相に「・・・計画中なりし貴族院男爵団体の組織漸く成立し近日公表する事となるべし。目下総勢五〇余名なれ共研究会並びに土曜会に居る男爵を入るることとなれば其の数を増加すべし。幸倶楽部の専横により噴起《ママ》したるものなれば、現内閣に対して悪意なければ時々意思の疎通をなしては如何」[20]と語っている。

表10　第40議会における男爵議員所属会派一覧　（大正６年12月現在）

	皇族	公	侯	伯	子	男	勅	多額	合計
研究会	—	—	4	4	68	9	11	12	108
茶話会	—	—	—	—	—	16	36	10	62
無所属派	—	—	1	—	—	29	24	4	58
土曜会	—	1	—	—	1	6	12	9	29
交友倶楽部	—	—	—	—	—	—	22	9	31
甲寅倶楽部	—	—	—	13	—	—	—	—	13
純無所属	13	12	31	—	—	3	19	1	79
合計	13	13	36	17	69	63	124	45	380

出典：酒田正敏編『貴族院会派一覧―1890～1919―』249～255ページを参照して作成

男爵議員の院内会派公正会はこうして成立した。この成立はひとり男爵議員の統一会派が初めて出来たということばかりではない。それは貴族院内において会派の再編を促すことになる。

この新会派の出現を最も深刻に受け止めたのはおそらく最大会派研究会であった。男爵議員たちが新会派の発足を目指して慌ただしい動きをする一方、こうした動きを警戒しつつ研究会の水野直と庚寅倶楽部の小笠原長幹との間で両会の合併の上さらに政友会系勅選議員の団体である交友倶楽部と協力関係を構築することで原内閣を援助するという、構想が練られつつあった(21)。

公正会が結成されて間もなく、小笠原と水野は原を訪問して次のように語り、研究会と庚寅倶楽部とが合体することにより勅選議員団すなわち幸倶楽部に対し有爵議員の貴族院における主導権を確保したいとした。「貴族院の形成に付可成互選議員の結合を固ふせば勅選議員も強いて攪乱を企つる事能はざるべし。而して勅選議員は大概彩色鮮明となりて政党的関係となるべく、交友倶楽部の政友系たるが如く土曜会は憲政系たるべし。また新たに結合したる公正会なる新男爵団は或は研究会に向けて対抗的態度を取らんも知れず斯くなる時は却て結合は強固となるべし。但伯爵団が此の男爵団に加はるに於ては形成一変に付之を防止したし(22)」。

ここに研究会は伯爵議員団を糾合することによって貴族院における主導

権を維持し、男爵議員の新団体が子爵議員中心の団体である研究会に院内で拮抗する勢力となる可能性を事前に封殺しようとしたのである。また研究会は更なる組織の拡大と政界における権威の確立のため、侯爵徳川頼倫（旧紀州徳川家当主）を入会させ、筆頭常務委員に推戴した。徳川入会の条件は研究会が教育重視の政策を取ることであったが、この徳川を補佐する人物として研究会側は勅選議員・男爵山川健次郎に白羽の矢をあてた。山川は東京帝国大学および九州帝国大学の総長を歴任した教育界の重鎮であった。この時は公正会設立直後であり、同会は男爵議員や男爵の爵位を有する勅選議員の獲得に奔走していた。八月三〇日、徳川頼倫は山川の元を訪れ研究会への入会を打診している。[23]そして九月三日、研究会所属の勅選議員木場貞長（元文部官僚）が、青木信光・水野直・前田利定ら研究会幹部の依頼により山川邸を訪れ、山川に対し研究会への入会を勧誘している。[24]これに対し、ちょうどこの日すなわち九月三日、公正会所属の男爵議員島津久賢が山川の自宅を訪れ同会への入会を「勧告」した。こうして、山川は勅選議員として研究会に入会するに至った。[25]

こうして公正会成立を期に、研究会と公正会との間で、熾烈な会員獲得競争が展開されたのである。因みに、大正八年一二月から翌九年三月にかけて開かれた第四二議会開会時の会派別会員数は次の表11通りである。幸三派すなわち茶話会・公正会・同成会の会員総数は一四八、これに対し研究会の会員数は一四〇。議席につくことがない皇族議員と大半が登院しなかった公・侯爵議員を考慮しても、研究会は二〇名からなる伯爵議員団を失えばもはや単独で幸三派（茶話会、公正会、同成会）に対抗することが困難となる。公正会の出現により、二〇名からなる伯爵団を取り込んで初めて研究会は官僚派勢力である幸三派に対し主導権を維持できるのである。

さて、公正会が設立されるや、同会は直ちに政務調査部を設置した。それは「組織化された機関で、その運営にあたり、理事長、副理事長、理事を置き、調査事項により分科として各分科には各二名の理事を運営の担当者」として充てた。[26]この政務調査部は外交部会を中心に政務調査と政策立案にあたり、その調査内容は貴族院での各種の

表11　第42議会における会派別会員数　（大正８年12月現在）

	皇族	公	侯	伯	子	男	勅	多額	合計
研究会	—	—	6	20	70	10	17	17	140
茶話会	—	—	—	—	—	—	40	9	49
交友倶楽部	—	—	—	—	—	—	25	14	39
公正会	—	—	—	—	—	63	5	—	68
同成会	—	—	1	—	—	—	23	7	31
純無所属	14	13	28	—	2	—	10	—	67
合計	14	13	35	20	72欠1	73	120	47	394

出典：酒田正敏編『貴族院会派一覧―1890～1919―』269～273ページを参照して作成

論戦や決議などの切っ掛けとなり、また審議に少なからず影響を与えた。この調査部の実現には阪谷芳郎の努力によるところが大きく、公正会の会員には官僚、軍人、実業界の出身者がおり、学識経験者など多彩な前歴の議員が多かったので、この政務調査部は政界でも権威があったという。[27]

要は最多の会員数を誇る研究会に対し、公正会は政策すなわち〈質〉で対抗しようとしたのである。そして同会は憲政会系の勅選議員の会派同成会とならんで、憲政会系の会派として幸倶楽部に事務所を置き、政友会系の交友倶楽部や政友会系の研究会に対抗した。では同会は大正一四年の通常選挙ではどのような動きをしたのか。

公正会にとってこの選挙は会派を挙げて取り組んだ最初の通常選挙であった。公正会が設立される以前に、男爵議員の推薦母体として協同会が存在した。そもそも明治四〇年代初、男爵爵界には二七会、清交倶楽部そして協同会という三つの男爵議員の推薦母体があったが、対立・抗争の末、大正四（一九一五）年一一月に協同会に一本化された。[28]従って、協同会にとって公正会結成以前の大正七年七月の総選挙は特定会派の選挙ではなく、人物本位の選挙であった。しかし、大正八年六月、男爵議員の統一会派として公正会が結成されることにより、一部の男爵議員を除き公正会―協同会という、伯爵界や子爵界と同様な政治システムを男爵界も持つに至った。これで男爵界の選挙も安定するかに思われた。しかし、そうはならなかった。

大正一〇（一九二一）年二月、補欠選挙で中川良長が当選し、公正会に入会した。しかし、その翌年彼は、公正会を中心とした幸無四派（公正会、同成会、茶話会、無所属派）による、高橋内閣に対する「綱紀粛正ニ関スル建議案」上程に対する不満から、本会議で反対演説を行い、同会を除名されてしまった。これに対し阪谷ら主流派に不満を抱き続けてきた旧清交会系の杉渓言長や郷誠之助らは公正会を脱会して中川と合流し、さらに六名の研究会所属の男爵議員を加えて、大正一一（一九二二）年四月五日、新会派「親和会」を結成した。会員は二五名であった。阪谷はこれを「公正会破滅の陰謀」(29)と、都築馨六に書き送っている。はたして四月一七日、この二五名の男爵議員たちは研究会所属議員の選挙母体である尚友会に入会し、尚友会男爵部を組織するに至った。

結成時の親和会員は次のとおりである。○は研究会に所属していた男爵議員であり、○の無い者は公正会所属の男爵議員である。また、幹事には＊を付した。

親和会会員

杉渓言長、高千穂宣麿、＊名和長憲、太秦供康、○神田乃武、＊南岩倉具威、＊平野長祥、山内豊政、○竹腰正己、若王子文健、徳川厚、○真田幸世、永山武敏、○黒川幹太郎、長松篤棐、島津長丸、永山盛興、横山隆俊、○安藤直雄、今園国貞、郷誠之助、伊達宗曜、＊○藤堂高成、＊中川良長、島津健之助

以上二五名

伊達はこの年の七月に亡くなるが、第四六議会（大正一一・一二・二七〜一二・三・二六）の開会を目前に勅選議員若林賚蔵が親和会に加わった。院内交渉団体（二五名）としての権利を確保するためであろう。

ともあれ、両派は補欠選挙をめぐり鋭く対立した。談話会が設立された直後の五月に男爵議員である内田正敏元海軍中将が死去した。瓜生外吉がその後任として、七月に実施が予定された補欠選挙の協同会推薦候補者となった。瓜生は安政四（一八五七）年生まれの海軍大将で、明治四〇（一九〇七）年に勲功により華族に列せられ男爵に

叙せられた。彼が協同会の推薦候補者に挙げられた理由は不明であるが、彼は大正一一年一月に後備役に編入されており、予備役に編入された頃から男爵議員選挙出馬への意思表示を協同会に対してしており、大正一一年七月の補欠選挙を迎えたのかも知れない。瓜生が協同会推薦候補者として補欠選挙出馬の動きを始めると、はたして研究会―尚友会側は瓜生に対し出馬を取りやめるよう働き掛けをする一方で、島津隼彦を尚友会候補者に立てた。山中より二代後に第一六師団長を務めた山口勝（旧幕臣）は、山中の紹介であろうか、または男爵界における徳川家グループのルートからであろうか、ともかくも瓜生に会い出馬取り下げを交渉している。水野直は日記に次のように記している。「蜂須賀侯邸ニオイテ山口勝中将ニ面会。黒田青木両子トトモニ瓜生大将面会ノ件」[30]。そして、山口は六月一四日に報告にやってきた。「山口勝氏昨日瓜生大将ト面会。土屋光金男と共に相談ヲセシニ協調不和トナル。来会報告」[31]。こうして両派の対立は激化し、来るべき補欠選挙での瓜生と島津による激突は不可避となってい った。親和会結成のきっかけを作った中川良長の姿勢は強硬であり、六月一六日に彼と水野は「戦争開始ノ件ヲ相談」したが、それは「瓜生大将トノ交渉破裂ノ為メ」[32]であった。協同会の支援を背景に瓜生は降りようとはしなかった。これに対し、親和会側は男爵部の参謀に水野直を迎えた。中川ら男爵議員は「研究会中の男爵議員を合せ自ら陣頭に立って青木信光子と協力同心、昼夜の別なく、親和会の為に奮闘」[33]したのである。翌一二年四月水野は中川を援助するべく研究会を脱会し、親和会に入会した。なお、右の補欠選挙であるが、突如「同族平和」のため島津が立候補を辞退したため、瓜生の当選が決まった。

しかし、青木や水野たち研究会幹部の思惑は外れ、尚友会男爵部の会員数が協同会のそれを上回ることはなかった。その後、親和会は公正会―協同会に対し独自候補を立てることができないまま、親和会はついに解散に追い込まれた。切り崩しにより一時尚友会に属した男爵たちの大半が協同会に戻ったが、藤堂高成、黒川幹太郎、真田幸世、安藤直雄、竹腰正己ら五名の男爵議員は選挙母体を尚友会としたまま、会派を再び研究会所属としたのである。従ってこのままでは、この五人の大正一四（一九二五）年の通常選挙での再選は絶望視されていたのである。この五名の再選問題に加え、公正会を脱し親和会設立に走った中川ら一八名の再選可能性についてもまた、政界は言うに及ばず広く社会の関心を集めるに至った。

協同会では幹事の山内長人（元陸軍中将）、阪谷芳郎（元大蔵官僚）、目加田種太郎（元大蔵官僚）、船越光之丞（元外務官僚）、黒田長和（旧福岡藩主家分家当主、元宮内官僚）、坂本俊篤（元海軍中将））、二条正麿（旧公卿、元検事）らによって、推薦候補者の選考が進められた。『東京朝日』東京市内版によると、六月八日に幹事会を開き、幹事会としての推薦候補者を確認するとともに、研究会寄りの姿勢を取り続け一時は研究会に入会した経験を持つ池田長康・福原俊丸の処遇についても話し合うことになった(34)。幹事案における基本方針は、①二、三の勇退者を除き原則として公正会員は全員再選、②無所属派の黒田長和、岩倉道倶は再選、③公正会脱会・旧研究会員からの再選者は四、五名、④新選者は一四名見当、の四点であった(35)。

八日の幹事会に関し、『東京朝日』の報道と比べて『読売』のそれは内容的には余り変わらないが、記事そのものはもう少し具体的である(36)。

＊公正会　山中信儀、瓜生外吉、安川敬一郎の三名は引退(37)　他の四一名は全員再選
＊旧親和会系　郷誠之助、長松篤棐《あつすけ》、島津長丸、【横山隆俊】の三名再選
＊無所属派　黒田長和、岩倉道倶は再選
＊研究会　池田長康、福原俊丸
＊在来研究会の研究会員　藤堂高成

引退を決められた三名であるが、山中は嘉永四（一八五一）年生まれ、旧長州藩士、陸軍中将、第一六師団長、明治四〇年勲功により華族に列せられた。彼は大正七年の通常選挙で初当選したが、一期七年間で議員を終えた。

安川は嘉永二年（一八四九）生まれ、福岡県を代表する実業家（安川電機の創業者）であり、大正三年一一月に補欠選挙により衆議院議員となったが、翌月衆議院が解散され、議席を失った。そのまま総選挙に出馬することはなかったが、大正九年華族に列せられ男爵に叙せられた。大正一三年六月に補欠選挙で男爵議員に当選したが、大正一四年七月の通常選挙の推薦候補となることなく、政界から引退した。瓜生が今回の通常選挙で再選に至らなかったのは、彼の六八歳という年齢を考慮したことにもよろうが、協同会幹事たちが反親和会の象徴的存在となった瓜生の再選に対し「同族平和」の立場から違和感を覚えたためなのかもしれない。

旧親和会系であるが長松は六月八日に協同会より推薦候補者となるよう再交渉を受けたが、「同僚の多数が落選するのに自分独り再選するのは忍びず」[38]と再選を拒否した。結局長松が辞退した分を引き継いだのは今園である。横山は再選されなかったので、誤報か辞退かであるが少なくとも小山が再選されない分を誰かが引き継いだということはなかった。かくして死去した伊達を除く親和会設立時のメンバー二四名中、再選されたのは郷、島津、今園の三名に過ぎなかった。すなわち旧親和会員はその約九割が引退を余儀なくされたのであり、それは阪谷のいわゆる「公正会破滅の陰謀」に加担した男爵議員に対する〈懲則〉の意味を持つものであった。無所属派の二名は杉渓ら旧親和会系の議員と公正会を離脱したのであるが、幸倶楽部系議員として研究会側に立つことはなかった。そのことが評価されたのであろうか、黒田長和、岩倉道倶両名は協同会の推薦候補者となった。

池田と福原はどうか。この二人は世間の注目を引いただけに、公正会―協同会の幹部たちも彼らに対して厳しく対応することが出来にくかったのではないか。結局、公正会―協同会はこの二人の再選を認めた。談話会問題が発生する前から研究会には六名の男爵議員が在籍していたことはすでに述べたが、彼らは全て談話会に入会したためであろうか、黒川一名しか再選を認められなかった。割合にして一七パーセントである。やはり旧親和会会員の再選に対する公正会―協同会幹部の姿勢は厳しかったと言わざるを得ない。ちなみに、六月五日、元山県系官僚であり、男爵界の重鎮であった田健治郎（元台湾総督、第二次山本内閣逓相）は平野長祥の再選について次のように阪谷に申し入れた。「……平野長祥男ハ所謂親和会組之一人故、或ハ多少ノ議論有之ヲ免レサルヨリ推測罷在候共、同男ハ小生多年之鑑別ニテハ相当ニ役立ツ才幹ヲ有シ、性向亦欠点無之様存候、殊ニ大正三年頃山本内閣弾劾シーメンス事件ニ当リテハ、院議取纏メ之為多少力ヲ致シタル様記憶致居候次第ニ付、角段（ママ）之理由モナク候ハバ、再選之部中へ御加へ方御高慮願上度候……」[39]。田はジーメンス事件を発端とした海軍のスキャンダル問題で山本首相の責任を厳しく追及し、予算案の一部を否決した貴族院の指導者の一人であった。その際、平野は田の下で反山本内閣の院議取り纏めに奔走したひとりであった。田はこの時平野の政治的能力を評価したのである。田は同様な書簡を公正会の有力者である船越光之丞にも差し出したようだが、結局「角段之理由」のため平野は再選されることはなかった。田の威望と助言をもってしても阪谷、船越ら公正会—協同会の幹部を動かすことができなかったのである。親和会問題という「角段之理由」が彼らにとっていかに重要であったかを窺い知れよう。

　さて、六月一一日に幸倶楽部で評議委員会が開催され、協同会としての推薦候補者が最終決定された。同会は幹事の名を以て選考事情につき次のような趣旨の声明書を発表した。

・今回の候補者選考方針は一切の情実を排し、主として人物本位に重きを置いたことはもちろんであるが、その出身門地、協同会入会の新故、その他同族間協和問題をも併せ考慮したものである。
・今回の推薦に漏れたる者の中には将来議員の適材そのひとに乏しくはないが、如何せん定員の制限に余儀なくされた点はすこぶる遺憾とする所で、是等は補欠の場合進んで候補者たらしむることももちろんである。
・旧親和会系又は公正会から一時親和会に走つた人選については今日では一切の事情疎通して復帰を見た以上は既往のことは何等深く問ふ必要はないと思ふ。復帰者の中から被推薦者の数が或は少なきに失しはせぬかとの疑問もあるやうであるが、これ等の人々が協同会の入会者としては最も新参者であること並びに定員の関係などを考慮されたならば思ひ半ばにすぎるものがあらう(40)。

要するに「出身門地」以下二点が今回の総選挙の推薦候補者選考の基準であったという。「出身門地」とは華族の種類すなわち公卿・大名・勲功の別であり、「協同会入会の新故」は協同会員歴、さらに「同族間協和問題」とはトラブルメーカー・秩序破壊者の排除であり、具体的には中川良長を指していよう。また世間の耳目を集めた旧親和会系の議員の再選については一部の例外を除いて「最も新参者」扱いをして、今回の再選を認めないという厳しいものであった。以上のような協同会による推薦候補者選考の結果、第六回男爵議員選挙当選者は次のようになった。瓜生以下二名が引退し、残り四一名が再選された。公正会員の再選率は九三・二パーセント。これに対して、①「旧親和会員」は死去した伊達を含む一九名の、②「在来の研究会員」とは親和会結成以前からの研究会所属で、親和会結成とともに親和会に移籍した六名のそれぞれ男爵議員を指す。両者合わせて結成当初の親和会員二五名である。また研究会員の二名は池田、福原であり、③「在来の研究会員」一名は藤堂である。①の再選率は一六パーセント、③のそれは一七パーセントである。公正会を退会し親和会を新たに結成した一九名の再選率は一六パーセントであり、それは公正会にも入らないで研究会に留まっていた「在来の研究会員」の再選率と比べ、さらに一パーセント低い。

表12　第6回男爵議員選挙再選者

会派	当選者数	第50議会終了時人数	再選率（%）
公正会員	41	44	93.2
旧親和会員	3	19	16
無所属派会員	2	2	100
研究会員	2	2	100
在来研究会員	1	6	17
再選者合計	49	73	67.1

では新選者についてはどうか。新選者は表13の通りで、一七名である。

以上の一七名のうち神官や旧家老の家柄、言ってみれば血統華族が七名、残り一〇名は勲功華族、いわゆる新華族家の当主である。後者のうち初代すなわち自らの勲功による者は立花ひとりで、後の九名は父の勲功による華族で、いわゆる二代目であ

表13　第6回男爵議員選挙新選者

	氏名	出身	生年月	年齢	職業・学歴等
1	紀俊秀	神官	明治3（1870）、10	54	和歌山市長
2	金子有道	神官	明治2（1869）．8	55	東大文学部卒、宮内省嘱託
3	北島貴孝	神官	明治17（1884）．7	41	東大文中退
4	今枝直規	金沢藩家老	明治3（1870）．7	55	東大農中退、農林省嘱託
5	渡辺修二	旧尾張藩家老	明治21（1888）12	36	東大法卒、前検事
6	沖貞男	勲功華族	明治21（1888）．2	37	東大工卒。復興局嘱託
7	千田嘉平	勲功華族	明治4（1871）．8	53	陸軍少将
8	大寺純蔵	勲功華族	明治5（1872）．6	53	元桂首相秘書官
9	足立豊	勲功華族	明治21（1888）．9	55	東京農大卒、同大講師
10	関義壽	勲功華族	明治23（1890）．1	35	東大中退陸軍砲兵大尉大正12予備
11	有地藤三郎	勲功華族	明治11（1878）．6	47	東大工卒海軍造兵大佐13予備
12	近藤慈弥	勲功華族	明治15（1882）．9	42	グラスゴー大卒、横浜船渠専務
13	長基連	旧金沢藩家老	明治23（1890）．6	35	東大法卒、三井銀行
14	小原詮吉	旧大垣藩家老	明治4（1871）．1	54	東大法卒、宮内顧問官
15	立花小一郎	勲功華族	文久（1861）1．2	64	福岡市長陸軍大将大正11予備
16	井上清純	勲功華族	明治13（1880）．6	45	海軍大佐大正13予備役
17	伊藤安吉	勲功華族	明治6（1873）．5	52	東大工卒、海軍造機少将

出典：霞会館編・刊『火曜会所属・公正会所属貴族院議員録』（1985年）を参照にした。

る。しかし以上の一七名は総じて東大や軍の学校で高等教育を受けた知識人であった。五名の軍人については何れも通常選挙の前年かその前の年に予備役に編入されており、貴族院議員として第二の人生を歩もうとした人々であった。現役を終えた軍人たちが協同会を母体に男爵議員選挙に当選することは、官僚が勅選議員に就任することと同様、退職後新たな職場を提供されることでもあった。

ところで、今回の男爵議員の総選挙では旧親和会員再選の可否とともに、親和会を途中で離脱した中川の動向が注目を集めた。彼は公正会—協同会体制打破について強硬論者であり、研究会から一時親和会に移った水野直と対立し、親和会を脱会したのであった。これに対し、水野は公正会—協同会に対し決定的な対立を回避しようとした。すでに述べたように、水野は親和会議員の選挙母体である尚友会男爵部が公正会所属議員の選挙母体である協同会に対抗しえないと知るや、親和会員全員を引き連れ研究会に戻ったのである。その結果研究会は会員数一七〇を数える大会派となり、従来の状況からすれば単独で貴族院本会議の過半数を獲得しうる勢力を有するに至った。

しかし、通常選挙を前にして尚友会所属に不安であった二〇名の旧親和会系男爵議員が研究会を脱会したため、その会員数は再び一五〇となった。第六回通常選挙実施を目前にして、公正会が六六名の男爵議員を独占したうえで幸三派を糾合することにより、研究会に数の上でも拮抗する可能性が出てきた。こうした中で、中川は親和会脱会後、貴族院改革を標榜し政友会有志の衆議院議員とともにその運動を展開してきたのである。研究会による貴族院支配体制の打破もまた、中川らの主張であった。このこともまた、研究会にとって大問題なのであった。

むすびにかえて

伯爵界には尚友会伯爵部という選挙管理機関があったにもかかわらず、大木派と松浦派とが鋭く対立した。結局伯爵界の長老の斡旋によって両者は和解した。一方、「親和会問題」の最終結着をめぐり、男爵界は大揺れであった。予選を前に旧親和会グループの大半にとって非推薦という厳しい判定がもたらされた。

ともかくも、大正一四年七月一〇日、伯子男爵議員通常選挙が実施された。それはそれぞれの予選通りで、一つの番狂わせもなかった。その結果を受け研究会、公正会はじめ各会派は、一〇月に実施が予定された多額納税者議員選挙に向け一斉に動き始めるのであった。

（1）　この点については拙著『大正デモクラシー期の貴族院』第二章を参照されたい。

（2）同様に拙著『大正デモクラシー期の貴族院』第二章を参照されたい。
（3）明治四四年七月八日付『東京朝日』。
（4）同。
（5）明治四〇年一一月三〇日付大隈重信宛大木遠吉書簡（早稲田大学大学史資料センター編『大隈重信関係文書』第二巻、みすず書房、二〇〇五年刊、二八二ページ、所収）。
（6）明治四一年五月二四日付大隈重信宛大木遠吉書簡（同）。
（7）明治四三年六月八日付大隈重信宛松浦厚書簡（早稲田大学大学史資料センター編、前掲書第一〇巻、二〇一四年刊、二七ページ、所収）。
（8）明治四三年九月五日付松浦宛大隈書簡、同右、二九ページ。
（9）明治四三年九月一〇日付け松浦宛大隈書簡、同右、二九ページ。
（10）「改造に面した貴院物語」八、（大正一二年一二月八日付『東京朝日』所収）。
（11）大正二年一二月一六日付『読売』。
（12）大正二年一二月一六日付『読売』。
（13）大正三年七月二日付『読売』。
（14）大正七年七月二日付『読売』。
（15）しかし、その後、大正会は侯爵に昇爵した大隈重信や土方久元・田中光顕らを中心に、大隈と姻戚関係にあり、旧辛亥倶楽部系グループを代表する松浦厚（旧肥前国平戸藩主家当主）が実質的に会務を掌握して運営されたようである（大正七年四月二三日付『読売』）。
（16）大正七年四月二三日付『読売』。
（17）大正一四年五月三一日付『読売』。
（18）同。
（19）阪谷「貴族院日記」の大正六年五月五日の条（故阪谷子爵記念会編・刊『阪谷芳郎伝』四七〇ページ、所収）。
（20）「原敬日記」大正八年六月三日の条。
（21）「原敬日記」大正八年五月一六日の条。
（22）「原敬日記」大正八年六月一三日の条。

(23)「山川健次郎日記」大正八年八月三〇日の条（『山川健次郎日記』尚友ブックレット二八、芙蓉書房、二〇一四年）。
(24)同、大正八年九月三日の条。
(25)なお、山川は大正一一年三月二五日、研究会を脱会した（「山川健次郎日記」大正八年八月三〇日の条、を参照）。
(26)尚友倶楽部編刊『貴族院の政治団体と会派』、一六一ページを参照。
(27)同、一六一ページ。
(28)協同会の設立年月については不詳である。なお、『貴族院の政治団体と会派』、五七〜五八ページを参照。
(29)大正一一年四月七日付都築馨六宛阪谷芳郎書簡（国会図書館憲政資料室所蔵「阪谷芳郎関係文書」所収）。
(30)「水野直日記大正一一・一二年」大正一一年六月六日の条（伊藤隆・西尾林太郎「水野直日記大正一一・一二年」、東京大学社会科学研究所編・刊『社会科学研究』第三四巻第六号、一九八三年、二〇二ページ、所収）。
(31)「親和会入会后日記」大正一一年六月一四日の条、（伊藤・西尾「水野直日記大正一一・一二年」、二〇三ページ、所収）。
(32)「親和会入会后日記」大正一一年六月一六日の条、同、二〇三〜二〇四ページ、所収）。
(33)㈳尚友倶楽部編・刊『水野直子を語る・水野直追憶座談会録』（二〇〇六年）一一四ページ。
(34)大正一一年六月七日付『東京朝日』市内版。
(35)同。
(36)大正一四年六月七日付『読売』。なお、下記における横山隆俊は『読売』の誤報であり、横山隆俊に括弧【　】を付した。
(37)なお、大正一四年六月七日付『読売』が報じた記事で、議員引退を報ぜられた山中信儀、瓜生外吉であるが、共に京都の第一六師団長の経験者である。
(38)大正一四年六月一〇日付『東京朝日』市内版。
(39)大正一四年六月五日付阪谷芳郎宛田健治郎書簡（専修大学編『阪谷芳郎芳郎書簡集』、芙蓉書房、二〇一三年、三二二ページ、所収）。
(40)大正一一年六月一二日付『東京朝日』東京市内版。

第一〇章　大正一四年貴族院多額納税者議員選挙
――埼玉県の場合――

はじめに

第五〇議会（大正一四〔一九二五〕・一二・二六～三・三〇）において、衆議院議員選挙法が改正され普通選挙法が成立したが、それに数日先んじて貴族院令が改正された。第六章で検討したようにそれは、有爵（華族）議員に対し勅選議員や多額納税者議員などによる勅任議員の数の上での優位性を確立し、多額納税者議員の増員やその有権者数を六・七倍ないしは一三・三倍に増加させるものであった。

後者について言えば、各道府県から選出される任期七年の多額納税者議員は定数を四七から六六に拡大し、選挙区は各道府県で、その定員は一名または二名とし、有権者は各選挙区一律一五名から一〇〇名または二〇〇名に増員されたのである。ここに①定数一―有権者一〇〇、②定数二―有権者二〇〇の区別は、選挙区である各道府県の人口の寡多によった。すなわち、四七道府県について平均人口以上の人口を有する北海道、東京、京都、大阪の各府、新潟、福島、茨城、埼玉、千葉、神奈川、長野、静岡、愛知、兵庫、岡山、広島、福岡、熊本、鹿児島の各県は②、それ以外の各県は①である。互選の方法は貴族院多額納税者議員互選規則（大正一四年勅令二三四号）によったが、新たに衆議院議員選挙法中罰則規定が準用されることになった（大正一四年五月五日法律第四八号）。では、こうした新制度の下で選挙はどのように行われたか。管見によれば、この観点からの多額納税者議員選挙

写真８　「選挙人名簿」

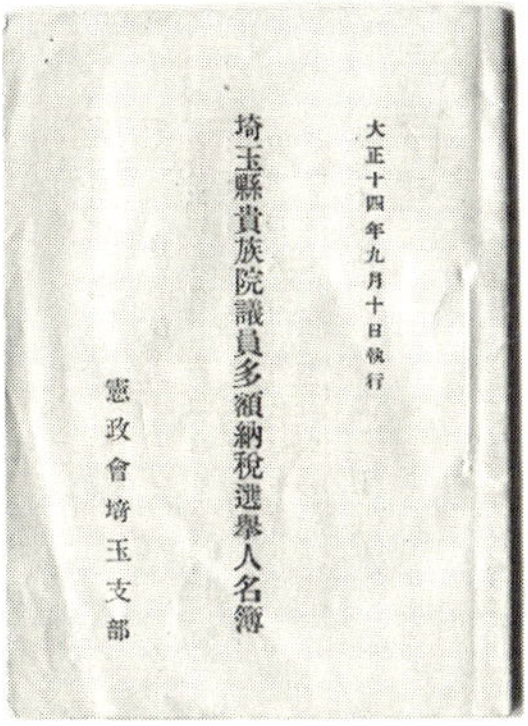

出典：著者蔵

写真９　「選挙人名簿」の一部

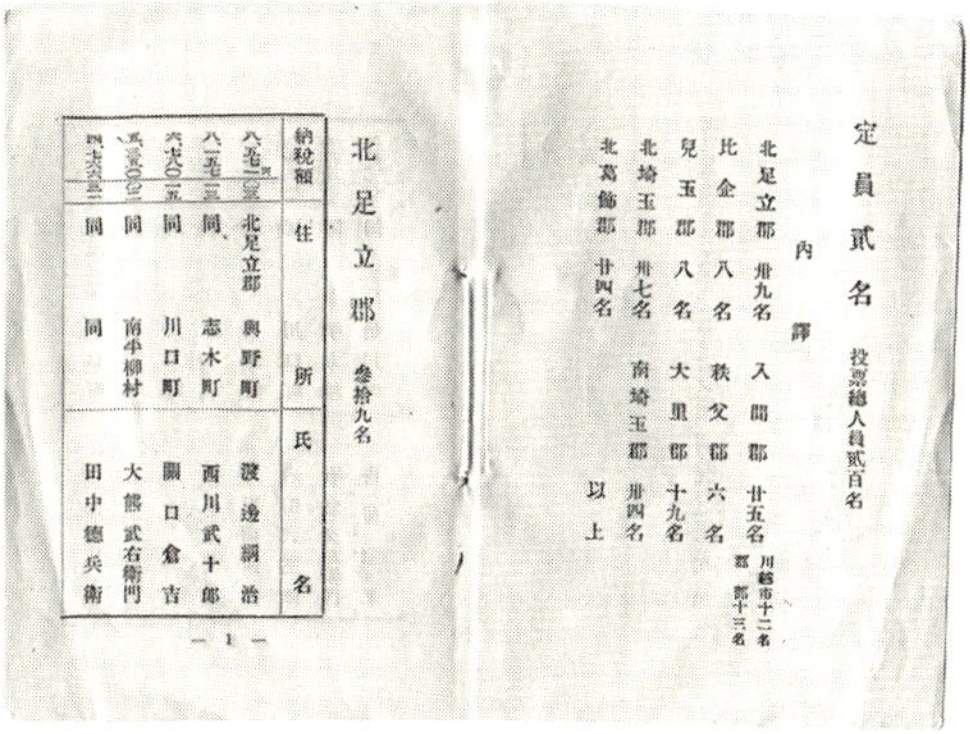
定員貳名　投票總人員貳百名

内譯

北足立郡　卅九名　入間郡　廿五名　川越市十二名　郡部十三名
比企郡　八名　秩父郡　六名
兒玉郡　八名　大里郡　十九名
北埼玉郡　卅七名　南埼玉郡　卅四名
北葛飾郡　廿四名　以上

北足立郡　參拾九名

納税額	住所	氏名
[illegible]	北足立郡　與野町	渡邊綱治
[illegible]	同、志木町	西川武十郎
[illegible]	同　川口町	關口倉吉
[illegible]	同　南中柳村	大熊武右衛門
[illegible]	同　同	田中徳兵衛

— 1 —

出典：著者蔵

に関する研究は兵庫県の事例があるのみである。[1] しかし、それは一五名から二〇〇名へと増加した有権者の特徴を詳細に分析したものではあるが、選挙過程で彼らがどのように活動したかについて、明らかにするものではない。すなわち従来と比べ、一三倍余に激増した有権者が二名の当選者を選出―互選―する過程が明らかではないのである。

本章は埼玉県を例にとり、その選出―互選過程を明らかにすることを目的としている。埼玉県を事例として選んだのは、第二次加藤高明内閣与党・憲政会の埼玉支部が作成した、この選挙の有権者名簿を筆者が入手したことによる。大正期には多額納税者議員選挙に政党が少なからず関与していたことは明らかであり、政党は衆議院と対等な権限を持つ貴族院を政党本位に動かすため同院に政党の力を扶植しようとしたことは、蓋し必然であった。「埼玉県貴族院議員多額納税選挙人名簿」と題するこの小冊子（写真８）をもとに、憲政会埼玉支部は憲政会員や憲政会支持者を貴族院に送り込むべく選挙活動を展開したに違いない。[2]

さて、その選挙人名簿であるが、縦一三センチ、横九・五センチで、二九ページからなる活版刷りの小冊子である。次の図１のように、当時埼玉県は北足立郡をはじめ九郡から成ったが、憲政会埼玉支部によって二〇〇名の有権者が郡別に整理されている（写真９）。ちな

図1　埼玉県郡編成図

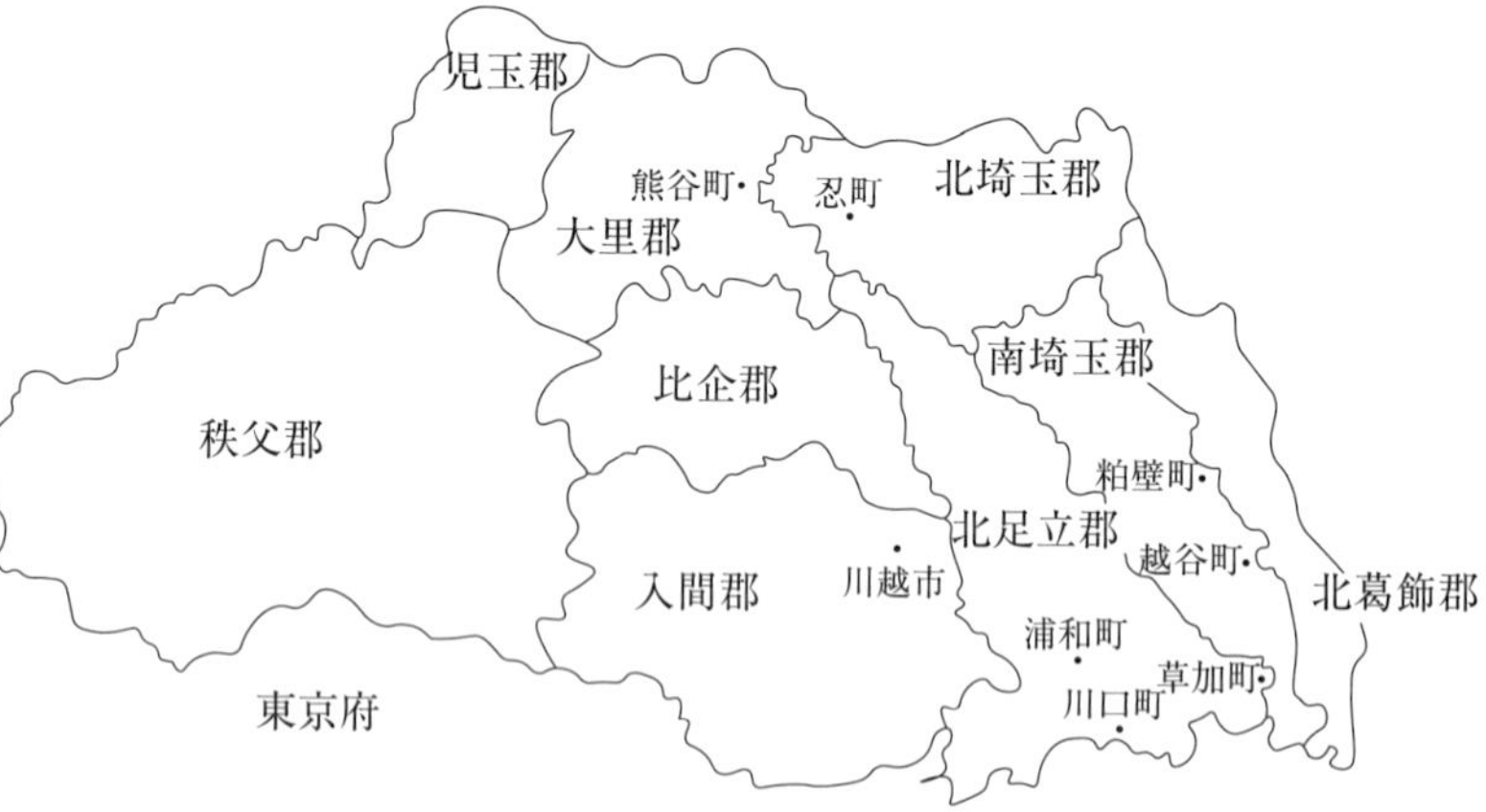

みに互選人名簿は大正一四年六月一日現在で埼玉県庁により調整され、七月二〇日に公示された。この互選人名簿は直接税の納税額の多い順に氏名と税額を記載したものであったが[3]、それに基づき憲政会埼玉支部が選挙対策用に二〇〇名の互選人を九郡別に整理排列し、先の小冊子を作成したものと思われる。なお、埼玉県の互選人名簿は貴族院多額納税者議員互選規則第五条の規定により、七月二〇日から一五日間、即ち八月三日まで埼玉県庁で縦覧に供された。

なお、本章の末尾に「埼玉県貴族院多額納税者議員互選人名簿」①～④を付した。これは憲政会作成のものに県下の直接国税納税額の順位、生年月日、年齢、職業を入れたものである。これらのデータは、織田正誠編『貴族院多額納税者名鑑―大正一四年六月一日現在』（一九二六〔大正一五〕年、太洋堂出版部刊）によった。

以下、本章において、この「選挙人名簿」に掲載されている人物については、名簿参照の便宜のため、この「名簿」における選挙人の通し番号を漢数字で括弧に入れ、その人物の後に付した。

一　候補者擁立

新聞で見る限り、埼玉県において多額納税者議員選挙の候補者選出をめぐり具体的な動きが出てきたのは、互選人名簿が公開されて一〇日たった八月早々のことである。

北葛飾郡吉田村の金沢理三郎（一七七）は、先月より「暗中飛躍」を開始し、親族会議を開いた結果立候補を見合せていたが、八月一日に至り、東京日本橋区の柳橋の料亭「柳光亭」に南埼玉、北葛飾、北埼玉三郡の有権者を集め、自ら立候補について秘密裏に打診した。(4)彼は一三九町歩（約一三七ヘクタール）を有する県内有数の大地主のひとりで、直接税五五九五円を納める県内一五番目、地元の北葛飾郡では二番目の多額納税者である。(5)この日の会合の参会者の人数は明らかではないが、金沢の地元の北葛飾、その左隣の南埼玉、左上隣の北埼玉という、埼玉県の茨城県寄り三郡の一部有権者が参集した。

一方、同じく一日、憲政会埼玉県支部は浦和町の武蔵会館に午後一時より三時半にかけて、多額納税者議員候補者薦銓衡会を開き、現職の斎藤善八（一四五）再出馬に向けて、本人の意向を確認することが決められた。(6)

これに対し北埼玉郡の政友会員グループは、三日午後一時に北埼玉郡忍（おし）町公会堂に会合し、隣接し「もともと交渉のあつた」(7)大里郡中瀬村の元代議士斎藤安雄（一〇二）を推薦する方向で話がまとまり、五日に再度忍町公会堂で有権者全部を集めて協議して、その賛否を決することとした。埼玉県では明治一〇年代後半に、自由―改進両党の勢力は改進党が優位であったが、地域性すなわち郡による違いが大きかった。川越、鴻巣、浦和、草加など東京寄りの地域は改進党の支持者が多かった半面、北埼玉、大里、秩父方面では自由党系勢力が強かった。(8)明治二三（一八九〇）年、その年の帝国議会開設を直前にして中央の自由党再興派と呼応する勢力と板垣退助の愛国公党支持派とに分裂したが、北埼玉、大里の自由党勢力は後者に接近し、政治結社「北武倶楽部」を結成した。(9)その後、中央における旧自由党勢力の再統合により、この結社の政治的な存在意義は半減したようでもあるが、後年まで両郡の自由党員の交流を可能にしたように思われる。また、この頃より県内における自由党の勢力が改進党のそれを上回るようになった。(10)

ところで、新聞[11]は、三日、忍町公会堂に集まった人々は次のと通りと報ずる。

前長者議員　田島竹之助、出井（兵吉）県会議長　増田（一郎）、門井（東一、田島竹之助の次女と結婚）、堀江（忠四郎）、高沢（俊徳）各県議、竹内忍同志会幹事　松岡（三五郎）忍銀行頭取以下有力者一〇余名

「前長者議員田島竹之助」とは前多額納税者議員で、北埼玉郡では二番目の多額納税者（納税額五九〇四円）であり、二期にわたって貴族院議員を務めた田島竹之助（一〇六）のことである。すなわち、彼は明治三七（一九〇四）年の通常選挙で当選し、続く明治四四（一九一一）年の通常選挙で再選され、一四ヵ年に亘って貴族院議員の職にあった。大正七年の通常選挙にあたり、田島の三度目の出馬はなかったが、田島自身が自らの後継者を指名した。彼が「適任者」としたのは北葛飾郡の田中源太郎（現当主である一七六の父）であった。田中は北葛飾郡有数の大地主であり、同郡随一の多額納税者（酒造業を経営、県会議員）である。このあたりの事情について、『東京朝日』は次のように報ずる。「埼玉県の長者議員選挙につき曩に現議員田島竹之助氏は前後二回北葛飾郡幸松村田中源太郎氏（政友会）を慫慂して候補者たらしめんとせしに田中氏は競争を好まざるが故に進んで名乗りを揚げざるも同志多数の同情を辞せざるべしとの態度を示したるより事実上田中氏は憲政会《ママ》［政友会の誤り―引用者］の候補者と目せらるるに至れり[12]」。

『東京朝日』によれば、田島は二度までも田中に対し出馬に向け説得を試みたようであるし、田中が断れないよう有権者に根回しをしたようでもある。しかし、田島が田中を貴族院議員の後継者と目した、その理由は不明である。

これに対し憲政会は南埼玉郡岩槻町の斎藤善八を立てた。斎藤は岩槻町において呉服店「紙善」や岩槻電気㈱を経営する実業家でもあった。先の『東京朝日』によれば、斎藤も「大勢より勝算確かならず自重して立たず[13]」の姿勢であった。要は担がれた田中と、出たいが勝算なく「自重」する斎藤との対決であった。いわば、低調な選挙戦

であった。しかし、その戦いも田島らの画策により、双方の面子を立てつつ早々と終了した。当時の埼玉県知事西村保吉は後任の埼玉県知事堀内秀太郎への引継演述書において、この経緯について以下のように述べている。

客年六月第五期貴族院議員選挙には、政友会は田中源太郎を推し、憲政会は斎藤善八を擁立し、競争中多額納税者田島竹之助、上雄之助、榎本善兵衛其他の有力者の仲裁する処となり、本期中前四カ年を田中の任期とし、後三カ年を斎藤の任期と為すこととし円満に妥協成立し田中の当選を見たり(14)

北埼玉郡の現職貴族院議員である田島と同じく北埼玉郡の上雄之助（一〇九）そして南埼玉郡の榎本善兵衛（一四六）らが田中と斎藤の対決に割って入った、という程のことではないようである。任期七年の前半四か年を田中が、後半三か年を斎藤がそれぞれ多額納税者議員を務めることで双方の同意を取り付け、選挙戦を事実上終らせたのである。この申し合わせによって田中は就任後四年で貴族院議員を辞し、大正一一年六月に議席を斎藤に譲っている。田中―斎藤と自らの後任を決めたひとりである田島が、いま貴族院多額納税者議員通常選挙にあたり、隣接する大里郡の斎藤安雄を候補者として担ぎ出そうとしていた。今度は自らの地元北埼玉郡の政友会員を動かすという、手段をとることによってである。

さて、この田島は政社「忍《おし》同志会」の主催者であり、リーダーであった。明治二三（一八九〇）年の第一回衆議院総選挙を契機に吏党系の政社として旧忍藩士らを中心に「忍同志会」は誕生したが、それは大地主田島を中心に埼玉県唯一の吏党系団体として、明治期を通じて活動を続けた(15)。明治から大正期にかけて衆議院議員選挙は小選挙区時代と大選挙区時代があったが、小選挙区では北埼玉郡と大里郡は第四区であった。この選挙区は他の選挙区と異なり、自由党系と改進党系とが競合するのではなく、自由党系と吏党系とが競合したのである。すなわち、忍同志会は国民協会所属候補の小沢愛次郎らを支持し、当選させてきた。

しかし、忍同志会は政友会成立後、徐々に政友会に接近し、第一五回県会議員選挙が行われた明治四〇（一九〇七）年には、彼らは「完全な政友会員」となっていたという。[16] 第七回衆議院議員総選挙（明治三五（一九〇二）・八・一〇実施）まで忍同志会を率いて小選挙区で自由党と対決してきた田島は、大選挙区制が採用された明治三六年三月の第八回総選挙以降、埼玉全県区という大選挙区制の下で自由党―政友会と競合しつつも対決することはなくなった。しかし、田島はその後も埼玉県政界に隠然とした力を持ち続けた。

すなわち、彼は田島一族のひとりで忍同志会員でもあった田島春之助を通じて埼玉県会にも影響力を持ち続けた。明治四三（一九一〇）年一月、前年来の秩父―大宮新道の開削問題をめぐる内訌が高じて埼玉県政友会は分裂し、田島春之助ほか四名は政友会を脱党し、反対党である憲政本党と合流して埼玉倶楽部を結成するに至った。[17] 貴族院議員田島竹之助もこれに同調した。忍同志会のリーダーでもある彼は、むしろこの策謀の中心にいたとも考えられる。こうした田島らの行動で長らく埼玉県会を牛耳った自由党―政友会は一時的にせよ、県会において少数派への転落を余儀なくされた。

ところで、今回田島に担がれた斎藤安雄とはどのような人物であろうか。彼が県会議員から衆議院議員に転じた明治三一（一八九八）年三月の第五回総選挙、続く同年八月の第六回臨時総選挙では、自由党および憲政党候補者として斎藤安雄は忍同志会そして同会に加え改進党・進歩党系の憲政本党とも激しく戦った（第六回）。その後斎藤は一時県政界から退き、埼玉農工銀行や武州銀行の各取締役、深谷商業銀行、埼玉電灯会社の各監査役など県内の有力企業の重役を務め、埼玉県財界に大きな足跡を残した。[18] しかしその後、明治四五（一九一二）年の第一一回、大正四（一九一五）年の第一二回、大正六年の第一三回の各衆議院総選挙に出馬してそれぞれ当選した。代議士になっても高遠な理想を訴えるのではなく、蚕糸業の保護救済、治水政策の確立など身辺にある産業上の問題解決を訴えた。しかしそれでいて、選挙民の動向におもねるところが無かったといわれる。[19] そうした、斎藤の政治姿勢が、彼と政友会と一体化した忍同志会の指導者である田島との距離を縮めたのかもしれない。因みに、斎藤が衆議院議員として再び中央政界に返り咲いた第一一回総選挙では、彼の地盤は大里、児玉両郡であった[20]。既にふれたように、その後彼は当選を重ねるが、大里郡を主たる地盤とする限り、忍同志会の間接・直接を問わずその支持を必要としたであろう。斎藤自身、田島に接近し、彼とのパイプ形成に努めて来たのかも知れない。何れにせよ田島が斎藤を担ごうとした理由は判然としないが、ふたりは政治的に近い所に居たように思われる。なお、斎藤は大正一四年度の直接国税納税額一一〇五円で、大里郡では一九人中一六位、県下では二〇〇名中一六一位であった。

さて北埼玉郡多額納税者議員選挙の有権者大会は予定通り八月五日午後一時から忍町公会堂で開催され、田島竹之助や松岡三五郎（一一〇）忍銀行頭取以下有権者四〇余名が出席し、斎藤安雄と同じく大里郡出身の長谷川宗治（大里郡御正村在住、元県会議長）前代議士も加わり、全会一致で以て斎藤安雄を推薦する旨を決定した[21]。これを受け翌六日午前一〇時から午後五時にかけて、大里郡政友会の同郡多額納税者議員候補者薦銓衡会が熊谷町の田島旅館で開催された。長谷川宗治より前日の北埼玉郡多額納税者議員選挙の有権者大会の様子が報告され、立候補に向けて斎藤自身の「快諾」を得ることができたので、近々大里政友倶楽部総会を兼ねて同郡の有権者大会を熊谷に開きその承認を求めるとともに、政友会埼玉支部に公認を要請することとなった[22]。

これを受け、一〇日午後一時、政友会埼玉支部は浦和町伊勢弥治旅館に支部総会に代る評議員会を開き、大里郡および北埼玉郡政友会が公認を求めて来た斎藤安雄についての審議と候補者を一人に絞るかどうかについて検討することになった。この時、県内には北足立郡南平柳村で味噌醸造業を営み、関東一円に製品の販路を拡大した田中徳兵衛（五、南平柳村長）を推す動きがあった。田中自身も同じ北足立郡の蕨町商工会長を務めた橋本喜平（後県会議員）を介し、再三政友会埼玉支部に候補者としての公認を求めたのである。しかし、埼玉支部では両者の対立を収拾することができず、調停の場は東京に移された。すなわち八月一二日、衆議院議長官舎に政友会所属の県選出の衆議院議員や主だった県会議員が集まり最終的な調整を模索した。埼玉第二区（入間郡）選出の衆議院議長粕谷義三が調停に乗り出したのである。彼は政友会埼玉支部長でもあった。

その結果、政友会埼玉支部として二名当選を実現する自信は無く、党内分裂を回避するためにも、田中に立候補を断念させ、候補者を一本化することが望ましいとの結論に達し、同支部は田中に近い衆議院議員秦豊助（元内務官僚、秋田、徳島各県知事を歴任、第一次加藤高明内閣海軍政務次官）に辞退するよう説得を依頼した。[23] 秦の選挙区は北足立郡を中心とする埼玉第一区であった。選挙の際、秦は北足立郡有数の実業家であり資産家の田中に選挙資金を負うところが大きかったのであろうし、そのことが田中と秦を近づけたものと思われる。こうして政友会埼玉支部の候補者は一本化され、田中は辞退を余儀なくされた。[24] なお、このように多額納税者議員選挙の候補者選定について政党の指導者が大きな役割を果たすことは珍しいことではない。例えば、大正七（一九一八）年の選挙の際、原敬政友会総裁は福岡県の候補者一本化について、麻生太吉再選に向けて自ら「裁定を与え」たのである。[25]

さて、記述のように、七年前の選挙では、七年任期を四年・三年と二分し、前半を政友会推薦者、後半を憲政会推薦者というように、議員を交代することで対立を回避した。今回は定数が二であるからそれぞれの候補者を一人に絞ることで、前回同様両者の対立を避けたのである。

しかし、憲政会の陣営では候補者が絞りきれないようであった。八月八日現在で、現職の斎藤善八（南埼玉郡）、鈴木康太郎（三八、親子二代の同志会・憲政会系県会議員、北足立郡）、田口菊太郎（県会議員、南埼玉郡）、田中四一郎（一五一、県会議員、南埼玉郡）の四名が候補者として取りざたされていた。[26] しかし、一〇日午前一〇時、浦和町の武蔵会館に埼玉県支部の多額納税者議員候補者薦銓衡会が開催され、結局斎藤善八に候補者が絞られた。

これに対し、政友本党は北足立郡の渡辺綱次（一）を擁立した。渡辺は製糸業を経営する県下有数の実業家で直接国税納税額は県下第三位の実績を持つ。その中心にいたのが県会議員駒崎幸右衛門（北足立郡）である。駒崎は県内道路網の整備に尽力した人物として知られ、荒川の治水事業を推進した県会議員斎藤祐美と共に「陸の駒崎か水の斎藤か」[27]と称せられた。彼は南埼玉郡出身の島田政談社長とともに越谷町の加賀屋旗亭に粕壁町の鹿間市兵衛を交え、越谷町とその周辺の有権者の幹部である山崎長右衛門（一五〇、農業、直接国税納税額県下八八位）らと数時間会談した[28]。他方、政友会系のなかでも、元貴族院議員故田中源太郎（大正一二・一死去）の嗣子田中源太郎（父と同姓同名）ら南埼玉郡や北葛飾郡の若手の中で埼玉県政友会支部が勝手に選んだ候補者を担ぎたくないとして「自由行動」を主張する人々もいた[29]。

ともあれ、この時点で候補者は以下の三名であった。

斎藤安雄　（政友会）
斎藤善八　（憲政会）
渡辺綱次　（中立、政友本党系）

二　三派鼎立戦

このように埼玉県では三派鼎立戦となった。有力なのは護憲三派内閣の与党であった政友会と憲政会にそれぞれ公認されたふたりの斎藤であった。かれらは、それぞれ自身の地元に選挙本部を構えた。すなわち斎藤安雄は大里郡熊谷町の田島旅館を本部とし、ここに選対本部長とも言うべき忍銀行頭取松岡三五郎と衆議院議員松本真平（九一、政友会）が詰め、深谷町の深谷銀行や忍町の忍商業銀行は斎藤安雄陣営の支部となった。そして秩父方面の応援と連絡は堤新六（秩父郡、県会議員）、柿原定吉（秩父郡、元大宮町助役、七四）が、児玉方面のそれは公証人で元衆議院議員の持田直（児玉郡）、斎藤仙治郎（児玉郡、医師、前県会議員）がそれぞれ担当することとした[30]。なお、持田は剛直をもって知られ、自由党—政友会に所属したが、同志会に転じその後憲政会支部が埼玉

県に設立されると、その相談役となっている[31]

ところで、八月一五日、立候補予定者が埼玉県庁に召集された。今回の選挙の説明を受けるためである。九時から上田荘太郎警察部長が浦和地裁の三吉検事正ともども選挙違反防止や選挙費用の協定、運動員の制限について総じて違反防止のための注意を促した[32]。こうして、事実上の選挙運動が開始されたのである。

しかし、八月一七日、政友本党に応援され、中立派と称された渡辺が本党支持による立候補断念を表明した。その事情は不明であるが、渡辺はその直前に、公認を条件に憲政会への入党希望を表明するにいたった。しかし、これは憲政会の容れるところではなかった。立候補を公認した斎藤善八以外に鈴木康太郎らが公認候補として立候補を希望していたからである[33]。渡辺は既に各郡において選挙運動を展開し、その組織が出来上がりつつあった。本人の選挙からの撤退は迅速にできても、その組織そのものの選挙からの退去や組織そのものの解体は困難であろう。しかし、渡辺の辞退は、政友、憲政両党の協力や援助を得られないまま、立候補を表明できないでいた金沢にとって朗報であった。

二〇日、金沢は、渡辺擁立派の最高幹部でもあった駒崎幸右衛門県会議長、新井源次郎、島田民雄らと東京で会合を持ち、続いて二一日には島田が越谷、粕壁、松戸で南埼玉や北葛飾郡の少壮派や有権者の嫡子からなるグループの指導者たちと懇談するなど選挙運動を展開した。また、田中源太郎たちとも懇談している[34]。

粕壁や越谷を中心に南埼玉郡そして北葛飾郡の若手グループは、政友会にせよ憲政会にせよ候補者擁立について事前の打診もないままそれぞれ県本部主導で候補者が選定されていったとして共に県本部に対し少なからず不満を抱いていたようであった。特に越谷町とその周辺では「有権者十人組」と称せられる大野伊右衛門（一五七）、井出門平（一五七）、小泉市右衛門（一五四）等を中心に金沢を擁立しようとする動きが出てきた[35]。彼等はそれぞれ材木商、農業、呉服商と職業はバラバラであるが、何れも三〇歳台と若手である。

八月二三日午後一時、これらグループの幹部田中源太郎や新井信太郎ら四名の発起により粕壁町の寿司金楼において懇親会が開かれた。これは、かかる南埼玉郡や北葛飾郡における一部少壮派の動きを警戒した政友会埼玉県支部の長老の一人飯野喜四郎（県会議員、南埼玉郡）の説得にもかかわらず開催された。飯野は大正九年に、南埼玉郡の政友会系の団体「越谷天領自治会」と同じく「南埼玉正交会」を合同して設立された庚申倶楽部を率いる南埼玉政友会の中心人物であった。発起人たちは帝国大学卒業者を含む少なくとも中学卒以上の学歴を有し、飯野による説得は無駄に終わったのである。

新聞の報ずるところによれば(36)、この日の懇談会への主な参加者は次の通りである。野村、斎藤、田村の三名はそれぞれ互選人の一族かも知れないが、少くとも互選人ではない。

南埼玉郡からの参加者が五人に止まったのは飯野による説得が効を奏したのかもしれない。

北葛飾郡　田中源太郎（一七六）、新井信太郎（一七八）、野村源之佐、

南埼玉郡　大里一太郎（一四四）、大野伊右得門（一五七）、日下部義人（一六四）、斎藤健太郎、田村章四郎

この八名が北葛飾郡出身の金沢を押し立てて「中立」と称し、政友本党の後援を受けることとなった。こうして、渡辺の立候補辞退により、一時混乱した埼玉県の選挙であったが、結局、政友、憲政、本党の三党鼎立選挙の振り出しに戻った。

ところで、この金沢擁立は、「縁故関係をいもづるのやうにたどつて各方面にわたり氏を担ぎあげた政友派内の不満分子(37)」によるものと言われた。その中心人物で、「突然の豹変」と政友会系候補斎藤安雄を嘆かせたのは元貴族院議員を父に持つ田中源太郎である。田中にとって、その父は七年前に二度にわたり田島より立候補を打診され議員に当選したが、その七年後の今回の選挙で、すでに見てきたように、斎藤擁立の可否について事前になんらの相談も無く、大きな問題としないままに政友会の候補者は斎藤安雄と決った。同様に前回候補者を出した北葛飾郡

や隣接する南埼玉郡では、今回の選挙において事前に何らかの打診が無く、田島とその周辺すなわち北埼玉郡と大里郡主導で候補者が決定され、それを政友会埼玉支部の決定として承認を迫られたことが問題なのであった。ともかく、田中らは斎藤候補や政友会埼玉支部に反発し、金沢擁立に走ったのである。

こうして、三党鼎立戦の幕が切って落とされた。しかし、政友系の斎藤安雄と憲政系の斎藤善八の地盤は、それぞれ大里郡・北埼玉郡、南埼玉郡・北葛飾郡とそれぞれほぼ固まっていた。これに対し中立＝本党系の金沢は「地元」北葛飾郡では憲政会が優勢であり、政友会埼玉支部の姿勢に反発して自らを担いだ田中らが頼りであった。金沢の陣営はこうして、川越市とそれが位置する入間郡や入間郡とその北の、斎藤安雄の本拠の大里郡との間に位置する比企郡を主戦場として戦った。ちなみに、九月三日付『東京日日』埼玉版は「川越を中心に三候補の大馬力―入り乱れて物凄い活躍、市内十四票が何なるか」と、見出しを付けてその激戦ぶりを報じている。

入間郡は衆議院議長でもある粕谷義三の選挙区であり、政友会の強固な地盤であった。金沢陣営は政友会を飛び出した人々による政友本党の人脈を駆使して政友会の堅塁に臨もうとしたのかもしれない。しかし、入間郡の形勢について、政友会が優勢で、もし川越を含め憲政会側が有権者のほぼ半数である一二、三票を獲得できるなら大成功であり、金沢に至っては三～五票であろう、と斎藤安雄が半数を制するであろうする消息通の言を『東京日日』は報じている(38)。さらに同紙は「金沢氏やはり劣る」としながらも「金沢派の活躍は……目ざましいものがある」(39)と評している。

選挙戦そのものであるが、終盤戦についてみれば、代議士や県議を乗せた自動車が有権者の家々を訪問し、投票を依頼して回るという形態がとられた。ちなみに、終盤になって比企郡では金沢派が「潜行」したため、選挙戦はにわかに活気づき、斎藤安雄は県議根岸憲助（大里郡、県会副議長）や松山町の支持者とともに選挙運動を展開した。根岸は県会議員となって日が浅かったが、大里・比企両郡にまたがる山地開墾事業に着手するなど将来が期待され

表14　党派別得票予測

	有権者数	政友	憲政	中立	予測合計
北足立	37	10	20	7	37
入間・川越	25	？	？	0	0（25）
比企	7	3	3	1	7
秩父	6	2	4	0	6
児玉	8	3	3	0	6（2）
大里	18	13	3	？	16（2）
北埼玉	36	25	4	4	33（3）
南埼玉	34	10	10	14	34
北葛飾	24	5	10	？	15（9）
合計	195	71	57	26	154（41）

出典：大正14年９月10日付『東京日日』埼玉版を基に筆者が作成

た政治家であった。これに対し、憲政会陣営は地元松山町在住の県議小林太一郎（一六七）らが選挙運動を展開し、八日には代議士加藤政之助が憲政会埼玉支部より派遣され、郡内を「盛んに」自動車で廻った(40)。

以上のような選挙戦の様子をふまえて、『東京日日』は表14のように、郡別の各派の得票を予測している。予測困難については？で示した。予測合計欄における（　）内の数字は態度未定を含む予測困難の数である。

金沢は実際の投票で三九票を獲得しているが、この予測では二六票である。地元北葛飾郡で支持を延ばし、政友会の地盤である入間郡での「潜行」が功を奏したのであろうか。同様に憲政会の斉藤も入間郡の都市部川越あたりで支持票を集めたのであろうか、投票ではこの予想に一二票上積みしている。

ところで「長者議員」選挙では斎藤らのように党公認ということはありえただろうが、衆議院議員選挙とは異なり、選挙費用のかなりの部分を公認する政党が拠出することはなかったようである。自前が原則である。その選挙費用について、金沢の応援のため埼玉県を訪れた政友本党のある幹部は「私の方（金沢派）などは、志の自動車があるのですからね、両斎藤ほどはかかりませんよ、斎藤さん

図2　選挙会場

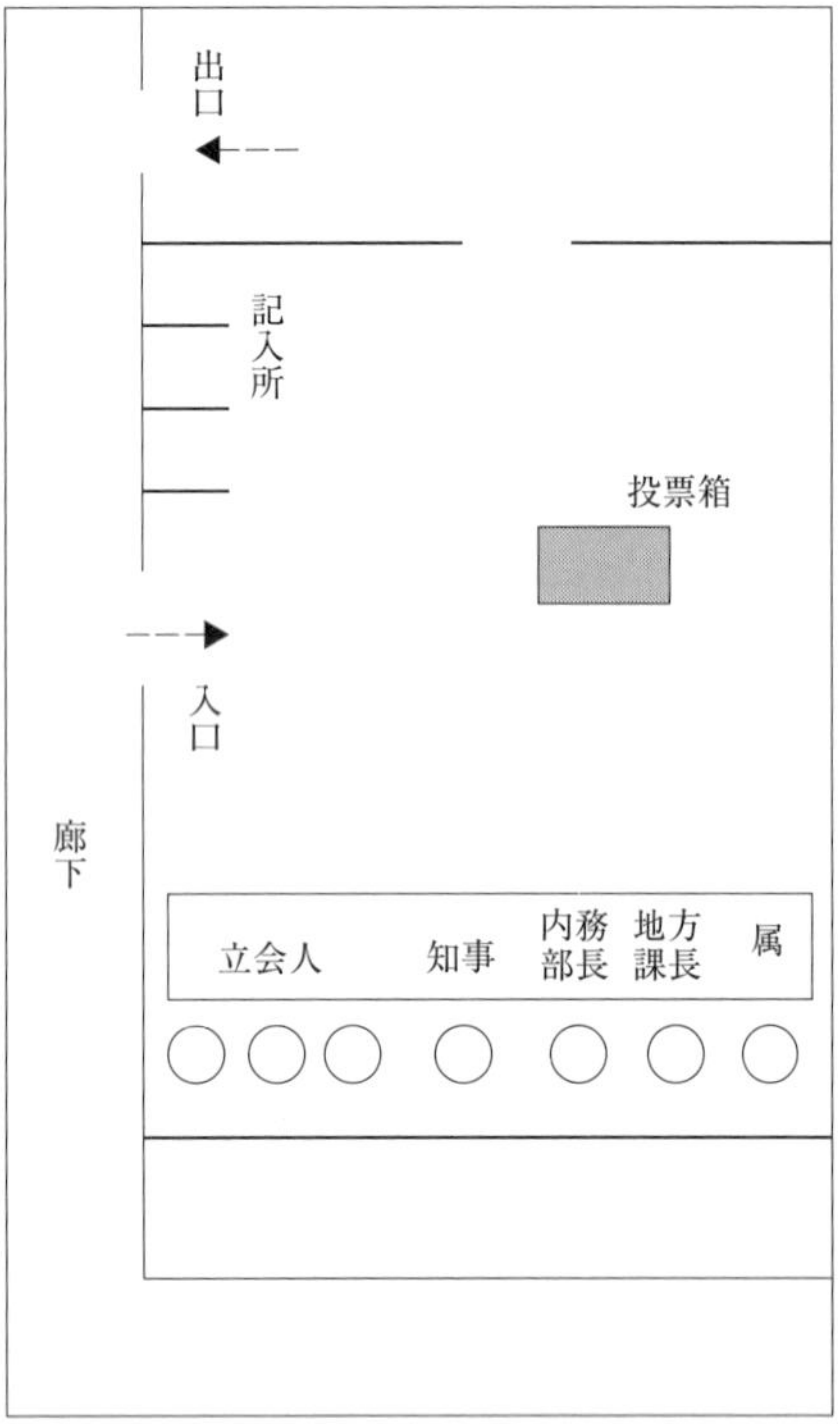

たちはどちらも六、七万円はかかったでせう」と回答しつつ、さらに訊ねられると「まあ、四万円ぐらいでせう」と答えている(41)。当時小学校教員の全国各府県平均給与は月額五五円五銭で(42)、四万円という金額はこの小学校教員の、年俸にして約六〇年分に相当する。そうであれば、当時の四万円は現在の価値にして三〜四億円に相当するのではなかろうか。三人の候補者とその陣営が二〇〇名の金持ちに対してどの様な金を使ったのであろうか。この点は不明である。

では、投票はどのように行われたのであろうか。投票は九月一〇日午前九時から午後三時の間に実施され、その会場は県会議事堂事務室内に設営された。新聞記事によると、その配置は右の図2のようである。知事を中心に入口手前に立会人三名、知事の向こうに内務部長ら県職員が着席した。多額納税者議員選挙の投票事務管理は地方長官によってなされ、各知事が選挙長であった。立会人は有権者中から三名が選出されることになっており、埼玉県では田中四一朗（一五三）、渡辺湜（一八四）、田島竹之助がこれにあたった。「雨にたたられた有権者は自動車、腕車の列をつくつて続々とくりこみ、さすがに丸持長者の選挙だけに平民のそれとはちがつて豪勢なものであつた」(43)と、当日の様子を新聞は報じている。

そもそも今回の埼玉県の選挙の有権者は、一九五名であった。四名の欠格者と一名の死亡者が出たためである。

選挙規則によると、欠格者や死亡者が出た場合、名簿から削除はするが新たな補充はない。この四名の欠格者であるが、当該年度の納税額が各税務署管内において確定されるのがその年の八月一日で、それによる直接国税納税額県内上位二〇〇ないし一〇〇と、六月一日現在で道府県庁が調整した選挙人名簿とは若干の齟齬が生ずる。そのため、この四名は八月一日現在で確定した納税額をもってしては埼玉県での直接国税納付額上位二〇〇には入れないために、欠格となったのである。

さて、埼玉県の場合この有権者のほぼ八割の一五九名が正午までに投票をすませた。九月一一日付『東京日日』によれば、三時に投票が締め切られ、三〇分の休息を経て、投票箱が議事堂に運ばれ、三名の立会人の立会の下で開票された。結局棄権者は一四名で、投票総数は一八一であった。開票結果は次の通り(44)。

当選　斎藤安雄　　政友会　　七二票
当選　斎藤善八　　憲政会　　七〇票
次点　金沢理三郎　中立—本党系　三九票

両斎藤は次点金沢に大差をつけての当選であり、定数二をかつての護憲三派内閣の二大与党で議席を分け合うことになった。それにしてもこれら候補者への票はそれぞれどの地域から来たのか。その詳細は不明だが、投票前日における新聞による、政党＝各候補者についての郡別獲得票数予想（表14）が、斎藤善八と金沢についてそれぞれ一三票の違いこそあれ、ほぼこの結果と一致している。態度未決定を含む予測困難な有権者数は四一であるが、当日の棄権者一四を差し引くとそれは二七となり、予測された得票数に上積みされたふたりの斎藤の分（政友・斎藤一、憲政・斎藤一三）と金沢の分（中立一三）の合計二七と一致する。それ故、各候補への各郡からの支持票はこの新聞予測に近いものであったと考えてよかろう。

むすびにかえて

埼玉県の場合、大正七（一九一八）年および同一四年の多額納税者議員通常選挙について、明治三七（一九〇四）年から大正七年までの一四年間にわたり貴族院議員を務めた田島竹之助の影響が大きかった。僅か一五名の互選人—有権者の馴れ合いによる議員選出方式にピリオドが打たれた大正一四年の選挙では、田島は自らの手足であった北埼玉郡の政友会勢力を動かし、政党活動の一環として貴族院多額納税者議員選挙を位置づけ、候補者を選出した。その過程で田島が適任者とした斎藤安雄の居住地大里郡の政友会組織が動き、斎藤を政友会埼玉支部推薦候補とした。ライバル候補も同様、ライバル政党憲政会の政党活動として候補者斎藤善八を選出した。有権者の飛躍的増大に加え、貴族院多額納税者議員選挙は、候補者選出そのものが各郡特有な政治的行きがかりに少なからず左右されながらも、政党主導となった。その意味で選挙は「透明」となり、「民主化」されたのである。

また、有権者による互選とはいうものの、その選挙運動そのものに政党が深く関った。およそ二院制の下での政党政治の主体である政党にとって、上院の構成とその動向は大きな関心事である。また各道府県別に一〇〇名ないしは二〇〇名の有権者を対象とする多額納税者議員選挙は各道府県別に支部や下部組織を有する有力政党にとって、その地方組織を動員する好機でもあった。そのことがこの選挙に対する有力政党の関心をいやがおうにも高めたであろう。

因みに憲政会党務委員長であった斎藤隆夫（衆議院議員、兵庫県選出）は千葉県の選挙の動向に注目していた。千葉県は埼玉県以上に激戦で、前職の浜口儀兵衛（中立）に対し、憲政会公認の新人鵜沢宇八と同じく新人の菅沢重雄（中立）が二つ目の議席を激しく争った。斎藤は、九月七日に千葉市内の鵜沢選挙事務所を訪ね、「形勢を聴取」(45)った。投票日前日の九月九日、彼は日記に「多額議員選挙弥々明日に迫る」[46]と記し、投・開票当日（九月一〇日）の午後党本部に詰め、「各地よりの報告を待つ」[47]た。かかる斎藤の行動もまた、与党であるなしを問わず有力政党が貴族院改革後の多額納税者議員選挙に対しいかに大きな関心を持っていたか、を物語っている。

表15　多額納税者議員互選人名簿（その１）

番号	<納税>順位	名前	生年月日	年齢	職業	住居	直接国税総額
北足立郡							
1	3	渡辺綱治	明治25年8月8日	33	製糸業	北足立郡与野町	8,571.030
2	6	西川武十郎	万延元年7月7日	65	農業	北足立郡志木町	8,157.130
3	8	関口倉吉	明治3年7月15日	55	鋳物業	北足立郡川口町	6,780.150
4	13	大熊武右衛門	明治19年4月25日	39	味噌製造業	北足立郡南平柳村	5,350.020
5	15	田中徳兵衛	明治8年5月15日	50	味噌製造業	北足立郡南平柳村	4,766.310
6	18	永瀬庄吉	安政4年10月20日	68	鋳物業	北足立郡川口町	4,612.440
7	24	石田信之助	明治22年2月8日	36	煙草元賣捌業	北足立郡鳩ヶ谷町	3,679.720
8	37	増田金藏	明治15年11月1日	43	鋳物業	北足立郡川口町	2,973.130
9	38	保坂兼次郎	慶応3年9月24日	58	鋳物業	北足立郡川口町	2,927.160
10	42	井原弥四郎	安政3年9月14日	69	農業	北足立郡与野町	2,749.960
11	44	岩田武三郎	元治元年1月3日	61	農業	北足立郡川口町	2,734.450
12	45	石倉又左衛門	明治7年12月30日	51	醤油類製造業並穀類販売業	北足立郡平方村	2,638.550
13	47	内藤宗七	文久3年12月3日	62	油砂糖販売業	北足立郡桶川町	2,559.220
14	60	玉井利吉	明治12年6月21日	46	酒類製造業	北足立郡馬室村	2,101.840
15	75	矢崎健治	明治11年3月13日	47	鋳物販売業	北足立郡川口町	1,841.310
16	78	石川勝治	明治17年10月22日	41	味噌醤油製造業	北足立郡平方村	1,787.710
17	81	木村柳藏	明治16年2月19日	42	材木販売業	北足立郡鴻巣町	1,731.370
18	83	田中育之	明治23年12月19日	35	農業	北足立郡小室村	1,704.830
19	87	永瀬寅吉	明治23年11月5日	35	鋳物業	北足立郡川口町	1,646.570
20	92	福島誠嘉	明治16年3月7日	42	農業	北足立郡田間宮村	1,607.740
21	93	永瀬長次郎	明治4年12月7日	54	金銭貸付業	北足立郡川口町	1,605.070
22	104	矢部俊治	明治17年3月7日	41	農業	北足立郡片柳村	1,522.390
23	108	田中栄三郎	明治6年2月3日	52	酒類商	北足立郡浦和町	1,481.130
24	122	岩瀬栄次郎	明治21年6月15日	37	牛豚肉商	北足立郡大宮町	1,369.450
25	134	栗原和助	明治6年11月26日	52	製綿業	北足立郡鴻巣町	1,268.020
26	141	浜野平次郎	明治元年2月7日	57	農業	北足立郡小針村	1,241.170
27	143	船津徳右エ門	文久2年2月2日	63	農業	北足立郡鳩ヶ谷町	1,221.840
28	154	細井善右エ門	文久3年12月20日	62	味噌製造業	北足立郡蕨町	1,167.680
29	168	吉岡児次郎	明治9年7月13日	49	農業	北足立郡谷塚村	1,090.080
30	169	平岡賢三郎	明治12年12月11日	46	農業	北足立郡安行村	1,082.700
31	174	田沼房吉	明治9年7月15日	49	米穀商	北足立郡鴻巣町	1,057.960
32	180	浜田熊次郎	明治26年8月1日	32	荒物商	北足立郡川口町	1,026.350
33	182	飯野源藏	安政5年10月20日	67	醤油醸造業	北足立郡植水村	1,024.500
34	183	渡辺与吉	明治6年12月22日	52	材木商	北足立郡鴻巣町	1,023.460
35	184	須田卓二	明治13年10月5日	45	農業	北足立郡上平村	1,019.610
36	185	細井省三	明治13年5月13日	45	農業	北足立郡谷塚町	1,018.940
37	191	湯沢善次郎	安政3年9月6日	69	米穀商	北足立郡浦和町	1,006.440
38	192	鈴木康太郎	明治22年1月18日	36	農業	北足立郡尾間木村	999.890
39	200	松谷文治	明治2年10月2日	56	農業	北足立郡鴻巣町	970.220
川越市・入間郡							
40	4	渡辺吉右衛門	明治2年6月2日	56	呉服洋服洋物販売業	川越市	8,241.730
41	56	伊藤長三郎	明治11年11月22日	47	砂糖肥料油販売業	川越市	2,206.970
42	80	小山三省	明治22年6月27日	36	煙草販売業	川越市	1,757.340

表15　多額納税者議員互選人名簿（その2）

43	99	小島金兵衛	明治7年10月14日	51	米穀販売業	川越市	1,580.240
44	109	竹内栄吉	明治14年8月6日	44	酒製造販売業	川越市	1,480.140
45	115	林友平	明治13年2月1日	45	肥料販売業	川越市	1,446.030
46	150	木下藤次郎	明治24年4月14日	34	酒類販売業	川越市	1,193.640
47	153	水村益三	明治13年9月16日	45	米穀販売業	川越市	1,169.860
48	156	山崎嘉七	明治2年6月7日	56	菓子販売業	川越市	1,161.890
49	158	原田要吉	文久2年12月4日	63	米穀販売業	川越市	1,152.650
50	166	岡常吉	文久2年4月12日	63	酒製造並酒類販売業	川越市	1,098.430
51	189	鈴木德次郎	明治11年5月8日	47	材木販売並請負業	川越市	1,011.760
52	5	繁田武平	慶応3年2月16日	58	醤油醸造兼製茶販売業	入間郡豊岡町	8,205.980
53	19	浅見文藏	明治9年10月20日	49	金銭貸付業	入間郡豊岡町	4,349.080
54	23	平沼弥太郎	明治25年6月12日	33	材木商	入間郡名栗村	3,851.360
55	25	発智庄平	元治元年10月5日	61	農業	入間郡霞ヶ関村	3,642.340
56	40	平岡德次郎	慶應2年8月19日	59	維物買継商	入間郡元加治村	2,873.180
57	86	柏木代八	明治4年11月7日	54	農業	入間郡名栗村	1,669.660
58	95	松岡亀太郎	嘉永元年8月22日	77	農業	入間郡芳野村	1,595.410
59	107	中村堀太郎	明治11年6月27日	47	綿糸商	入間郡所沢町	1,493.860
60	117	中村芳五郎	安政6年9月13日	66	酒醸造業	入間郡豊岡町	1,440.930
61	131	吉田昭十郎	明治22年3月21日	36	農業	入間郡名栗村	1,287.460
62	151	増田忠順	嘉永2年1月7日	76	農業	入間郡柏原村	1,172.640
63	165	奥貫五平次	文久元年12月21日	64	農業	入間郡南古谷村	1,099.690
比企郡							
64	58	江野常三郎	安政元年10月20日	71	金銭貸付業	比企郡松山町	2,125.940
65	68	土屋平吉	安政5年2月5日	67	煙草元売捌業	比企郡小川町	1,947.080
66	73	横川重次	明治27年11月9日	31	農業	比企郡大河村	1,869.350
67	77	小林太一郎	明治12年2月1日	46	酒類醤油醸造業	比企郡松山町	1,820.570
68	114	利根川覚重郎	慶応3年5月21日	58	農業	比企郡中山村	1,448.660
69	159	利根川惣三	明治9年4月24日	49	酒造業	比企郡野本村	1,149.860
70	186	笠間茂平	明治25年10月23日	33	醤油製造業	比企郡小川町	1,018.550
71	194	鈴木浩一	安政6年12月28日	66	醤油醸造業	比企郡中山村	993.140
秩父郡							
72	1	大森喜右衛門	嘉永6年2月17日	72	絹織物買継商	秩父郡秩父町	19,049.910
73	2	柿原万藏	明治24年7月5日	34	絹織物買継商	秩父郡秩父町	14,934.300
74	59	柿原定吉	明治4年9月2日	54	會社員	秩父郡秩父町	2,110.030
75	74	町田芳治	明治2年7月13日	56	絹糸商	秩父郡秩父町	1,864.560
76	123	久喜文重郎	明治6年11月3日	52	絹糸商	秩父郡秩父町	1,352.460
77	195	関根市次郎	明治9年2月1日	49	絹糸商	秩父郡秩父町	983.160
児玉郡							
78	61	高橋守平	明治27年10月13日	31	農業	児玉郡丹庄村	2,091.690
79	105	大林良作	明治元年10月15日	57	医業	児玉郡七本木村	1,504.360
80	116	原鉄五郎	元治元年5月24日	61	農業	児玉郡若泉村	1,441.210
81	124	筑紫孫三郎	明治10年1月12日	48	酒類醸造業	児玉郡児玉町	1,337.190
82	135	貫井清憲	明治25年4月28日	33	農業	児玉郡若泉村	1,260.230
83	146	戸谷間四郎	明治9年5月19日	49	物品販売業	児玉郡本庄町	1,218.730
84	172	原利平	文久2年5月18日	63	農業	児玉郡若泉村	1,079.090
85	175	村山眞作	明治10年11月11日	48	酒類販売業	児玉郡賀美村	1,050.600
大里郡							

表15　多額納税者議員互選人名簿（その3）

86	20	八木橋本次郎	文久元年2月26日	64	呉服太物商	大里郡熊谷町	4,026.650
87	70	坂田清兵衛	明治12年5月24日	46	煙草元賣捌業	大里郡熊谷町	1,902.740
88	79	大谷藤三郎	嘉永2年2月12日	76	金銭貸付業	大里郡深谷町	1,764.020
89	84	石坂養平	明治18年11月26日	40	農業	大里郡奈良村	1,701.010
90	85	田中長一郎	明治5年1月1日	53	米穀肥料商	大里郡佐谷田村	1,670.640
91	89	松本真平	明治11年5月12日	47	会社員	大里郡熊谷町	1,621.940
92	90	長島甚助	元治元年8月10日	61	農業	大里郡吉見村	1,615.240
93	102	石坂豊人	元治元年8月14日	61	農業	大里郡奈良村	1,551.850
94	112	長島作左衛門	明治27年4月29日	31	農業	大里郡太田村	1,452.860
95	128	土屋裕治郎	明治3年12月26日	55	呉服商	大里郡深谷町	1,300.950
96	136	青木七郎	元治元年11月16日	61	農業	大里郡榛沢村	1,259.320
97	144	根岸伴七	明治2年11月7日	56	農業	大里郡吉見村	1,221.000
98	152	吉沢文作	明治21年11月23日	37	酒類小売商	大里郡熊谷町	1,171.840
99	155	中島半平	文久2年6月13日	63	荒物商	大里郡深谷町	1,166.610
100	161	黒田小源治	明治22年3月29日	36	材木商	大里郡熊谷町	1,117.130
101	162	斎藤安雄	慶応元年6月1日	60	銀行重役	大里郡中瀬村	1,105.200
102	173	石坂藤兵衛	明治12年11月17日	46	農業	大里郡奈良村	1,058.340
103	177	須田実郎	明治9年4月22日	49	農業	大里郡妻沼町	1,041.010
104	199	金井幸吉	安政6年9月9日	66	農業	大里郡吉見村	974.250
北埼玉郡							
105	7	橋本喜助	明治22年11月17日	36	足袋製造業	北埼玉郡忍町	7,679.850
106	9	田島竹之助	慶応2年12月16日	59	農業	北埼玉郡太田村	5,904.410
107	12	酒巻敬之助	万延元年2月19日	65	金銭貸付業	北埼玉郡志多見村	5,420.970
108	28	野本三之助	慶応3年2月19日	58	金銭貸付業	北埼玉郡賀須町	3,322.700
109	29	上雄之助	明治10年10月18日	48	農業	北埼玉郡水深村	3,255.960
110	30	松岡三五郎	慶応3年4月20日	58	銀行員	北埼玉郡星河村	3,115.520
111	31	清水近太郎	明治元年4月17日	57	会社員	北埼玉郡賀須町	3,102.250
112	33	田口庸三	明治12年3月27日	46	会社員	北埼玉郡村君村	3,057.680
113	35	奥貫賢一郎	明治9年12月23日	49	足袋製造業	北埼玉郡忍町	3,021.680
114	39	杉下為吉	明治5年1月28日	53	呉服商	北埼玉郡羽生町	2,916.550
115	49	石井参四郎	安政6年3月10日	66	農業	北埼玉郡水深村	2,471.160
116	50	本山政一	明治10年4月8日	48	足袋製造業	北埼玉郡忍町	2,450.310
117	51	堀江忠四郎	文久2年7月7日	63	農業	北埼玉郡三俣村	2,420.240
118	52	川島倉藏	元治元年6月28日	61	農業	北埼玉郡大桑村	2,352.270
119	53	古市國太郎	慶応2年2月26日	59	荒物商	北埼玉郡羽生町	2,320.170
120	54	峯才三郎	明治元年12月11日	57	醤油醸造業	北埼玉郡羽生町	2,225.720
121	55	野中廣助	慶応3年3月25日	58	農業	北埼玉郡大越村	2,214.910
122	57	保泉近藏	明治7年9月24日	51	綿糸綿布販売業	北埼玉郡忍町	2,166.300
123	62	小島完吉	明治4年12月3日	54	足袋製造業	北埼玉郡羽生町	2,040.370
124	63	今泉浜五郎	明治6年10月2日	52	足袋製造業	北埼玉郡忍町	2,020.090
125	64	柴田甫	明治13年3月13日	45	足袋製造業	北埼玉郡忍町	1,980.070
126	65	田村四郎	明治27年2月10日	31	農業	北埼玉郡豊野村	1,974.630
127	67	鈴木勝次郎	文久3年6月22日	62	足袋製造業	北埼玉郡忍町	1,949.180
128	69	斎藤藏之助	明治2年6月28日	56	農業	北埼玉郡成田村	1,945.120
129	72	新井理市	明治19年12月23日	39	農業	北埼玉郡水深村	1,885.810
130	76	石川康之助	明治8年1月31日	50	金銭貸付業	北埼玉郡大越村	1,840.360
131	94	松本弓平	明治9年1月7日	49	金銭貸付業	北埼玉郡屈巣村	1,602.470

表15　多額納税者議員互選人名簿（その４）

132	96	若山静一郎	明治23年8月13日	35	農業	北埼玉郡種足村	1,594.400
133	106	大沢専藏	安政5年3月2日	67	足袋製造業	北埼玉郡忍町	1,500.670
134	111	中山正一	明治8年4月25日	50	農業	北埼玉郡大桑村	1,459.900
135	113	小林賢太郎	明治3年2月16日	55	農業	北埼玉郡元和村	1,449.400
136	132	野本茂基知	明治24年6月3日	34	会社員	北埼玉郡賀須町	1,286.410
137	142	諸貫半之助	明治2年3月16日	56	小麦粉販売業	北埼玉郡忍町	1,231.530
138	164	時田啓左衛門	慶応3年6月10日	58	足袋製造業	北埼玉郡忍町	1,102.010
139	171	俣田勝次郎	明治15年6月15日	43	綿糸商	北埼玉郡羽生町	1,082.140
140	190	門井東一	明治12年7月8日	46	農業	北埼玉郡大桑村	1,011.340
141	197	大野右一	明治13年4月23日	45	農業	北埼玉郡長野村	978.870
南埼玉郡							
142	14	永田勘六	明治2年7月10日	56	農業	南埼玉郡粕壁町	5,209.620
143	17	田村新藏	安政5年5月26日	67	紙砂糖商	南埼玉郡粕壁町	4,690.390
144	21	大里一太郎	明治23年1月7日	35	農業	南埼玉郡粕壁町	4,005.710
145	22	斎藤善八	慶応2年5月12日	59	呉服商	南埼玉郡岩槻町	3,912.310
146	26	榎本善兵衛	明治11年4月5日	47	農業	南埼玉郡久喜町	3,489.630
147	46	会田善次郎	明治6年4月1日	52	呉服商	南埼玉郡越ヶ谷町	2,634.040
148	48	石井利助	慶応3年4月23日	58	農業	南埼玉郡川柳村	2,529.250
149	71	白鳥喜四郎	明治6年10月14日	52	青物乾物商	南埼玉郡越ヶ谷町	1,886.570
150	88	山崎長右エ門	慶応元年2月4日	60	農業	南埼玉郡越ヶ谷町	1,644.980
151	98	田口菊太郎	明治11年10月9日	47	農業	南埼玉郡新和村	1,581.540
152	100	井出門平	明治27年7月20日	31	農業	南埼玉郡出羽村	1,574.600
153	101	田中四一郎	明治2年10月10日	56	農業	南埼玉郡潮止村	1,568.110
154	103	小泉市右エ門	明治23年9月15日	35	呉服商	南埼玉郡越ヶ谷町	1,535.930
155	110	太田滝右エ門	安政4年7月3日	68	農業	南埼玉郡八条村	1,462.050
156	118	小島良平	明治23年8月17日	35	農業	南埼玉郡百間村	1,433.590
157	119	大野伊右衛門	明治19年6月20日	39	材木商	南埼玉郡出羽村	1,404.950
158	120	野口源次郎	明治2年1月18日	56	農業	南埼玉郡出羽村	1,399.440
159	126	武井昇	明治18年12月9日	40	農業	南埼玉郡江面村	1,323.860
160	129	斎藤益太郎	安政5年2月10日	67	農業	南埼玉郡大相模村	1,300.630
161	130	中村貞次郎	安政5年12月2日	67	農業	南埼玉郡出羽村	1,289.410
162	133	細沼愼介	明治15年12月10日	43	農業	南埼玉郡大袋村	1,285.340
163	137	高橋慶助	安政3年1月15日	69	農業	南埼玉郡出羽村	1,248.880
164	138	日下部義人	明治23年9月30日	35	農業	南埼玉郡須賀村	1,248.310
165	139	斎藤八右エ門	明治元年7月28日	57	酒類販売業	南埼玉郡粕壁町	1,246.640
166	140	田村市太郎	明治6年12月22日	52	農業	南埼玉郡粕壁町	1,241.860
167	163	菊地又三郎	明治2年5月7日	56	醤油醸造業	南埼玉郡河合村	1,102.610
168	167	高塚徳次郎	明治9年3月24日	49	農業	南埼玉郡太田村	1,090.350
169	170	斎藤信之助	慶応2年8月7日	59	農業	南埼玉郡三箇村	1,082.640
170	178	山田半六	文久元年10月22日	64	荒物商	南埼玉郡粕壁町	1,038.930
171	181	大熊新平	明治11年5月24日	47	農業	南埼玉郡菖蒲町	1,025.400
172	187	太田益太郎	明治13年12月20日	45	農業	南埼玉郡八條村	1,017.440
173	188	仁科仁兵衛	明治9年4月26日	49	農業	南埼玉郡越ヶ谷町	1,014.710
174	193	下村喜兵衛	明治2年10月29日	56	郵便局長	南埼玉郡岩槻町	999.510
175	198	平沢三郎	明治5年11月15日	53	農業	南埼玉郡菖蒲町	977.020
北葛飾郡							
176	10	田中源太郎	明治25年6月17日	33	酒醸造業	北葛飾郡幸松村	5,602.150

表15　多額納税者議員互選人名簿（その5）

177	11	金沢理三郎	明治12年4月4日	46	農業	北葛飾郡吉田村	5,595.980
178	16	新井信太郎	明治26年5月6日	32	農業	北葛飾郡八代村	4,702.240
179	27	白石昌字	文久2年12月27日	63	農業	北葛飾郡桜田村	3,455.780
180	32	石川仁平治	明治25年3月22日	33	醤油醸造業	北葛飾郡松伏領村	3,066.420
181	34	渡辺勘左衛門	慶応3年8月3日	58	銀行員	北葛飾郡杉戸町	3,036.620
182	36	野口秀	明治20年7月27日	38	農業	北葛飾郡高野村	2,978.420
183	41	石川欣一郎	明治2年1月16日	56	農業	北葛飾郡松伏領村	2,811.900
184	43	渡辺湜	慶応2年1月1日	59	農業	北葛飾郡桜田村	2,739.260
185	66	奈良栄治郎	明治11年9月10日	47	農業	北葛飾郡桜田村	1,966.300
186	82	関口豊	明治15年11月19日	43	農業	北葛飾郡桜井村	1,729.780
187	91	秋間礼佐	慶応2年11月5日	59	農業	北葛飾郡幸手町	1,610.510
188	97	遠藤卓治	明治19年10月3日	39	農業	北葛飾郡行幸村	1,588.070
189	121	知久貞三郎	明治3年10月10日	55	農業	北葛飾郡八代村	1,383.200
190	125	堀切伊平治	明治14年7月9日	44	醤油醸造業	北葛飾郡彦成村	1,335.400
191	127	田中彦右エ門	明治7年10月25日	51	農業	北葛飾郡田宮村	1,312.390
192	145	浜田久治	明治8年11月7日	50	農業	北葛飾郡堤郷村	1,219.080
193	147	野村悦太郎	嘉永2年4月22日	76	農業	北葛飾郡桜田村	1,208.980
194	148	関口武二郎	万延元年11月24日	65	農業	北葛飾郡桜井村	1,203.510
195	149	斎藤岩次郎	明治11年11月13日	47	農業	北葛飾郡早稲田村	1,197.880
196	160	柿沼信夫	明治10年12月9日	48	農業	北葛飾郡静村	1,143.330
197	176	内田直次郎	明治元年12月9日	57	煙草元売捌業	北葛飾郡幸手町	1,045.640
198	179	江森角三郎	慶応3年4月8日	58	農業	北葛飾郡上高野村	1,028.780
199	196	橋本久次郎	明治21年9月27日	37	材木商	北葛飾郡栗橋町	982.960
200	157	遠藤柳作	明治19年3月18日	39	官吏	北葛飾郡行幸村	1,156.570

（1）藤田義相編「兵庫県における貴族院議員の互選」（一九六六年、武庫史纂会刊、国会図書館所蔵マイクロフィシュ）。なお、時代的には多少遡るが、岐阜県を事例として、明治四〇（一九〇七）年七月の補欠選挙を中心に大正一〇年九月実施の補欠選挙までの通常選挙や補欠選挙での有権者＝互選人の動向を論じたものに、中野谷康司「岐阜県における貴族院多額納税者議員選挙の研究」㈠・㈡（『岐阜県歴史資料館報』第一八・一九号、一九九五・九六年刊）がある。また、解説等を付して互選人名簿を翻刻したものに、高嶋雅明「和歌山県貴族院多額納税者議員互選人名簿」㈠〜㈣（和歌山大学経済学部編・刊『経済理論』第一七二〜一七五号、一九七九〜一九八〇年、所収）、同じく沖縄県について西原文雄「貴族院多額納税者議員互選人についての覚書」（『沖縄史料編集所紀要』第九号、一九八四年、所収）、同様に鹿児島県について黒瀬郁二「貴族院多額納税者議員互選人名簿（鹿児島県・大正一四作成）」（鹿児島経済大学地域総合研究所編・刊『地域総合研究』第一五巻第二号、一九八八年）が、それぞれある。

（2）このような選挙人名簿が北海道や他府県の憲政会支部や政友会支部によって作成され、選挙運動に使用されたかどうかは不明である。少なくとも二〇一五年一二月現在、筆者にとって、そのような名簿は未見である。なお、東京府の事例については、次章の写真10を参照のこと。

（3）「多額納税者」の納税要件は「土地又は工業商業につき多額の直接国税を納付」することであった。大正一四（一九二五）年の時点で、この直接国税とは、地租・営業税・所得税であった。所得税は課税対象になる所得が多岐にわたるため、第六回貴族院通常選挙実施に先立ち、内務省は貴族院多額納税者議員互選規則施行細則（大正一四年六月一九日内務省令第一二号）を公布し、その第一条において、以下は「工業商業ニ付キ納ムル所得税ニ包含セス」とした。公社債の利子、法人より受ける利益もしくは利息の配当、剰余金の分配、俸給、年金、手当、賞与。すなわち、この措置によりサラリーマンや利子・配当を主たる収入とした高額所得者は「多額納税者」から排除されたのである。中央、地方を問わず個人企業や家族・一族経営の企業が相次いで株式会社となっていくなかで、株式会社の一社員（商法上の）となることによって「多額納税者」に加えられなくなった大口納税者も少なくなかったにちがいない。

（4）大正一四年八月二日付『東京日日』埼玉版。

（5）納税金額や県内および郡内における順位等は巻末に付した「埼玉県多額納税者名簿」に依った。煩を避けてその都度断らない。

（6）大正一四年八月二日付『東京日日』埼玉版。

（7）同。

（8）同。

(9)『新編埼玉県史・通史編五』（埼玉県刊、一九八八年）第二章二「埼玉県の自由党と改進党」三四二～三五三ページを参照。
(10) 同、六一〇ページ。
(11) 大正一四年八月五日付『東京日日』埼玉版、引用した記事中の括弧は筆者による。
(12) 大正七年五月一七日付『東京朝日』。
(13) 同。
(14)「埼玉県下の政党政派の概況大正八年八月」（『新編埼玉県史・資料編一九』、一九八三年、八六四～八六五ページ、所収）。『原敬日記』（一九六〇年）大正七年六月四日の条。なお、この点について、拙著『大正デモクラシーの時代と貴族院』（成文堂、二〇〇五年）の一六〇～一六二ページを参照されたい。
(15) 前掲『新編埼玉県史・通史編五』、六一三ページ。
(16) 朝日新聞通信部編『県政物語』（世界社、一九二八年）七一ページ。
(17) この点に関して、前掲『新編埼玉県史・通史編五』、一九八八年、八三三ページを参照。
(18)「埼玉県議会歴代議員録」（埼玉県議会編・刊『埼玉県議会史』第六巻、一九六六年、別刷）一七三ページを参照。
(19) 同。
(20) 細井肇『政争と党弊』（益進会、一九一四年）、二三二ページ。
(21) 大正一四年八月七日付『東京日日』埼玉版。
(22) 同。
(23) 大正一四年八月一四日付『東京日日』埼玉版。
(24) なお、田中は翌年の半数改選で県会議員に当選し、さらに昭和七（一九三二）年の通常選挙で貴族院議員となった。
(25)『原敬日記』大正七年六月四日の条。なお、この点について、拙著『大正デモクラシーの時代と貴族院』の一六〇～一六二ページを参照されたい。
(26) 大正一四年八月八日付『東京日日』埼玉版。
(27) 前掲『県政物語』、七二ページ。
(28) 大正一四年八月一四日付『東京日日』埼玉版。
(29) 同。
(30) 大正一四年八月一五日付『東京日日』埼玉版。

(31) 前掲「埼玉県議会歴代議員録」一四六ページ。
(32) 大正一四年八月一五日付『東京日日』埼玉版。
(33) 大正一四年八月一九日付『東京日日』埼玉版。
(34) 大正一四年八月二三日付『東京日日』埼玉版。
(35) 同。
(36) 大正一四年八月二五日付『東京日日』埼玉版。
(37) 同。
(38) 大正一四年九月八日付『東京日日』埼玉版。
(39) 大正一四年九月五日付『東京日日』埼玉版。
(40) 大正一四年九月八日付『東京日日』埼玉版。
(41) 大正一四年九月一一日付『東京日日』埼玉版。
(42) 大正一四年九月一〇日付『東京日日』静岡版。
(43) 大正一四年九月一一日付『東京日日』埼玉版。
(44) 同。
(45) 伊藤隆編『斉藤隆夫日記』上、(中央公論社、二〇〇九年)大正一四年九月七日の条。
(46) 同、大正一四年九月九日の条。
(47) 同、大正一四年九月一〇日の条。

第一一章　第六回貴族院多額納税者議員通常選挙の当選者と会派

はじめに

微温的と揶揄された、大正一四（一九二五）年の貴族院改革であった。その中で最も大きな改革は、院の構成における有爵議員の優位性の排除と多額納税者議員の定員数拡大そして学士院会員議員の新設である。有爵議員すなわち華族議員は互選有爵議員である伯・子・男爵議員合わせて一六名が削減されたのに対し、多額納税者議員の定員は一九増えて六六となり、新設の学士院会員議員の定員は四名であった。貴族院全体では七名の増員である。また多額納税者議員選出の有権者は七〇五から六六〇〇へと数的にも大きく拡大された。ほぼ九倍増である。

言うまでもなく、有爵議員を含む互選議員の通常選挙は七年ごとに実施される。来る総改選―第六回多額納税者議員通常選挙は、大正一四年七月に実施される予定であった。しかるに第五〇議会で成立した改革関連法令すなわち貴族院令（改正大正一四年勅令一七四号）、「貴族院令第六条ノ議員選挙ニ付衆議院選挙法中罰則ノ規定準用ニ関スル法律」のそれぞれの附則には大正一四年の通常選挙から施行と定められていた。いわば、この改革は直近の第六回通常選挙に向けての改革であった。こうしてみると大正一四年の通常選挙は、改革後最初の選挙であったという意味で重要である。特に多額納税者議員については定員の四割増、有権者の九・四倍増という極めて大きな改革が加えられたのであった。それ故に八月に入ると『東京日日』、『東京朝日』、『読売』、『大阪朝日』など新聞各紙は各道府県の選挙戦を逐一報道し、新制度の下での選挙について特集を組んだりした。また、前回の大正七（一九一八）年の通常選挙にも増して各政党のこの選挙への対応振りが熱心であったし、候補者にしても政党の力を借りつつ六倍増、一五倍増と飛躍的に増加した「多数」の互選人への働き掛けについて試行錯誤の姿勢で臨んだ。例えば、前章で見たように、憲政会埼玉支部は川越市を含む郡別有権者名簿を作成して二つの議席をめぐる選挙戦を戦った。全国的に見たとき、この多額納税者議員選挙はどのように行われ、選出すなわち互選された議員は改革後初の議会にどのような姿勢で臨もうとしていたのか。前章の冒頭でもふれたように、第六回多額納税者議員通常選挙やそれに関連する研究はほとんど無いようである。(1) 本章では、この選挙の当選者を巡り貴族院各会派がどのように動き、当選者がどのような経緯で貴族院の諸会派に入会するに至ったかについて、明らかにしてみたいと思う。

一　候補者

新制度によれば、貴族院多額納税者議員互選人名簿は各道府県庁で六月一日現在の直接国税の納付額をもとに調製され、七月二〇日から一五日間、道府県庁で閲覧に供される。それはさらに、それぞれ道府県の公報に掲載されることになる。なお、各道府県での互選人選出の要件である直接国税の税種は地租、営業税、所得税であった。

選挙区である各道府県で選挙運動が本格的に開始されるのは、一〇〇人もしくは二〇〇人の互選人名簿が公開されてからである。すでに前章の冒頭でも述べたように、新制度では四七道府県について平均以上の人口を有する道府県の定数は二、互選人数は二〇〇、平均以下の道府県についてはそれぞれ一であり、一〇〇であった。この互選人数の飛躍的な増加は選挙方法そのものも大きく変えたであろう。立候補者は多数の互選人すなわち有権者への投票への働きかけについて試行錯誤の姿勢で臨んだ。例えば、東京府選挙区の候補者に名乗りを上げた津村重舎（売薬商）は選挙事務所を設け、この写真のような「東京府貴族院多額納税者議員選挙資格者名簿」（写真10）を独自に作成し、「御参考迄に有権者名簿一部座右に供候御一覧被成下度候也」[2]と、自らの陣営の運動員や互選人そして関係者にその名簿を配布しつつ、選挙運動を展開したものと思われる。有権者すなわち互選人が一五名しかいなかった旧制度の下では考えられないことであった。なお、貴族院多額納税者議員選挙は互選であり、新制度の下で立候補予定者を対象とする道府県庁主催の説明会等はあったようだが、立候補者が関係する党派または所属政党を道府県庁へ届けることはなかったと思われる。従って、立候補者およびその人物の政治的背景や属性については、選挙について報道する各新聞社や内務省が独自に調査をして、候補者を割り出しその党派や党派志向を判断することになる。

写真10　東京府貴族院多額納税者議員選挙資格者名簿

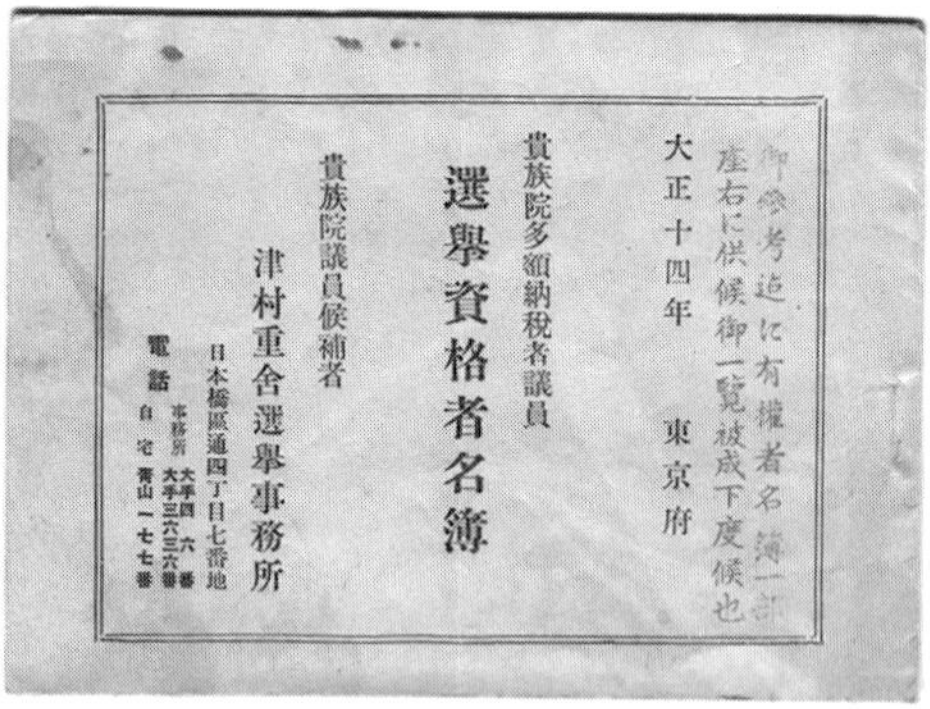

出典：著者蔵

選挙戦もたけなわの九月二日、この日の『読売』朝刊が内務省調査による九月一日現在の候補者名を報じている。その数は一〇〇名である。しかし、『東京朝日』など他紙を参照したとき、それには若干の漏れがあり、自薦、他薦による候補者は一〇七名であることが判明した。それを次に示す。（憲）は憲政会、（政）は政友会、（本）は政友本党、（実業）は実業倶楽部である。この『読売』紙上では、例えば準憲政会を憲派と表示しているが、以下では憲政会・準憲政会をまとめて（憲）と表示した。政友会、政友本党についても同様である。○は当選者。傍線が引かれた候補者は野党である政友会と政友本党の協定候補者（後述）である。

第六回多額納税者議員選挙立候補者一覧

北海道　定数二

○金子元三郎（憲）、○高橋直治（政）、大瀧甚太郎（本）、小熊幸一（無）

青森県　定数一

○海周次郎（本）、吹田詮三郎（本）、藤田謙一（無）

岩手県　定数一

佐藤愛助（政）、○瀬川弥衛門（無）

宮城県　定数一

青木存秀（憲）、○伊沢平左衛門（政）

秋田県　定数一

○土田万助（憲）、本間金之助（本）

山形県　定数一

加藤長三郎（憲）、○工藤八之助（政）

福島県　定数二

橋本萬右衛門（憲）、○吉野周太郎（政）

茨城県　定数二

○浜平右衛門（憲）、○高柳淳之介（政）、尾見浜五郎（本）、青木才次郎（無）

栃木県　定数一

渡辺陳平（政）、○津久居彦七（憲）

群馬県　定数一
○本間千代吉（憲）
埼玉県　定数二
○斎藤善八（憲）、○斎藤安雄（政）、金沢理三郎（無）
千葉県　定数二
○鵜沢宇八（憲）、藤平和三郎（政）、菅沢重雄（憲）、○浜口儀兵衛（無）
東京府　定数二
○津村重舎（憲）、亀岡豊二（実業）、○山崎亀吉（無）
神奈川県　定数二
○左右田喜一郎（憲）、○小塩八郎右衛門（政）
新潟県　定数二
○斎藤喜十郎（憲）、○五十嵐甚造（憲）、鍵富三作（本）
富山県　定数一
○高広次平（憲）、木津太郎平（無）
石川県　定数一
○横山章（無）
福井県　定数一
○森広三郎（無）
山梨県　定数一

○若尾謹之助（無）
長野県　定数二
○小林暢（政）、○今井五介（無）
岐阜県　定数一
○長尾元太郎（憲）、野呂駿三（本）
静岡県　定数二
山口忠五郎（本）、○尾崎元次郎（無）、○中村円一郎（無）
愛知県　定数二
○磯貝浩（憲）、後藤新次郎（本）、○森本善七（無）、青木弥六（無）
三重県　定数一
○小林嘉平（無）
滋賀県　定数一
西田庄助（憲）、○吉田羊治郎（政）
京都府　定数二
奥村安太郎（憲）、○風間八左衛門（本）、○田中一馬（無）
大阪府　定数二
梅原亀七（憲）、○田村駒次郎（実業）、○森平兵衛（無）
兵庫県　定数二
○田村新吉（憲）、勝田銀次郎（無）、○岡崎藤吉（無）

奈良県　定数一
○北村宗四郎（無）
和歌山県　定数一
吉村友之進（政）、○西本健次郎（無）
鳥取県　定数一
○奥田亀造（憲）、庄司廉（無）
島根県　定数一
恒松於兎二（政）、○糸原武太郎（本）
岡山県　定数二
○山上岩二（政）、三宅元雄（政）、木上厳太郎（政）、○佐々木志賀二（政）
広島県　定数二
○森田福市（政）、○松本勝太郎（無）、沢原俊雄（無）
山口県　定数一
道源権治（憲）、○林平四郎（政）
徳島県　定数一
○三木与吉郎（無）
香川県　定数一
○山田惠一（無）
愛媛県　定数一

○八木春樹（憲）、清水義影（無）
高知県　定数一
○宇田友四郎（憲）
福岡県　定数二
○吉原正隆（政）、石田平吉（憲）、○太田清蔵（政）
佐賀県　定数一
遠藤十郎（憲）、○石川三郎（本）
長崎県　定数一
森伊三治（憲）、○沢山精八郎（本）
熊本県　定数一
○沢田喜彦（憲）、○坂田貞（本）
大分県　定数一
○平田吉胤（憲）、水之江公明（本）
宮崎県　定数一
小林熊太郎（憲）、○高橋源次郎（本）
鹿児島県　定数二
○藤安辰次郎（本）、○奥田栄之進（本）、海江田準一郎（本）
沖縄県　定数一
平尾喜三郎（本）、山城高興（本）、○大城兼義（本）

表16　党派別立候補者数と当選者数

	憲政会	政友会	政友本党	実業倶楽部	無所属	合計
候補者数	32	22	22	2	29	107
当選者数	21	15	10	1	19	66
当選率　%	65.6	68.2	45.5	50	65.5	61.7

出典：大正14年９月２日付『読売』、同年９月12日および13日付『東京朝日』の記事により筆者作成

以上四七道府県中、福島、群馬、神奈川、石川、福井、山梨、長野、三重、奈良、徳島、香川、高知、熊本の一三の県が無競争県であり、該当する候補者は一七名である。従って、九〇名の候補者が一または二の議席を巡り選挙戦を戦ったことになる。その選挙戦における候補者数と当選者数を党派別に纏めたものが上の表16である。

これによれば、数の上では与党・憲政会および憲政会系の候補者の当選者が野党・政友会および政友会系のそれを上回るが、当選率では政友会が憲政会を上回る。これについて憲政会に対抗して、政友会と政友本党とが旧交をもとに選挙協力をしたことが要因ではないかと、両陣営の幹部は分析している(3)。

これより前、すなわち選挙戦たけなわの八月二〇日、事前に政友会と政友本党とが両党の候補者を調整したものを研究会の小笠原長幹邸で同会の幹部である小笠原・青木信光と政友会の岩崎勲（総務委員）・山口義一（幹事）とが検討し、さらに交友倶楽部側と打ち合わせをした結果、北海道および三二府県について合計四九名の「協定候補者」を発表した(4)。先の記候補者一覧で、傍線を施した候補者がそれである。

そのなかの小塩（神奈川）、森広（福井）、小林・今井（長野）、北村（奈良）、三木（徳島）、山田（香川）の七名については、対立候補がいない、無競争候補者である。また、岩手県のように定数一であるが、政友系の佐藤愛助と無所属の瀬川弥右衛門（『東京朝日』は憲政系としている）立候補した二人を協定候補者としている。すぐ後で触れるように沖縄県については三名の本党系の候補者をともに協定候補者としている。同様に鹿児島も、定数二について三名の本党系の候補者を協定候補としている。この両県の場合、本党・本党系の候補者について

図３　協定候補者の当落

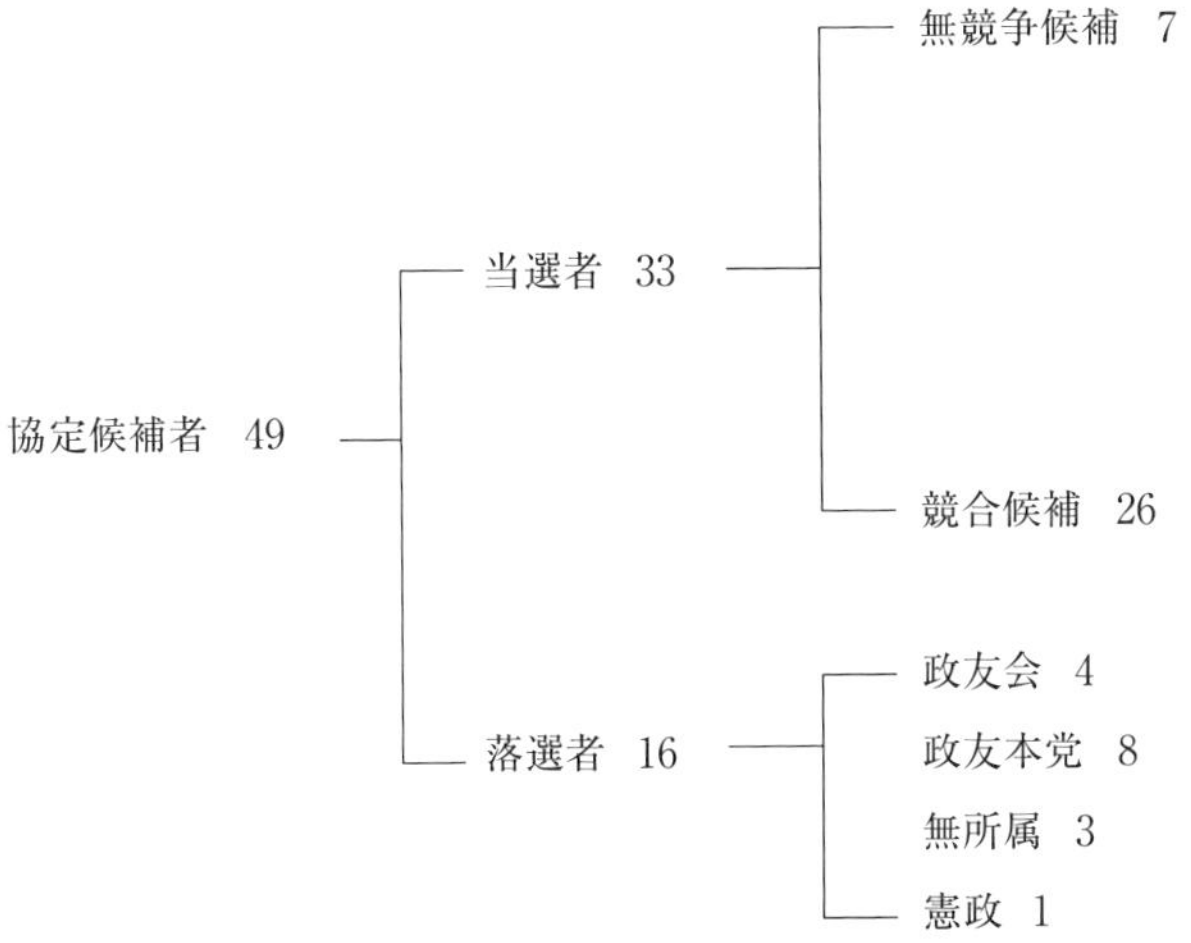

絞り込みができず、これら候補を平等に協定候補者としてしまったのであろうか。

それでは無競争の七名を除き、四二名の協定候補者のうち何人が当選できたのか。当選者は高橋（北海道）以下二六名で、残り一六名が落選した。この当選率は六一・九％。無競争候補者七名を含む、政本両党による協定候補者の当選率は六七・三％である。表16に明らかなように、この数字は与党憲政会のそれを少しながら凌駕する。すなわち、三三道府県にわたる選挙協力は野党という不利な条件を跳ね返したのである。この協定候補者の数とその当落は上の図表（図３）のようにまとめることが出来る。

この選挙の序盤戦ともいうべき七月三一日に連立政権が崩壊し、八月一日に加藤単独内閣が成立した。野党となった政友会の地方支部は多額納税者議員選挙との関わりでこの事態をどう考えただろうか。政界では政本合同の可能性が囁かれ始めた。多額納税者議員選挙での選挙協力が政本合同運動の一部であったとは断じがたいが、無関係ではないだろう。

それにしても、表16に明らかなように、政友本党ないしは政友本党系の当選率が他の有力な二党と比べ著しく低い。協定候補者について言えば、図3「協定候補者の当落」に示したように、落選者一六名の半分が政友本党系である。一年余り前の第二次護憲運動の余波であろうか。さらに沖縄県では憲政、政友共に立候補者を立てないまま、一つの議席を巡って三名の政友本党関係者の三つ巴の戦いになってしまった。そのことが政友本党・本党系の分母を徒に大きくして、当選率をさらに下げてしまっている。

二　当選者の特徴

当選者六六名を、織田正誠編『貴族院多額納税者名鑑』（大正一四年版、一九二五年刊）から抽出して北海道から沖縄県まで北から順に並べてみた。以下の表17「第六回多額納税者議員通常選挙当選者一覧」がそれで、それぞれの当選者の年齢、職業、直接国税納税額の道府県別順位、所属政党または新聞が報じた政党系列そしてその後入会した貴族院会派名を属性として記した。職業欄のaは貴族院事務局所蔵の多額納税者議員履歴書によるものであるが、これについては後述する。なお、同欄aの「会社役」、「会社重」、「銀行重」はそれぞれ会社役員、会社重役、は銀行重役のことである。

「納税額」は直接国税納税額、次の「順位」は道府県ごとの直接国税納税額の順位である。一五／二〇〇は二〇〇人の有権者中直接国税の納税額が第一五番目であることを示すものである。また、「党派」の欄に「政友」とあるのは政友会、同じく「憲政」は憲政会、「本党」は政友本党、「実業」は実業倶楽部、「再」は再選である。「新」は初当選、「会派」の欄であるが貴族院の会派であり、「研究」とあるのは研究会、「交友」は交友倶楽部、「同成」は同成会、「公正」は公正会、「無」は無所属派、「純無」は純無所属で、会派に属さないことをそれぞれ表す。

この『貴族院多額納税者名鑑』（以下、名鑑と略記）は多額納税者議員選挙の互選人＝有権者名を道府県別に直接

表17　第6回多額納税者議員通常選挙当選者一覧（その1）

道府県	氏名	住居	年齢	職業	a	納税額	順位	党派	会派
北海道	高橋直治	小樽市	69	海陸物産商	商業	9,271.67	15/200	政友新	研究
北海道	金子元三郎	小樽市	56	海陸物産商	商業	9,713.72	12/200	憲政新	研究
青森県	鳴海周次郎	西津軽郡車力村	38	銀行頭取	銀行	4,896.16	18/100	本党新	交友
岩手県	瀬川弥右衛門	稗貫郡花巻町	32	農業	農業	9,680.23	1/100	無新	無
宮城県	伊沢平左衛門	仙台市上杉山	63	酒造業	商業	17,144.91	1/100	政友新	研究
秋田県	土田万助	平鹿郡館合村	56	農業	農業	23,005.88	2/100	憲政再	同成
山形県	工藤八之助	西村山郡高松村	54	農業	農業	5,915.51	25/100	政友新	交友
福島県	吉野周太郎	信夫郡野田村	54	農業	農業	5,967.99	6/200	政友新	研究
福島県	橋本万右衛門	郡山市	59	商業	商業	1,155.84	159/200	憲政新	同成
茨城県	浜平右衛門	新治郡石岡町	45	醤油醸造業	工業	3,897.92	18/200	憲政新	同成
茨城県	高柳淳之助	行方郡要村	45	株式売買業	商業	1,726.41	73/200	政友新	純無
栃木県	津久居彦七	安蘇郡佐野町	71	綿糸販買業	商業	4,294.34	12/100	憲政新	同成
群馬県	本間千代吉	佐波郡赤堀村	37	農業	農業	5,993.51	8/100	憲政新	研究
埼玉県	斎藤安雄	大里郡中瀬村	56	銀行重役	農業	1,105.20	162/200	政友新	純無
埼玉県	斎藤善八	南埼玉郡岩槻町	59	呉服商	商業	3,912.31	23/200	憲政再	同成
千葉県	鵜沢宇八	香取郡佐原町	58	商業	商業	1,179.15	84/100	憲政新	研究
千葉県	浜口儀兵衛	海上郡銚子町	51	醤油醸造業	工業	110,573.78	1/100	無再	研究
東京府	山崎亀吉	日本橋区通二丁目	54	貴金属商	商業	22,331.14	13/200	無新	研究
東京府	津村重舎	日本橋区通二丁目	55	売薬商	商業	22,879.69	14/200	憲政新	研究
神奈川県	小塩八郎右衛門	中郡相川村	60	農業	農業	6,241.59	17/200	政友新	交友
神奈川県	左右田喜一郎	横浜市南仲通	44	銀行重役	銀行重役	10,704.00	9/200	憲政新	研究
新潟県	斎藤喜十郎	新潟市	61	会社員	会社役	6,786.44	32/200	憲政新	研究
新潟県	五十嵐甚蔵	北蒲原郡笹岡村	52	農業	農業	17,700.84	11/200	憲政新	研究
富山県	高広次平	西砺波郡福岡町	40	金銭貸付業	会社役	6,769.50	8/100	憲政新	同成
石川県	横山章	金沢市高岡町	51	鉱業	鉱業	4,326.23	9/100	無再	研究
福井県	森広三郎	今立郡国高村	60	機業	農業	2,215.15	24/100	無元	研究
山梨県	若尾謹之助	甲府市山田町	43	銀行業	銀行重	31,683.57	1/100	無新	研究
長野県	今井五介	諏訪郡平野村	66	会社重役	商業	10,348.09	10/200	無再	研究
長野県	小林暢	更級郡信田村	46	銀行重役	銀行重	1,381.62	140/200	政友	研究
岐阜県	長尾元太郎	武儀郡菅田町	51	農業	農業	4,294.79	9/100	憲政新	同成
静岡県	尾崎元次郎	静岡市	55	林業	林業	1,741.84	71/200	無新	無
静岡県	中村円一郎	榛原郡吉田村	58	商業	商業	6,528.23	4/200	無再	研究

表17　第６回多額納税者議員通常選挙当選者一覧（その２）

愛知県	森本善七	名古屋市	70	小間物商	商業	7,348.49	17/200	無新	無
愛知県	磯貝浩	名古屋市	61	魚問屋業	商業	1,957.84	174/200	憲政新	同成
三重県	小林嘉平次	一志郡雲出村	49	農業	農業	2,487.08	42/100	無新	無
滋賀県	吉田羊治郎	犬上郡高宮町	56	銀行頭取	銀行重	4,072.84	21/100	政友新	純無
京都府	田中一馬	下京区新町通	48	会社員	会社重	7,406.64	29/200	無新	公正
京都府	風間八右衛門	葛野郡桂村	46	農業兼塩醤油販売業	農業	8,192.93	25/200	本党新	純無
大阪府	田村駒治郎	大阪市東区安土町	59	会社員	会社重	18,700.20	21/200	実業新	研究
大阪府	森平兵衛	大阪市南区順慶町	51	化粧品買薬商	商業	15,035.37	28/200	無新	研究
兵庫県	岡崎藤吉	神戸市	69	会社員	商業	38,426.01	4/200	無新	研究
兵庫県	田村新吉	神戸市	62	貿易業	商業	6,582.21	51/200	憲政新	同成
奈良県	北村宗四郎	吉野郡上市町	55	酒造製材林業	農業	6,624.36	7/100	無新	研究
和歌山県	西本健次郎	和歌山市	59	請負業	請業	41,826.54	1/100	無新	研究
鳥取県	奥田亀造	岩美郡大岩村	53	漁業	魚業	11,353.74	3/100	憲政新	研究
島根県	糸原武太郎	仁多郡八川村	38	農業	農業	8,535.48	8/100	本党新	研究
岡山県	佐々木志賀二	岡山市	43	地主	商業	2,346.73	57/200	政友系新	研究
岡山県	山上岩二	岡山市	40	米穀取引所理事長	会社重	3,171.57	38/200	政友新	純無
広島県	松本勝太郎	呉市	51	請負業	請負業	14,107.20	6/200	無新	無
広島県	森田福市	広島市	35	請負業	請負業	17,393.49	4/200	政友新	交友
山口県	林平四郎	下関市	68	商業	商業	4,547.60	13/100	政友新	交友
徳島県	三木与吉郎	板野郡松茂村	50	商業	商業	8,604.74	3/100	無再	研究
香川県	山田惠一	木田郡前田村	52	工業	工業	8,982.08	7/100	無新	交友
愛媛県	八木春樹	今治市	54	工業	工業	4,082.03	14/100	憲政新	同成
高知県	宇田友四郎	高知市	65	会社員	会社	3,292.73	6/100	憲政新	研究
福岡県	吉原正隆	三瀦郡大川町	44	農業	農業	3,924.81	46/200	政友新	研究
福岡県	太田清蔵	福岡市	62	会社員	会社重	18,419.19	3/200	政友新	交友
佐賀県	石川三郎	小城郡砥川村	44	農業	農業	1,356.42	59/100	本党新	研究
長崎県	沢山精八郎	長崎市南山手町	70	会社員	会社重	3,390.05	21/100	本党新	研究
熊本県	坂田貞	八代郡植柳村	62	農業	農業	4,174.29	37/200	本党新	交友
熊本県	沢田喜彦	八代郡吉野村	51	金銭貸付業	商業	4,001.75	40/200	憲政新	同成
大分県	平田吉胤	下毛郡城井村	59	農業	農業	1,665.99	62/100	憲政新	同成
宮崎県	高橋源次郎	南那珂郡飫肥町	58	商業	商業	8,862.86	6/100	本党再	研究
鹿児島県	藤安辰次郎	鹿児島市	63	商業	商業	5,049.11	17/200	本党新	交友
鹿児島県	奥田栄之進	日置郡串木野村	61	農業	農業	900.16	139/200	本党新	純無
沖縄県	大城兼義	那覇市	54	商業	商業	3,961.37	5/100	本党新	同成

出典：織田正誠編『貴族院多額納税者名鑑』（大洋堂出版部、大正15年刊、全669ページ）のデータを元に作成

国税納税額順に並べたもので、各有権者について本籍、現住所、職業、生年月日、直接国税納税額が大正一四年六月一日現在で記載されている。編者の織田は道府県が六月一日現在で調整し、七月二〇日から二週間道府県庁で閲覧に供され、さらにそれぞれ道府県の公報に掲載された名簿をもとに、この『名鑑』を編んだものと思われる。ちなみに、今日、安良城盛昭編『貴族院多額納税者議員互選人名鑑』五冊（新潟県、山梨県、千葉県、群馬県、東京府）が影印本として刊行されているが、(5)その職業欄の道府県ごとに異なる多様な記載内容は『名鑑』の職業欄とまったく同一である。職業に限って言えば、織田はそうした差異や多様性を無視してそのまま原本のものを『名鑑』に転記したのである。

さて、表17の住居、職業、納税額は『名鑑』の記載のままを記した。年齢は『名鑑』記載の生年月日から算出し、順位は各道府県の六月一日現在の互選人（一〇〇または二〇〇名）間での直接国税納税額の順位である。(6)政党・党派は大正一四年九月二日付『読売』所載の内務省の調査によった。「政友」は政友会、「憲政」は憲政会、「本党」は政友本党「無」は無所属をそれぞれ表す。その政党の後ろの「新」新人、「再」は再選である。前述のように貴族院多額納税者議員選挙は互選であり、例えば衆議院選挙のように立候補者の道府県庁への届け制はなかったと思われる。従って、所属政党を持たない、自薦・他薦の候補者については各新聞社あるいは内務省が独自に調査して、その党派志向を判断した。そのため、新聞によって候補者の党派に関する判断に多少のズレを生じ、同じ候補者でもそれが各社まちまちであることも少なくない。(7)そこで、本稿では内務省の調査によることにした。

また、会派は直近の帝国議会である第五一帝国議会（大正一四（一九二五）年一二月開会）において所属した貴族院の会派である。会派については衆議院・参議院編『議会制度七〇年史・政党会派編』（一九六一年刊）によった。選挙終了の前後より、諸会派による当選者に対する入会の勧誘が激しかったことは後ほど述べる通りであるが、最終的に彼らが第五一議会でどの会派に属するに至ったのか。第五一議会招集日当日において、研究会三二、交友倶楽

表18　直接国税納税額順多額納税者議員選挙候補者一覧（その1）

県	職業a	名前	住居	年齢	職業	直接国税総額	当落	順位	政党
千葉県	工業	浜口儀兵衛	海上郡銚子町	51	醤油醸造業	110,573.780	○	1/200	無再
和歌山	請負業	西本健次郎	和歌山市	59	請負業	41,826.540	○	1/100	無新
兵庫県	商業	岡崎藤吉	神戸市	69	会社員	38,426.010	○	4/200	無新
山梨県	銀行頭取	若尾謹之助	甲府市山田町	43	銀行業	31,683.570	○	1/100	無新
秋田県	農業	土田万助	平鹿郡館合村	56	農業	23,005.880	○	2/100	憲政再
東京	商業	津村重舎	日本橋区通四丁目	54	売薬商	22,879.690	○	14/200	憲政新
東京	商業	山崎亀吉	日本橋区通二丁目	55	貴金属商	22,331.140	○	13/200	無新
大阪	会社員	田村駒治郎	大阪市東区安土町	59	会社員	18,700.200	○	21/200	実業新
福岡県	会社員	太田清藏	福岡市	62	会社員	18,419.190	○	3/200	政友新
新潟県	農業	五十嵐甚藏	北蒲原郡笹岡村	52	農業	17,700.840	○	11/200	憲政新
広島県	請負業	森田福市	広島市	35	請負業	17,393.486	○	4/200	政友新
宮城県	商業	伊澤平左衛門	仙台市上杉山	63	酒造業	17,144.910	○	1/100	政友新
新潟県	会社員	鍵富三作	新潟市	38	会社員	16,086.030	×	14/200	政友本
大阪	商業	森平兵衛	大阪市南区順慶町	51	化粧品買薬商	15,035.370	○	28/200	無新
秋田県	商業	本間金之助	秋田市	80	商業	14,515.150	×	6/100	政友本
広島県	請負業	松本勝太郎	呉市	51	請負業	14,107.200	○	6/200	無新
広島県	会社員	沢原俊雄	呉市	60	重役	12,464.610	×	7/200	無
鳥取県	漁業	奥田亀造	岩美郡大岩村	53	漁業	11,353.740	○	3/100	憲政新
神奈川	銀行重役	左右田喜一郎	横浜市南仲通	44	銀行重役	10,704.000	○	9/200	憲政新
長野県	商業	今井五介	諏訪郡平野村	66	会社重役	10,348.090	○	10/200	無再
北海道	商業	金子元三郎	小樽市	56	海陸物産商	9,713.720	○	12/200	憲政新
岩手県	農業	瀬川弥右エ門	稗貫郡花巻町	32	農業	9,680.234	○	1/100	無新
北海道	商業	高橋直治	小樽市	69	海陸物産商	9,271.670	○	15/200	政友新
香川県	工業	山田悪一	木田郡前田村	52	工業	8,982.080	○	7/100	無新
宮崎県	商業	高橋源次郎	南那珂郡飫肥町	58	商業	8,862.860	○	6/100	本党再
徳島県	商業	三木與吉郎	板野郡松茂村	50	商業	8,604.740	○	3/100	無再
島根県	農業	絲原武太郎	仁多郡八川村	38	農業	8,535.480	○	8/100	本党新
島根県	農業	恒松於莵二	安濃郡大田町	35	農業	8,479.160	×	9/100	政友会
愛知県	商業	後藤新十郎	名古屋市	46	仲買業	8,203.300	×	11/200	政友本
京都	農業	風間八左衛門	葛野郡桂村字下桂	46	農業兼塩醤油販買業	8,192.930	○	25/200	本党新
北海道	商業	小熊幸一郎	函舘市	59	問屋業	7,857.518	×	17/200	無
青森県	商業	藤田謙一	弘前市	52	商業	7,688.900	×	6/100	無
京都	会社員	田中一馬	下京区新町	48	会社員	7,406.640	○	29/200	無新
愛知県	商業	森本善七	名古屋市	70	小間物商	7,348.490	○	17/200	無新
青森県	商業	吹田銓三郎	青森市	47	商業	6,881.960	×	7/100	政友本

表18　直接国税納税額順多額納税者議員選挙候補者一覧（その２）

新潟県	会社員	斎藤喜十郎	新潟市	61	会社員	6,786.440	○	32/200	憲政新
富山県	会社員	高広次平	西砺波郡福岡町	40	金銭貸付業	6,769.500	○	8/100	憲政新
奈良県	農業	北村宗四郎	吉野郡上市町	55	酒造製材林業	6,624.360	○	7/100	無新
兵庫県	商業	田村新吉	神戸市	62	貿易業	6,582.210	○	51/200	憲政新
静岡県	商業	中村円一郎	榛原郡吉田村	58	商業	6,528.234	○	4/200	無再
宮城県	会社員	青木存秀	仙台市外記町	63	会社員	6,477.320	×	22/100	憲政会
神奈川	農業	小塩八郎右衛門	中郡相川村	60	農業	6,241.593	○	17/200	政友新
茨城県	請負業	青木才次郎	水戸市	45	土木請負業	6,026.890	×	5/200	無
群馬県	農業	本間千代吉	佐波郡赤堀村	37	農業	5,993.510	○	8/100	憲政新
福島県	農業	吉野周太郎	信夫郡野田村	54	農業	5,967.990	○	6/200	政友新
山形県	農業	工藤八之助	西村山郡高松村	54	農業	5,915.510	○	25/100	政友新
愛媛県	その他	清水義彰	松山市	53	無業	5,853.670	×	6/100	無
東京	商業	亀岡豊二	京橋区元数寄屋町	56	機械油商	5,638.090	×	119/200	実業倶
埼玉県	農業	金沢理三郎	北葛飾郡吉田村	46	農業	5,595.980	×	11/200	無
沖縄県	銀行重役	山城高興	那覇市	67	銀行員	5,533.940	×	2/100	政友本
鹿児島	商業	藤安辰次郎	鹿児島市	63	商業	5,049.110	○	17/200	本党新
山形県	農業	加藤長三郎	西田川郡大山町	69	農業	5,027.500	×	32/100	憲政会
青森県	銀行頭取	鳴海周次郎	西津軽郡車力村	38	銀行頭取	4,896.160	○	18/100	本党新
大阪	その他	梅原亀七	大阪市東区北浜	55	無業	4,827.020	×	179/200	憲政会
沖縄県	商業	平尾喜三郎	那覇市	52	商業	4,727.370	×	3/100	政友本
山口県	商業	林平四郎	下関市	68	商業	4,547.600	○	13/100	政友新
鹿児島	銀行重役	海江田準一郎	日置郡西市來村	44	銀行業	4,517.790	×	20/200	政友本
長崎県	その他	森伊三次	長崎市館内町	56	—	4,412.590	×	13/100	憲政会
石川県	鉱業	横山章	金沢市高岡町	51	鉱業	4,326.230	○	9/100	無再
岐阜県	農業	長尾元太郎	武儀郡菅田町	51	農業	4,294.790	○	9/100	憲政新
栃木県	商業	津久井彦七	安蘇郡佐野町	71	綿糸販買業	4,294.340	○	12/100	憲政新
熊本県	農業	坂田貞	八代郡植柳村	62	農業	4,174.290	○	37/200	本党新
大分県	農業	水之江公明	宇佐郡封戸村	35	農業	4,168.900	×	14/100	政友本
愛媛県	工業	八木春樹	今治市	54	工業	4,082.030	○	14/100	憲政新
滋賀県	銀行頭取	吉田羊治郎	犬上郡高宮町	54	銀行頭取	4,072.840	○	21/100	政友新
熊本県	商業	沢田喜彦	八代郡吉野村	51	金銭貸付業	4,001.750	○	40/200	憲政新
沖縄県	商業	大城兼義	那覇市	54	商業	3,961.370	○	5/100	本党新
福岡県	農業	吉原正隆	三潴郡大川町	44	農業	3,924.810	○	46/200	政友新
埼玉県	商業	斎藤善八	南埼玉郡岩槻町	59	呉服商	3,912.310	○	23/200	憲政再
茨城県	工業	浜平右衛門	新治郡石岡町	43	醤油醸造業	3,897.920	○	18/200	憲政新
長崎県	会社員	沢山精八郎	長崎市南山手町	70	会社員	3,390.050	○	21/100	本党新
兵庫県	商業	勝田銀次郎	神戸市	52	会社員	3,322.750	×	125/200	無

表18　直接国税納税額順多額納税者議員選挙候補者一覧（その3）

高知県	会社員	宇田友四郎	高知市	65	會社員	3,292.730	○	6/100	憲政新
山口県	農業	道沢権治	都濃郡富田町	56	農業	3,252.570	×	26/100	憲政会
岡山県	会社員	山上岩二	岡山市	40	米穀取引所理事長	3,171.570	○	38/200	政友新
福岡県	商業	石田平吉	門司市	73	品物貸付業	3,144.570	×	70/200	憲政会
愛知県	工業	青木弥六	知多郡武豊町	46	味噌醤油製造業	3,088.854	×	74/200	無
富山県	会社員	木津太郎平	高岡市	50	会社員	2,998.010	×	23/100	無
鳥取県	農業	庄司廉	西伯郡渡村	38	農業	2,960.240	×	20/100	無
北海道	林業	大滝甚太郎	札幌市	60	木材業	2,650.270	×	75/200	政友本
京都	商業	奥村安太郎	下京区間ノ町	49	貸地貸家業	2,551.690	×	145/200	憲政会
三重県	農業	小林嘉平治	一志郡雲出村	49	農業	2,487.080	○	42/100	無新
宮崎県	商業	小林熊太郎	都城市	52	商業	2,408.050	×	33/100	憲政会
滋賀県	会社員	西田庄助	犬神郡千本村	66	会社員	2,406.370	×	38/100	憲政会
岡山県	商業	佐々木志賀二	岡山市	43	地主	2,346.730	○	57/200	政友新
福井県	農業	森広三郎	今立郡国高村	55	農業	2,215.150	○	24/100	無元
静岡県	請負業	山口忠五郎	志太郡西益津村	43	土木請負業	2,132.230	×	48/200	政友本
愛知県	商業	磯貝浩	名古屋市	61	魚問屋業	1,957.835	○	174/200	憲政新
岡山県	商業	三宅元雄	浅口郡玉島町	51	地主	1,900.180	×	77/200	政友会
和歌山	農業	吉村友之進	那賀郡山崎村	52	農業	1,761.470	×	48/100	政友会
静岡県	林業	尾崎元次郎	静岡市	55	林業	1,741.840	○	71/200	無新
茨城県	商業	高柳淳之助	行方郡要村	43	株式売買業	1,726.410	○	73/200	政友新
大分県	農業	平田吉胤	下毛郡城井村	59	農業	1,665.990	○	62/100	憲政新
栃木県	商業	渡辺陣平	河内郡白城山村	54	石材商	1,548.430	×	85/100	政友会
長野県	銀行重役	小林暢	更級郡信田村	46	銀行重役	1,381.620	○	140/200	政友新
千葉県	農業	菅沢重雄	香取郡久賀村	55	農業	1,356.420	×	69/200	憲政会
佐賀県	農業	石川三郎	小城郡砥川村	44	農業	1,356.420	○	59/100	本党新
岐阜県	工業	野呂駿三	可児郡御嵩町	60	工業	1,338.850	×	77/100	政友本
岩手県	商業	佐藤愛助	岩手郡沼宮内町	60	商業	1,281.901	×	82/100	政友
茨城県	農業	尾身浜五郎	真壁郡村田村	60	農業	1,205.330	×	127/200	政友本
千葉県	商業	鵜沢宇八	香取郡佐原町	58	商業	1,179.150	○	84/100	憲政新
福島県	商業	橋本万右衛門	郡山市	59	商業	1,155.840	○	159/200	憲政新
岡山県	商業	木山巌太郎	都窪郡早島町	59	地主	1,134.810	×	167/200	政友会
埼玉県	農業	斎藤安雄	大里郡中瀬村	60	銀行重役	1,105.200	○	162/200	政友新
佐賀県	農業	遠藤十郎	杵島郡北有明村	56	農業	1,096.360	×	86/100	憲政会
千葉県	農業	藤平和三郎	夷隅郡中川村	53	農業	1,016.480	×	107/200	政友会
鹿児島	農業	奥田栄之進	日置郡串木野村	61	農業	900.160	○	139/200	本党新

部九、同成会一三、無所属派五、公正会一、茶話会〇、純無所属六、であった

さて、今回の総選挙から互選人＝有権者の数が飛躍的に増加したことは何度も触れた。それまでの各道府県における有権者数一五の選挙では馴れ合い的色彩が強かったであろうし、七年の任期を二分割（四年―三年）または三分割（三年―二年―二年）して、辞職→補欠選挙を繰り返す府県が目立った。各紙による各道府県の選挙動向に関する連載記事に注目する限りでは、今回の選挙では有権者の数が一〇〇および二〇〇となった分、競争原理の働く余地が出てきたし、政党間ないしは政党内での調整という事態が一般的になってきたようである。

ところで、今回の選挙での再選者は土田万助―秋田、斎藤善八―埼玉、浜口儀兵衛―千葉、横山章―石川、今井五介―長野、中村円一郎―静岡、三木与吉郎―徳島、高橋源次郎―宮崎で、六六名中八名である。兵庫県の勝田銀次郎は再選を目指したが、二名の新人に及ばず落選した。この八名を除いた当選者五八名はいずれも新人である。有権者一〇〇または二〇〇の納税額順位それぞれ半分を上位とする時、再選者全員はいずれも上位納税者であるが、新人の中にはそうでないものが五人いる。橋本万右衛門―福島、斎藤安雄―埼玉、小林暢―長野、磯貝浩―愛知、奥田栄之進―鹿児島がそれで、五三名の新人はいずれも納税額上位にあった。全体からみれば、六六名中五名が半分以下の下位で、当選者全員の七・五％にとどまる。六一名は納税額上位者である。これを落選者との対比で考えよう。

表18「直接国税納税額順多額納税者議員選挙候補者一覧」は、一〇七名の候補者について表17と同様『名鑑』からデータを抽出し、先の「第六回多額納税者議員選挙立候補者一覧」における党派を記し、直接国税納税額順に並べたものである。〇が当選者、×が落選者であり、順位欄では道府県における直接国税納税額の順位が示される。例えば一／二〇〇は、当該道府県における有権者である互選人二〇〇名中第一位の直接国税納税者であることを表す。職業は表17の職業欄ａによった。なお、既述のように、今回の選挙に限り各道府県の互選人に失格者が少

表19　当選者・落選者 直接国税総額 年齢相関図

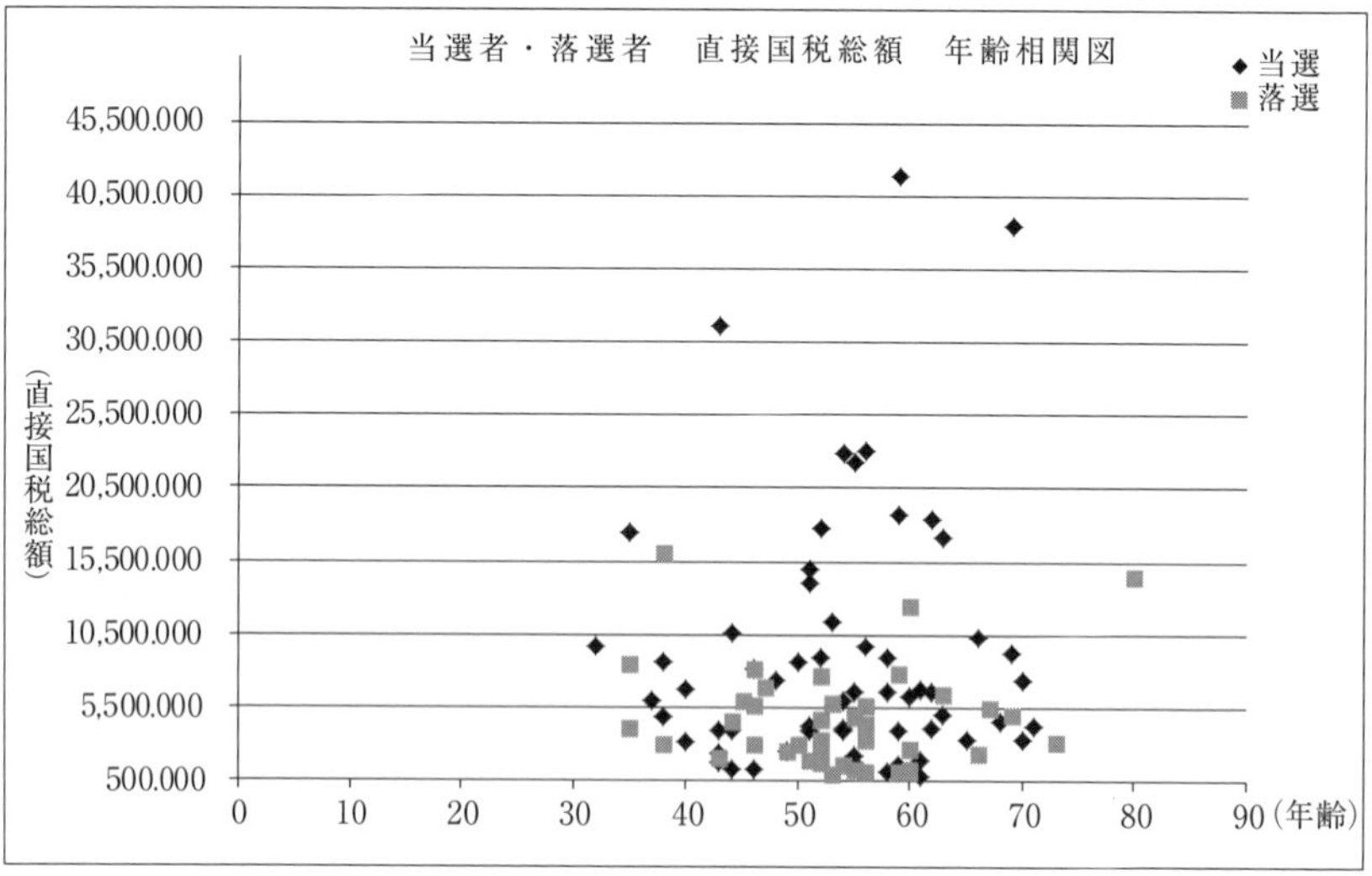

なからず出た。なかでも、大阪府では六月一日現在で調製された有権者名簿に登載されていながら、八月三一日の直接国税納税額決定に伴って納税額に変動を生じ、二五名が二〇〇名の中に入れずに失格した[8]。

ところで、納税額と年齢が当落に関係するだろうか。表18における候補者の当落をそれぞれ◆■で表すと、納税額と年齢との関係は表19のように表示される。

落選者の直接国税納付額の平均が四六二二円九一五銭であるに対し、当選者のそれは一万二四四円七一四銭である。直接国税の納税額が大きいほど候補者の当選率が高い。表18でも明らかなように、当選者の大半は各道府県における直接国税納付額の上位者が占めている。順位が一〇〇名または二〇〇名の半分以下すなわち下位順位にあっての当選者は愛知県の磯貝浩や長野県の小林暢など、その数はわずか七名である。また、当選者の平均年齢は五三・八歳であるに対し、落選者のそれは五三・七歳で、年齢による差異は認められない。

また、岩手、宮城、群馬をはじめ、定数一・有権者一〇〇の選挙区では、納税額順位一ケタ台の互選人が当選者であることが目立つ。なお、今回の当選者の直接国税納付について最高納付者は千葉県の浜口儀兵衛で一一万五七三円、最少納付者は鹿児島県の奥田栄之進で九〇〇円一六〇銭、その格差は実に一二〇倍である。

職業別に見ればどうか。表17の職業表記は海陸物産商、農業、重役、味噌醸造業、売薬商、銀行業、会社員など多様である。各道府県庁の互選人名簿の作成上の違いか、納税者による税務署への申告書記載の多様性に原因があるのか定かではないが、表17では『名鑑』の編者の記載通りとした。例えば、単に「商業」より「海陸物産商」の方がより詳しいからである。しかし、その前の通常選挙（第五回）と比較する際の共通表記の必要性を考慮して、貴族院所蔵の多額納税者議員履歴書による「職業種別」(9)における業種を職業欄aに記した。その種別は農業、農業兼商業、商業、商業兼工業、工業、鉱業、漁業、林業、会社重役、銀行重役（頭取）、請負業、弁護士、雑業、その他の一四通りである。

これによれば、今回の第六回選挙当選者の職業は、農業一九、農業兼商業・商業・商業兼工業（商業および商業関連）二四、工業四、鉱業一、漁業一、林業一、会社重役八、銀行重役五、請負業三で(10)、それぞれ当選者全六六名に対する割合は、二八・八％、三六・四％、六・一％、一・五％、一・五％、一・五％、一二・一％、七・六％、四・五％である。

これを前回の第五回通常選挙と比べてみよう。第五回通常選挙は大正七（一九一八）年六月に寺内内閣の下で実施された。この時の選挙から北海道と沖縄県が新たに加えられ、各道府県の互選者は一五名であった。貴族院による「多額納税者議員職業調」によれば、農業一三、農業兼商業・商業・商業兼工業二八、工業一、鉱業四、漁業一で(11)、同様に当選者四七名に対する割合はそれぞれ二七・七％、五九・六％、二・一％、八・五％、二・一％である。この両者を比較したものが次の表20である。農業兼商業・商業・商業兼工業を「農商商」と略記した。農業分野の高い割合はあまり変わらないが、商業を中心とした分野の割合が五九・六％から三六・四％へと大きく縮小

表20　職業種別比較

	農業	農商商	工業	鉱業	漁業	林業	会社重役	銀行重役	請負業
第5回	27.7	59.6	2.1	8.5	2.1	—	—	—	—
第6回	28.8	36.4	6.1	1.5	1.5	1.5	12.1	7.6	4.5

出典：表2および『貴族院制度調査資料』（1939年刊）213～214ページ所載「多額納税者議員職業調（其の2）」

し、その分会社重役や銀行重役という種別での当選者が出現し、その割合も小さくない。商業分野や金融分野で、個人企業の株式会社化が進んだことが大きな要因であろう。また、第一次世界大戦後の戦後恐慌と不況に対応するため、原内閣以降の歴代の内閣が巨額の資金を日銀経由で広範囲に融通させたことは(12)、地方経済における地方の有力銀行の役割を大きくしたであろう。このことが地方銀行経営者に、大幅な収益増とそれによる多様な事業展開を可能にさせ、更に大きな所得増をもたらしたのかもしれない。

三　多額納税者議員と会派

貴族院にはいくつかの会派が存在した。議席に着くことがほとんど無かった皇族議員や大半の公・侯爵議員を除き、多くの議員は何れかの会派に所属して議員活動をした。

大正一四年九月一〇日現在、その会派には研究会、公正会、交友倶楽部、茶話会、同成会、無所属派があった。研究会は伯爵・子爵議員中心の会派で、伯爵議員の全員と殆んど全員の子爵議員が所属した。最大会派で貴族院の動向を左右した会派である。桂園内閣期には院内で茶話会と組み、山県―桂系官僚勢力の一角を支えた。原内閣成立後、研究会は政友会と連携し、院内では交友倶楽部と行動を共にした。公正会は男爵議員の団体で、大正期半ばに、研究会ほか各会派に分属していた男爵議員を糾合して組織され、反政友会・親憲政会の動きが顕著であった。交友倶楽部は政友会系の勅選議員中心の会派である。茶話会は元山県系官僚であった勅選議員の会派で、同成会は憲政会系の勅選議員の会派である。

では、多額納税者議員についてはどうか。第二回・第三回通常選挙の直後に当選者たちによって新会派が結成されたことがある。朝日倶楽部、丁酉会、実業倶楽部がそれであるが(13)、実業倶楽部を最後に、その後多額納税者議員による独自の会派が組織されたことはない。

それではこうした当選者はその後どのような会派に入ったのであろうか。先の表17を参照いただきたい。表17における六六名の当選者を党派別に見ると、憲政会二六、政友会一七、政友本党一一、中立一一、実業倶楽部一である。それぞれの党派からその後いかなる貴族院の会派に属するようになったか。党派→会派という具合に表すと次のようになる。

憲政会二六→同成会一二、研究会九、無所属派五

政友会一七→研究会七、交友倶楽部六、純無四

政友本党一一→研究会五、交友倶楽部三、純無二、同成会一

中立一一→研究会一〇、公正会一　実業倶楽部一→研究会一

以上を表にしたのが次の表21である。

この表によれば、当選者の大半が研究会と同成会に所属していることが明らかである。すなわち、当選者の六八パーセントがこの二つの会派に所属することになった。研究会は最大会派であるということ、同成会は与党系の会派ということがそうなった理由であろう(14)。すでに述べたように同成会は憲政会系の勅選議員中心の会派であったし、無所属派は反研究会色の強い会派であった。従って憲政会ないしは憲政会系の当選者が同成会や無所属派に入会することは極めて自然である。

これに対し、原内閣以来政友会と政治的に近かった研究会に、憲政会ないしは憲政会系の当選者が九名所属するに至ったことは、自然ではないように思われる。この点については今指摘するにとどめ、後程考えてみたい。政友

表21　第6回多額納税者議員通常選挙当選者党派別会派所属

	研究会	公正会	交友	茶話会	同成会	無所属	純無	計
憲政	9	0	0	0	12	5	0	26
政友	7	0	6	0	0	0	4	17
本党	5	0	3	0	1	0	2	11
中立	10	1	0	0	0	0	0	11
実業	1	0	0	0	0	0	0	1
計	32	1	9	0	13	5	6	66

会系の当選者の大半が研究会と交友倶楽部に分かれたのは、原内閣以来の研究会とのパイプの存在と交友倶楽部はもともと大政友会時代の政友会系勅選議員の団体であったことから、容易に理解できる。中立派のほとんど全員が研究会に入ったのは、政治的態度を決めかねていた候補者と当選者が、同会が最大会派であるという理由で決断したのであろう。

さて、表22は、大正一四年七月（有爵互選議員選挙）および九月（多額納税者議員選挙）に実施された通常選挙において、それぞれ当選した互選議員が最初に迎えた議会である、第五一議会開院式当日の各会派における各種別人数表である。この表における交友とは交友倶楽部のことであり、占有率は各会派の総人数に占める多額納税者議員の割合である。

第五一議会が開会された大正一四年一二月の時点で、多額納税者議員のほぼ半数が研究会に入会している。そしてその残りのほぼ四割が同成会に入っている。その結果、与党憲政会系の元官僚による会派である同成会のほぼ半数が、多額納税者議員で占められるに至った。言うなれば同会は今回当選した多額納税者議員によって辛くも院内交渉団体としての資格要件である二五名を充足できたのである。

さらにそれ以前の会期における貴族院と比べてみる。ここでは原内閣の下での第四三特別議会（大正九年七月開会）を取り上げることにしたい（表23）。大正一四年の貴族院改革以前で先の五一議会に最も近く、各会派に所属する議員が明らかであり、したがって各会派の人数が正確に把握できるからである。ただ、この時点では

表22　第51議会召集日における貴族院会派別人数（皇族議員を除く）

	研究会	公正会	交友	茶話会	同成会	無所属	純無所属	計
公・侯爵	10	0	0	1	1	8	26	39
伯爵	18	0	0	0	0	0	0	18
子爵	66	0	0	0	0	0	0	66
男爵	0	66	0	0	0	0	0	66
勅選	27	0	31	26	14	13	8	119
多額	32	1	9	0	13	5	6	66
学士院	0	0	0	0	0	1	3	4
計	153	67	40	27	28	27	43	385
占有率	20.9	1.5	22.5	0	46.4	18.5	14.0	17.1

出典：衆議院・参議院編刊『議会制度70年史・政党会派編』43～48ページの会派別氏名一覧による

無所属派（正確には第三次無所属派）は発足していない[15]。

第四三議会では無所属派という会派が存在せず、両議会を比較することは厳密性を欠くが、大体の傾向を見ることは可能であろう。因みに多額納税者議員に限って言えば、占有率において大きな違いがある。第四三議会→第五一議会という具合に示すと、研究会では一一・九％→二〇・九％、交友倶楽部三四・一％→二二・五％、茶話会一六・七％→〇％、同成会二三・三％→四六・四％であり、まったく会派に所属しない議員の集団すなわち純無所属については〇％→一四・〇％ということになる。研究会と同成会における多額納税者議員の占有率が大きく増大している。これに対し、交友倶楽部と茶話会ではそれが大きく縮小している。元山県系官僚集団でもある茶話会に至っては多額納税者議員の会員数はゼロである。

それにしても、なぜ研究会と同成会がこのような多額納税者議員の占有率の上昇を見たのであろうか。それは両会派が共に政府に対して、新たに当選した多額納税者議員候補者への「配属」に向けての働きかけをしたからである。第五一議会の招集を一か月後に控えた、大正一四年一一月二一日付『東京朝日』夕刊は「多額議員の配属問題、政府の尽力で近日中に決定」と見出しを付け、次のように報じている。

多額議員の配属問題並びにこれに関連して同成、茶話、無所属三会

表23　第43議会召集日における貴族院会派別人数　（皇族議員を除く）

	研究会	公正会	交友	茶話会	同成会	無所属	純無所属	計
公・侯爵	6	0	0	0	1	—	41	48
伯爵	20	0	0	0	0	—	0	20
子爵	71	0	0	0	0	—	0	71
男爵	10	62	0	0	0	—	0	72
勅選	19	3	29	40	22	—	11	124
多額	17	0	15	8	7	—	0	47
学士院	—	—	—	—	—	—	—	—
計	143	65	44	48	30	—	52	382
占有率	11.9	0	34.1	16.7	23.3	—	0	12.3

出典：衆議院・参議院編刊『議会制度70年史・政党会派編』4～9ページの会派別氏名一覧による

派の合同問題に関しては政府は先に加藤首相以下若槻、江木、岡田の各相が先頭に立って種々尽力する所あったが、最近に至り茶話会の合同加入全く見込みが無くなったので次善の策として同成、無所属だけでも合同せしめやうと引続き骨を折つて居た、しかるに四囲の事情からこの両会派の合同も又絶望となつて来たので政府は遂に手を引き、それぞれの会派に多額議員を配属せしめて先ず交渉団たるの資格を得せしめることに努力しその上で他日気運が熟したなら ば合同問題を促進させやうといふことになり多額の割り当てを急いでいる、その結果は両三日後でなければ確定しないが、政府の見る所では最初の見込み通り研究会には二十五名ないし三十名を斡旋し一方同成無所属の両会派へも交渉団体に必要なる員数を送り込む見込みがあると言っているといふ、政府がかくのごとく予定の筋書通りに多額問題を運んだのは非常な成功として貴族院方面でも歓迎している向きが多い(16)。

この記事によれば、加藤高明内閣は、反政友・反研究会の姿勢をとってきた、貴族院の少数派である同成会、茶話会、無所属派の三会派を合同させようとした。ところが、茶話会がこれに応じなかったため、同内閣は同成、無所属の二会派に多額納税者議員の所属先を斡旋し、ともかくにも、それぞれ交渉団体としての資格を維持させようとしたのである。

　先の表22「第五一議会招集日における会派別人数」の「多額納税者議員」の欄の数字はこの報道が正確であることを示している。茶話会への配属斡旋はなかったようであるが、それは三派合同という政府の方針を拒否した懲罰なのであろうか。ともかく、同会は前回の多額納税者議員通常選挙直後の第四三議会と比べ、第五一議会では多額納税者議員の在籍はなく、会員数は四八から二七へとほぼ半減してしまった。

写真11　水野直

出典：『大乗の政治家水野直』（1941年）より

　これに対し、研究会は会員数を一四三から一五三に増やしている。すでに触れたように、伯爵・子爵議員中心の同会にとって改革による有爵議員定数一割削減は痛かったであろう。同会の場合、伯爵議員と子爵議員とを合わせた削減数は八である。また一時的にせよ親和会騒動の余波で二〇名余りの男爵議員が、ほぼ二年間研究会に席を置いていた。その議席の大半が今回の通常選挙を機に公正会に回収された[17]。同会幹部にしてみれば、この二〇余りの議席減をできるだけ多額納税者議員の入会で補充したかったのではなかったか。

　ところで、八月上旬に青木と並び称される研究会の領袖水野直が第二次加藤高明内閣の陸軍政務次官に就任し、「世間をあつといは[18]」せた。周知のように原内閣成立以来、高橋内閣、加藤友三郎内閣そして清浦内閣と歴代の内閣を、研究会は政友会ないしはその分派である政友本党とともに支え、政府は領袖の水野に対し本人が希望すれば大臣のポストを提供することもやぶさかでなかったといわれた[19]。その水野が「ノコノコ政務次官を買って出た背後」には「九月一〇日の多額議員選挙」がある、と『読売』は報じているが[20]、水野、青木が加藤首相や若槻内相に当選者の研究会入会斡旋を依頼しているのは後に見るとおりである。

ともあれ研究会は、前回の通常選挙にも増して今回の選挙に熱心に関わった[21]。例えば牧野忠篤（子爵、旧長岡藩主家）ら同会幹部たちが地方回りをして候補者を応援するとともに、当選後研究会への入会を勧めた[22]。また、九月八日午後、緊急常務委員会を開催し、①全ての当選者に祝電を出す、②全ての当選者に対し速やかに入会勧誘状を発し、勧誘文は牧野、青木、八条に一任、③「九日夜より一〇日にかけて全国に適当の会員を特派し極力入会を勧誘せしむることとし、特派員の氏名並びに行先地は九日午後発表すること」の三点が決められた[23]。ちなみに子爵議員で備前池田家の一門である池田政時は九月一〇日午後に岡山に入り、無所属・中立を標榜した、地元の佐々木志賀二に研究会への入会を勧めていた[24]。

それにしても、互選人すなわち有権者数の大幅な増加という現実の前に、政府＝与党や野党の地方における政党組織によらなければ、地方に足場を持たず選挙活動もままならない、貴族院各会派が、各道府県における選挙に対して有効な活動と成果を挙げることは不可能であろう。研究会は政府＝与党や野党を通じて親研究会の候補者や当選ラインにある候補者の青田刈りをしたのである。ちなみに九月二九日に、研究会の近衛、小笠原、青木、水野、牧野、八条の六名の常務委員が料亭「新喜楽」に、加藤首相、若槻内相、安達逓相、太田警視総監、川崎内務次官らを招待して、「多額議員選挙および研究会入会に関し尽力してもらつた謝礼の宴」を開いている[25]。また、一〇月三日、小笠原、青木、牧野、水野は築地の料亭「とんぼ」に床次、小橋、川村、大麻ら政友本党幹部を招待し、多額納税者議員選挙での協力について同様に謝礼の宴を設けたのである[26]。このように研究会は、政府＝与党さらに野党でありかつての提携の相手である床次ら政友本党の協力を得て、多額納税者議員の獲得に乗り出していたのである。

では、他の会派はどうであったか。選挙戦たけなわの八月二八日、交友倶楽部は政友会と政友本党に呼びかけ、東京芝の「三縁亭」に選挙後における政友―政友本党系当選者の会派所属について協議会を開催した。交友倶楽部から鎌田栄吉、和田彦次郎、南弘、安楽兼道、岡喜七郎、中村純九郎が出席し、政友会からは岩崎勲総務委員、前田米蔵幹事長、山口恒太郎幹事といった幹部が、政友本党から小橋一太総務委員、松浦五兵衛幹事長、中村啓次郎幹事と、これまた幹部がそれぞれ出席した。冒頭、鎌田は、両党の候補者や支援候補者が当選した際、研究会と交友倶楽部とで折半することを提案した。

これに対し両党の代表ともいうべき二人の総務委員から、再選の場合は元の会派に所属することになろうが、新選の場合は本人と議員の「所属支部」および本部の幹部の三者協議によることになるだろう、との回答がなされた。(27)交友倶楽部は結局、元々は一つであった二つの友党からの協力を取り付けることができないまま、九月一〇日を迎えることになる。選挙後の九月一四日、今度は水野錬太郎が青木信光をその自宅に訪ね、当選者の会派所属について研究会との調整の可能性を打診している。(28)

他方同成会は、政府＝憲政会が研究会と結びつつあることに対し、「政府は多年の政敵たる研究会と手を握ったうえにその多額議員〔選挙―引用者注〕までも同成会を袖にして研究会に便宜を計る模様が見えて来た」(29)として、同会は政府に対し不満を持ちつつ、研究会と多額納税者議員獲得をめぐり「激烈な競争」(30)を繰り広げていた。

こうして、幹部の尽力はもちろんであるが、加藤首相ら政府＝与党そして野党政友本党の協力によって、研究会は三二名という大量の入会者の確保を可能としたのである。

四　新会派樹立の試みと研究会

開票の熱気がまだ冷めやらぬ九月一一日、兵庫県選出の岡崎藤吉が、大阪府選出の森平兵衛や京都府選出の風間八左衛門、田中一馬に働きかけて、多額納税者議員による独自の新会派立ち上げを全国の当選者に対し呼びかけた。

岡崎は一代で岡崎汽船を築き上げ、日清戦争では軍の輸送の一部を請負って、財を成した。大正六（一九一七）年には神戸岡崎銀行を設立して金融業に乗り出し、京阪神を代表する財界人のひとりとなった。彼は政治的には無所属であったが(31)、この時に新会派設立を策した背景や目的は判然としない。

岡崎、森、田中そして大阪府選出の田村駒治郎の四名は新会派立ち上げについて必ずしも意見の一致を見たわけではなかったが、とりあえず各府県の当選者に宛て連名で「我等多額議員結束の上是非新団体を組織したし規制団体への御入会のこと暫く御見合せを乞ふ(32)」との電報を発した。

この間の事情について田中一馬は次のように述べる。

今度選出された私達は一一日京阪神の仲間が会合して規制の会派に加入するか否かを話し合って見たのであるが、兎に角京阪神の者達は先ず同一の歩調をとつて進むと云うことになつた、既成会派の内容などは始めての我々には十分理解が無いわけだから内容も知らずに加入するのは無謀の話しでこの際既成会派への加入は一同見合わせることとし、他府県の同僚にも京阪神の名でこれが勧誘の意味を通牒した筈である、凡ての世話は神戸の岡崎、田村両君の手でやつてくれて居り、京都の風間君も同意見でした、既成会派へ加入の勧誘は牧野子始めその他から再三交渉を受けましたが、私は前の述べた通り同僚と相談の上決する心算りです(33)。

田中がここに述べるように、研究会は牧野忠篤を始め幹部を九月上旬に全国に派遣し、研究会への入会を候補者に対し働きかけている(34)。これは他の会派も同様であった。一時的な入会であったとはいえ二〇名余りの男爵議員が一斉に公正会に移った後である。研究会幹部は多額納税者議員の大量の入会を希望していたし、当選者に対する入会の勧誘を続けていた。しかし、開票後一週間経過した時点で、新たにそして正式に入会届を提出したのは、東京府の津村重舎（憲政）と同じく山崎亀吉（無所属）だけであった。津村は憲政系と目されていたが、後述するような首相の斡旋で研究会入りをしたわけではなく、自らの意思で研究会入会をしたようである。

ともあれ多くの当選者は京阪神の岡崎らの呼びかけに応ずるかのように、各会派への入会届の提出を留保していた。こうしたなかで、一六日午後四時、研究会は常務委員会を開催し対策を協議した。そこでは、各種の情報を総合すれば「多額の新団体ができないならば研究会には二〇名乃至は三〇名は議会開会までに入会するであろうと云うことに観測の一致を見た」(35)。

では、新団体結成の動きはどうなったのであろうか。

九月二一日岡崎らは京都ホテルで協議会を開催した。その様子は不明であるが、それを受けてであろう、岡崎は上京し、九月二七日正午、帝国ホテルに当選者有志を招待して懇談会を開いた。岡崎の他に参加したのは以下の一〇名である。山崎亀吉（東京）、津村重舎（東京）、森平兵衛（大阪）、田村駒治郎（大阪）、尾崎元次郎（静岡）、若尾勤之助（山梨）、今井五介（長野）、田中一馬（京都）、浜口儀兵衛（千葉）、鵜沢宇八（千葉）。要は関西財界有志の呼びかけ人四名と上京しやすい関東・山梨・長野そして静岡の当選者が集まったのである。ここでは新会派結成に向けて活動するのではなく、問題が起こった時に集まって話し合いができるという程度が「穏当」であるとの意見が大勢を占めた(36)。こうして岡崎らの試みは出鼻を挫かれた形となった。

しかし、当選者たちはこの動きを無視したわけではなかった。二～三〇名の入会を予定していた研究会への入会を申し出るものは少なく、同会の幹部は次第に焦りの色を濃くし始めた。第五一議会の召集を翌月に控えた、一一月四日、『東京朝日』は「新多額団組織に政府遂に圧迫―研究会の抗議に余儀なくされて」との見出しを付け、この問題を次のように報じた。

研究会に入会を予約せる新多額議員の数は当初二五、六名であつたが、内今日まで入会が確定したものは前会員の横山章氏ほか四名を除けば僅か七名に過ぎず他は凡て多額新団体の成行きを傍観して容易に去就を決しやうとしないので、研究会では水野子を通じて政府に多額議員の研究会入会方の斡旋を促し、もし政府にて研究会の要望を充たすことが出来ないならば予てこのことを期待して出来た研究会の政府に対する関係も自ずから変化するであらうことをほのめかして政府を威かくするところあつたので、政府も苦慮の結果、平塚東京府知事が曾て兵庫県知事として岡崎藤吉氏と知り合いの関係をたどり同知事をして岡崎氏を赤坂、宇佐美に招ぜしめ又同郷の関係を理由として塚本官長も同席、同官長から岡崎氏に対し多額議員の新団体組織は結構であるが、今日までの経過に徴しみるも思はしくないやうであるからこの上新団体に対する努力をなすも同じ結果であろうから、この際寧ろ同志に対し成否の回答を速やかにとつて問題の解決を急がなければ種々なる点において不利益を来すであらう、と談じ込みたるに対し、岡崎氏は一度企てたることを今日断念することは余りに意気地のないことであるから努力は怠らない考えであるが、政府の方も都合があることであらうから来る七日までに同志の入会勧誘は打ち切ることにしやう、と答え、塚本長官も之を諒とし、かくて三氏の会談も終り岡崎氏は最後の努力として同志きゅう合のために入会の見込みある多額議員に打電して新団体の加入に対する賛否をたしかめているが、今日までに確定的賛成返答をして来たものは尾崎基次郎（静岡）、田村駒治郎（大阪）、森平兵衛（大阪）、田中一馬（京都）、風間八左衛門（京都）、奥田亀造（鳥取）、松本勝太郎（広島）、森広三郎（福井）、西本健次郎（和歌山）、北村宗四郎（奈良）の諸氏に岡崎氏を加へ一一名に過ぎず、この外の賛成者は先ず得られさうもないから岡崎氏等発起者側では来る七日すぎ大阪において右一一名の同志と会合し各自今後の去就につき協議するやうになるであらう。(37)

要するに、研究会は陸軍政務次官として政府入りしている水野直を通して政府に圧力をかけ、新多額納税者議員の研究会入会の斡旋を政府に依頼したのである。しかし、水野は一〇月初旬にはすでに、「不熱心」であるとして加藤首相の対応ぶりに不満を抱き、陸軍政務次官の辞任を政府に対しちらつかせていた[38]。その後、すなわち一〇月二七日、水野とならぶ研究会の領袖・青木信光が、多額納税者議員問題を含めて加藤首相と話合った。水野はこの日「午後四時青木子首相面会、三件。一．多額、二．常務、三．支那」なるメモを残している[39]。さらに一日おいて一〇月二九日、水野自身も加藤首相と会っている。彼の懐中手帳に「一二時加藤首相[40]」とある。

ところで、岡崎らの新会派結成の動きが多くの新多額納税者議員の研究会入りにブレーキをかけていることは明らかであった。二人の研究会領袖から「威かく[41]」された政府は、前兵庫県知事である平塚広義東京府知事と兵庫県出身の塚本清治内閣書記官長とを通じて、岡崎に対し新会派設立構想の撤回を迫った。これに対し岡崎は一一月七日と期限を切って、この運動の収束を約した。

なお、新会派設立に賛同した一〇名であるが、静岡の尾崎を除き全員が近畿・中国地方の出身者であり、四名が憲政会系、別の四名が中立、残り二名が政友会・政友本党系であった。この新会派結成運動は与党憲政会系の関西財界人中心とも言えるが、主唱者の岡崎は政友本党系である。彼らが新会派結成に向け何を期待したのか、不明である。五一議会開催以降、憲政会系の尾崎と松本が無所属派に、そして中立であった田中が公正会に入会して研究会と政治的に対峙した。他の六名すなわち田村、森、奥田、森広、西本、北村は岡崎と同様研究会に入会している。こうしてみれば、この新団体構想には確固とした理念があったわけではなさそうである。関西の財界人による、かつての実業倶楽部のような会派を岡崎は考えていたのかもしれない。

さて、一一月三日午後三時、岡崎は加藤首相を官邸に訪れ首相と三〇分ほど会談した。この席で岡崎は新団体組織運動の経過と今後の見通しについて加藤首相に述べ、一一月七日までに新団体組織の見込みがつかないのであれば、この運動を思いとどまる旨を伝えた。そして午後四時、松本忠雄首相秘書官がこれを受けて陸軍省に水野を訪ね、会談の様子を水野に伝えた[42]。

結局、新団体＝新会派はできなかった。一一月一二日正午、大阪ホテルに関係者が集まり、この運動の打ち切りを決定した。

その前日、大阪でこの問題をめぐって関係者の協議会がもたれた。新団体組織の見込みがつかないまま、この運動の収束と新団体運動賛同者の去就が話し合われた模様である。一一月一一日水野は懐中手帳に次のように、一つの電文の写を書きつけた。

「昨日大阪ニテ協議会ノ結果貴下トモ七名研究会入会ハ略キマル。アト三名十四日過キマル筈。京都田中氏マダキマラヌ総理又安達氏ヨリ研究会ニ入会ス可ク尽力方京都大沢善助ニ至急発電アルヤウ取計ラヒ願フ」(43)

ここで言う七名とは、その後研究会に入会した岡崎、田村、森、奥田、森広三郎、西本そして北村のことであろう。この電報はこの七名の何れかに宛て発せられた者と思われる。この点に関し水野のメモに興味深い記述がある。この運動が終盤を迎えたと思われる頃、水野は手帳の余白に次のように書付けている。

尾崎　静岡、○森　福井、風間　京都、森　大阪、田村　大阪、田中　京都、岡崎　兵庫、松本　広島、○奥田　鳥取、以上署名

○二名ヲ首相カ呼ヒ話ヲ申達ス。

出席セシモ署名ヲ保留セリ。

若尾、鳴海、小林、田中〔村〕新吉、西本、佐々木

以上六名

横山、中村退席(44)

この水野メモによれば、退席した横山と中村を含む当選者たち、それも新会派結成を目指す岡崎らを含む一七名の当選者が集まった折に、何らかの書類に署名することがあった。新会派樹立を目指した尾崎、森（福井）、風間、

森（大阪）、田村、田中、岡崎、松本、奥田ら九名は署名し、若尾ら六名は署名を保留した。後述するように、九名が署名したのは新会派結成に賛成する署名簿だったのである。

一〇月二八日、東京の帝国ホテルで新会派結成に向けての会合が開催された。呼びかけ人の岡崎、尾崎を除き、これに参加したのは次の通りである。浜口（千葉）、浜（茨城）、若尾（山梨）、鳴海（青森）、中村（静岡）、小林（三重）、高広（富山）、森（福井）、風間（京都）、田中（京都）、森（大阪）、田村（大阪）、田村（兵庫）、西本（和歌山）、佐々木（岡山）、松本（広島）、奥田（鳥取）、山田（香川）、坂田（熊本）そして横山（石川）の二〇名である。(45)

まず参加者全員で午餐を共にし、協議にはいった。冒頭の挨拶のなかで岡崎は「本日の会合は新団体を作る相談が目的であるから既成会派に属している方は協議に参加を遠慮されたい」(46)と述べ、再選を果たした研究会員横山を牽制した。横山は協議が始まる前に参加者を「いちいち別室に呼んで新団体不参加を勧誘し」(47)していたのである。横山は以下のように岡崎に反駁した。「本日の会合は新多額議員の意見を聞きたいとの案内であったから参会したのであったが、唯今岡崎くんのあいさつによるとすでに会派に入会したものは協議に加はる資格がないやうな言葉は不穏当ではなからうか。私の考えでは新多額議員は今後政治団体を作らなくとも社交団体として成立せしめ度いと思ふからこの意味の意見を本席において述べるも何等案内の趣旨に反していないのではないか」(48)。

これに対し、もうひとりの発起人である尾崎が反駁を加えたので、横山、中村、田村新吉が退席した。上記の水野メモはこの会合に関する記録であることは明らかである。ここで退席したのは横山らばかりではなかった。浜口（千葉）、浜（茨城）、高広（富山）、山田（香川）、坂田（熊本）らも退席し、その後の協議に加わらなかった。(49)浜口は研究会、浜と高広とは同成会、山田と坂田とは交友倶楽部にそれぞれ入会していたのである。水野のメモには浜口らこの五名について書かれていないが、彼らはいずれも所属会派が決まっており水野の関心を惹かなかったためではないか。水野の関心は研究会に入会する可能性のある新多額納税者議員に限られたものと思われる。

ともかく新会派結成運動収束が正式に決定された（一一月一二日）後、新会派結成に賛成したこの九名のうち、尾崎、風間、田中、松本を除いた岡崎はじめ五名は第五一議会開会を前に研究会に入会したのである。また水野メモによれば、森広三郎（福井）と奥田亀造（鳥取）は加藤首相に呼ばれ何事かが申し渡されることになっていた。特に奥田は憲政会系であり、加藤との面談の折には研究会入会について加藤より明確な話があったに違いない。この奥田に対し水野は政友本党系の糸原（島根）と姻戚関係を結ばせることで、奥田を糸原と政治的に近づけ一体化させつつ、二人の研究会への取り込み・定着をはかろうとした。このメモに次のようにある。「糸原氏　島根県、大木伯、……奥田ノセガレノヨメヲ糸原ヨリ貰フ事、奥田ヨリモ已ニ運フ、奥田ト行動ヲ共ニス」(50)

ところで、退席した横山と中村はともに被再選者であり、一期目はそれぞれ研究会、無所属派に属したが、五一議会以降はともに研究会に所属している。「退席」したこの二人の行動は研究会員としてのそれであった。結局、尾崎以下四名はともに研究会以外の会派に入った。すなわち尾崎と松本は無所属派、田中は公正会にそれぞれ入会し、風間は何れの会派にも所属しなかった（純無所属派）。こうしてみると、水野が、懐中手帳の一一月一一日の項に研究会への入会が「略キマル」と記した七名とは、尾崎、風間、田中、松本以外の新会派結成派の五名（森―福井、森―大阪、田村―大阪、岡崎―神戸、奥田―鳥取）と二名（横山章、中村円一郎）の被再選者であったと考えられる。一〇月二八日の帝国ホテルでの横山による参集者に対する新会派不参加という説得工作に引き続き、その後、研究会側は新会派結成を目指したグループを切り崩して行ったのである。

また、署名を保留した六名のうち、若尾、西本、佐々木の三名はその後ともに研究会に入会した。水野の懐中手帳の一一月一一日の項における「アト三名」とは若尾、西本、佐々木のことであろう。また鳴海は交友倶楽部に入った。残りの二名のひとり三重の小林嘉平治（無所属で出馬）は反研究会の無所属派に所属し、もうひとりの憲政会系の田村は憲政会系の会派・同成会に入会した。

未定の「京都田中氏」とは田中一馬である。田中の亡父も多額納税者議員であり、田中は二代続けての貴族院議員である。彼は、父源太郎と近く、父の共同経営者と言ってもよい大沢善助までを動員して研究会入りを説得されたようである。しかし、田中一馬は男爵議員の会派である公正会にひとり入会した。男爵位をもたない公正会員は、後にも先にも田中以外にはいない。田中が同成会や無所属派ではなく、なぜ公正会に入ったか。また、公正会はその入会を認めたか。それぞれの理由は資料を欠き不明である。

さて、岡崎らが関係者に発送するという声明書には次のようにある。

我らの新運動は趣旨において多数の賛成を得たるも当選以前に政党その他の各方面と内約せる人もありその人々の信義も重んずる必要あり。一方貴院内の各派にも相当刺激を与へ革新の路を示すに至ったからある意味で反響があったものと認む。これ以上の運動は打ち切るを相当とすると認む。(51)

岡崎らが多額納税者議員による新会派―新団体組織の運動を開始したのは、選挙が終わり、結果が判明した翌日であった。もうその時点で多くの当選者が政党や各方面すなわち貴族院各会派にたいし特定会派への入会を約束していたことを物語る文章である。岡崎らは政党と結びついた諸会派に新風を送り込もうとしたのであろうが、政府による「配属」圧力と政府・与党ないし政党・貴族院会派連合による青田刈り攻勢の前には無力であった。

一度は頓挫していた、政府の斡旋が再開されたのはこの声明のすぐ後である。その結果、この「多額議員の配属問題は加藤首相の手元で斡旋中であつたものも二六日までに全部解決を見た」(52)。一一月二八日付『読売』が報ずるところによれば、以下の多額納税者議員が加藤首相の斡旋でそれぞれの会派に所属することとなった。

研究会　九名

金子元三郎（北海道）、本間千代吉（群馬）、左右田喜一郎（神奈川）、斎藤喜十郎（新潟）、鵜沢宇八（千葉）、森広三郎（福井）、若尾勤之助（山梨）、北村宗治郎（奈良）、宇田友四郎（高知）

交友倶楽部　四名
工藤八之助（山形）、斎藤安雄（埼玉）、森田福市（広島）、林平四郎（山口）
同成会　八名
橋本万右衛門（福島）、津久井彦七（栃木）、高広次平（富山）、長尾元太郎（岐阜）田村新吉（兵庫）、八木春樹（愛媛）、沢田喜彦（熊本）、平田吉胤（大分）
無所属　三名
森本善七（愛知）、小林嘉平次（三重）、松本勝太郎（広島）

加藤首相が斡旋したとされる右の二四名について、表17の党派欄において憲政会員もしくは憲政会系とされた人物に傍線を付した。研究会では九名中金子ほか六名（先の奥田を入れると一〇名中七名）が、同成会では八名全員がそれぞれ憲政会員もしくは憲政会系である。同成会はもともと憲政会の会派であるから、首相の斡旋があったかどうかを別にしてもこの八名が同成会に入会したとしても何ら不思議ではない。なお、森本と小林の無所属派への入会についてであるが、この会派に所属した侯爵佐佐木行忠によれば、佐佐木自身が加藤首相と会い「然るべく配慮を依頼した」(53)ことの結果であった。

ところで、前述したように六名もの憲政会員もしくは憲政会系の議員が政友会と政治的に近かった研究会に入るのはいかにも不自然である。水野直の陸軍政務次官就任を始めとする政務官問題において、研究会が与党憲政会に協力したことをきっかけに政府に接近し、研究会は憲政会系の当選者に対し入会の勧誘をする旨政府に申し入れた際、若槻内相はできるだけの便宜をとりはかりたいと明言したようである(54)。それゆえ、選挙中から研究会が憲政会系候補者にも入会の勧誘をしていたと考えられる。

しかし、それればかりではないようである。今回政府が研究会に斡旋し所属させる人物は非憲政会の勅選議員や多額納税者議員に対抗して、研究会幹部を適宜操縦できる能力の持ち主でなければならない、との議論が憲政会内部の一部で行われていた(55)。金子ら六名の憲政会系の議員が、「自らの事業大事(56)」で政府に接近しつつあった最大会派研究会に自らの意思で入会したというより、政府・憲政会が自らの代弁人としてこの六名を研究会に斡旋・配属したとも言える。言ってみれば、研究会の脱政友会と憲政会化とがはかられたのである。

なお、首相が入会を斡旋したという交友倶楽部所属の四名は全員が政友会員もしくは政友会系、同じく無所属派の三名は全員が無所属である。すくなくとも交友倶楽部については首相の斡旋の有無にかかわらず、彼らが交友倶楽部に入会することが従来では当たり前であり、順当であった。従ってこの四名が交友倶楽部に所属するに至ったことは格別な政治的な意味があったわけではあるまい。

むすびにかえて

第六回貴族院多額納税者議員通常選挙における一〇七名の立候補者のうち、直接国税納入額上位五〇名中の当選者は三六名で、当選率は七二％であった。これに対し下位五七名中の当選者は三〇名にとどまり、当選率は五二・三％である。直接国税納入額の上位と下位とでは当選率において二〇％も差が出た。上位者の方が当選しやすいようである。ちなみに当選者六六名中の六一名が直接国税納入額上位者である。

しかし、直接国税納入額上位五〇名中の落選者一四名の中には納税額上位一けた台が八人いる。本間金之助（秋田）、沢原俊雄（広島）、恒松於兎二（島根）、藤田謙一（青森）、吹田栓三郎（青森）、青木才次郎（茨城）、清水義彰（愛媛）、山城高興（沖縄）がそうである。当選に向けて納税額は極めて重要ではあるが、決定的な要件ではなかったようである。

同じく落選者一四名の党派別についてはどうか。憲政会一、政友会一に対し、政友本党五、実業倶楽部一、無所属六である。各府県における党組織の支援がものをいうことは容易に想像できるが、憲政会・政友会に比べ、政友本党が落選者を多く出しているのは党組織の脆弱性か、あるいは第二次護憲運動の影響のためかもしれない。

なお第五回と六回の通常選挙を比較した時、顕著な違いがあることに気づく。商業を中心とした分野の当選者数の落ち込みと新たに会社経営者や銀行業者そして今日のゼネコンである請負業からの当選者の出現である。これは第一次世界大戦以降の日本経済拡大の中で、大規模な生産設備を必要とする重化学工業化に伴う大型企業の増加や固定資本形成の中で電力・鉄道中心の建設投資の増加を反映している、と言えるのではないか。(57)

最も大規模な貴族院改革の直後に実施された今回の通常選挙の選挙期間中そして開票直後から、各会派による激烈な議員争奪がなされた。結果的に最大会派・研究会が、多額納税者議員定数六六名中三二名とほぼ半数の議員を獲得した。

原内閣以来政友会と提携して来た研究会は、加藤高明に率いられた憲政会と対立を続けて来た。「苦節一〇年」の後実現した第一次加藤高明内閣の貴族院野党であった研究会であったが、憲政会単独内閣として第二次加藤高明内閣が発足すると、研究会は水野直ら四名が政務官として政権入りをするなど急速に政府＝憲政会に接近した。研究会は友党政友本党に加え、新たに政府・憲政会に働きかけることによりこの選挙で多数の当選者の入会を得ようとしたのである。他の会派、例えば政友会系の交友倶楽部は政友会と政友本党との提携による候補者中の当選者を研究会と折半することを両党に申し入れている。このように第六回多額納税者議員通常選挙では各会派は政党勢力と提携しつつ、また依存しつつ選挙戦を戦ったのである。

それにしても、選挙終了後、政府が当選者の会派所属について少なからず関与したことは特記されるべきであろう。すなわち、関西を中心に一〇名余りの多額納税者議員による新たな会派設立の動きがあったが、政府はその動きが拡大しないとみるやその動きにブレーキをかけると共に、再選議員以外の新議員たちに働きかけ、各会派への入会について斡旋をした。[58] その結果、新たに九名の多額納税者議員が研究会に入会することになった。そのうちの六名が憲政会員もしくは憲政会系の議員であった。与党志向性が高い多額納税者議員たちが与党寄りを強め、最大会派・研究会に入会することは理解できようが、それにしても対立してきた憲政会系の議員がまとまって研究会に入会したとは注目すべきであろう。

ともあれ、政府の斡旋もあって、研究会、交友倶楽部、同成会はそれぞれ多額納税者議員が各会派総員に占める割合が二〇％をこえることになった。少なくともこの三つの会派における多額納税者議員の比重は形式的には高まったのである。

(1)　この点につき前章の注1を参照されたい。
(2)　津村重舎選挙事務所編・刊『大正一四年　東京府貴族院多額納税者議員選挙資格者名簿』(筆者所蔵、横一五センチ、縦一一センチ、全一一ページ)。
(3)　大正一四年九月一二日付『読売』。
(4)　大正一四年八月二二日付『東京朝日』。
(5)　安良城盛昭の編纂により、新潟県、山梨県、千葉県、群馬県、東京府の五府県分が東京大学社会科学研究所資料叢書第一集として、一九七〇年からお茶の水書房から刊行された。しかし、その後、続編が刊行されないまま今日に至っている。
(6)　ところで、実際の選挙では八月の納税額確定に合わせて、各道府県で上位一〇〇または二〇〇から離脱する者が若干名出て、彼らは最終的な有権者名簿から失格者として外されたが、その補充はされなかった。選挙が終了した直後よりこれは制度上の欠陥として大きな問題となった。これは、大正一四年に所得税法が改正された際、経過措置として所得税決定は八月三〇日とされたが、互選人名簿の調整は六月一日であった。大正一四年の総選挙での有権者は六六〇〇人であったが、失格者は二九三人(有権者総数の約四・四％)である。経過措置の終了と共にこの問題は大方なくなり、第七回通常選挙(昭和七〔一九三二〕年実施)でのこうした失格者は死亡者七〇名に限られた。

(7) 大正一四年九月一一日付『東京朝日』、九月一二日付『東京朝日』およびその後の『東京朝日』の記事によれば、憲政会・憲政会系二六、政友会・政友会系一七、政友本党・政友本党系一一、実業倶楽部一、中立一一である。前年の第二次護憲運動中に政友会が分裂したことを考慮し、政友会と政友本党を旧政友会とすれば、憲政会と旧政友会はまさしく拮抗する。なお、この数字は表一の党派別当選者数とは若干異なる。表二と比べ政友会、政友本党についてそれぞれ三人多く、憲政で一人、無所属＝中立で五人、それぞれ少ない。『東京朝日』は六人について政友会・政友本党系と見做し、内務省はその内の五名を無所属＝中立と判断したわけである。こうした事例は新聞社の間でも散見される。例えば、『東京朝日』は新潟県の五十嵐甚蔵を無所属としたが、『大阪毎日』は憲政会系としている。

(8) 大正一四年九月六日付『大阪毎日』。

(9) 「多額納税者議員職業調（其の二）」（議会制度審査会貴族院制度部編・刊『貴族院制度調査資料』〔一九三九年一二月刊〕、二一三～二一四ページ）。

(10) 「各改選時に於ける多額納税者議員職業調―（六）大正一四年九月二九日勅任多額納税者議員職業調」（同、二二二～二二四ページ、所収）。

(11) 「各改選時に於ける多額納税者議員職業調―（五）大正七年九月二九日勅任多額納税者議員職業調」（同、二二〇～二二二ページ、所収）。

(12) 有沢広巳監修『昭和経済史　上』（日経新書、一九八〇年刊）、一六ページ。

(13) 多額納税者議員の会派については水野勝邦編『貴族院の政治団体と会派』㈳尚友倶楽部刊、一九八四年）、一八六～一九〇ページを参照されたい。

(14) 大正一四年九月一三日付『読売』は「万年与党をねろう新多議連、事業大事から研究会え」と題し、「多年の慣習」と異なり、「憲政系」の議員が研究会入会を選択する傾向が出てきているが、同会が「万年政府党」であることに「彼等の深い利害関係が伴つている」と指摘している。

(15) 無所属派は明治・大正期に三度成立し、三度解消している。研究会などの会派に属しない貴族院議員たちが、一八九〇年代半ばに社交団体を組織したが、次第に政見を述べたりするようになった。あくまで会派というより社交団体であったが、星亨弾劾や宗教法案否決などをめぐり次第に纏まりのある行動をとるようになり、「無所属」と称せられるようになった。第一次無所属である。明治四四（一九一一）年、清交会の男爵議員七名が同会を脱会し、「無所属」団に入会、さらに同年七月に実施された第四回男爵議員通常選挙にあたり当選した一四名の男爵議員がこの無所属に参加するようになった。さらに多額納税者議員も参加するようになった。こうして、この社交団体は多様な議員を擁し元官僚の勅選議員主導で動く会派となった。これを第二次無所属と称した（水野勝邦、前掲書、一九一ページ）。
(16) 大正一四年一一月二一日付『東京朝日』夕刊。
(17) いわゆる「親和会問題」「親和会騒動」とは、伯爵議員の団体庚寅倶楽部を糾合した研究会幹部の水野直が男爵界における公正会—協同会の支配体制を崩し、男爵議員全員の研究会糾合を目指して、公正会所属の二〇名余りの男爵議員を切り崩し、大正一一年四月、新たに親和会を立ち上げたことを指す。研究会—尚友会と公正会—協同会は争ったが、水野らは協同会を思ったほど切り崩せないまま、次回の総選挙（大正一四年七月）が近づいたことを考慮し両勢力に和解が成立した。この間、親和会は一回の議会を経験しただけで大正一二（一九二三）年七月三〇日に解散したが、これらの男爵議員たちはすぐに公正会に戻らずに、一時的にせよ研究会に所属したのである。
(18) 川辺真蔵『大乗の政治家水野直』（水野勝邦刊、一九四一年）、二三一ページ。
(19) 同、二二六～二二七ページ。
(20) 大正一四年八月九日『読売』。
(21) 第五回貴族院多額納税者議員通常選挙と研究会の対応については、拙著『大正デモクラシーの時代と貴族院』（成文堂、二〇〇五年刊）第四章「大正七年の貴族院多額納税者議員選挙」を参照されたい。
(22) 大正一四年九月二日付『読売』によれば、九月一日午後青木、水野、牧野がこの選挙について意見を交換した結果、二日から一週間牧野を長野・新潟両県に派遣し、候補者の応援と研究会への入会を勧誘することが決められた。
(23) 大正一四年九月九日付『東京朝日』。
(24) 大正一四年九月一二付『大阪毎日』夕刊。なお、池田が岡山に派遣された以外に東園基光が滋賀県に、前田利定が福井・富山に、牧野忠篤が広島・兵庫に、西大路吉光が愛媛・福岡、堀田正恒・酒井忠正が北海道・福島にそれぞれ派遣された（大正一四年九月一〇日付『大阪毎日』）。
(25) 大正一四年九月三〇日付『東京朝日』。
(26) 大正一四年一〇月四日付『東京朝日』。
(27) 大正一四年八月二九日付『読売』。
(28) 大正一四年九月一五日『読売』。
(29) 大正一四年九月六日『東京朝日』。

(30) 同。
(31) 表17「第六回多額納税者議員通常選挙当選者一覧」参照。
(32) 大正一四年九月一四日付『東京朝日』。
(33) 同。
(34) 大正一四年九月二日付『読売』。
(35) 大正一四年九月一七日付『東京朝日』。
(36) 大正一四年九月二八日付『東京朝日』。
(37) 大正一四年一一月四日付『東京朝日』。
(38)「松本剛吉政治日誌」(『大正デモクラシー期の政治』、岩波書店、一九五九年)、大正一四年一〇月四日の条を参照。
(39)「水野直懐中手帳」(国会図書館憲政資料室所蔵『水野直関係文書』所収) 大正一四年一〇月二七日の項。
(40) 同、大正一四年一〇月二九日の項。
(41) 大正一四年一一月四日『東京朝日』。
(42) 同。
(43) 前掲「大正一四年水野直懐中手帳」大正一四年一一月一一日の項。
(44) 前掲「水野直懐中手帳」大正一四年一月七日～一二日の項の余白。水野は「大正一四年懐中手帳」の一月分の数ページすなわち一月七日から二一日の項の余白に、多額納税者議員の会派所属問題に関するメモを残している。以下は一月六日から一二日にかけてのページの余白におけるメモである。
(45) 大正一四年一〇月二九日付『東京朝日』夕刊―〔二八日発行〕。
(46) 大正一四年一〇月二九日付『東京朝日』。
(47) 大正一四年一〇月二九日付『東京朝日』夕刊〔二八日発行〕。
(48) 同。
(49) 大正一四年一〇月二九日付『東京朝日』。
(50) 前掲「水野直懐中手帳」大正一四年一月一九・二〇日の項の余白メモ。
(51) 大正一四年九月一三日付『読売』所載。
(52) 大正一四年一一月二八日付『読売』。

(53)「佐佐木行忠手記」五五ページ、㈳尚友倶楽部編・刊『佐佐木行忠と貴族院改革』、一九九五年、所収)。
(54) 大正一四年九月六日付『読売』。
(55) 大正一四年九月九日付『読売』。
(56) 大正一四年九月一三日付『読売』。
(57) 三和良一『概説日本経済史―近現代』(東京大学出版会、二〇〇二年刊)、一〇〇ページを参照。
(58) 因みに、貴族院の同人たちによって刊行された月刊誌『青票白票』第三五号(一九三六年発行)所載記事(社団法人尚友倶楽部編・復刻版二六二ページ所収)「多額納税者議員と会派」に、岡崎らは「……数回の寄合をしたが一般の賛成はむずかしく、政府筋も資本家の団結とみられて面白くない様に云ふし、一一月の初めにこの運動は打ち切られて……」とある。

終章

大正一四（一九二五）年の貴族院改革は、議会の主導権をめぐり護憲三派と貴族院との間に繰り広げられた、対立・抗争の〈結果〉であり〈成果〉であった。護憲三派の勝利に終わった第一五回衆議院総選挙を受けて開催された第四九議会で、護憲三派の中核となった憲政会の長老箕浦勝人は、「貴族院制度改正に関する建議」案の提案理由を述べた際、大正一〇年以来の貴族院改革論の主なポイントは次の六点であろうとした。その六点とは、①世襲議員制度、②有爵議員（互選）選挙、③有爵議員（互選）選挙の年齢制限、④有爵議員の定員削減、⑤勅選議員の任期、⑥多額納税者議員制度、である。このうち、大正一四年の貴族院改革で達成ないし実現したのはどれであろうか。

ほぼ実現されたのは③と④である。①に関し、公侯爵議員の勅許による辞職の道は開かれたが、制度そのものはそのまま据え置かれた。②については全く手が付けられなかった。③に関しては選挙権・被選挙権がそれぞれ二〇歳以上・二五歳以上から二五歳以上・三〇歳以上へと引き上げられた。衆議院とバランスをとるためである。④であるが、有爵議員のなかでも伯子男爵による互選議員の定員は若干引き下げられた。すなわち一六六から一五〇へと、一割であるが、減員が実現した。増加し続けて来た有爵互選議員数に初めて制限が設けられ、多少なりとも減員を見たのは〈成果〉とは言えようが、それは世論が期待したほどのものではなかったであろう。それは政府及び護憲三派の中核政党・憲政会と貴族院側との取引の産物であり、その〈結果〉を象徴するものであった。しかし、貴族院令第七条が削除されたことによって、有爵（華族）議員に対し勅任議員すなわち非華族議員の数的優位性が法制上は確立された。が、このことが非華族議員の華族議員に対する政治的優位性の確立につながる保証は全くなかった。⑤勅選議員に任期が付けられことはなかったが、心身衰弱を事由とする辞任の申請が可能となった。⑥ほとんどの論者が廃止を要求した多額納税者議員制度であるが、その議員定数は大きく増し、有権者数も大幅に拡大された。「公選議員」という名目で、銀行等金融業や新興製造業の経営者などを新たに互選のメンバーとして取り込みつつ、制度そのものはその名称と共にそのまま残された。

では序章でとりあげた吉野作造の視点からはどうか。吉野は貴族院改革を次の三点でとらえた。①民選分子を入れる、②有爵議員数を減ずる、③有爵議員互選規則の改正によって上院に於ける最大勢力の「弛解」を図る、の三点である。①についてであるが、選挙人の数を大幅に拡大して公選議員的要素を加味した多額納税者議員は確かに民選分子とはいえようが、男子普選の実施が確定した時点での民選分子とは、もっと広範な民衆によって選ばれる選良ではないか。②有爵議員の減員はなされたが、僅か一割の減員であった。吉野の言うような「堅実な一歩」と言えるのか。③伯子男爵議員選挙規則は改正されなかった。従って貴族院の最大勢力の「弛解」は期待できなかった。貴族院改革については漸進主義者であった吉野の基準からしても、それは実現するところ僅かであった。「下院の成果を審査・批評し、精練するに足る一人一党主義の上院」（一九二四年度講義録、四〇〇ページより）など、遠い先の問題である。

同様に美濃部達吉の視点からはどうか。美濃部は貴族院に「国民的第二院」であることを期待した。彼は第二院が国民的基礎を欠くがゆえに、民衆的基礎に立つ第一院より下位にあらねばならないと言う。貴族院の衆議院に対する「優越性」の象徴であった、貴族院の予算案審査期間に関し、第五〇議会や第五一議会で同院がとった態度について、美濃部はどのような評価をするだろうか。少なくとも貴族院がとった態度は「国民的第二院」に似つかわしくはなかったであろう。美濃部には貴族院改革は失敗と映じたのではないか。ちなみに、彼は昭和五（一九三〇）

年に刊行された自著『現代憲政評論』（岩波書店）で「僅に護憲運動の責任を充たしたことの口実を与へたに止ま」（一五六ページ）ると、大正一四年の〈貴革〉を切って捨てている。

ところで本論でも再三記したが、各方面からそして一部の貴族院議員から、伯子男爵による有爵互選議員の選挙規則改正の必要性が主張された。吉野の改革項目③である。これは貴族院改革について論じた何れの記事や論文において、ほぼ共通し、そして強く主張された、と言っていいだろう。連記記名・委任投票制度にメスが入れられ、連記を単記とするか又は大幅な制限連記となれば、少なくとも会派と連動した選挙母体におけるボス支配は崩壊するか、その力は弱まるであろう。そうなれば研究会や公正会など特定の大型会派を牛耳る一握りの領袖たちが貴族院を支配することが無くなるか、その支配力は縮小するはずである。そのこと自体が貴族院の「大改革」であった。しかし、加藤連立内閣はこれに全く手を付けることはなかった。

もちろん、それは政府側の貴族院、なかんずく最大会派研究会それも主流派の領袖水野直ら幹部への政治的配慮によるものであったであろう。ちなみに、護憲三派内閣以降、田中政友会内閣を除く歴代の政党内閣は原敬内閣と同様に、与党と貴族院の最有力会派研究会との提携を模索した。少なくとも憲政会―民政党内閣にとって貴族院は改革の対象ではなく、提携の対象であった。自制し、憲政会―民政党政権との提携を維持しようとする貴族院の大勢に対し、吉野作造は寛容であった。しかし、政党勢力にとって貴族院が提携の対象としてあり続ける限り、本格的な改革の機会が貴族院に訪れることはない。

しかし、貴族院改革が「微温的」であった理由はそればかりではなかったように思われる。貴族院の基礎となっている―少なくともこの時までは―華族制度そのものへの配慮もなされたのではないか。ジャーナリストであり政治評論家として著名な馬場恒吾は「貴族院の人々」と題し、次のように述べている。「……幹部専制を打破する為には連記を単記にする方がよいが、華族制度そのものの為には単記にはかなりの危険が伴っている。華族の大部分が貧乏して居り、その思想が捨鉢的になつている現状においては、投票の売買が行はれる惧れがある。単記にすれば、五、六票で当選する。任期七か年であるが故に一票千円で買収しても勘定に合ふ。華族社会が悉く買収の網にかかる場合、其所に華族制度の没落が来る。貴族院が単記を恐れるのは、必ずしも幹部専制が打破されるのを恐れる許りではなく、彼らの存在の基礎である華族制度の崩壊をも恐れているのであらう。大正一四年の貴族院改革の不徹底なる事は兎も角も、華族の政治的権力を維持し、従つて又彼等の生活の基礎を維持するに効があつた」（馬場恒吾『現代人物評論』、中央公論社、一九三〇年、四二三ページ）。

馬場はこの評論の冒頭で、華族の中には富豪もいるが、「子爵、男爵級で相当に暮らして行けるのは三分の一で、残りの三分の二は下級サラリーマンにも劣る生活状態に居る。……彼等は窮巷陋街に暮らしをしている。それでも彼等は華族の肩書を担つている。此絶望的な環境から生まれるものはひがみである。憤怒である。そして捨鉢な思想である」（四一一ページ）と述べている。……馬場の言う、子爵男爵の三分の二が「下級サラリーマンにも劣る生活状態」にあり、彼らが「絶望的な環境」におかれていたかどうかはともかく、少なくとも裕福ではなく、将来に不安を持ちつつ生活を送っていたようである、子爵・男爵クラスの華族の経済的・社会的救済のためには貴族院議員のポストは有効であったに違いない。ちなみに大正一四年当時、皇族・公侯爵議員を除く貴族院議員の歳費は衆議院議員と同様に三千円であつた。それは大正一〇年現在で、東京府の尋常小学校の男子正教員三人分の年間給与に匹敵する金額である（『毎日年鑑』大正一五年度版より）。

大正一四年の貴族院改革よりほぼ一〇年前、伊藤博文亡きあと明治国家の支柱をもって任じた山県有朋（当時、枢密院議長）は、貴族院議長徳川家達に対し「近年漸く華族全般之風紀寧ろ廃頽に赴かんとするの傾向ありて世上往々にして是非の論あるを耳にするに至れり。若し此の如くにして停止する所無くんは華族全般の衰亡を来すのみならす……」と、華族の現状に強い危機感を露わにした意見書（大正六年、「華族教育に関する意見」、大山梓編『山県有朋意見書』、原書房、一九六六年、三四九ページ、所収）を送付している。この一〇年間、華族に対する批判は強まることすらあれ、弱まることはなかった。政府や宮内省もこうした状況に対し何ら有効な対策を講じないで来たのである。貴族院はこうした華族たちの経済的避難所と化していたのであろうか。

ちなみに、大正一四年の改革以前に『貴族院改革と華族制度の研究』（一匡社、一九二三年刊）を著したジャーナリスト関口泰は、その後刊行した自著『普選と新興勢力』（評論社、一九二七年刊）において、大正一四年の「改選期前既に選挙母体の幹部の実際上の任命権の威力を示し、その選出さるるものは旧によりて劣悪、貴族院の中心たる華族議員の品質低下は貴族院そのものの品質低下であり、研究会の多数会派としての勢力、其の幹部数子の力善く貴族院の政治的特権を弄ぶことを得せしめたのである」（二三八～二三九ページ）と、手厳しく有爵議員通常選挙の結果を批判した。なるほど、伯子男爵議員の選挙過程は旧来と比べ、全くと言っていいほど変わることは無かった。研究会—尚友会、公正会—協同会という、会派—選挙母体＝推薦団体は相変わらず存在し、それらの領袖は選挙そのものを牛耳った。選挙母体＝推薦団体は「当選請負会社」であり、貴族院は華族の（特に子・男爵の）「生活擁護同盟」であった。労働組合が労働者の生活擁護同盟であるように（馬場、前掲書、四二四ページ）、である。

多額納税者議員選挙についてはどうか。本書では埼玉県の事例を検討したが、政党が選挙に大きく関与した。改革前の各道府県の有権者一五名時代より、「立候補者」に政党色が強かったり、有力政党が選挙に関与する傾向はあった。改革によって有権者が《激増》したため、選挙そのものが貴族院各会派の手におえなくなり、各立候補者や貴族院各会派は有力政党に選挙を依存せざる得なくなった。こうして、選挙は埼玉県をはじめ大多数の選挙区で一挙に政党化したと言っていいであろう。この当選者の獲得を巡って、貴族院各会派の有力者が選挙キャンペーン中より暗躍した。選挙終了後、研究会はじめ各会派の領袖は当選者の「配属」を首相や政府要人に要求した。多額納税者議員は中央政府による地方のインフラ整備や経済政策を考慮してか、ややもすれば政府指向性が強かったからである。与党憲政会色が強かった同成会、万年与党会派で来た研究会は首相に再三働きかけ、「配属」を要求した。特に研究会は改革で有爵互選議員数の縮小した分を、定員増のあった多額納税者議員の増加分で補填しようとした。貴族院の各派は改革によって四割余りの定員増のあった多額納税者議員の「配属」を機に政府への依存性を強めて行ったようでもある。

ところで、政友会が強く要求したこともあり、護憲三派内閣は、貴族院改革の一環として、議院法第四〇条の改正案を第五〇議会に提出した。貴族院の予算審議期間を衆議院のそれに合わせようとしたのである。それは権能という点で貴衆両院の対等化を目指すものであった。これに対し、貴族院の抵抗がいかに強かったかは、すでに論じた通りである。この法案をめぐる両院の対立は第五〇議会では両院協議会にまでもつれ込んだが、双方の意見が合わずその改正は実現しなかった。翌年開催の第五一議会では、前の議会と全く同一の法案が貴族院で否決された。貴族院は先の議会で改正そのものには同意したにもかかわらず、次の五一議会では改正そのものに反対し、改正案を葬り去ったのである。

しかし、この改正案は議員提出法案として、続く第五二議会衆議院本会議に上程された。三度目の上程である。ともあれその結果、ついに成立に漕ぎ着けた。それは、大正一四年の貴族院改革によって新設された学士院会員議員である小野塚喜平次の努力による所が大きかった。彼は五一議会で、貴族院の大勢に対し強い違和感を表明した。そして続く五二議会で、彼は当該法案に関する特別委員会のメンバーとして同委員会で大いに賛成論を展開し、反対派の中心的存在であった男爵議員阪谷芳郎を説得したりして、その成立に尽力したのである。

普選と共に護憲三派内閣がその実現を使命とした貴革であった。「微温的」と揶揄されたが貴族院令の改正には何とか成功した護憲三派ではあった。が、「貴族院の予算審議期間」問題の解決に失敗し、後継の憲政会内閣はその解決に熱心ではなかった。未解決のこの問題に対し、小野塚は貴族院にあってその解決に向け奔走し、それに成功した。彼は政党に関わることは無かったが、衆議院側の確固たる意志とその強い熱意を理解しつつ、貴族院を動かした。大正一四年の貴族院改革によって生まれ出たひとりの学士院会員議員が、護憲三派内閣が実行項目として掲げるも未だ果されることのなかった公約を実現させた。すなわち小野塚は未完の「大正一四年の貴族院改革」を、ようやく完了させたのである。

こうして「改革」を完了した貴族院であったが、普通選挙実施後の政治状況にどのように対応していったのか。昭和初年に、吉野が説いた「一人一党主義」を標榜して、反研究会の諸会派によって昭和倶楽部が結成された。昭和倶楽部は貴族院の審議に新風を吹き込んだであろうか。国民党政権による中国統一運動や「満蒙問題」について、あるいは海軍軍縮問題に対して貴族院はいかなる議論を展開したのか。国際連盟脱退についてはどうか。貴族院は天皇機関説問題の発端の場となったが、その後の展開と国体明徴運動ではどのような役割を担ったのか。すなわち軍ファシズム体制が構築されて行くなかで、貴族院はどのような議論を展開し、政党や軍とどのように関ったのか。また、以上のような諸問題について貴族院は衆議院とどのような違いを示したのか。このような問題点の解明を今後の課題としたい。

資　料

明治二二（一八八九）年二月に制定された貴族院令は、明治憲法体制下において四度改正された。その改正の最大のものは大正一四（一九二五）年の改正である。第一回の改正は明治三八（一九〇五）年に第一次桂内閣のもとで行われた。この改正では伯子男の有爵互選議員の総定数を一四三として各爵ごとの数で各爵議員を比例配分し、さらに勅選議員の定数を一二五とするものであった。第二回の改正も桂内閣（第二次）のもとで行われた。それは有爵互選議員について、各爵議員の定数を伯爵一七、子爵七〇、男爵六三とした。第三回の改正は、寺内内閣のもとで大正七年に行われた。この改正は北海道、沖縄県からも多額納税者議員の選出を可能とし、有爵互選議員の定数を、伯爵二〇、子爵七〇、男爵七〇と改定した。最初の改正は勅選議員の増加に歯止めをかけるものであった。第二回、第三回の改正は有爵互選議員の各爵別定数の改定であり、政治的にはともかく制度的には大きな改正とは言えない。以下の**資料一**では、最初の貴族院令と最大の改正である第四回の改正を取り上げている。

貴族院伯子男爵議員選挙規則は有爵互選議員選挙の基本法として、明治二二年六月に勅令として制定された。この規則とこれに基づき伯子男爵者が作成した選挙規程により、翌年七月に第一回通常選挙が実施された。その後七年ごとに通常選挙が、その間に補欠選挙がそれぞれ実施されたが、すべての有爵互選議員選挙がこの規則と規程によって準備されそして実施された。その選挙結果は天皇および貴族院議長に報告された。貴族院設置以来ほぼ半世紀、選挙規則、選挙規程ともに改正されることはなかった。ここには**資料二**として貴族院伯子男爵議員選挙規則を収めた。

なお、この選挙規則は勅令であるので、政府が枢密院の審議を経て改廃等を行うというのが通説で、歴代の内閣もその考えに立った。しかし、通説的な憲法学説を構築した美濃部達吉はその著『憲法撮要』（大正一二〔一九二三〕年初版、有斐閣）では、その改廃について貴族院の同意を不要としたが、その後刊行した『逐条憲法精義』（昭和二〔一九二七〕年初版、有斐閣）では貴族院の同意を必要とする、と自説を改めている。なぜそうしたのか。これについては今後を期したい。

資料三は貴族院議員定数沿革表である。貴族院調査課編・刊『貴族院制度調査資料』（一九三八年）二〇二ページから収録した。有爵議員と勅選議員のそれぞれ定数の変遷がよくわかる、便利な資料である。

最後に**資料四**として、明治期から大正末年までの諸会派の系統図を収めた。準備のための組織の存在など会派およびそれに関連する議員推薦団体の変遷はかなり複雑である。できる限り、議員推薦団体（選挙母体）についても書き込んだが、一部省略したものもある。また、丁酉会、実業倶楽部など明治期に多額納税者議員の会派が存在したことがあったが、煩を避け敢えて記載しなかった。

資料一　貴族院令（明治二二年二月一一日　勅令第一一号）

第一条　貴族院ハ左ノ議員ヲ以テ組織ス
一　皇族
二　公侯爵
三　伯子男爵各々其ノ同爵中ヨリ選挙セラレタル者
四　国家ニ勲功アリ又ハ学識アル者ヨリ特ニ勅任セラレタル者
五　各府県ニ於イテ土地或ハ工業商業ニ付キ多額ノ直接国税ヲ納ムル者ヨリ一人ヲ互選シテ勅任セラレタル者

大正一四年五月五日追加

五　帝国学士院ノ互選ニ由リ勅任セラレタル者
六　北海道各府県ニ於イテ土地或ハ工業商業ニ付キ多額ノ直接国税ヲ納ムル者ヨリ一人又ハ二人ヲ互選シテ勅任セラレタル者

第二条　皇族ノ男子成年ニ達シタルトキハ議席ニ列ス
第三条　公侯爵ヲ有スル者満二十五歳ニ達シタルトキハ議員タルヘシ

大正一四年五月五日改正

公侯爵ヲ有スル者満三十歳ニ達シタルトキハ議員タルヘシ

大正一四年五月五日追加二項

前項ノ議員ハ勅許ヲ得テ議員タルコトヲ辞スルコトヲ得
前項ノ規定ニ依リ議員タルコトヲ辞シタル者ハ勅命ニ依リ再ヒ議員トナルコトヲ得

第四条　伯子男爵ヲ有スル者ニシテ満二十五歳ニ達シ各々其ノ同爵ノ選ニ当タリタル者ハ七箇年ノ任期ヲ以テ議員タルヘシ
其ノ選挙ニ関ル規則ハ別ニ勅令ヲ以テ之ヲ定ム

前項議員ノ数ハ伯子男爵各々総数ノ五分ノ一ヲ超過スヘカラス

大正一四年五月五日改正

伯子男爵ヲ有スル者ニシテ満三十歳ニ達シ各々其ノ同爵ノ選ニ当タリタル者ハ七箇年ノ任期ヲ以テ議員タルヘシ其ノ選挙ニ関ル規則ハ別ニ勅令ヲ以テ之ヲ定ム

前項議員ノ定数ハ伯爵十八人、子爵六十六人、男爵六十六人トス

第五条　国家ニ勲労アリ又ハ学識アル満三十歳以上ノ男子ニシテ勅任セラレタル者ハ終身議員タルヘシ

大正一四年五月五日追加二項

第一項ノ議員身体又ハ精神ノ衰弱ニ因リ職務ニ堪ヘサルニ至リタルトキハ貴族院ニ於イテ其ノ旨ヲ議決シ上奏シテ勅裁ヲ請フヘシ

前項ノ議決ニ関ル規則ハ貴族院ニ於イテ之ヲ議定シ上奏シテ裁可ヲ請フヘシ

大正一四年五月五日追加

第五条ノ二　満三十歳以上ノ男子ニシテ帝国学士院会員タル者ノ中ヨリ四人ヲ互選シ其ノ選ニ当タリ勅任セラレタル者ハ其ノ会員タルノ間七箇年ノ任期ヲ以テ議員タルヘシ其ノ選挙ニ関ル規則ハ別ニ勅令ヲ以テ之ヲ定ム

第六条　各府県ニ於テ満三十歳以上ノ男子ニシテ土地或ハ工業商業ニ付キ多額ノ直接国税ヲ納ムル者十五人ノ中ヨリ一人ヲ互選シ其ノ選ニ当リ勅任セラレタル者ハ七箇年ノ任期ヲ以テ議員タルヘシ、其ノ選挙ニ関ル規則ハ別ニ勅令ヲ以テ之ヲ定ム

大正一四年五月五日改正

満三十歳以上ノ男子ニシテ北海道各府県ニ於テ土地或ハ工業商業ニ付キ多額ノ直接国税ヲ納ムル者百人中ヨリ一人又ハ二百人中ヨリ二人ヲ互選シ其ノ選ニ当リ勅任セラレタル者ハ七箇年ノ任期ヲ以テ議員タルヘシ其ノ選挙ニ関ル規則ハ別ニ勅令ヲ以テ之ヲ定ム

第七条　国家ニ勲労アリ又ハ学識アル者及各府県ニ於テ土地或ハ工業商業ニ付キ多額ノ直接国税ヲ納ムル者ヨリ勅任セラレタル議員ハ有爵議員ノ数ニ超過スルコトヲ得ス

大正一四年五月五日改正

（削除）

第八条　貴族院ハ天皇ノ諮詢ニ応ヘ華族ノ特権ニ関ル条規ヲ議決ス

第九条　貴族院ハ其ノ議員ノ資格及選挙ニ関ル争訟ヲ判決スソノ判決ニ関ル規則ハ貴族院ニ於テ之ヲ議定シ上奏シテ裁可ヲ請フヘシ

第十条　議員ニシテ禁固以上ノ刑ニ処セラレ又ハ身代限ノ処分ヲ受ケタル者アルトキハ勅命ヲ以テコレヲ除名スヘシ
貴族院ニ於イテ懲罰ニ由リ除名スヘキ者ハ議長ヨリ上奏シテ勅裁ヲ請フヘシ
除名セラレタル議員ハ更ニ勅許アルニアラサレハ再ヒ議員トナルコトヲ得ス

大正一四年五月五日改正

議員ニシテ禁固以上ノ刑ニ処セラレ又ハ破産ノ宣告ヲ受ケ確定シタル者アルトキハ勅命ヲ以テ之ヲ除名スヘシ

第十一条　議長副議長ハ議員中ヨリ七箇年ノ任期ヲ以テ勅任セラルヘシ
被選議員ニシテ議長又ハ副議長ノ任命ヲ受ケタルトキハ議員ノ任期間其ノ職ニ就クヘシ

第十二条　此ノ勅令ニ定ムルモノノ外ハ総テ議院法ノ条規ニ依ル

第十三条　将来此ノ勅令ノ条項ヲ改正シ又ハ増補スルトキハ貴族院ノ議決ヲ経ヘシ

資料二　貴族院伯子男爵議員選挙規則（明治二二年六月五日　勅令第七八号）

第一条　伯子男爵ヲ有スル成年以上ノ者ハ各々其ノ同爵者ノ貴族院議員ヲ選挙ス
第二条　神官及諸宗ノ僧侶又ハ教師ハ被選人タルコトヲ得ス
第三条　左ノ項ノ一ニ触ルル者ハ選挙人及被選人タルコトヲ得ス
一、瘋癲白癡ノ者
二、身代限ノ処分ヲ受ケ負債ノ義務ヲ免レサル者
第四条　刑事ノ訴ヲ受ケ拘留又ハ保釈中ニ在ル者ハ其ノ裁判確定ニ至ルマテ選挙権ヲ行フコトヲ得ス及被選人タルコトヲ得ス
第五条　貴族院令第四条ニ依リ選ハルヘキ議員ノ数ハ選挙ヲ行フノ前勅命ヲ以テ指定スヘシ
第六条　爵位局長官ハ選挙ノ期日ヨリ五十日前ニ選挙資格ヲ有スル伯子男爵ノ人名簿ヲ各別ニ調製シ選挙資格ヲ有スル同爵者ニ配布シ三十日前ニ之ヲ確定シテ各選挙管理者ニ交付スヘシ
確定期日ノ前ニ於テ新ニ資格ヲ得及回復シタル者アルトキハ之ヲ名簿ニ記入スヘシ
第七条　選挙ハ伯子男爵ノ選挙資格ヲ有スル者ヨリ各々一人ノ選挙管理者ヲ互選シテ之ヲ管理セシム
選挙管理者ハ貴族院令第四条ニ依リ議員ノ更任アル毎ニ之ヲ改選スヘシ
選挙管理者ハ選挙及被選ノ権ヲ妨ケラルルコトナシ
第八条　各選挙管理者ハ選挙人ノ中ヨリ各々其ノ同爵ノ選挙立会人三人以上ヲ指定シテ選挙会場ニ参会セシムヘシ
第九条　選挙ハ七月十日東京ニ於テ之ヲ行フ
第十条　選挙人ハ自ラ選挙会場ニ至リ投票スヘシ
投票ハ被選人ノ爵姓名ヲ列記シ次ニ自己ノ爵姓名ヲ記載スヘシ
第十一条　選挙人東京府ノ外ニ居住シ又ハ疾病事故ニ因リ選挙会場ニ至ルコト能ハサルトキハ同爵中ノ他ノ選挙人ニ投票ヲ委託スルコトヲ得
前項ノ場合ニ於テハ投票ヲ封緘シ其ノ表面ニ記名捺印シ委託ノ証状ト共ニ委託ヲ受クル者ニ送付スヘシ

第十二条　投票ノ最多数ヲ得タル者ヲ以テ当選人トス
　投票同数ナルトキハ生年月ノ長者ヲ以テ当選人トス同年月ナルトキハ抽籤ヲ以テ之ヲ定ムヘシ
第十三条　前数条ニ掲ケタル者ノ外選挙ニ関ル一切ノ規程ハ選挙資格ヲ有スル伯子男爵ノ協議ヲ以テ之ヲ定ムヘシ
第十四条　当選人確定シタルトキハ選挙管理者ハ其ノ爵姓名ヲ上奏シ併セテ貴族院議長ニ報告スヘシ
第十五条　選挙管理者ハ選挙明細書ヲ作リ選挙ニ関ル一切ノ事項ヲ記載シ立会人ト共ニ署名捺印シ其ノ副本ヲ貴族院ニ送致スヘシ
第十六条　議員ニ欠員ヲ生シタルトキハ議長ヨリ之ヲ上奏シ勅旨ヲ以テ補欠選挙ヲ行フヘキコトヲ命シ及其ノ期日ヲ指定スヘシ
　補欠選挙ヲ行フノ手続ハ通常選挙ノ例ニ同シ
第十七条　補欠議員ノ任期ハ前議員ノ任期ニ依ル
第十八条　貴族院令第九条ニ依リ貴族院ニ出訴スルノ期限ハ貴族院開会ノ後十日以内トス
第十九条　選挙ニ関ル費用ハ同爵者ノ支弁タルヘシ

資料三 貴族院議員定数沿革表

種別／貴族院令	皇族議員	有爵議員 公爵議員	有爵議員 侯爵議員	有爵議員 伯爵議員	有爵議員 子爵議員	有爵議員 男爵議員	勅任議員 勅選議員	勅任議員 学士院会員議員	勅任議員 多額議員	有爵議員数ニ對スル比率
明治二二年二月 勅令一一號	當然議員ニシテ定數ノ制限ナシ	當然議員ニシテ定數ノ制限ナシ	當然議員ニシテ定數ノ制限ナシ	(1)總選擧毎ニ勅命ヲ以テ定数ヲ指定ス (2)各爵議員數ハ其ノ総数ノ五分ノ一ヲ超過スベカラズ	(1)總選擧毎ニ勅命ヲ以テ定数ヲ指定ス (2)各爵議員數ハ其ノ総数ノ五分ノ一ヲ超過スベカラズ	(1)總選擧毎ニ勅命ヲ以テ定数ヲ指定ス (2)各爵議員數ハ其ノ総数ノ五分ノ一ヲ超過スベカラズ			四五人	有爵議員ノ数ニ超過スベカラザル旨明定ス
明治三八年三月 勅令五八號	〃	〃	〃	〃 (3)各爵議員ノ數ハ通ジテ百四十三人以内トシ各爵ノ總數ニ比例シテ之ヲ定ム	〃 (3)各爵議員ノ數ハ通ジテ百四十三人以内トシ各爵ノ總數ニ比例シテ之ヲ定ム	〃 (3)各爵議員ノ數ハ通ジテ百四十三人以内トシ各爵ノ總數ニ比例シテ之ヲ定ム	百二十五人ヲ超過スベカラズ		〃	〃
明治四二年四月 勅令九二號	〃	〃	〃	〃 (3)伯爵十七人以内、子爵七十人以内、男爵六十三人以内トス	〃 (3)伯爵十七人以内、子爵七十人以内、男爵六十三人以内トス	〃 (3)伯爵十七人以内、子爵七十人以内、男爵六十三人以内トス	〃		〃	〃
大正七年三月 勅令二二號	〃	〃	〃	〃 (3)伯爵二十人以内、子爵及男爵各七十三人以内トス	〃 (3)伯爵二十人以内、子爵及男爵各七十三人以内トス	〃 (3)伯爵二十人以内、子爵及男爵各七十三人以内トス	〃		四七人	〃
大正一四年五月 勅令一七四號	〃	〃	〃	一八人	六六人	六六人	〃	四人	六六人以内	同上削除

資料四　貴族院諸会派系統図

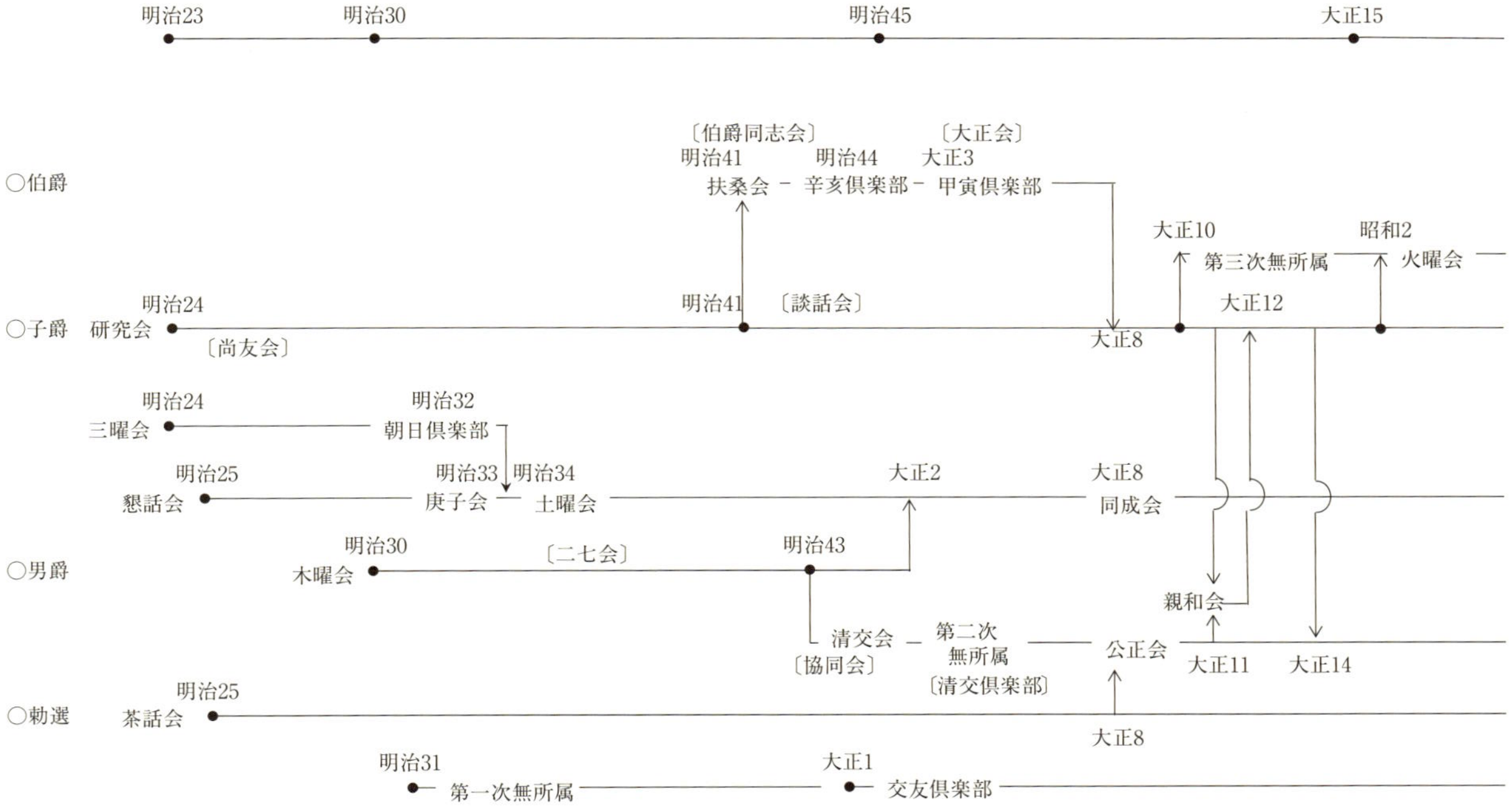

注1　主な会派に限った。
注2　〔　〕内は議員推薦団体（選挙母体）である。
注3　会派「無所属」は、第1次から第3次までである。
注4　水野勝邦編『貴族院の政治団体と会派』（〔社〕尚友倶楽部刊、1974年）巻末の図および同『貴族院政治年表』（同、1982年）を参考にした。

あとがき

前著『大正デモクラシーの時代と貴族院』を刊行してからほぼ一〇年が経過する。前任校である北陸大学法学部でご一緒させていただいた故中山研一先生（大阪市立大学名誉教授）から成文堂の土子三男編集部長をご紹介いただき、前著の刊行に漕ぎ着けたのがつい昨日のようである。中山先生は刑事法学の大家であり、政治史を専攻する私とは専門を異にしたが、私の母と同郷—琵琶湖北岸—ということもあって時々ご指導いただいた。前著を刊行する手筈が整った時、電話でその旨をご報告した。その時先生はこう言われた、「最初の研究書は頑張ればどなたも出せるが、二冊目はなかなかそうもいかない、たいていの方は一冊止まりですよ、あなたもそうならないように」と。「はい」と返事はしたものの、その後時間だけが過ぎていくだけであった。中山先生が亡くなり、そして一昨年母が亡くなった。焦り半分で、ここ一〇年間に書いた八本の論文を中心に本書の構成を構想した。それらを何れも大幅に加筆・削除・修正して八つの章とし、さらに第一章、第二章、第九章の三章を新たに書き下ろした。該当する論文名と掲載した雑誌名は次の通りである。

①「貴族院多額納税者議員鎌田勝太郎—貴族院改革を中心に—」（愛知淑徳大学大学院現代社会研究科編・刊『愛知淑徳大学現代社会研究科研究報告』第三号、二〇〇八年、所収）
②「談話会の成立—明治末年における華族の政治活動—」（日本法政学会五十周年記念『現代政治学の課題』、二〇〇六年、成文堂、所収）
③「明治・大正期の貴族院改革をめぐる諸論議」（早稲田大学社会科学研究所編・刊『社会科学討究』第三六巻三号、一九九一年、所収）

④「大正一四年の貴族院改革」（愛知淑徳大学大学院現代社会研究科編・刊『愛知淑徳大学現代社会研究科研究報告』第五号、二〇一〇年、所収）

⑤「第五〇議会における議院法改正をめぐる審議―貴族院の予算審議期間について―」（愛知淑徳大学大学院現代社会研究科編・刊『愛知淑徳大学現代社会研究科研究報告』第七号、二〇一一年、所収）

⑥「大正一四年貴族院多額納税者議員選挙―埼玉県の場合―」（愛知淑徳大学大学院現代社会研究科編・刊『愛知淑徳大学現代社会研究科研究報告』第九号、二〇一三年）

⑦「大正一四年多額納税者議員選挙とその当選者」（愛知淑徳大学交流文化学部編・刊『愛知淑徳大学論集―交流文化学部篇―』第四号、二〇一四年、所収）

⑧「第六回貴族院多額納税者議員通常選挙の当選者と会派」（愛知淑徳大学大学院現代社会研究科編・刊『愛知淑徳大学現代社会研究科研究報告』第一〇号、二〇一四年、所収）

⑨「大正一四年の貴族院有爵議員総選挙―子爵議員を中心に―」（愛知淑徳大学大学院現代社会研究科編・刊『愛知淑徳大学現代社会研究科研究報告』第一一号、二〇一五年、所収）

前任校では憲法、医事薬事法・民法をそれぞれ専門とされる初谷良彦先生や三浦泉先生ともご一緒した。このお二人は専門こそ違え、先輩の研究者として今日に至るまでご指導いただいている。思い出したように電話を下さり怠惰な私を叱咤激励して下さるのは、このお二人である。叱咤激励といえば、院生時代の先輩で早稲田大学教授堀真清さん、そして大学院生のころから他大学の学生でありながら「共同研究」と称して水野直日記を読むなどしてご指導いただいた東京大学名誉教授伊藤隆先生。堀さんとはB・ジュブネルの『Du Pouvoir』（権力論）を読んだ。省みれば、このお二人の批判に耐えうる論文を書くことを当面の目標にしてきたように思う。私が若いころ、お二人より何度か厳しいご批判をいただくことがあったが、未だに生かせじまいである。また、早稲田大学社会科学研究所に嘱託として勤務して以来、同研究所の依田憙家先生（早稲田大学名誉教授）から近代日本研究にとって中国と日本との比較史的視野を持つことの重要性を教えていただいた。依田先生からもよくお電話をいただいた。こうした大先輩たちの教えを生かしつつ、そろそろ日本の議会政治、特に日本における二院制の問題について歴史研究を通じてそれなりの解答を出さねばならない、と思っている。

　さて、本書の作成にあたり成文堂編集部のみなさん、特に小林等さんには大変お世話になった。校正の段階で頻繁に原稿の追加をし、修正を重ねる著者に最後までお付き合いいただいた。深く感謝いたします。また、尚友倶楽部の上田和子（水野直令孫）さんには、水野直懐中手帳等研究資料のことで常々お世話になって来た。今回もお世話になった。地方で研究を続ける私にとって、彼女はとても有難い存在である。また、阪谷綾子氏からは曾祖父芳郎の写真を提供いただいた。このお二人に感謝したい。なお、本書に収めた図版や表そして索引の作成に、私がかつて指導した元愛知淑徳大学大学院生朝井佐智子さんと伊藤真希さんから多大なる協力を得た。お二人とも現在愛知淑徳大学の非常勤講師として教育に研究に多忙の中、貴重な時間を割いていただいた。心から感謝いたします。また同じく周家彤《とう》さんには「勉強」と称して巻末の資料二を入力していただいた。博士号を取得して中国に帰られたが、元気だろうか。

　なお、本書の刊行に際し、私が勤務する愛知淑徳大学より平成二七年度研究出版助成金をいただいた。ここに記して謝意を表したい。

平成二七年一二月三一日

西尾林太郎

人名索引

あ行

か行

さ行

た行

な行

は行

ま行

や行

わ行

著者紹介

西尾林太郎（にしお　りんたろう）

1950年愛知県に生まれる。1974年早稲田大学政治経済学部政治学科卒業。1981年早稲田大学大学院政治学研究科博士後期課程単位取得満期退学。北陸大学法学部助教授、愛知淑徳大学現代社会学部教授を経て、現在同大学交流文化学部教授。

専攻は政治学、日本政治史。博士（政治学）。

主な編・著書・論文として、

『水野錬太郎回想録・関係文書』(山川出版社・1998年)

『大正デモクラシーの時代と貴族院』(成文堂・2005年)

「原内閣期における貴族院」（政治経済史学205号・1983年）

「明治期における貴族院有爵互選議員選挙」（日本歴史445号・1985年）

「『満蒙』問題と貴族院」（愛知淑徳大学論集—交流文化学部篇2号、2012年）

Kakuei Tanaka : His Political Aim and Achivements under Political Climate of the Times（現代社会研究科研究報告8号、2012年）

「大正14年の貴族院有爵議員総選挙」(同上11号、2015年)

ほか

大正デモクラシーと貴族院改革

平成28年3月20日　初版第1刷発行

著　者　西　尾　林太郎

発行者　阿　部　成　一

〒162-0041　東京都新宿区早稲田鶴巻町514

発行所　株式会社　成　文　堂

電話03(3203)9201(代)　Fax(3203)9206

http：//www.seibundoh.co.jp

製版・印刷　藤原印刷　製本　弘伸製本

☆乱丁・落丁本はおとりかえいたします☆　検印省略

ISBN 978-4-7923-3345-4 C3031

定価（本体5400円＋税）